Die 100 schönsten Städte der Welt

Die 100 schönsten Städte der Welt

Eine Reise durch fünf Kontinente

IMPRESSUM

© REBO international b. v. / HVK Hamburger Verlagskontor GmbH

© für die deutsche Ausgabe:
Edition DÖRFLER im NEBEL VERLAG GmbH, Eggolsheim

Alle Rechte vorbehalten.

Kein Teil des Werkes darf in irgendeiner Form (durcg Fotokopie, Mikrofilm oder ein ähnliches Verfahren) ohne die schriftliche Genehmigung des Verlages reproduziert oder unter Verwendung elektronischer Systeme verarbeitet vervielfältigt oder verbreitet werden.

Herausgeber und Redaktion: Dr. Manfred Leier

Texte: Winfried Maaß (Seite 8 – 21, 80/1, 120/1, 138 – 187),
Anne Benthues (Seite 22 – 37, 42 – 79, 88 – 95),
Hanns-Joachim Neubert / ScienceCom
(Seite 38 – 41, 82 – 87, 96 – 119, 122 – 137, 188 – 207)

Grafische Gestaltung: Bartos Kersten Printmediendesign, Hamburg

Lektorat und Redaktionstechnik: Edwine Bollmann, Peter Rieprich

Bildredaktion: Stefanie Braun, Natascha Brüggemann,
Annette Cordes, Dirck Möllemann / Bildagentur Schapowalow

Dokumentation: Dr. Onno Groß

Schlußredaktion: Onne Behrends

Produktion: HVK Hamburger Verlagskontor GmbH, Hamburg

1 2 3 4 5   9 8 7 6 5

Vorwort

Lieber Leser,

die hundert schönsten Städte der Welt? Während selbst die großen Entdecker früherer Jahrhunderte allenfalls nur einige wenige berühmte Städte bereisen konnten, hat uns der moderne Flugverkehr auch die letzten Winkel der Erde nahe gebracht. Und die Primadonnen unter den Metropolen von heute erst recht. Keine andere Sparte des modernen Tourismus hat so viel Zuspruch wie die so genannten Städtereisen – ein Zeichen dafür, dass die Stadtkultur mit ihren historischen Bauten eine ganz besondere Attraktivität hat. New York ist eine moderne Legende und gleichsam der Nabel der heutigen Welt, aber fast jedes Land hat seine Kapitale, in der die Geschichte Spuren hinterlassen hat und in der die Menschen in einer unverwechselbaren Atmosphäre ihrem eigenen Lebensstil nachgehen. Die Denkmäler der Geschichte, die Paläste von einst und die pompösen Parlamentsbauten von heute, die Kathedralen und die Gassen in der Altstadt, die Basare des Orients und die Märkte des Okzidents, die großen Plätze, auf denen man sich trifft, und die Aussichtspunkte oberhalb der Stadt – all dies wird in uns lebendig, wenn wir an Reisen in die interessantesten Städte unserer fünf Kontinente denken. Welche Städte wir als besonders anregend und schön empfinden, hängt sicherlich von den subjektiven Erwartungen des Einzelnen ab. Dennoch gibt uns die Landkarte der Erde einige Kriterien an die Hand, an denen wir uns bei der Auswahl der „100 schönsten Städte" orientieren konnten. Denn in fast jedem Land haben die Menschen, die dort leben, mit ihrer besonderen Art auch die Städte geprägt. Ohne die Prachtbauten ihrer Herrscher von gestern, ohne die Tempel oder die Türme ihrer Kirchen, ohne die Gassen der Handwerkerviertel oder das bunte Leben auf den Boulevards hätten diese Städte nicht das Flair, von dem jeder schwärmt, der für die Schönheiten der Welt ein offenes Auge hat. Aber die Subjektivität des Empfindens macht auch jede Auswahl anfechtbar. Und das gilt natürlich auch für die hundert Städte, die wir hier zusammengestellt haben.

Der Herausgeber

LISSABON
Altstadthügel unterhalb
der Festung São Jorge
im Abendlicht
SEITE 8

NEW YORK
Blick vom Empire State
Building auf die Straßen-
schluchten von Manhattan
SEITE 104

Inhalt

VORWORT	5
FOTONACHWEIS	208

EUROPA

Der goldene Glanz von **LISSABON**	8
Der süße Duft von **PORTO**	10
MADRID sehen und genießen	12
Zeit des Glücks in **CÓRDOBA**	14
Gold und Silber für **SEVILLA**	16
GRANADAS Glanz – die Alhambra	18
BARCELONA – Bühne der Lebenslust	20
PARIS und seine Boulevards	22
LYON – Metropole der Kochkunst	24
Lebenskunst à la **NIZZA**	26
ROM – die Ewige Stadt	28
FLORENZ – wo die Medicis Schätze horteten	30
Die Geheimnisse **VENEDIGS**	32
Das ehrwürdige **BOLOGNA**	34
DUBROVNIK – die Königin der Adria	36
ATHEN – über allem die Akropolis	38
ISTANBUL – Lichterglanz am Bosporus	40
BRÜSSEL – Europas Hauptstadt	42
BRÜGGE im alten Glanz	44
ANTWERPEN – Kaufmannspracht in Flandern	46
AMSTERDAM – Giebelhäuser an den Grachten	48
BERLIN in neuem Glanz	50
LÜBECK – die Königin der Hanse	52
HAMBURGS hanseatische Handelspracht	54
MÜNCHEN – so funkeln Bayerns Sterne	56
DRESDEN – an den Ufern von Elbflorenz	58
ZÜRICH – von der Lebensart der Schweizer	60
BERN – Stadtkunstwerk der Eidgenossen	62
WIEN hat den Walzerschritt bewahrt	64
SALZBURG – im Zeichen des Barocks	66
Moldau-Murmeln im goldenen **PRAG**	68
KARLSBAD – das böhmische Weltbad	70
BRATISLAVA – die Schöne an der Donau	72
BUDAPEST und die Lebenslust der Magyaren	74
WARSCHAU – das Paris des Ostens	76
KRAKAU, die alte Königsmetropole	78
Die Wiedergeburt von **DANZIG**	80
TALLINN – auf den Spuren der Hanse	82
ST. PETERSBURG – Russlands Tor zum Westen	84
Unvergängliches **MOSKAU**	86
Warum **DUBLIN** zur Pilgerstätte wurde	88
LONDON birgt viele Welten	90
OXFORD – in der Welt der Colleges	92
EDINBURGH – das Herz Schottlands	94
OSLOS freundlicher Charme	96
Im toleranten **KOPENHAGEN**	98
STOCKHOLM – eine Stadt auf Inseln	100
Weiße Nächte in **HELSINKI**	102

AMERIKA

NEW YORK – der Nabel der Welt	104
Die Stadt **WASHINGTONS**	106
CHICAGOS Tempel moderner Baukunst	108
NEW ORLEANS – die Metropole des Jazz	110
SAN DIEGO – Stadtparadies am Pazifik	112
SAN FRANCISCO – die Metropole des Westens	114
Fjorde, Berge und **VANCOUVER**	116
TORONTO – eine Stadt für viele Völker	118
Drei Kulturen in **MEXICO CITY**	120
Legenden aus **HAVANNA**	122
Höhenluft in **QUITO**	124
LIMA – im Land der Indios	126
LA PAZ – Marktplatz im Tal der Anden	128
VALPARAISO – Chiles wichtigster Hafen	130
Die betäubende Schönheit von **RIO**	132
MONTEVIDEO – am Ufer des Rio de la Plata	134
BUENOS AIRES – die Hauptstadt des Tangos	136

ASIEN

Das dreifach heilige **JERUSALEM**	138
AMMAN – weiße Stadt auf 18 Hügeln	140
Das himmlische **DAMASKUS**	142
Entdeckungen in **BAGDAD**	144
Das jemenitische Kunstwerk **SANAA**	146
ADEN – Leben auf dem Vulkan	148
DUBAI – keine Fata Morgana	150
TEHERANS glitzerndes Erbe	152
„**ISFAHAN** ist die Hälfte der Welt"	154
Das Paradies von **SAMARKAND**	156
Architektur und Liebe in **LAHORE**	158
DELHI – Spielball der Mächte	160
Viele Götter in **KATHMANDU**	162
Geschändeter Göttersitz **LHASA**	164
RANGUN – im Schrein ruhen Buddhas Haare	166
BANGKOK – die Stadt der Engel	168
Pariser Leben in **SAIGON**	170
Schmelztiegel **KUALA LUMPUR**	172
SINGAPUR – die saubere Schönheit	174
Die reiche Braut **HONGKONG**	176
Das Wunder von **SCHANGHAI**	178
PEKING – die verbotene Stadt	180
Die letzten Paläste von **SEOUL**	182
TOKIO – das größte Dorf der Welt	184
Die Kaiser waren in **KIOTO** Götter	186

AUSTRALIEN

Zwei Wahrzeichen für **SYDNEY**	188
Das Wettrennen nach **MELBOURNE**	190

AFRIKA

MARRAKESCH – Märchen und Magie	192
FèS – in den Basaren des Orients	194
TUNIS – im Schatten der Ez-Zitouna	196
KAIRO – im orientalischen Westen	198
ASSUAN – die Endstation der Feluken	200
ABIDJAN – Perle der Lagune	202
DURBAN – Südafrikas Strandbad	204
KAPSTADT – Weltstadt am Südatlantik	206

JERUSALEM

Panoramablick vom Ölberg über die Heilige Stadt
SEITE 138

SYDNEY

Das moderne Opernhaus wurde zum Wahrzeichen der Metropole
SEITE 188

MARRAKESCH

Vom Djemaa-el-Fna-Platz aus gelangt man durch ein Tor in den Basar
SEITE 192

EUROPA

Der goldene Glanz von Lissabon

Steinerne Zeugen erinnern an die Zeit der großen Seefahrer

Wer Lissabon nicht gesehen hat, der weiß nicht, was Schönheit ist, sagen die Portugiesen. Und der schönste Weg in die Hauptstadt sei noch immer der Seeweg. Vom Atlantik führt er durch die Tejo-Mündung in das stille Strohmeer, eine seenhafte Ausbuchtung des Flusses, zu einem der landschaftlich reizvollsten Naturhäfen der Welt. Dort am leicht ansteigenden nördlichen Ufer, voll der Sonne zugewandt, liegt die Schöne über sieben Hügel hingestreckt – stolz auf verschnörkelte Paläste und Kirchen, bezaubert vom Charme alter Gassen und Geschichten, wehmütig aber auch über den verblassenden Glanz goldener Zeiten.

Phönizier waren um 1200 v. Chr. die Ersten, die mit einer Flotte in das Strohmeer einliefen. Sie nannten ihren Ankerplatz Alis Ubbo, ruhiger Hafen, woraus später Lisboa wurde, Lissabon. Römer und Westgoten bauten die Stadt aus, bis dann Mauren sie eroberten. 400 Jahre lang wehte auf der Stadtfestung Castelo São Jorge die grüne Fahne des Propheten. Erst 1147 gelang König Alfonso I. mit einem Kreuzfahrerheer die Vertreibung der Muslime. Entscheidend für den Sieg war der Opfertod des Lissaboners Martim Monez, der sich sterbend zwischen zwei Torflügel des Kastells São Jorge geklemmt und so das Eindringen in den Stützpunkt ermöglicht hatte.

Wie Portugal Weltmacht wurde

Von nun an füllten sich die Kassen der Stadt. Lissaboner Schiffe beherrschten den Handel mit Afrika, und auch auf dem Landweg wurden Geschäfte gemacht. Als dann Vasco da Gama Ende des 15. Jahrhunderts den Seeweg nach Indien entdeckt und Pedro Alvarez Cabral Brasilien zur Kolonie gemacht hatte, entwickelte sich die Hauptstadt zu einer der reichsten Metropolen Europas und das Königreich Portugal zur Weltmacht. Ein steinerner Zeuge aus jenem goldenen Zeitalter ist der mit Schmuckzinnen verzierte Wachturm Torre Belém am Tejo. Ganz in seiner Nähe wurden die Schätze der Seefahrer entladen: Gold, Silber, Edelsteine, Seide, Gewürze, exotische Pflanzen und auch Tiere.

König Manuel I. führte bei festlichen Ausritten sechs Elefanten und zahme Panther mit. Um sich bei Gott für alles Glück zu bedanken, ließ er das großartige Hieronymus-Kloster bauen, einzig in seiner kühnen Statik und der „manuelischen" Ausschmückung in einem gotisch-arabisch-indischen Mischstil. Bis zur Fertigstellung des Bauwerks mit der dreischiffigen Hallenkirche aus weißgrauem Sandstein vergingen 60 Jahre.

Das Kloster ist eines der wenigen großen Bauwerke, die Lissabons schlimmste Katastrophe überstehen sollten. Ein Erdbeben, drei Seebeben und anschließende Feuersbrünste vernichteten am Allerheiligentag des Jahres 1755 fast die gesamte Stadt. 30 000 Bewohner wurden von einstürzenden Mauern erschlagen, von gewaltigen Flutwellen in den Tod gerissen oder verbrannten im Feuer. Insgesamt gingen 15 000 Gebäude, 300 Paläste und 110 Kirchen verloren.

Schattenplätze unter Eichen

Beim Wiederaufbau unter Marqués de Pombal wurde nach den Gesichtspunkten modernen Städtebaus vorgegangen, denen Lissabon viel von seiner heutigen Großzügigkeit verdankt. So ließ Pombal am Tejo auf dem Gelände des zerstörten Königspalastes den 35 000 Quadratmeter großen Praça do Comércio anlegen, bis heute ein Schmuckstück der Stadt. Ein Triumphbogen an der Nordseite führt in die ebenfalls neu gestaltete Unterstadt (Baixa), ein symmetrisch angelegtes Ladenviertel.

Auf dem an die Baixa anschließenden „Rossio", heute Lissabons lebhaftester Platz, wurden noch bis 1820 angebliche Ketzer bei lebendigem Leibe verbrannt. Von hier sind es nur wenige Schritte zu der Prachtstraße Avenida da Liberdade mit Schattenplätzen unter Eichen, Jacarinden und den Sonnenschirmen von Cafés. Viele Lissaboner gönnen sich hier zur Siesta-Zeit trotz des gewaltigen Autolärms einen erquickenden Halbschlaf, während erschöpfte Touristen in Reiseführern blättern und Programme für den Rest des Tages entwickeln.

An Sehenswürdigkeiten herrscht in der 850 000-Einwohner-Stadt kein Mangel. Man kann über steile Treppen zum Castelo São Jorge hinaufsteigen, einige der 42 Museen und 76 Kirchen besuchen oder Lissabons gusseiserne Aufzüge ausprobieren, die Stadtteile unterschiedlicher Höhe verbinden.

Man kann aber auch im Uralt-Café „Martinho da Arcadia" bei einem „Uma Bica" (Espresso) das Leben an sich vorüberziehen lassen, im „Ribadouro" ein paar Langusten verzehren und sich danach bei einem Glas Wein im „Mascote de Atalaia" Fados anhören, Lieder von Liebe und Tod, deren süße Traurigkeit dem Lebensgefühl entsprechen, das die Lissaboner „Saudade" nennen.

ANREISE:
Lissabon hat einen internationalen Flughafen

UNTERKUNFT:
Pensionen und Hotels aller Kategorien

BESTE REISEZEIT:
Mitte März bis Anfang Juni, September bis Anfang November

TRINKGELD:
5 bis 10 Prozent des Rechnungsbetrages. Auch für touristische und sonstige Dienstleistungen wird meist ein Trinkgeld erwartet

AUSFLÜGE:
Halbtags nach Estoril und Cascais. Tagestouren u.a. nach Sintra, Coimbra und Óbidos

TYPISCHE GERICHTE:
Bacalhau, Stockfisch, für den es angeblich 365 Zubereitungsarten gibt

Altstadthügel Lissabons unterhalb der Festung São Jorge im Abendlicht (oben)

Die Straßenbahn ersetzt seit einiger Zeit auf einer besonders steilen Strecke eine frühere Seilbahn, den Elevador da Bica (unten l.)

Der Torre Belém am Ufer des Tejo

Der süße Duft von Porto

Wein und Sardinen verhalfen der Stadt am Douro zum Wohlstand

ANREISE:
Internationaler Flughafen Sá-Carneiro 10 km nördlich von Porto

UNTERKUNFT:
Hotels aller Kategorien

BESTE REISEZEIT:
Mitte März bis Anfang Juni, September bis Anfang November

TRINKGELD:
5 bis 10 Prozent des Rechnungsbetrages. Extra-Tip für besondere Dienstleistungen

AUSFLÜGE:
Halbtagstouren zum Seebad Foz do Douro an der Flussmündung, zum Atlantikhafen Porto de Leixões und zu der romanisch-gotischen Wehrkirche aus dem 14. Jahrhundert in Leça do Bailio

LOKALE GERICHTE:
„Tripas"-Innereien

Von der klaren Romanik ältester Kirchenbauten bis zum beschwingten Jugendstil im Café Majestic gibt es kaum eine architektonische Ausdrucksform, die nicht in Porto ihren Niederschlag gefunden hätte. Zwar verfügte die zweitgrößte Stadt Portugals über keine kolonialen Reichtümer, dafür aber über ehrgeizige Stadtväter, Kirchenfürsten und bürgerliche Mäzene, die viel dafür gaben, die jeweils herrschenden Vorstellungen von Schönheit baulich zum Ausdruck zu bringen.

Sechs Kilometer oberhalb der Mündung des Douro in den Atlantik unterhielten schon die Römer um 200 v. Chr. am nördlichen Flussufer eine Handelsniederlassung, die sie Portus Cale (Cale-Hafen) nannten, woraus sich später der Landesname Portugal ableitete. Am selben Ankerplatz entstand nach und nach die Hafenstadt Porto. Westgoten machten den Ort später zum Bischofssitz. Und nach 300 Jahren arabischer Herrschaft stieg Porto im 11. Jahrhundert zur Hauptstadt der damaligen Grafschaft Portugal auf.

Die Besiedlung des mittelalterlichen Stadtkerns war harte Arbeit.

Um Baugrund für die bis zu fünf Stockwerke hohen Bürgerhäuser zu schaffen, musste aus dem Granithang über dem Douro Terrasse um Terrasse herausgeschlagen werden. An der höchsten Stelle wurde im 12. Jahrhundert die Kathedrale errichtet, die seitdem mit ihren zwei kantigen Türmen das Viertel wie eine Trutzburg überragt. Der Baustil war anfangs romanisch, später überwog die Gotik. Einige Monate früher hatte man schon Portos älteste Kirche fertig gestellt, die romanische São Martinho de Cedofeita, deren origineller Name „cedo feita" (schnell gemacht) das Arbeitstempo der Bauleute lobt.

Das Rezept eines Engländers

Finanziert wurde aller Aufbau vor allem durch Gewinne aus dem florierenden Handel mit Wein aus dem oberen Douro-Gebiet. Ein schon von den Römern geschätzter Roter gelangte als „Adelswein" bis nach Großbritannien. 1860 mischte ein englischer Kaufmann normalem Rotwein zur besseren Haltbarkeit ein wenig Branntwein bei – mit unerwarteten Folgen: Die britische Kundschaft war entzückt von dem neuen „Aperitif". „Portwein" wurde ein Welterfolg. Zwar wurde die Rezeptur später leicht verändert, die Süße variiert, aber immer ging der Absatz weiter steil nach oben. Inzwischen verfügen britische, holländische und deutsche Großhändler im südlichen Vorort Vila Nova de Gaia über riesige Portweinlager – von denen an windstillen Tagen ein verführerischer süßer Duft über den Douro in die gegenüberliegende Altstadt wabert.

Auch der Export von konservierten Sardinen und Kork trug früh zum Wohlstand Portos bei, wie auch in jüngerer Zeit eine wachsende Textilindustrie. Im Westen der Altstadt wuchsen, erstmals städtebaulich geordnet, moderne Geschäfts- und Wohnviertel empor, aufgelockert durch großzügig gestaltete Plätze, Avenuen und Parkanlagen. Berühmte Ingenieure wie Gustave Eiffel, der Turmbauer von Paris, beteiligten sich an der Konstruktion neuzeitlicher Brücken über den Douro. Als technisches Wunderwerk wurde 1886 die Ponte de Dom Luis I. gefeiert, die mit zwei Fahrbahnen in 10 und 68 Meter Höhe Portos Zentrum mit dem Viertel der Portweinhändler verbindet.

Als geistigen Motor des Erfolgs bezeichnet man in Porto Bürgertugenden wie Beharrlichkeit und Freiheitswillen. Im späten Mittelalter setzte die Bürgerschaft nach schlechten Erfahrungen mit dem Adel ein Privileg durch, nach dem sich in der Stadt kein Edelmann niederlassen durfte. Mehrfach kam es zu Aufständen gegen Übergriffe der Obrigkeit. Truppen Napoleons wurden 1808 wütend zurückgeschlagen. Als erste Stadt Portugals erhob sich Porto 1891 gegen die Monarchie. Und zum Diktator Salazar (1889–1970) hielt man deutlich Distanz.

Kulturhauptstadt Europas

Den Stolz vieler der etwa 330 000 Einwohner verletzt es allerdings noch immer, dass der süße Portwein in der Welt bekannter ist als das schöne Porto. Zumindest auf dem eigenen Kontinent hat sich daran spätestens

1994 etwas geändert. In jenem Jahr war Porto offiziell „Kulturhauptstadt Europas", ein Titel, der den Fremdenverkehr fördert. Gern zeigt man Besuchern historische Gebäude wie das mutmaßliche Geburtshaus Heinrich des Seefahrers (1394–1460), der zwar nicht zur See fuhr, sich aber um die Seefahrt verdient machte, indem er unter anderem die Entwicklung eines neuen Schiffstyps, der Karavelle, unterstützte, die an Seetüchtigkeit und Manövrierfähigkeit herkömmlichen Schiffstypen überlegen war.

Am meisten angezogen fühlen sich viele Touristen allerdings von alten „malerischen" Vierteln wie dem Gassengewirr am Ribeira-Platz und auch vom süßen Duft des Portweins. Im Institut Solar Vinho do Porto kann man inzwischen 200 verschiedene Portweinsorten probieren.

Mit zwei Fahrbahnen in 10 und 68 Meter Höhe verbindet die Stahlkonstruktion der Brücke Dom Luis I. über den Douro das alte Zentrum Portos mit dem Viertel der Portweinhändler (oben)

Ein Anziehungspunkt für Touristen sind die malerischen Gassen der Altstadt (unten l.)

Flache Kähne wie die nebenstehende „Barco Rabelo" waren lange Zeit das wichtigste Transportmittel für Wein aus dem Douro-Gebiet

Madrid sehen und genießen

Der beste Fremdenführer in der spanischen Hauptstadt ist der Zufall

Wer den Versuch macht, Madrid systematisch nach Sehenswürdigkeiten zu durchstreifen, droht schon daran zu scheitern, dass es zu viele sind. Ein wenig Planung darf zwar sein, aber Europas sinnenfroheste Hauptstadt ist am bequemsten zu genießen, wie der Zufall sie einem serviert – beim Bummel durch die Straßen und Verschnaufen in Freiluft-Cafés und Tapas-Bars.

Gleich bei der Fahrt vom Flughafen in die Innenstadt erlebt man Madrid von seiner weltstädtischen Seite. Über breite begrünte Boulevards geht die Reise, um riesige meist runde Plätze herum und an pompöser Architektur vorbei. Da gibt es die Hauptpost im Hochzeitstortenstil, antik wirkende Triumphbögen, als Renaissanceschlösser getarnte Banken, aber auch postmoderne Wolkenkratzer wie die beiden (absichtlich) schiefen Zwillingshochhäuser der 1996 fertig gestellten Puerta Europa.

Angefangen hat die Geschichte Madrids einst am Westrand der Altstadt, wo sich inzwischen der monumentale Königspalast breit macht. Genau hier am Hochufer des Rio Manzanares ließ sich der arabische Eroberer Emir Mohammed I. im Jahre 852 einen Alcázar bauen, den Festungspalast Mayrit. Nach der Vertreibung der Mauren im 11. Jahrhundert nutzten Christenkönige den Alcázar als Jagdschloss, und aus Mayrit wurde der Name Madrid für eine kleine Siedlung – und aus Madrid 1561 die Hauptstadt Spaniens.

Der König floh durchs Fenster

Noch fast zwei Jahrhunderte diente der Alcázar als Residenz der katholischen Könige, dann brannte er 1734 ab und wurde durch den Palacio Real ersetzt, ein Riesenschloss von der zehnfachen Größe des Londoner Buckingham-Palastes. Scheinbar endlos reiht sich ein Saal mit Deckenfresken, vergoldetem Stuckwerk und zentnerschweren Kronleuchtern an den anderen. Letzter königlicher Bewohner war Alfons XIII., der 1931 aus Angst vor demonstrierenden Republikanern durch ein Terrassenfenster ins Exil floh. Der jetzige König Juan Carlos I. nutzt den Monumentalbau nur noch für Staatsempfänge.

Auf den Porträts der Hofmaler haben die Majestäten, die den Palacio Real bewohnten, schöne und edle Gesichter. Wirklichkeitsgetreuer blicken einige im Prado-Museum von den Wänden. Bleich und dekadent beispielsweise hat Velasquez einige Könige der Habsburger Linie dargestellt. Und Tizian zeigt in einem Porträt Karls V. den erst 27-jährigen, aber kränkelnden König bereits als Greis. Entlarvend statt idealisierend wirkt im Saal 32 auch Goyas Gruppenbild der Familie des Königs Carlos IV.

Auf der Plaza Mayor, dem schönsten Platz Madrids, sahen die Hoheiten von ihrem Balkon aus Hinrichtungen, Stierkämpfen und der Verbrennung von Ketzern zu. Längst dient die von Adelshäusern umstandene Freifläche nun den Madrilenen als idealer Platz, bei einem Café solo oder Aperitif draußen zu sitzen, Zeitung zu lesen, mit Freunden zu diskutieren oder auch nur stumm zu beobachten, was ringsum gespielt wird.

Von jedem Stil etwas

Wohin man von der Plaza Mayor auch geht, man kommt in interessante Gegenden. Ganz nah sind die verwinkelten Gassen, Tordurchgänge, Treppchen und kleinen Plätze der Altstadt. Viele Häuser haben noch Fassaden nach dem Geschmack der Habsburger und könnten genauso gut in Alt-Wien oder Salzburg stehen, wie der Palacio Santa Cruz, früher Gefängnis, heute Außenministerium.

Madrid ist ein Freilichtmuseum der Baustile. Die Altstadtkapelle del Obispo wartet mit strenger Gotik auf; und eines der schönsten Barockportale Iberiens ist am alten Hospiz zu bewundern, das sich in ein Museum der Stadtgeschichte verwandelt hat. Bei der gemütlichen Plaza de Santa Ana erfreut das Teatro Español mit seinem edlen Klassizismus, an der Plaza de Cibeles die Bank von Spanien mit venezianischer Zucker-Renaissance. Mit Art déco in Reinkultur kann in der Gran Via das Superkino Palacio de la Música dienen, mit Art nouveau, dem spanischen Jugendstil, das Gebäude der Autorenvereinigung.

Wer das alles in vielen Stunden abgelaufen hat, ist reif für eine Stärkung. Zum Glück gibt es spätestens an der nächsten Straßenecke eine Bar oder Taberna, die zu jedem Getränk die famosen Tapas (Häppchen) serviert. Dabei kann es sich um eingelegte Muscheln, ein Stück Tortilla, Käse, Schinken, Oliven oder spezielle Leckerbissen nach Art des Hauses handeln. Ohne sie wäre auch schwer die Zeit bis zum Abendessen zu überbrücken, das in den Restaurants der Stadt nicht vor 22 Uhr beginnt.

ANREISE: Internationale Flugverbindungen

UNTERKUNFT: Hotels jeder Preislage. Teuer, aber zentrumsnah unweit des Prado gelegen: Das Belle-Époque-Hotel „Palace" und das berühmte „Ritz"

BESTE REISEZEIT: Frühjahr und Herbst

TRINKGELD: Etwa 5 Prozent des Rechnungsbetrages

AUSFLÜGE: Der 1584 fertig gestellte Klosterpalast El Escorial. Die mittelalterlichen Städte Segovia und Toledo

---

Für den Bau der Gran Via wurde Anfang des 20. Jahrhunderts ein Altstadtviertel im Zentrum Madrids niedergerissen. Die Prachtstraße ist Sitz vieler Großfirmen und zugleich Vergnügungsmeile (oben)

Der Palacio Real aus dem 18. Jahrhundert war bis 1931 Wohnsitz der spanischen Könige. Heute wird der Riesenbau für Staatsempfänge und als Museum genutzt (unten l.)

Die Plaza Mayor ist Madrids größter und schönster Platz. Cafés und Restaurants laden in der autofreien Zone zum Verweilen ein (unten M.)

„Die nackte Maja" von Goya im Prado-Museum

Zeit des Glücks in Córdoba
Ein Wald aus Säulen erinnert an eine glanzvolle Vergangenheit

ANREISE:
Nächste international angeflogene Flughäfen sind Sevilla (125 km) und Malaga (195 km)

UNTERKUNFT:
Zahlreiche Hotels aller Klassen sowie kleine Pensionen. Besonders empfehlenswert: Hotel Amistad an der alten Stadtmauer

BESTE REISEZEIT:
März bis Juni, Ende September bis Oktober

TRINKGELD:
Bis zu 10 Prozent des Rechnungsbetrages

Fast ein halbes Jahrhundert nach der Eroberung Andalusiens durch die Mauren ritt 756 an der Spitze einer Reiterarmee ein junger Mann von hoher Bildung in Córdoba ein: Abd ar-Rahman I., Sohn des letzten Omaijaden-Kalifen von Damaskus und einer Berberin. Damit begann der Aufstieg der alten Handelsstadt zu einer der freiesten und reichsten Metropolen der Alten Welt.

Dem Blutbad entkommen

Hinter dem Kalifensohn lagen sechs dramatische Jahre. Persische Abbasiden hatten seinen Vater und die übrige Familie ermordet, um sich des Thrones zu bemächtigen. Als Einziger war der damals Zwanzigjährige dem Blutbad entkommen und von der Berbersippe seiner Mutter im Atlasgebirge versteckt worden. Aus Nordafrika ging er später nach Südspanien, schwor eine Horde nomadischer Reiter auf sich ein und bereitete mit ihnen bei Sevilla dem Gouverneur von Córdoba, einem Statthalter der Abbasiden, und dessen Soldaten eine tödliche Niederlage.

Selbstbewusst riss Abd ar-Rahman I. danach die Herrschaft über die Córdoba-Provinz an sich und verwandelte sie in ein unabhängiges Emirat, aus dem später das Kalifenreich Al-Andaluz hervorging. Einen von den Mördern seines Vaters angezettelten Aufstand schlug er nieder, ließ die Anführer enthaupten und schickte die einbalsamierten Köpfe nach Bagdad.

So kriegerisch er auch nach außen auftrat, die inneren Angelegenheiten seines Emirats regelte Abd ar-Rahman I. mit Toleranz und Großmut. Obwohl ihm selbst der Islam heilig war, duldete er Religionsfreiheit.

Die multikulturelle Bürgerschaft aus Arabern, Berbern, Juden und Westgoten ermöglichte durch die Vielseitigkeit der Begabungen auch einen raschen wirtschaftlichen Aufschwung. Neuartige Handwerksberufe wie die Seidenweberei erzielten große Erfolge. Die Herstellung künstlerisch gestalteter Kacheln florierte, Brachland wurde in orientalische Gärten verwandelt oder zur Anpflanzung von Zitrusfrüchten und exotischen Gemüsen genutzt.

Disput der Eliten

Nach dem Tod Abd ar-Rahmans im Jahre 788 förderten seine omaijadischen Nachfolger den weiteren Aufstieg Córdobas zu einem wirtschaftlichen und geistigen Zentrum der Alten Welt. An den Hochschulen lehrten die Eliten verschiedener Kulturkreise, disputierten arabische und jüdische Philosophen. Ungehindert durch kirchliche Verbote konnten Mediziner auf der Suche nach neuen Erkenntnissen Leichen sezieren. Die Hospitäler Córdobas gehörten zu den fortschrittlichsten ihrer Zeit.

Der bedeutendste Sakralbau aus der Zeit der andalusischen Omaijaden ist die Große Moschee, die Mezquita, das gewaltigste islamische Bauwerk des Okzidents. Nach außen betont bescheiden gestaltet, beeindruckt die Mezquita innen durch ihre absolute Harmonie, hervorgerufen durch einen „Wald" von 856 Säulen unter doppelten Rund- und Hufeisenbögen.

Im jüdisch-maurischen Viertel

Dicht daneben liegt das jüdisch-maurische Viertel Juderia mit seinen mittelalterlichen Wohnquartieren, schattigen Innenhöfen und kunstvoll verkachelten Mauern. Erhalten blieben auch eine Synagoge, arabische Bäder und das Patrizierhaus Palacio de Viana. Nur noch ein Trümmermeer ist dagegen die etwas außerhalb gelegene Medina Azahara (Stadt der Blumen), eine riesige Palastanlage, die Abd ar-Rahman III. für 20 000 Hofbedienstete und Soldaten hatte errichten lassen.

Die religiöse und geistige Freiheit endete, als 1236 der „Heilige König" Ferdinand III. die Stadt Córdoba dem katholischen Christentum zurückeroberte.

Im 10. Jahrhundert zählte das wohlhabende Córdoba etwa eine Million Einwohner, dreimal mehr als heute. Es gab prachtvolle Paläste und Moscheen. Die Hauptstraßen waren gepflastert und wurden nachts von Fackelschein erhellt. Mit 113 000 Wohngebäuden, 80 Schulen, wenigstens 50 Hospitälern, 900 Badehäusern, mehreren Bibliotheken und rund 80 000 Werkstätten übertraf die Hauptstadt von Al-Andaluz alle Königsresidenzen des Kontinents. „Über dem Westen strahlt die leuchtende Zier der Welt, Córdoba!", begeisterte sich in einer zeitgenössischen Dichtung die deutsche Äbtissin Roswitha (Hrotsvit) von Gandersheim.

Blick über den Guadalquivir auf die Altstadt von Córdoba mit der Großen Moschee, der später eine klotzige Kathedrale aufgepfropft wurde (oben l.)

Äußerlich betont schmucklos gestaltet, überrascht der Bau aus der Maurenzeit im Innern mit der Pracht seines „Säulenwaldes" (unten)

Flamenco-Tänzerinnen in einem Altstadtlokal (oben r.)

Córdobas elegante Plaza de las Tendillas mit Architektur aus der Zeit um 1900

Gold und Silber für Sevilla
Die andalusische Hauptstadt symbolisiert das klassische Spanien

ANREISE:
Linienflüge von den meisten größeren Flughäfen nach Sevilla. Preisgünstige Charterflüge

UNTERKUNFT:
Zahlreiche Hotels und Pensionen, zum Teil überteuert. Während der Semana Santa und der Feria de Abril sind die meisten Quartiere lange Zeit vorher ausgebucht

BESTE REISEZEIT:
April bis Juni, September und Oktober

TRINKGELD:
In Bars, Restaurants, Cafeterias und Hotels bis zu 10 Prozent des Rechnungsbetrages. Extra-Tips für besondere Dienstleistungen

Von allen Städten Spaniens ist Sevilla die spanischste. Hier ruhen, wenn sie denn echt sind, die Gebeine des großen Christoph Kolumbus. Hier wurde geraubtes Inkagold an Land gebracht, malte Murillo seine verklärten Heiligengesichter und lebten in der Fantasie von Dichtern und Komponisten Don Juan, Carmen und natürlich der Barbier von Sevilla. Auch hat in der andalusischen Hauptstadt der Stierkampf eine lange Tradition, und nirgendwo sonst im Lande werden so fromme und so bunte Feste gefeiert.

Zum größten Spektakel kommt es jedes Jahr in der Semana Santa, der heiligen Woche vor Ostern, wenn die 52 katholischen Bruderschaften riesige Podeste mit Heiligendarstellungen von der eigenen Kirche zur Kathedrale und wieder zurück schleppen. In langer Prozession folgen den prunkvollen Aufbauten barfüßige Sünder mit Kreuzen auf den Schultern und Eisenketten an den Füßen, Trommelbuben wie auch vermummte Gestalten mit den hohen Spitzkapuzen der Inquisition.

Der Sieg des Christentums

Mit dem Kirchenfest feiert Sevilla seit dem Mittelalter den Sieg des Christentums über den Islam. Ein halbes Jahrtausend hatten in der Stadt die Mauren geherrscht, ehe sie 1248 von König Ferdinand III. geschlagen wurden. Der postum heilig gesprochene Monarch vertrieb 300 000 Muslime und teilte dann ihre Häuser und Ländereien unter seinen Gefolgsleuten auf. Verzweifelt ließen sich viele „Moros" taufen, um ihren Besitz behalten zu können, uneingedenk der Gefahr, später dennoch von der Inquisition zum Tod auf dem Scheiterhaufen verurteilt zu werden.

König Pedros Liebesnest

Trotz der Vertreibungen stand die arabische Baukunst, der Sevilla sein Wahrzeichen verdankt, den Minarett-Turm Giralda, weiter in hohem Ansehen. So ließ der Christenkönig Pedro III. für sich und seine Geliebte von arabischen Architekten und Gartenkünstlern im Herzen der Stadt die Palastanlage Alcázar errichten. Mit seinen maurischen Zackenbögen, verspielten Zinnen, filigranem Stuckdekor und lauschigen Innenhöfen gehört der orientalische Prachtbau seitdem zu den beliebtesten Sehenswürdigkeiten Sevillas.

Einen ersten katholischen Großbau beschlossen die Domherren 1401 mit den denkwürdigen Worten: „Lasst uns eine Kathedrale bauen, so groß, dass jeder, der sie sieht, uns für wahnsinnig hält." An der Stelle einer Moschee wuchs in 100 Jahren Santa Maria empor, die drittgrößte Kirche Europas, außen gotisch, innen mehr von der Renaissance beeinflusst. Der von mächtigen Pfeilern in fünf Schiffe unterteilte Hallenbau ist seit seiner Fertigstellung das meistbewunderte Bauwerk Sevillas. Hier steht auch der von vier lebensgroßen Königsfiguren getragene Sarkophag mit den Gebeinen von Kolumbus, deren Echtheit allerdings angezweifelt wird, zumal der große Seefahrer auch in Santo Domingo begraben sein soll.

Dank der Entdeckung der Neuen Welt durch Kolumbus und der Ausplünderung des Inkareichs durch Pizarro wurde Sevilla im 16. und 17. Jahrhundert zur reichsten Stadt des Kontinents. Zweimal im Jahr brachte nun eine Flotte spanischer Galeonen Gold und Silber den Guadalquivir hinauf in den Hafen der Stadt. Ausgestattet mit dem Handelsmonopol für die neuen Kolonien, kassierte Sevilla jedesmal einen stattlichen Prozentsatz an der Beute.

Corrida seit 1750

Ein wenig von dem neuen Wohlstand griff auch auf die Bevölkerung über, deren Zahl nach der Mauren-Vertreibung, anschließenden Juden-Verfolgungen und durch die Pestepidemie von 1349 stark zurückgegangen war. Im malerischen Barrio de Santa Cruz schmückten die Bewohner ihre Atriumhäuser mit bunten Azulejos (Kacheln) und kunstgeschmiedeten Gittern. Und der Stierkampf eroberte Sevilla und hält die Stadt seitdem im Fieber. Um 1750 zogen erstmals andalusische Toreros goldbetresst zur Corrida. Wenig später baute sich Sevilla eine der schönsten Stierkampfarenen Spaniens, die Plaza de Toros de la Maestranza mit inzwischen 12 500 Plätzen.

Stierkämpfe stehen auch beim fröhlichsten Volksfest Sevillas auf dem Programm, der jährlich um die Aprilzeit stattfindenden Feria de Abril. Sie wird vor allem in 450 Festzelten am Rande des Barrios Los Remidos gefeiert. Höhepunkt ist der Umzug wohlhabender Landbesitzerfamilien mit Reitern und Prachtkutschen – die Caballeros mit kurzen Jäckchen und runden schwarzen Hüten, die Señoras und Señoritas in aufgeplusterten Rüschenkleidern und mit roten Nelken im Haar. Sieben Tage lang fließen die schweren andalusischen Weine, wird überall der Flamenco und die fröhlichere Sevillana getanzt, dauert die Party bis ins Morgengrauen. Viva Sevilla!

Als ein Musterbeispiel vielseitiger andalusischer Baukunst entstand 1329 Sevillas originelle Plaza de España. Zu der halbkreisförmigen Anlage gehören neben repräsentativen Gebäuden mit typischen Stilelementen Säulengänge, eine breite Promenade und ein Kanal mit Zierbrücken (oben)

In der heiligen Woche vor Ostern sind die Kirchen Sevillas wie die Iglesia Santa Macarena Ausgangsort prunkvoller Prozessionen (unten l.)

Höhepunkt des alljährlichen Volksfestes Feria de Abril ist der Umzug der Landleute mit Reitern und Prachtkutschen

Granadas Glanz – die Alhambra

Das meistbesuchte Baudenkmal aus maurischer Zeit

Hungrig auf Beute setzte im Frühjahr 711 der Berberfürst Tarik Ibn Ziyad mit einem nordafrikanischen Reiterheer an der Meerenge von Gibraltar auf Dutzenden Schiffen nach Spanien über. Innerhalb weniger Wochen eroberte er Andalusien und ebnete damit nachfolgenden arabischen Truppen den Weg zur Unterwerfung nahezu aller Provinzen der Iberischen Halbinsel.

Schon bald nach seiner Ankunft besetzte der Berberfürst das Gebiet der späteren Großstadt Granada. In der von drei kleineren Hügeln unterbrochenen Hochebene fand er nur eine unbedeutende römisch-keltische Siedlung und die Häuser der Judengemeinde Garnath Alyehad vor. Aber die Landschaft bezauberte ihn. Im Südosten türmte sich das Schneegebirge der Sierra Nevada über 3000 Meter hoch in den Himmel, nach Westen und Süden hin erstreckten sich fruchtbare Täler.

Vom schnellen Beutemachen und Weiterziehen war keine Rede mehr. Die afrikanischen Reiter wollten bleiben. Es hatten sie auf ihrem Siegeszug keine Frauen begleitet, hier aber gab es blonde Christinnen und dunkelhaarige Jüdinnen. Die Mauren – Moros, wie sie von der Bevölkerung genannt wurden –, gründeten Familien, bauten sich Häuser und später für ihre Kinder Schulen. Auch Moscheen und Adelspaläste wurden errichtet. Nach und nach entstand auf dem Hügel Albaicín eine terrassenhaft angelegte Wohnsiedlung, die erste und einzige von den Mauren in Spanien gegründete Stadt: Garnata (Granatapfel), Granada.

Stockhiebe für den Fürsten

Doch politische Wirren erschwerten den maurischen Familienvätern das Leben. Der Berberfürst Tarik Ibn Ziyad wurde von seinem arabischen Kriegsherrn Musa Ibn Nusair wegen Eigenmächtigkeiten mit Stockhieben bestraft, und verschiedene Heerführer kündigten dem Kalifen von Damaskus, für den sie ursprünglich in den Kampf gezogen waren, die Gefolgschaft. Zeitweilig herrschten nun strenge Islamisten in Granada. Erst als andernorts die Mauren nach 300- bis 500-jähriger Herrschaft von katholischen Kreuzzüglern wieder vertrieben wurden, begann auch für die Neugründung eine glanzvollere Zeit.

1238 erhob Muhammed al-Ahmar Granada zur Hauptstadt eines Königreiches und sich selbst zum König. Mit ihm begann die Dynastie der arabischen Nasriden-Sultane, die sich durch geschicktes Taktieren mit katholischen Herrschern noch zweieinhalb Jahrhunderte an der Macht halten konnten. Granada bekam nun eine Stadtmauer, Handel und Handwerk florierten, und aus den rechristianisierten Gebieten suchte eine maurische Elite aus Künstlern, Architekten und Bauhandwerkern in der Nasriden-Residenz Zuflucht. Hervorragende Ärzte richteten Hospitäler ein, Badehäuser öffneten, Tuchfabriken nahmen ihre Arbeit auf.

Rückzug unter Tränen

Zu einem Ehrgeizprojekt arabischer Hochkultur entwickelte sich der Ausbau des Burgberges als königliche Residenz. Auf dem von einer Festungsmauer umringten Gelände entstand im Laufe der Jahrhunderte ein ganzes Ensemble Prachtbauten, die zu dem Schönsten gehören, was morgenländische Architektur dem Abendland zu schenken vermochte. Strahlender Mittelpunkt der Anlage wurde die eigentliche Alhambra, der Königspalast, bei dessen Anblick der arabische Dichter Ibn Zamrak einst schwärmte: „Die Sterne selbst möchten in dir weilen, statt endlos am Himmel zu kreisen!"

Mit dem 20. Nasriden-Sultan, dem jungen König Boabdil, ging am 2. Januar 1492 als Letztes auch in Granada die Herrschaft der Mauren zu Ende. Ein christliches Heer hatte die Stadt durch monatelange Belagerung ausgehungert und sturmreif gemacht. Um ein Blutvergießen zu verhindern und die Alhambra vor Zerstörung zu bewahren, übergab Boabdil Granada kampflos in die Obhut der Katholischen Könige Ferdinand II. und Isabella I. und zog sich weinend zurück. Einziger Trost des Abgedankten war das Versprechen der Christenkönige, den Mauren Granadas Religionsfreiheit zu gewähren. Aber es dauerte nicht lange, da wurden in Granada arabische Bücher verbrannt und ihre Besitzer zur Zwangstaufe getrieben.

Ein halbes Jahrtausend später gilt die Alhambra von Granada als das meistbesuchte Baudenkmal Spaniens. Bis zu 20 000 Besucher drängeln sich täglich durch die Prunksäle, Gärten und Innenhöfe des Königspalastes – zu viel, um in Muße die schwebende Leichtigkeit von Arkaden, das Märchenhafte der Stalaktitengewölbe und den Zauber der sich in Wasserbecken spiegelnden Säulen bewundern zu können.

ANREISE:
Flüge über Madrid und Barcelona nach Granada

UNTERKUNFT:
Hotels bis zum Vier-Sterne-Haus. Ideal: Parador Real de la Alhambra (auf dem Alhambra-Gelände) und Palacio Santa Inés (mit Blick auf die Alhambra)

BESTE REISEZEIT:
Frühling und Herbst

TRINKGELD:
Bis zu 10 Prozent des Rechnungsbetrages. Extra-Tips für besondere Dienstleistungen

SEHENSWERT:
Die Gärten von Generalife. Maurische Altstadt Albaicín. Die Höhlenhäuser von Sacromonte. Die Kathedrale mit der Grabstätte der katholischen Könige

Auf einem Ausläufer der schneebedeckten Sierra Nevada breitet sich über den Dächern Granadas die maurische Festung mit den Palästen der Nasriden-Könige aus, Alhambra genannt (oben)

Die äußere Schlichtheit der Bauten steht im starken Kontrast zur Innenausstattung, in der sich der ganze Zauber orientalischer Baukunst entfalten konnte wie in dem Prunksaal (unten l.)

Meisterwerke sind auch die Gärten der Alhambra, deren Schöpfer den Lebenden eine Vorahnung vom Paradies vermitteln wollten

Barcelona – Bühne der Lebenslust

Die katalanische Hauptstadt wird von Jahr zu Jahr interessanter

ANREISE:
Internationale Flug- und Eisenbahnverbindungen

UNTERKUNFT:
Hotels aller Kategorien. Nahe der Altstadt liegt das Vier-Sterne-Hotel „Colón"

BESTE REISEZEIT:
Mai/Juni und September/Oktober

TRINKGELD:
Etwa 5 Prozent des Rechnungsbetrages

LOKALE GERICHTE:
Katalanische Bauernwurst mit weißen Bohnen. Lammbraten aus dem Ofen

AUSFLÜGE:
Kloster Montserrat. Figueras mit dem Teatro-Museo Dalí. Girona, wegen seiner Altstadt „Klein-Florenz" genannt

Das Herz Barcelonas schlägt auf den Ramblas. Zwischen Morgen und Mitternacht ist fast jeder in der Stadt irgendwann auf der Platanenallee unterwegs, die den riesigen Plaza de Cataluña mit dem Hafen verbindet. Vogelhändler, Blumenfrauen und Zeitungsverkäufer haben an dem zwei Kilometer langen und bis zu 45 Meter breiten Flanierboulevard ihre Stände. Auch gibt es Straßencafés, Eisbuden und Bierschänken. Früh um fünf öffnet an den Ramblas die Boqueria mit dem Riesenfischmarkt, abends drängt Bürgertum in großer Garderobe in das prunkvolle Opernhaus, das trotz 5000 Plätzen und hoher Preise immer ausverkauft ist.

Es ist die weltstädtische Atmosphäre, die Besucher Barcelonas sofort gefangen nimmt, eine Mischung aus Lebenslust, Freiheitsdrang und Freude an der Kunst. Noch immer fühlt sich die Hauptstadt der spanischen Provinz Katalonien dem Europa nördlich der Pyrenäen verbunden. In ihren Mauern residierten Westgoten und Frankenkaiser wie Karl der Kahle, den eine Legende als Urheber des katalanischen Wappens benennt. Bei der Verteidigung Barcelonas gegen die Mauren soll er vier Finger in das Blut des verwundeten Nationalhelden Guifré getaucht und auf den Schild des Sterbenden gedrückt haben: vier rote Streifen auf goldenem Grund.

Der König hörte heimlich mit

Als Residenz des katalanisch-französischen Königreichs Aragon gelangte die von Römern gegründete Hafenstadt schon im frühen Mittelalter zu Macht und Reichtum. Unverändert erhalten aus jener Zeit blieb das Barrio Gótico mit seinen Stadtpalästen und der imposanten Kathedrale, allesamt vom strengen Stil der katalanischen Gotik bestimmt. Im schlicht-schönen „Saal der Hundert" im Rathaus versammelte sich im 14. Jahrhundert die erste autonome Stadtregierung, argwöhnisch durch eine Deckenluke belauscht vom katalanischen König, der sein Versteck verraten haben soll, als er auf einen unliebsamen Redner spuckte.

Wie ein Schutzpatron wird in Barcelona Kolumbus verehrt, spanisch Colón genannt, katalanisch Colom. Vom Hafen aus geleiteten Honoratioren den Entdecker Amerikas 1482 zum Palast der Grafen von Barcelona, wo ihn auf zwei Königsthronen Isabella von Kastilien und Ferdinand von Aragon erwarteten. Später errichtete man Kolumbus am Hafen eine 60 Meter hohe Gedenksäule. Ganz in der Nähe ankert inzwischen auch die originalgetreue Nachbildung der „Santa Maria", mit der Spaniens berühmtester Seefahrer die Neue Welt entdeckt hatte.

Fremdenführer lassen ihre Schäflein den Weg des Kolumbus noch einmal nachvollziehen – vom Hafen aus 700 Meter die Ramblas hinauf und dann nach rechts zur Plaza del Rei, an deren Stirnseite eine Freitreppe zum Palau Reial Major führt. Dort im Salón del Tinell machte der von einer Gruppe Indianer begleitete Seefahrer den Monarchen seine Aufwartung.

Picasso in alten Palästen

Viele mittelalterliche Bauten spielen inzwischen eine wichtige Rolle im lebhaften Kulturleben der Stadt, etwa als Museen. Allein drei Paläste dienen der Ausstellung von Werken Picassos. Mitunter kann in uralten Gewölben auch die deftige katalanische Küche probiert werden, so im Can Culleretes oder im Los Caracoles.

Auch die neuere Zeit hat in Barcelona Sehenswürdigkeiten hinterlassen. Mitten in einer bürgerlichen Wohngegend ist das Goldene Viereck zu bewundern, ein Ensemble von rund 150 Jugendstilgebäuden. Geniale Architekten wie Antoni Gaudí schufen hier fünfstöckige Wohnhäuser, die mit grottenhaften Eingangshallen, wellenförmigen Dächern und skulpturenhaften Kaminen den Eindruck von Traumgebilden hervorrufen. Das gilt auch für Gaudís ehrgeizigstes Werk, die Kirche Sagrada Família, an der seit 1882 gebaut wird. Als Gaudí 1926 starb, stand erst einer der 18 mittlerweile fertig gestellten Türme.

Nach der Jugendstilexplosion an der Wende vom 19. zum 20. Jahrhundert lösten die Weltausstellung von 1929 und die Olympischen Spiele von 1992 neue Impulse in der Stadtarchitektur aus. Barcelonas 213 Meter hoher Hausberg Montjuïc erhielt eine Reihe moderner Ausstellungspavillons und futuristischer Sportanlagen. Auch errichtete hier der Architekt Josep Lluis Sert einen lichten Museumsbau für die Werke des großen Surrealisten Joan Miró (1893 bis 1983). Der Meister selbst verewigte sich in der kunstliebenden Stadt mit der leuchtturmhohen Plastik Dona i Ocell (Frau und Vogel) und mit bunter Pflasterkunst auf den Ramblas.

Von der Kolumbus-Säule am Hafen führt der Flanierboulevard der Ramblas ins Zentrum von Barcelona. Auf der rechten Seite der Platanenallee liegt der älteste Stadtteil, das Barrio Gótico, mit der imposanten Kathedrale (oben)

Die bis zu 45 Meter breiten und zwei Kilometer langen Ramblas sind ein Paradies der Fußgänger (unten l.)

An Antoni Gaudís berühmter Jugendstilkirche Sagrada Família wird seit 1882 gebaut

Blick von Notre-Dame auf die Pariser City und die Seine. Links das Rive Gauche, im Hintergrund der Eiffelturm (oben)

Vor dem Louvre hat der chinesische Architekt I. M. Pei eine moderne Glaspyramide errichtet. Sie ist eines der neuen Wahrzeichen von Paris (unten l.)

Zentrum des alten Künstlerviertels Montmartre ist die Place du Tertre, hinter der die Basilika Sacré-Cœur aufragt

Paris und seine Boulevards

Die französische Hauptstadt erhielt im 19. Jahrhundert ihr heutiges Gesicht

„Es lebt sich so herrlich, es lebt sich so süß, am Seinestrand, in der Stadt Paris", schrieb der Schriftsteller Heinrich Heine, und für Ernest Hemingway war die Stadt sogar ein „Fest fürs Leben". Keine andere Stadt Europas wird so überschwänglich geliebt wie Paris, denn keine bietet sich so für die Flucht aus dem Alltag an. Vom großen Auftritt in der Oper hin zum Picknick an der Seine, vom Lunch in der „Brasserie Lipp" bis zum Sonnenbad auf den Stufen von Sacré-Cœur: Die Stadt verschenkt Genuss mit vollen Händen.

Die geschützte Lage auf den Seine-Inseln hatte im 3. Jahrhundert v. Chr. schon die keltischen Parisier dazu verführt, sich im Herzen des heutigen Paris niederzulassen, und auch den Römern erschien „Lutetia Parisiorum" später als idealer Siedlungsort. Unter den im 3. Jahrhundert n. Chr. eindringenden Franken begann dann der Aufstieg der Stadt, Paris wurde im 10. Jahrhundert königliche Residenz und behielt seine Rolle als Mittelpunkt Frankreichs auch nach dem Umzug Ludwig XIV. nach Versailles. Mit mehr als einer Million Einwohner war Paris Schauplatz der Französischen Revolution. Mit Kunst und Kultur, aber auch mit Haute Cuisine und Haute Couture ist die Seine-Metropole heute eines der begehrtesten Reiseziele der Welt.

Für manchen reicht es aus, sich irgendwo auf dem Boulevard St.-Germain-des-Prés niederzulassen, vielleicht im „Café de Flore", wo schon die Existenzialisten hitzige Debatten führten. Das Viertel, aus einem Kloster hervorgegangen, hat schon immer die Maler und Schriftsteller angezogen, und mit einer einzigartigen Galerienvielfalt huldigt man hier noch immer der Kunst.

Unruheherd Sorbonne

Gebildet ging es auch im nahen Quartier Latin zu, wo sich in engen Gassen rund um die Sorbonne noch viel von dem oppositionellen Geist gehalten hat, der 1968 zur Studenten-Revolte führte. Rive Gauche, das linke Seine-Ufer, ist Teil einer Lebensphilosophie, und eigenen Gesetzen gehorcht auch das nahe Viertel Montparnasse mit seinen vornehmen Straßen und der legendären Brasserie „La Coupole".

Doch trotz des farbigen Lebens am Rive Gauche: Mitten in der Geschichte wird man erst am rechten Ufer abgesetzt, wo der Louvre als Symbol einstiger königlicher Macht aufragt. Das Schloss, das nach der Revolution Museum wurde, beherbergt heute schätzungsweise 400 000 Kunstschätze wie La Joconde, besser als Mona Lisa bekannt. Vom Louvre aus führen die Tuileries-Gärten hin zur Place de La Concorde. In den Monaten nach dem Sturm auf die Bastille hieß der Platz „Place de la Revolution" und war Standort der Guillotine, auf der „Monsieur de Paris", der Henker, mehr als tausend Adelige hingerichtet hat, darunter auch Marie Antoinette. Eine gerade Achse führt von hier aus über die Champs-Elysées mit ihren teuren Geschäften hinauf zum Arc de Triomphe, Napoleons Prunkbau, errichtet nach seinem Sieg bei Austerlitz.

Das Marais im alten Glanz

Wer von der Place de la Concorde den Weg zur Oper einschlägt, kommt an der Place Vendôme vorbei, die mit ihren wohlproportionierten Häusern wie ein Stadtsaal unter freiem Himmel wirkt. Gigantisch gegen die intime Place Vendôme ist der Opernplatz, der vor allem am Abend seinen ganzen Glanz entfaltet.

Ein Viertel, das ahnen lässt, wie Paris einmal war, ist das hervorragend sanierte Marais mit seinen Geschäften und Höfen, aber auch den Palästen und der eleganten Place des Vosges. Die so oft besungene Vielfalt des Lebens findet man aber auch in Montmartre, vor allem, wenn man zu Fuß auf Entdeckungsreise geht. Steil ansteigende Straßen mit Gemüseläden, Bars und fantasievollen Hutmachern führen zum Mons Martyrium, dem Märtyrerberg, hinauf, auf dessen Gipfel die leuchtend weiße Kirche Sacré-Cœur thront, als schönster Aussichtspunkt der Stadt auch ein Treffpunkt der Jugend. Bunt ist das Leben auf der Place du Tertre, wo die Maler ihre Staffeleien aufgebaut haben. Das nahe Moulin Rouge, jenes schillernde Kabarett, in dem einst Henri de Toulouse-Lautrec die Cancan-Tänzerinnen malte, erinnert daran, dass der ganze Berg früher mit Mühlen besetzt war.

Doch natürlich gilt der letzte Besuch der Seine und den beiden Inseln, auf die man über die elegante Pont-Neuf gelangt. Auf der Ile de la Cité liegen Notre-Dame, der Justizpalast und der zauberhafte Place Dauphin. Wer die weniger bekannte Ile St.-Louis betritt, kommt an einen Ort voller Charme, den er am liebsten nie mehr verlassen würde. Paris weckt Sehnsüchte, auch wenn man dort ist.

BESTE REISEZEIT:
Frühling, Herbst und Winter

UNTERKUNFT:
Viele Grandhotels wie das „Ritz" mit großen Namen und großen Preisen. Preiswerte Hotels zwischen Gare du Nord und der Oper

FESTE:
Festival de Paris mit Oper, Konzerten, Tanz (Mai und Juni).
14. Juli: Nationalfeiertag mit Militärparade auf den Champs-Elysées

SOUVENIRS:
Mode, Antiquitäten, Delikatessen

KULINARISCHES:
Austern, Trüffel, Kaviar, aber auch Entrecôte, Kutteln und Blutwurst

DER BESONDERE TIPP:
Brasserie „Train Bleu" im opulenten Stil der Belle Époque an der Place Louis Armand

Metropole der Kochkunst

LYON gilt als Hochburg der Nouvelle Cuisine – Die Altstadt ist ein einzigartiges Architektur-Ensemble

BESTE REISEZEIT:
Herbst – die Erntezeit, aber auch Frühling und Sommer

UNTERKUNFT:
„La Tour Rose" (Hotel mit Feinschmeckerlokal). Einfache Hotels am Stadtrand

KULINARISCHES:
Hechtklöße, Würste, Wildschwein mit Trüffelscheiben, Kaninchen in Senfsauce, Cervelle de Canut (Spezialität mit Frischkäse)

SOUVENIRS:
Stoffe, Antiquitäten, eingemachte Delikatessen, Pralinen von Bernachon

FESTE:
Open-Air-Festival in den römischen Theatern (Juni bis September) „Lichter-Festival" (um den 8. Dezember)

DER BESONDERE TIPP:
Der Hügel von Fourvière bietet die schönste Aussicht über die Stadt

Mitten durch die Altstadt von Lyon fließt die Saône, kurz danach mündet sie in die Rhône (oben)

Großzügige Plätze wie die Place des Cordeliers sind beliebte Treffpunkte. Zur Stimmung passt auch das altmodische Kinderkarussell (unten l.)

Restaurants und Straßencafés gibt es in der Altstadt, wie hier in der Rue St. Jean, an allen Ecken

Trüffel und Steinpilze neben Fasanen und Hühnern, Trauben und Nüsse neben Austern und Hechten, dazu Gemüse, Früchte und duftendes Brot. Kein Platz eignet sich besser für die Begegnung mit Lyon als der Markt Saint-Antoine am Sonntagmorgen. Zu Tausenden flanieren die Einwohner an den überquellenden Ständen vorbei und riechen, tasten und schmecken, was am Mittag auf den Tisch kommen soll. Auch die Chefs der Restaurants sind unterwegs oder ihre Einkäufer, denn nur was frisch ist, findet vor ihnen Gnade.

Lyon ist die Hochburg des Genusses und der kulinarische Nabel der Grande Nation. Kein Wunder also, dass hier der Fürst der Tafelfreuden residiert. Paul Bocuse erfand in einem Vorort von Lyon die „leichte Küche", die einen solchen Siegeszug antrat, dass er heute „nur noch sein Geld zu zählen braucht". Was er angesichts seines berühmten Restaurants und mehrerer Bistros beruhigt tun kann, zumal längst auch die Kronprinzen wie Philippe Chavent oder Thierry Bonfante die Sterne vom Himmel holen.

Wie kommt eine Stadt zu einem solchen Ruhm? Zweifellos spielt die Lage eine wichtige Rolle, denn die zweitgrößte Stadt Frankreichs (1,3 Millionen Einwohner) hat immer von den Anregungen der vielen über die Seidenstraße anreisenden Kaufleute profitiert. Ebenso wie von der Nähe zum Gemüsegarten der Provence oder zu den Alpen. Vor der Haustür gedeiht zudem das legendäre Geflügel von Bresse, und ein weltberühmter Rotwein wächst an den Hängen des Beaujolais.

Reichtum durch Seide

In einer von der Rhône und der Saône durchflossenen Talsenke wurde Lyon als Lugdunum gegründet und 43 v. Chr. zur römischen Kolonie erhoben. Es stieg schnell zur Hauptstadt des römischen Galliens und zur zweitgrößten Stadt nach Rom auf. 100 000 Menschen lebten hier, als Kaiser Septimius Severus 200 Jahre später die Kapitale aus Rache für ein Bündnis mit den Gegnern niederbrennen ließ.

Für mehr als ein Jahrtausend fiel die einstige Metropole weitgehend in Bedeutungslosigkeit zurück, und erst das Privileg, viermal im Jahr Märkte abhalten zu dürfen, sorgte im 15. Jahrhundert für einen neuen Aufstieg. Lyon wurde im späten Mittelalter ein Zentrum der Tuch- und Seidenweberei, und die in der Stadt abgehaltenen Messen brachten einen solchen Reichtum, dass ganze Viertel im Stil der Renaissance neu errichtet wurden – heute eines der Architekturwunder von Lyon. Im 19. Jahrhundert verdrängte die Industrialisierung die Manufakturen. Lyon fand mit der chemischen Industrie später eine neue wirtschaftliche Basis.

Trotz des Aufschwungs und eines erheblichen Pioniergeistes – immerhin wurde hier der Kinematograph, also das Kino, erfunden – galt Lyon bis in die 80er Jahre des 20. Jahrhunderts als Aschenputtel unter den französischen Städten, und erst das intensive Buhlen um Touristen brachte die Wende. Plötzlich war Lyon wieder attraktiv, die Gastronomie boomte, und die Unesco steuerte 1998 ein Übriges bei, als sie die gesamte Altstadt unter Schutz stellte – mit 500 Hektar eine der weiträumigsten Stätten dieser Art. Längst setzt man sich im wahrsten Sinne des Wortes auch ins rechte Licht: Mehr als 200 denkmalgeschützte Bauten werden bis weit nach Mitternacht so effektvoll angestrahlt, dass es ein Erlebnis ist, nach Einbruch der Dunkelheit durch die Stadt zu flanieren.

„Traboules" als Rarität

Lyon zu erleben ist ohnehin Lust und Abenteuer zugleich, denn die Altstadt besitzt mit den „Traboules", den teilweise überdachten Durchgängen, eine wirkliche Rarität. Hunderte von kleinen Gassen führen von den eleganten Stadtvillen zu den einfachen Straßen des Arbeiterviertels Croix Rousse, dunkel und geheimnisvoll, in einem Innenhof mündend oder vor einem prachtvollen Portal. In dem Gassengewirr findet man noch die Bouchons, kleine Wirtschaften, in denen die echte Lyoner Küche gekocht wird, deftig und voller Varianten, den Kutteln ebenso ergeben wie den getrüffelten Tauben.

Früher kochten hier die so genannten Mères, die Frauen der Seidenweber, die sich auch engagiert für den Bau der seit 1871 majestätisch aufragenden Basilika Notre Dame de Fourvière einsetzten. Sie ist, wie die Oper, die Kathedrale Saint-Jean, das Rathaus oder das Hotel-Dieu, eine der Hauptsehenswürdigkeiten Lyons. Ein besonderes Kapital sind die vielen Plätze, die wie der Place des Terreaux oder der Bellecour-Platz zum großzügigen Erscheinungsbild Lyons beitragen. Daneben herrscht aber auch eine Museumsvielfalt, die der von Paris kaum nachsteht.

Dennoch setzt man sich irgendwann in ein Bouchon und spricht einem Glas Rotwein zu. „Schließlich wird Lyon", erklärt der Wirt, „von drei Strömen durchflossen, der Rhône, der Saône und dem Beaujolais."

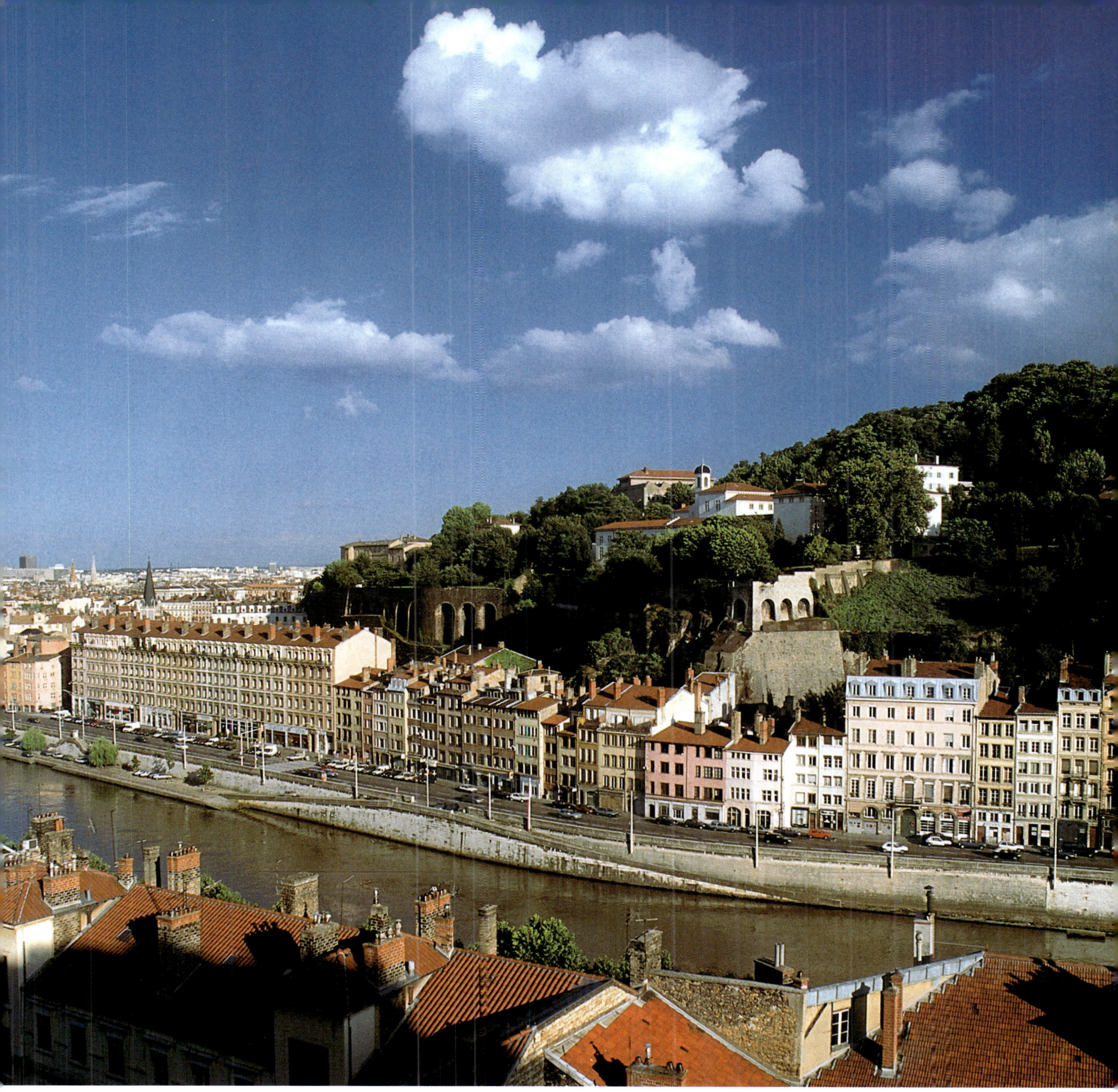

OLD ENGL

Auberge Rabelais

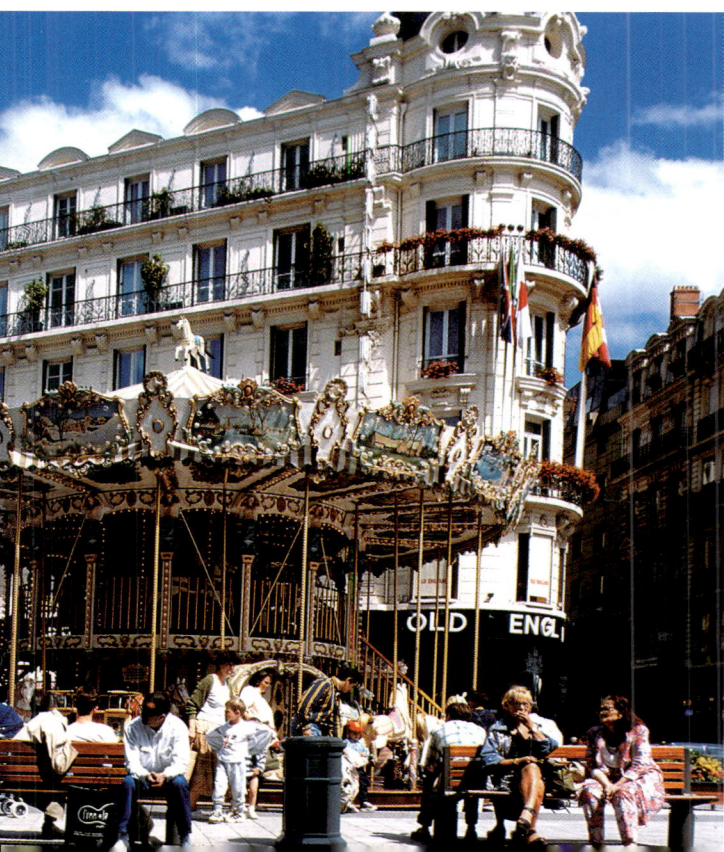

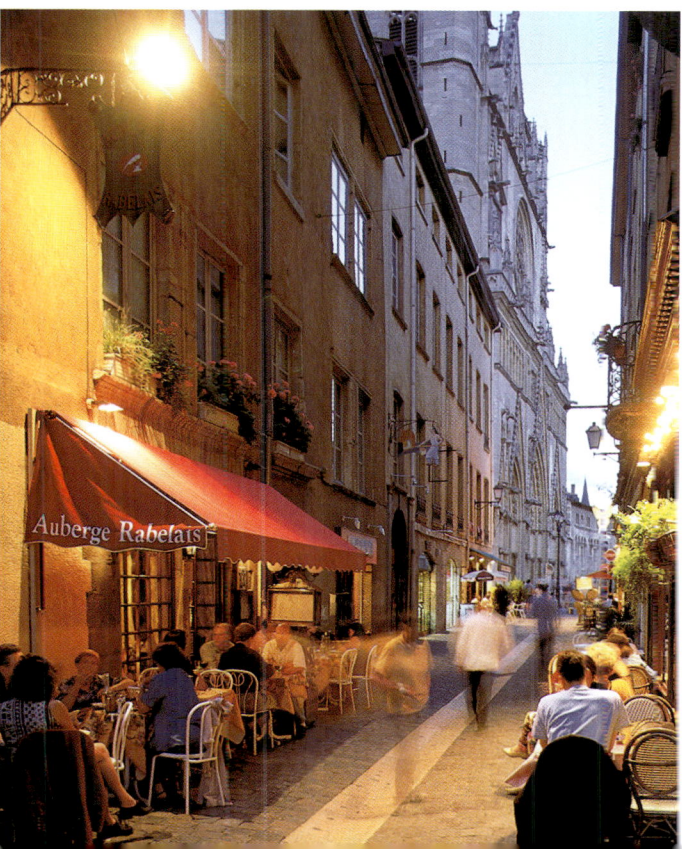

Lebenskunst à la Nizza

Die „Promenade des Anglais" bevölkern die Schönen und die Reichen. Die Altstadt ist eine Hochburg der Gastronomie

BESTE REISEZEIT:
Nizza hat ganzjährig Saison, im Juli und August ist es am vollsten

UNTERKUNFT:
„Negresco" (alle Zimmer zum Meer gelegen), „West-End", „Hotel Elysée Palace". Am Bahnhof viele 2-Sterne-Hotels

ESSEN UND TRINKEN:
Salade Niçoise, gespicktes Geflügel, Stockfisch, Socca (Fladenbrot aus Kichererbsenmehl)

SOUVENIRS:
Parfüms (aus dem nahen Grasse), mediterrane Delikatessen

BESONDERE TIPPS:
Der Eissalon auf der Place Rossetti hat 90 Sorten im Angebot. Fischmarkt auf der Place St. Francois

Mit wehenden Haaren steht das junge Paar auf dem Balkon des „Negresco" hoch über der Engelsbucht in Nizza und nimmt den Luxus des Belle-Époque-Hotels mit seiner rosa Kuppel hin wie andere Sonne und Wind. Träumend lehnt es über der Brüstung und folgt mit den Augen einem leuchtend weißen Schiff, das auf das Meer hinausfährt.

Ach ja, es gibt sie noch, die Reichen und Superreichen, die Eleganten und Gelassenen, die eine Stadt, der Friedrich Nietzsche eine „unverschämte Schönheit" zugestanden hat, nun einmal braucht. Geradezu mondän schmiegt sie sich in die Engelsbucht, lässt sich vom Meer streicheln und von den Palmen Kühlung zufächeln und tut mit ihren pastellfarbenen Häusern und dem sanften Licht so, als sei sie an den Gestaden Italiens platziert. Immerhin kam Nizza nach langer Zugehörigkeit zu Italien erst 1860 zu Frankreich und spielt seither die Rolle der Diva der „Grande Nation" mit gelassenem Charme.

Die geschützte Bucht hat sie herangelockt, die Griechen, die Nizza im 4. Jahrhundert v. Chr. als „Nikaia" („die den Sieg bringt") gegründet haben. Um 14 v. Chr. streckten dann die Römer die Hände begehrlich nach der Hafenstadt aus, es folgten die Sarazenen, Langobarden und die Goten, ehe sich Nizza 1388 unter das Protektorat der Grafen von Savoyen begab. Beinahe 500 Jahre verblieb die Hafenstadt bei dem Haus Savoyen und kam erst 1860 per Volksentscheid wieder zu Frankreich. Als „Nice" machte es unter der neuen Regierung schnell Karriere, allerdings weniger bei den Franzosen als vielmehr bei den Weltmeistern im Reisen, den Briten. Sie kamen – nur im Winter, versteht sich, denn im Sommer reiste man nicht – und spielten in der gesunden Luft und umgeben von Blumen und Palmen jenes Gesellschaftsspiel, das Nizza zur Legende werden ließ.

Aufmarsch der Kaleschen

Einen Coup landete man, als man aus englischen Spenden einen Boulevard anlegte, der als „Promenade des Anglais" bald der Aufmarschplatz der Kaleschen und Kutschen, der Königinnen und Kokotten, der Glücksritter und der echten Barone war. Im übrigen floss auch der Krim-Sekt in Strömen, da die Mitglieder der reichen russischen Gesellschaft und des Adels ebenfalls die „blaue Küste" entdeckt hatten. Nizza wurde zur Hochburg des Nichtstuns, des Genusses und der unbeschwerten Lebensfreude, und das ist es bis heute geblieben.

Chip-Millionäre aus Moskau

Wer auf der Promenade des Anglais sitzt, vor sich den berühmten Salade Niçoise, der Tomaten, Peperoni, Bohnen, Radieschen, Zwiebeln, Oliven, Knoblauch, Tunfisch, Anchovisfilets und viel Olivenöl enthalten muss, entspannt ganz von selbst: Denn wenn auch die Blechkarawane heute in Autobahnstärke vorüberdonnert und statt der Großfürsten aus St. Petersburg Chip-Millionäre aus Moskau mit den Dollarscheinen knistern, so bleibt jene Mischung aus vergangener Größe und modernem Luxus, aus weltläufiger Geselligkeit und Protzerei, aus altem Ehepaar und

bauchfreier Schönheit auch in der Großstadt Nizza mit ihren etwa 350 000 Einwohnern die Hauptattraktion. Acht Kilometer lang ist die Uferpromenade, an der es trotz moderner Schnellrestaurants immer noch filigrane Badetempel gibt, eine verschwenderische Blumenpracht und jene scheinbar achtlos abgestellten Stühle, in denen man den immer vollen Strand wie vom Logenplatz aus überblickt. Im roten Abendlicht verschwimmt das Meer, und von den Hügeln der Provence tragen laue Winde den Duft von Nelken und Mimosen heran.

Manche der Sehenswürdigkeiten Nizzas liegen denn auch an dieser Promenade, wie das Hotel Negresco, das 1913 der Rumäne Henri Negresco als Heimat für „Prunk, Luxus und Überfluss" gegründet hat, oder der heute als Museum genutzte Palast Masséna mit seinem verwunschenen Park.

Aber auch in die Altstadt von Nizza muss man gehen, um am Cours Saleya mit seinem Blumen- und Gemüsemarkt jene Restaurantszene zu erleben, die selbst an der von Gastronomie verwöhnten Côte d'Azur etwas Besonderes ist. Daneben zieht auch die russisch-orthodoxe Kathedrale an, die mit sternenbesetzten Zwiebeltürmen an Zar Nikolaus II. erinnert, der seine Landsleute im vergnügungssüchtigen Nizza nicht ohne eigenes Gotteshaus lassen wollte. Vor allem aber sind es die vielen Museen, in denen man wie im Musée Raoul Dufy, im Matisse-Museum oder im Museum der modernen Kunst auf Entdeckungsreise geht. Nizza mit seinem hügeligen Hinterland und den ans Meer drängenden Bergen war lange eine Wirkungsstätte der Maler und spielt auch heute die Rolle der Kulturmetropole an der Côte d'Azur.

Acht Kilometer lang ist Nizzas Uferboulevard, die „Promenade des Anglais" mit ihrer Palmenfülle (oben)

Blumen und Fontänen geben der Place Massena ihre Pracht (unten l.)

In der Altstadt rund um die Place Charles-Felix sind die Straßencafés zu jeder Tageszeit ein beliebter Treffpunkt

Die Ewige Stadt

Spanische Treppe, Fontana di Trevi und der Vatikan tragen zum Mythos **ROMS** bei

UNTERKUNFT:
„Hassler Villa Medici" als Luxushotel oberhalb der Spanischen Treppe. „Raphael"

MÄRKTE:
Campo dei Fiori - der bunteste und opulenteste römische Markt

FESTE:
Festa de Noantri zu Ehren der Madonna del Carmine als 7-tägiges Straßenfest in Trastevere (zweite Julihälfte)

KULINARISCHES:
Spanferkel am Spieß, Pasta (z.B. Tonnarelli mit Ochsenschwanzsauce)

DER BESONDERE TIPP:
Audienz beim Papst. Findet jeden Mittwoch um 10.30 Uhr statt. Anmeldungen zwei Tage zuvor

Petersplatz und Petersdom - das Ziel von Pilgern aus aller Welt (oben)

Engelsburg und die über den Tiber führende Engelsbrücke (unten M.)

Der Barcaccia-Brunnen auf dem Spanischen Platz ist ein beliebter Touristen-Treffpunkt (unten r.)

Etwa 50 000 Zuschauern bot das Kolosseum in der Antike Platz

An der Fontana di Trevi drängen sich die Touristen, suchen Kühlung und werfen mit verträumtem Blick ein paar Münzen in den prunkvollen Brunnen – denn wer das tut, dem garantiert das Schicksal die Rückkehr nach Rom.

Wiederkommen in eine Stadt, die als Metropole des Chaos gilt? Die dem Autofahrer ebenso viel abverlangt wie dem Fußgänger? Die laut ist und hektisch und voller streunender Katzen? Mag alles sein, sagen achselzuckend die unzähligen Fans, aber wo sonst gibt es so viel Schönheit und Eleganz? Wo kann man spielerisch durch beinahe drei Jahrtausende wandern und sich auch noch vom Papst segnen lassen? Wo isst man zudem so gut wie in den römischen Trattorien? „Rom geht über unsere Begriffe", stellte schon Johann Wolfgang von Goethe während seiner Italienreise lakonisch fest.

Schon die Herkunft ist ja von einer Sage verklärt, und Göttersöhne müssen es natürlich gewesen sein, die als Romulus und Remus im Jahr 753 v. Chr. die später so mächtige Stadt gegründet haben. Tatsächlich waren es die am Tiber siedelnden Bauern, die sich mit den eindringenden Etruskern zusammentaten und mit Feuer und Schwert, aber auch mit verblüffender Kunstfertigkeit beim Bauen und Bewässern und einer vorbildlichen Verwaltung das römische Reich schufen, mit Rom als strahlendem Haupt der Welt, als „caput mundi". Unter den Kaisern Augustus, Nero, Trajan, Hadrian und Marc Aurel wuchs die auf sieben Hügeln gelegene Stadt immer prächtiger empor.

Luxus für den Müßiggang

Das Kolosseum wurde erbaut, das 50 000 Besuchern Platz bot, und die Caracalla-Thermen waren mit Warm- und Kaltbädern, Kosmetiksalons, Bibliotheken und Vortragssälen für 1700 Besucher eine Welt der Schönheit und des Müßiggangs.

Eine entscheidende Zäsur brachte das Jahr 391, als Kaiser Konstantin die bis dahin verfolgten Christen als Religionsgemeinschaft anerkannte. Das christliche Rom erstand, und das übernahm die Führung, als das kaiserliche Rom unterging. Und wenn es auch Zeiten gab, in denen die Stadt – wie nach dem Auszug der Päpste 1309 nach Avignon – verödete, so stieg sie doch nach jedem Niedergang wieder strahlend empor, wurde zur Hochburg der Renaissance und erhielt in der Barockzeit noch einmal ihre besondere Prägung.

Gegen den Willen des Papstes entschied sich im Jahr 1871 der neugewählte italienische König für Rom als Residenz, und Rom blieb Hauptstadt des Landes, als Italien 1946 in einem Volksentscheid die Republik bestätigte. Als souveräner Staat in der Stadt behauptet sich auch der vom Papst regierte Vatikan mit eigenem Bahnhof, Postamt, Rundfunksender und einer kleinen – aus Schweizer Leibgardisten gebildeten – Armee, für die der Legende nach kein Geringerer als Michelangelo die Uniformen entworfen hat.

Die Antike lebt

Wer die Ewige Stadt kennen lernen will, der tritt am besten den Gang durch die Geschichte an, begegnet der noblen Welt der Antike auf dem Forum Romanum, dem einstigen Versammlungsort, besucht die Hadrians-Säule und das Pantheon mit seiner überwältigenden Kuppel, aber auch das Kolosseum, die Katakomben und die Via Appia Antica. Der Renaissance, die mit Palästen, Kirchen, Gärten, Villen und Brunnen für klare Eleganz steht, wird ein anderer Rundgang gelten, doch am lustvollsten präsentiert sich das barocke Rom, das als Symbiose aus Kunst und Lebensart ganz besonders gut zu der Stadt am Tiber passt. Diese Fröhlichkeit des Lebens an der Piazza Navona mit dem Vier-Ströme-Brunnen, diese Eleganz an der Spanischen Treppe und die vollkommene Harmonie an der Piazza della Rotonda!

Dass man seine Rom-Spaziergänge mit dem Besuch der Vatikanstadt krönt, verlangt schon der von Gian Lorenzo Bernini in vollendeter Harmonie geschaffene Petersplatz, von dem aus man zum Petersdom emporsteigt, zu den Vatikanischen Museen, zur Sixtinischen Kapelle und zur Pietà von Michelangelo. Liebhaber der grünen Kunst werden die Parks durchstreifen, werden die Farnesischen Gärten bewundern und sich begeistern lassen von den üppigen Wasserspielen. Denn nichts liebten die Römer schließlich mehr als fließendes Wasser.

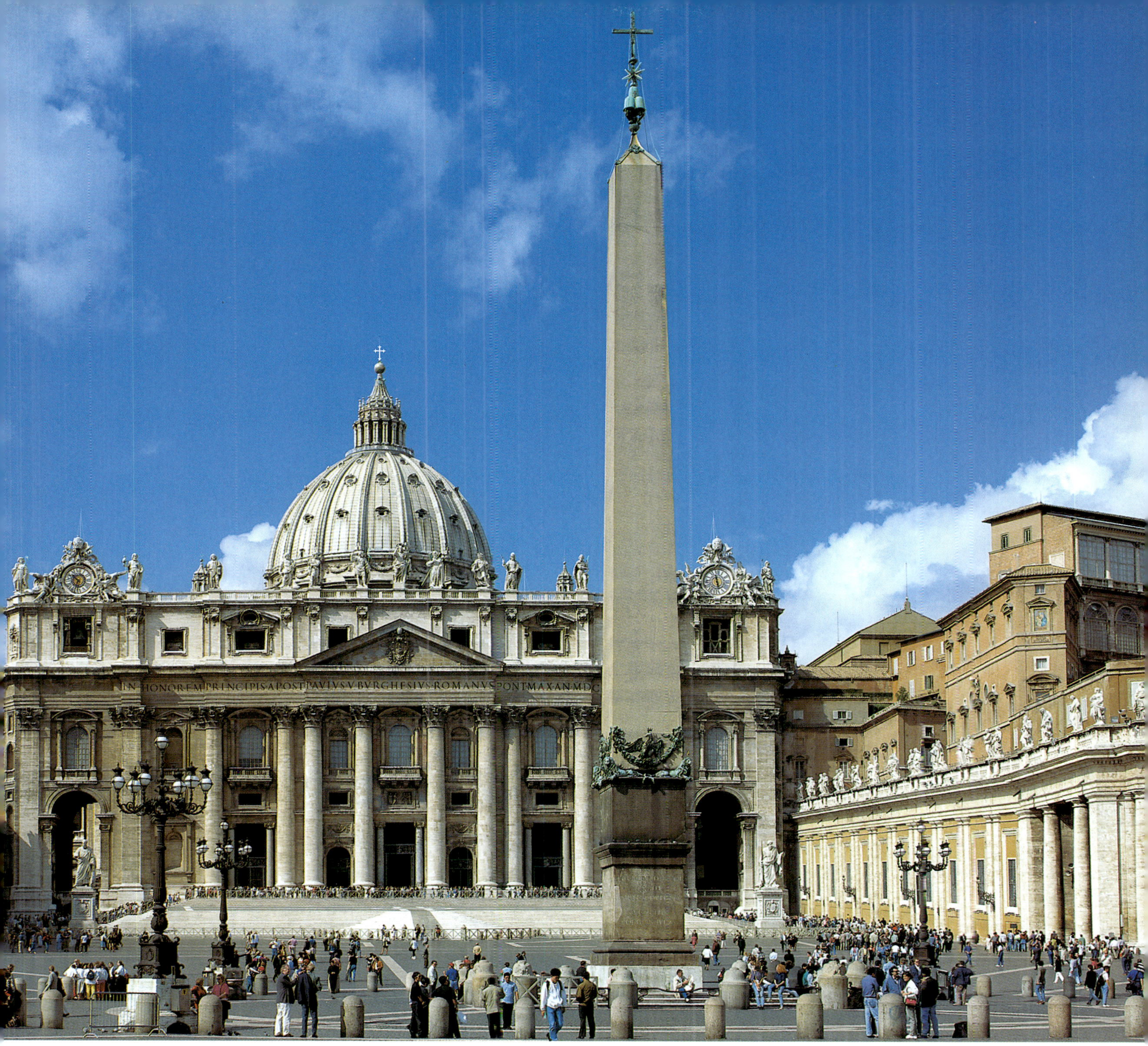

Wo die Medicis Schätze horteten

Ponte Vecchio, Uffizien, Dom: **FLORENZ** ist eine Kunststadt der Superlative

BESTE REISEZEIT:
Frühling und Herbst (sehr heiße Sommer)

UNTERKUNFT:
„Excelsior", Luxushotel mit traumhaftem Dachgarten, Hotel „Villa Medici", kleinere Hotels in der Altstadt

KULINARISCHES:
Bistecca alla Fiorentina (dickes Rippenstück vom Rind, auf Holzkohle gegrillt), Pollo alla diavolo (in Olivenöl gebratenes pikantes junges Huhn), Zuppa di fagioli (Suppe aus frischen weißen Bohnen)

SOUVENIRS:
Keramik, Schuhe, Schmuck, Olivenöl, Wein (z.B. Vino Nobile di Montepulciano)

MÄRKTE:
Lebensmittelmärkte in den Markthallen von S. Lorenzo und Sant' Ambrogio

DER BESONDERE TIPP:
Den „Malerblick" auf Florenz genießt man von der Piazzale Michelangelo. Das Café Giubbe Rosse ist Kult

Auf die Kuppel des Doms muss man steigen, die größenwahnsinnige „Cupola", um dem Zauber von Florenz zu verfallen. Wie ausgeblichener Samt schimmert das rote Ziegeldach, golden leuchten die Sandsteinpaläste, und meisterhaft reihen sich Kirchen, Plätze und Brücken in das Gesamtkunstwerk ein. Doch Vorsicht vor zu viel Euphorie: Bei diesem Übermaß an Schönheit glaubten labile Seelen wie der Dichter Rainer Maria Rilke unterzugehen „in dem Wellenschlag fremder Herrlichkeit", und der Romancier Stendhal brach in der Kirche Santa Croce mit Weinkrämpfen zusammen.

Die Römer gaben der im Arnotal gegründeten Stadt den Namen „Florentina", was „die Blühende" heißt. Nomen war omen, denn Florenz stieg auf, wurde reich und mächtig und Sitz einer überaus vorsichtig taktierenden Stadt-Republik. Im 14. Jahrhundert fand mit dem Aufbegehren der mittellosen Wollweber in Florenz dann sogar der erste Arbeiteraufstand auf europäischem Boden statt, und als Symbol des wachsamen Republikaners schuf Michelangelo den David, der heute als Original in der Galleria dell' Accademia, als Nachbildung auf der Piazza della Signoria steht.

Aber man hatte die Macht des Geldes unterschätzt, und die Medicis, reich geworden als die Bankiers des Papstes, stiegen im 15. Jahrhundert zu neuen Herren auf. Drei Jahrhunderte haben sie tyrannisch über Florenz geherrscht, haben mit viel Geld und Passion aber auch die Kunsthauptstadt am Arno entstehen lassen. Den Palazzo Medici mit der Palastkapelle und den prachtvollen Fresken von Benozzo Gozzoli haben sie geschaffen, die Kirchen mit Kunstimporten kostbar ausstaffiert, die Uffizien errichtet, den Palazzo Pitti erweitert und die Boboli-Gärten angelegt.

Mäzene bis zuletzt

Das eigenwilligste Architekturerbe ist aber zweifellos der Vasari-Gang, der als etwa 1000 Meter lange Verbindung vom Palazzo Vecchio zum Palazzo Pitti reicht und dabei den Arno überquert, indem er über den Ponte Vecchio hinweggeführt wird. Ein Kunstkorridor und eine effektvolle Panoramastraße mitten durch Florenz. Von den Medicis wurde die Sammlung der Künstlerselbstporträts angelegt, die heute mit 1000 Bildern den Gang schmückt. Die Medicis erwiesen sich im Übrigen auch am Ende ihrer Herrschaft als wahre Mäzene: Als letzte Erbin der Dynastie vermachte Anna Maria Ludovica im Jahr 1743 der Stadt alle Kunstschätze, „damit die Bibliotheken und Sammlungen auf ewig in Florenz verbleiben". In den Uffizien sind sie zu besichtigen.

Kunstschätze an jeder Ecke

Und so ist denn die Stadt wohlgefüllt wie ein Tresor, denn zu den Medici-Kostbarkeiten kommen ja noch unzählige Meisterwerke hinzu, wie das Baptisterium, der Ponte Vecchio, auf dem früher Fischer und Bauern, vom 15. Jahrhundert an die Goldschmiede ihre Buden hatten, die vielen Kirchen, unter denen San Miniato al Monte als Juwel Florentiner Romanik herausragt, und natürlich Santa Croce mit der Capella Bardi, wo Michelangelo, Galilei, Macchiavelli und Rossini begraben sind. Wie man denn überhaupt von den großen Namen geblendet ist. Dante traf in Florenz seine Muse Beatrice, Giotto malte hier ebenso wie Raffael, und Botticelli schuf in der Stadt am Arno die „Geburt der Venus". Aus einem Dorf in der Nähe von Florenz stammte Leonardo da Vinci, und damit schließlich nicht alles zu ernst geriet, hat der Schriftsteller Carlo Collodi hier seinen „Pinocchio" verfasst.

Als Einkaufsstadt nimmt es Florenz im Übrigen leicht mit Mailand und Rom auf. Schuhe sind es vor allem, die als handgearbeitete Kunstwerke die Füße der Welt zieren. Von Rita Hayworth über Audrey Hepburn und Anna Magnani bis hin zu Ava Gardner haben sie sich alle in Florenz bei Ferragamo vermessen lassen. Schließlich sagt man der Stadt mit dem silbernen Licht nach, den allerbesten Blick für Linien und Perspektiven zu haben. Und wo wäre dieser Blick wichtiger als am Fuß einer schönen Frau!

Die Meisterschaft perspektivischer Planung hat Florenz auch seine einzigartigen Plätze beschert, die Piazza SS. Annunziata, die Piazza della Signoria, aber auch die Piazza Santa Croce. Hier wird es am Abend still, und die Stadt kehrt zu ihrem mittelalterlichen Bild zurück. Rund um die Piazza Santa Croce liegt das urtümlichste Viertel der Stadt, liegen die kleinen Handwerkerbetriebe, die Trattorien und verträumten Läden. Und auch der Sant-Ambrogio-Markt, auf dem alle Köstlichkeiten der Toskana verkauft werden, ist nicht weit.

Stadtpanorama mit Arno-Ufer und den Hügeln der Toskana im Hintergrund. Schon von weitem erkennbar ragt aus dem Häusermeer der Dom mit seiner gewaltigen Kuppel heraus (oben)

Freilichtmuseum á la Florenz: Skulpturen-Galerie auf der Piazza della Signoria (unten l.)

Die Nachtaufnahme zeigt die ganze Pracht des 1436 geweihten Doms Santa Maria del Fiore. Der Bau mit der von Brunelleschi geschaffenen Kuppel ist mit 153 Meter Länge und einer Kuppelhöhe von 116 Metern die viertgrößte Kirche des Abendlandes

Die Geheimnisse Venedigs

Vom Canale Grande mit seinen prunkvollen Palästen, von Gondeln und verschwiegenen Gassen am Wasser

BESTE REISEZEIT:
April und Mai, aber auch der Karnevalsmonat Februar. Im Übrigen hat Venedig immer Saison

UNTERKUNFT:
Luxushotels sind das „Cipriani" und das „Danieli". Rund um San Marco liegen viele 3-Sterne-Hotels

ESSEN UND TRINKEN:
Fegato alla Veneziana (Leber mit Zwiebeln) Stockfischmus, Riso Nero (Reis mit Thunfischsauce), Sardinen

SOUVENIRS:
Glas aus Murano, Spitzen, handgefertigte Masken

Traum oder Wirklichkeit? Vergangenheit oder Gegenwart? Wer auf einer der steinernen Brücken in Venedig steht, am Abend, wenn die Lichter aus den Häusern im Wasser verschwimmen und eine letzte Gondel schweigend vorüberzieht, der fühlt sich versetzt in eine andere Welt, glaubt die Pestträger keuchen zu hören oder bildet sich vielleicht sogar ein, Giàcomo Casanova am Fenster eines Palastes gesehen zu haben.

Venedig, „die schmeichlerische und verdächtige Schöne" (Thomas Mann), verbirgt ihr Gesicht hinter einer Fassade aus Luxus, Lässigkeit und Gleichgültigkeit und schafft es geradezu meisterhaft, ihr Geheimnis zu bewahren. Eine Stadt, die auf schwankendem Boden ruht, die hundertmal totgesagt wurde und die dennoch so sehr ein Magnet für die ganze Welt ist, dass im Sommer die Zahl der Bewunderer begrenzt werden muss.

Eine Ansammlung von 118 Inseln schien den ersten vom Festland stammenden Bewohnern als idealer Siedlungsplatz, um Venedig im Jahr 421 zu gründen. 697 wurde der erste Doge gewählt und bald schon erfolgte der kometenhafte Aufstieg der Stadt. Einen Coup landeten venezianische Kaufleute, als sie 828 den angeblichen Leichnam des Evangelisten Markus in Alexandria raubten, der als Schutzpatron – mit dem eindrucksvollen Löwen als Wappentier – eindeutig mehr hermachte als der bescheidene Vorgänger Sankt Theodore.

Zentrum des Orienthandels

1094 fand unter der Teilnahme Kaiser Heinrichs IV. die Einweihung des Markusdoms statt, und als Venedig dann ein gutes Jahrhundert später während des vierten Kreuzzuges auch noch Konstantinopel eroberte, war der Weg frei für die beherrschende Rolle im Mittelmeer. Im 13. und 14. Jahrhundert baute Venedig seine Macht aus und wurde bis zur Entdeckung des Seewegs nach Indien zum Zentrum des Orienthandels. Ein ausgeklügeltes System, mit dem ein Doge, zehn Stadtväter und 287 adlige Familien die Geschicke des Stadtstaates lenkten, sorgte dafür, dass das Geld in den Händen weniger reicher Familien verblieb und Venedig durch den Bau von Palästen und Kirchen, Plätzen, Arkaden und Brücken in ein Architekturwunder verwandelt werden konnte. Erst Napoleon nahm der Stadt ihre Unabhängigkeit und zwang den letzten Dogen 1797 zur Abdankung. 1815 wurde Venedig Österreich zugesprochen und kam später zu Italien.

Auf zehntausenden Eichen- und Ulmen-Pfählen ist die Stadt erbaut, von 200 Kanälen durchzogen, die von 400 Brücken überspannt sind. Der

fast vier Kilometer lange Canale Grande ist der lichtüberflutete Wasserboulevard, prachtvoll gesäumt von Palästen, die alle ihre prunkvolle Seite dem Kanal zugewandt haben. Welche Theatralik mit den kuppelstrotzenden Kirchen, der Rialtobrücke und der einzigartigen Piazetta, die sich vom Wasser der Lagune umspülen lässt!

Meisterwerk Markusplatz

Ein Meisterwerk auch der Markusplatz, der große Stadtsaal, der von der Basilica di San Marco und dem Dogenpalast begrenzt wird. Im Markusdom offenbart sich, wie meisterhaft Venedig sein Verwirrspiel betrieben hat, denn das byzantinisch anmutende Innere mit den vergoldeten Wänden, der edelsteinbesetzten Pala d'Oro, demonstriert eine byzantinische Vergangenheit, die Venedig gar nicht besaß. Von Siegen und Intrigen, von Morden und glanzvollen Auftritten erzählt dagegen der Dogenpalast mit seinen von Luxus überquellenden Sälen.

Aber Venedig brodelt, und so setzt man sich in das älteste Café Europas, das „Florian" auf dem Markusplatz, hört den Geigern zu und zahlt gelassen den horrenden Preis für Tee und Gebäck. Oder man wandert hinaus, dorthin wo die Gondeln keineswegs immer Trauer tragen, sondern sich schwarzglänzend im grünblauen Wasser der Lagune wiegen, unnachahmlich eitel und dennoch von einer nicht zu überbietenden Eleganz.

In Venedig wird jeder ein bisschen theatralischer, und dazu passen auch die eleganten Hotels, die wie das „Cipriani" und das „Danieli" von der Zeit der großen Auftritte erzählen. Manchem aber werden die kleinen Plätze lieber sein, die zumeist um eine der hundert Kirchen herum liegen, und an denen man in winzigen Osterien hervorragend essen kann. All die venezianischen Köstlichkeiten, unter denen für viele „Fegato alla Veneziana" die verlockendste ist.

Aber Venedig reizt auch zu Ausfahrten, weil erst das Inselgeflecht das ganze Wunder der Stadt offenbart. Ständig legen die Vaporettos ab zu einer Fahrt auf die Toteninsel San Michele, nach Murano, wo Glasbläser hauchzarte Kreationen zaubern (seit dem 13. Jahrhundert übrigens!) oder nach Burano, wo die Häuser leuchtend bunt gestrichen sind. Oder man fährt im weißen Sommeranzug auf den Lido hinaus, der mit seinen verschwimmenden Farben Malern und Filmregisseuren schon immer begehrte Kulisse war. Und da ist es dann auch, jenes morbide Venedig, das fasziniert, vor allem im Karneval, der im Mittelalter die einzige Chance bot, sich der Obrigkeit maskiert und somit frei von Zwängen zu nähern, weshalb Napoleon ihn vermutlich verboten hat. Erst in den 70er Jahren wurde er wieder ins Leben gerufen und behauptet sich seither als dritte Saison.

An der Einfahrt zum Canale Grande dümpeln die Gondeln im Wasser, dahinter ist die gewaltige Kuppel von Santa Maria della Salute zu sehen (oben l.)

Die Rialto-Brücke überspannt Venedigs viel befahrenen Wasser-Boulevard, den Canale Grande (oben r.)

Das Zentrum Venedigs ist der Markusplatz, der auf die Basilica von San Marco führt. Rechts daneben der Dogenpalast (Mitte r.)

Einen Logenplatz für die Stadtbesichtigung bietet schließlich eine Gondelfahrt – wenn eine Opernsängerin ihren Auftritt zelebriert, gehören historische Kostüme natürlich dazu

Das ehrwürdige Bologna

Von Geschlechtertürmen und kilometerlangen Arkaden

BESTE REISEZEIT:
Frühsommer und Herbst

UNTERKUNFT:
Grandhotel „Baglioni". Preiswertere Hotels rund um das Messezentrum

KULINARISCHES:
Spaghetti Bolognese, Mortadella, Parmaschinken, Polenta mit Stockfisch, Bollito misto (deftiges Gericht aus unterschiedlichen Fleischsorten), Porchetta (Spanferkel)

SOUVENIRS:
Delikatessen aus der Emilia Romagna, Haute Couture

DER BESONDERE TIPP:
Handschriftensammlung der Biblioteca Communale

Die Piazza Maggiore mit dem abends angestrahlten Rathaus ist das Zentrum der Stadt (oben)

Auf dem Prachtboulevard Via dell' Independenza im Stadtzentrum treffen sich junge Leute gern auf ihren Motorrollern (unten M.)

Laubengang im Gebäude der alten Universität (unten r.)

Die Straßencafés auf der Piazza sorgen für eine entspannte Atmosphäre

„Bologna la Rossa" (die Rote), sagt der, der an die Ziegeldächer denkt und an die Farbe der Häuser, der sich aber auch daran erinnert, dass dieses ehrwürdige Bologna mehr als 50 Jahre von den Linken regiert wurde. „La Dotta" (die Gebildete), meinen die, denen die gelehrte Stadt Eindruck macht mit der im Jahre 1088 gegründeten Universität – einer der ältesten der Welt. Wer aber die Augen zum Himmel verdreht und „La Grassa" (die Fette) murmelt, der denkt an die Bologneser Würste – die Mortadella wurde hier erfunden –, an Schweinebraten, Trüffeln und nicht zuletzt an eine Hackfleischsauce, die überall in der Welt Bolognese heißt und hier als „ragu" auf den Tisch kommt.

Bologna nimmt selbst im kunststrotzenden Oberitalien eine Sonderstellung ein, denn außer Venedig hat keine Stadt ihr mittelalterliches Gesicht so geschlossen bewahrt. Mehr als 35 Kilometer lang sind allein die Arkadengänge (Portici), die im 15. Jahrhundert erbaut wurden – als eine Art Sofortprogramm gegen die Wohnungsnot. Vor die Fassaden der Häuser setzte man einfach eine zweite Reihe, die im oberen Teil als Wohnraum für Studenten und Händler, im unteren als Wandelgang genutzt wurde.

Als „Felsina" gegründet

Bologna, heute Hauptstadt der Provinz Emilia Romagna, wurde von den Etruskern im 6. Jahrhundert v. Chr. unter dem Namen „Felsina" gegründet. 400 Jahre später entstand an gleicher Stelle die römische Kolonie Bononia, die wegen ihrer Lage an der großen Heerstraße, der „Via Emilia", schnell strategische Bedeutung gewann. Nachdem die Byzantiner und die Langobarden Bologna beherrscht hatten, verschaffte sich die Stadt durch einen Sieg über die Staufer in der Schlacht von Fossalta im Jahr 1249 eine weitreichende Selbstständigkeit. 1506 musste sich das freiheitsliebende Bologna der Herrschaft des Kirchenstaates unterwerfen. Seit 1860 gehört die Stadt zum vereinigten Italien und ist heute mit 450 000 Einwohnern für seine fortschrittliche Politik berühmt.

Bühnenbild der Geschichte

Wo das Zentrum der Stadt liegt, ist schnell zu erkennen, denn die von früh bis spät belagerte Piazza Maggiore ist ein grandioses Bühnenbild der Geschichte. Neben dem Palazzo Communale, dem Rathaus, dem Palazzo Podesto, dem Palazzo de Notai und dem Archäologischen Museum steht der Palazzo Re Enzo, in dem der uneheliche Sohn Friedrichs II. – König Enzo von Sardinien – nach der Schlacht bei Fossalta 23 Jahre lang gefangen gehalten wurde.

Bolognas Bauten sind allesamt von der Geschichte geprägt, wie auch die beiden Türme, die sich wie Minarette aus dem Dächergewirr erheben. Zur Zeit, da Dante in Bologna weilte, gab es von den so genannten Geschlechtertürmen bedeutender Familien noch mehr als hundert, heute belohnt vor allem der Asinelli-Turm den beschwerlichen Aufstieg mit einem einzigartigen Ausblick.

Sieht man einmal von der imposanten Piazza Maggiore ab, so ist das Stadtbild Bolognas von einem moderaten Gleichmaß bestimmt. Statt raumgreifender Bauten überwiegen kleinere Paläste, die wie auf der Strada Maggiore von Lauben gesäumt sind. Unter den Kirchen ragen die dem Schutzpatron der Stadt gewidmete Basilica di S. Petronio und S. Domenico heraus, vor allem aber das den heiligen Stätten in Jerusalem nachempfundene Santo Stefano.

Die Madonna aus Byzanz

Ein besonderes Erlebnis wird dem zuteil, der zu Fuß zur Kirche Santa Saluta hinaufgeht. 3,6 Kilometer steigt der Arkadengang empor (der längste der Welt), um dann vor der Kirche mit ihrem aus Byzanz stammenden Madonnenbild zu enden. Der Madonna wegen wurde der Säulengang angeblich gebaut, damit diese am Himmelfahrtstag in die Stadt hinuntersteigen konnte.

Wundert es angesichts solcher Geschichten, dass man es in Bologna mit einer Stadt der Dichter, aber ebenso der Filmemacher zu tun hat? Dante, Boccaccio, Petrarca, Erasmus von Rotterdam, aber auch Umberto Eco („Der Name der Rose") lebten oder leben hier, und Regisseure wie Pasolini, Fellini, Antonioni und Bertolucci stammen aus der Stadt oder der Emilia Romagna. Auch der Komponist Rossini wählte Bologna zu seinem Domizil, weil er als echter Bonvivant gutes Essen ebenso leidenschaftlich liebte wie die Musik.

Gehen wir also hinein in das Altstadtgewirr, wo unter den Arkaden die schönsten Läden zu finden sind mit Schinken und Würsten, Käse und Kräutern, Likören und Weinen. Am Abend kehrt man dann irgendwo in einer der Osterien etwa an der Via del Pratello ein und genießt, was in der Stadt, die das Slow Food als Waffe gegen das Fast Food erfunden hat, so alles auf den Tisch kommt. Bologna la Grassa eben.

Die Königin der Adria
Das mittelalterliche Ragusa heißt heute **DUBROVNIK**

„Nicht um alles Geld der Welt wird die Freiheit verkauft", war der Wahlspruch einer Stadt, deren Außergewöhnlichkeit selbst einen Spötter wie George Bernard Shaw zum Schwärmen brachte. Für ihn war Dubrovnik schlicht ein „Paradies auf Erden".

Wie eine flammende Blume liegt die „Perle der Adria" im türkisblauen Meer, von gewaltigen Festungsmauern machtvoll beschützt und im Inneren von italienischen Baumeistern kunstvoll ausgestaltet. Als im Balkankrieg Dubrovnik von den Serben beschossen wurde, ging denn auch ein Aufschrei durch die Welt, weil jeder wusste, dass dieses Gesamtkunstwerk der Geschichte nicht zu ersetzen war. Heute sind die Kriegsschäden dank dem Einsatz der Bevölkerung und internationaler Hilfe weitgehend beseitigt, und die Stadt ist zu ihrem normalen Leben zurückgekehrt.

Eine Siedlung namens Epidaurum hatten die Griechen auf dem Festland gegründet. Als im Jahre 614 n. Chr. die Slawen einfielen und den Ort eroberten, flüchteten die Bewohner auf eine Felseninsel vor der Küste, auf der heute die Altstadt von Dubrovnik liegt. Es spricht für die Diplomatie der Bewohner, dass sie sich ein paar Jahrhunderte später mit den einstigen Feinden, den auf dem Festland siedelnden Slawen, zusammentaten und unter byzantinischer Oberhoheit eine gemeinsame Republik gründeten.

Nebenbuhlerin Venedigs
Bereits im 10. Jahrhundert war Ragusa, wie Dubrovnik damals hieß, eine wichtige Handelsmacht auf See, die durch geschicktes Taktieren und hohe Tributzahlungen trotz zeitweiliger Fremdherrschaft durch die Venezianer, die Türken und Ungarn weitgehend ihre Freiheit behielt. Mit einer schlagkräftigen Flotte war Dubrovnik im 15. Jahrhundert nicht nur Nebenbuhlerin Venedigs, jetzt wurden auch die prachtvollen Klöster, Kirchen und Paläste erbaut, die aus der Stadt ein Kunstwerk machten. Nach einem kurzen Intermezzo unter Napoleon fiel die Republik 1815 den Österreichern, später dem Gesamtstaat Jugoslawien zu. Heute gehört Dubrovnik zu Kroatien und ist ein begehrtes Touristenziel.

Wo den Stadtrundgang beginnen? Natürlich klassisch, denn der Gang über die Festungsmauern offenbart bei jedem Schritt die Schönheiten der Stadt. Auf einer Länge von beinahe zwei Kilometern umringen die Befestigungen das Fort, ragen 25 Meter hoch auf und sind zwischen vier und sechs Meter stark. Immer wieder verliert sich der Blick auf dem weiten Meer und schweift dann doch fasziniert über das tausendfach verwobene Dächergeflecht.

Von den Festungsmauern aus erkennt man auch den klaren Aufbau der Stadt. Zwei Haupteingänge, das Pile- und das Ploce-Tor, führen in das autofreie Dubrovnik, dessen Herz eindeutig auf der Placa (Stradun), der Haupt- und Einkaufsstraße, schlägt. Hier, wo elegante Bürgerpaläste aufragen und man an bunten Läden vorbeiflaniert, liegen auch die Cafés, in denen man sich auf einen Kava – einen Kaffee, schwarz wie die Nacht – trifft, wo man diskutiert und den bemerkenswert schönen Mädchen nachsieht.

Dass die Placa entstand, indem man einen die Insel und das Festland trennenden Meeresarm zuschüttete, ist heute noch daran zu erkennen, dass sie schnurgerade auf den alten Stadthafen zuführt.

Unweit der Hafenbecken liegen die wichtigsten Sehenswürdigkeiten wie der Sponza-Palast, das Rathaus und der Dom. Das architektonische Meisterwerk ist der im Stil der Renaissance errichtete Rektorenpalast, in dem einst der gewählte Rektor als oberster Politiker residierte. Den geistigen Mittelpunkt bildet die St.-Blasius-Kathedrale, die dem Schutzheiligen der Stadt gewidmet ist.

Blasius sei Dank
Ein ganz anderes Bild bietet sich, wenn man einer der vielen Seitenstraßen folgt, die sich stufenreich an den Hängen emporwinden. Hier flattert die Wäsche, Frauen rufen nach ihren Kindern, und Essensduft zieht aus den geöffneten Türen. Wer ganz hoch hinaus will, der steigt zum Sergius-Berg (Srd) hinauf, der sich 412 Meter hoch über das Meer erhebt. Von hier aus genießt man einen Blick, der als der schönste der dalmatinischen Küste gilt – der aber auch offenbart, wie weit sich Dubrovnik jenseits der Festungsmauern bereits ins Land geschoben hat, alle Zweckbauten aufnehmend, die eine Stadt nun einmal braucht.

Dem Heiligen Blasius sei Dank, flüstert man angesichts dieser Aufteilung vielleicht und hofft, dass der Schutzheilige Dubrovnik auch zukünftig beschützt. Im Mittelalter soll er sogar einmal die von Feinden abgefeuerten Kanonenkugeln aufgefangen und überaus wirkungsvoll zurückgeschleudert haben. Eine außergewöhnliche Stadt braucht eben einen außergewöhnlichen Heiligen.

BESTE REISEZEIT:
Wegen des milden Klimas das ganze Jahr, der September gilt als der schönste Monat

UNTERKUNFT:
Hotels mit Traumblick in der Altstadt

KULINARISCHES:
Dalmatinischer Rohschinken, Schafskäse, Risotto mit Muscheln und Shrimps

SOUVENIRS:
Silberschmuck, Lederwaren, Stickereien

FESTE:
Dubrovnik-Sommer-Festival (Juli/August)

DER BESONDERE TIPP:
Ein Abend im Marin-Drzic-Theater (intimes Schauspielhaus im Stil der Neo-Renaissance)

Gewaltige Festungsmauern begrenzen noch heute die auf einer Felseninsel errichtete historische Altstadt von Dubrovnik (links)

Im Innern geben die aus hellem Stein errichteten Häuser den schmalen Gassen ein freundliches Ambiente (unten M.)

Gesang und Tanz sind für die Einheimischen Ausdruck der Lebensfreude - Volkstänze gehören zum Alltag

Über allem die Akropolis

ATHENS Tempelberg ist eine Kultstätte der abendländischen Geschichte

ANREISE:
Athen hat gute Flugverbindungen zu allen europäischen Metropolen

KLIMA:
Im Sommer können 40° C im Schatten erreicht werden. Die Regenzeit beginnt etwa Mitte Oktober, und bis Februar bleibt das Wetter feucht und kühl

UNTERKUNFT:
Private Hotelübernachtungen sind in Athen teuer. Vorbuchungen sind ratsam. Preiswerter sind Übernachtungen im Rahmen von Pauschalreisen

TRINKGELD:
Restaurant 5 bis 7 Prozent, Kofferträger 1 bis 1,50 €, Zimmermädchen 1,50 bis 3 €

Majestätisch überragt die Akropolis das moderne Athen. Gut erkennbar ist die Querseite des Parthenon-Tempels, rechts davon das Erechtheion (oben)

Altstadt-Taverne in der Plaka. Gäste sind vorwiegend die Touristen (unten l.)

Die Vorderfront des Parthenon. Der gewaltige Tempel ist das berühmteste Bauwerk der Akropolis

Der überbordende, chaotische Verkehr um die zentralen Plätze der Athener Innenstadt berührt die Menschen im Gedränge kaum. Autodröhnen und Hupen beeindrucken die vielen Kaffeetrinker in den ungezählten Straßencafés wenig. Selbst die Geschäftsleute, die hektisch durch die Menschenmassen kurven, scheinen trotz aller Eile gelassen. Dabei vergessen die Athener nie ihr Lächeln, ihre entwaffnende Freundlichkeit und den Stolz auf ihre Stadt, die gerade jetzt aufblüht wie seit Jahrtausenden nicht mehr.

Denn von Athen war kaum etwas übrig, als es 1834 die Hauptstadt Griechenlands wurde. In dem schmalen Häuserstreifen am Nordhang der Akropolis lebten nur 4000 Menschen, als der aus Bayern importierte König Otto hier ankam, um Herrscher der Griechen zu werden. Der 18-jährige Sohn Ludwigs I. musste zunächst mit einem kleinen, zweistöckigen Haus vorlieb nehmen, während seine deutschen Architekten mit Plänen für den Palast und ein neues Athen durch die Gegend streiften.

Mit dem Wiederaufbau kamen auch die Menschen zurück. 1921 tauschten Griechenland und die Türkei ihre Minoritäten aus, und von der halben Million Griechen, die Kleinasien verlassen mussten, strömte die Hälfte nach Athen. Dann suchten immer mehr Bauern vom Lande Arbeit in der Hauptstadt, und mit dem Bauboom der 50er Jahre des 20. Jahrhunderts wuchs die Stadt über alle alten Grenzen hinaus. So war Athen in den 60er Jahren wieder zu einer der interessantesten Metropolen Europas herangewachsen. Mit der neuerlichen Umgestaltung ist die Millionenstadt jetzt auf dem Wege zu einer modernen Weltstadt.

Sieg über die Perser
Die erste Blüte Athens liegt 2500 Jahre zurück. Davon zeugen die Ruinen der Akropolis, 156 Meter über der brodelnden Stadt. Dieser steile Berg hatte schon in der Jungsteinzeit vor 7000 Jahren Menschen angezogen.

Eine erste, mächtige Stadt bauten mykenische Siedler um 1400 v. Chr. auf dem Hochplateau. Bis ins 6. Jahrhundert v. Chr. war die Akropolis identisch mit der Siedlung Athen. Erst im Laufe der Zeit bebauten die Einwohner auch die Hänge.

Das „goldene Zeitalter" begann, als die Perser zwischen 500 und 479 v. Chr. geschlagen waren und Griechenland die Küsten des Mittelmeeres kolonisierte. Unter Perikles um 450 v. Chr. erlebte Athen seine Kulturblüte, in der schließlich die großen Monumente der Akropolis entstanden.

Auch unter römischer Herrschaft ab 86 v. Chr. blieb Athen der philosophische und intellektuelle Mittelpunkt der mediterranen Welt bis weit nach der Teilung des römischen Reiches. Erst als es seine philosophische Schule 529 n. Chr. schloss, sank Athen zu einer Provinzstadt herab.

In den folgenden 900 Jahren überrannten immer neue Kriegsherren und Völker das Land, bis schließlich 1456 die Türken die Macht übernahmen und bis zu den Unabhängigkeitskriegen zwischen 1821 und 1827 die Herren Griechenlands blieben.

In der Tempelstadt
Nach der Unabhängigkeit musste die junge Hauptstadt noch 14 Revolutionen, die Besetzung durch deutsche Truppen und einen grausamen Bürgerkrieg überstehen, bevor sie zu der lebendigen Metropole wurde, die heute Besucher aus aller Welt in ihren Bann schlägt.

Die Akropolis ist sicher einer der eindrucksvollsten Orte Europas, an dem sich kein Besucher der Aura der Geschichte entziehen kann. Dennoch sind nur die verblassten Reste erhalten von Perikles' Stadt der riesigen, verschwenderisch gestalteten Tempel und der gewaltigen, mit Gold und Edelsteinen besetzten Statuen aus Bronze oder Marmor.

Propyläen, Parthenon und Nike-Tempel sind aber nicht alles, was die stürmische Vergangenheit überdauert hat. Selbst in der neuen U-Bahnstation am Syntagma-Platz, dem Zentrum der Innenstadt, geben Aufrisse im Mauerwerk tiefe Einblicke in vergangene Zeiten, und die Vitrinen sind voll geborgener Schätze, die die Bauarbeiter hier fanden.

Auch das Mittelalter hinterließ beeindruckende Bauten. So die byzantinische Metropolis-Kirche aus dem 12. Jahrhundert, die aus dem Schutt der Antike gebaut wurde. Sie steht im Schatten der bizarren, größeren Metropolis-Kathedrale, deren Mauern man im 19. Jahrhundert mit Steinen von rund 70 früheren Basiliken errichtete.

Die beiden Kirchen liegen am Rande der Plaka, dem alten türkischen Zentrum Athens, das sich malerisch an den Akropolisberg schmiegt. Dieses Viertel war alles, was übrig war, als Athen zur Hauptstadt wurde. Auch wenn sich in seinen Straßen im Sommer fast nur Touristen drängen, strahlt dieser Stadtteil immer noch sein eigenes, ganz ursprüngliches Flair aus.

Lichterglanz am Bosporus

In ISTANBUL begegnen sich seit 2000 Jahren europäische und asiatische Traditionen

ANREISE:
Seit 2001 ist ein neuer, erdbebensicherer Flughafen in Betrieb, der von allen bekannten Gesellschaften aus aller Welt angeflogen wird. Vom Autofahren in Istanbul ist abzuraten. April bis Oktober Autofähren von Venedig und Ancona (Reisedauer: zwei Tage und drei Nächte)

KLIMA:
Beste Reisezeit April bis Juni und September bis Oktober mit Temperaturen um die 20° C. Im Sommer oft weit über 30° C. November bis Februar Regenzeit

UNTERKUNFT:
Hotels jeder Preisklasse. Einige alte Sultansresidenzen wurden zu modernen Hotels umgebaut. In der Altstadt einige Pensionen in byzantinischer und mittelalterlicher Umgebung

TRINKGELD:
Meist werden Preise für Dienstleistungen ausgehandelt. Wo dies nicht der Fall ist (Taxis mit Taxameter, Hotels, westliche Restaurants): 5 bis 10 Prozent

Wenn eine Stadt von sich sagen kann, dass sie voller Kontraste ist, dann ist das Istanbul, die Stadt auf zwei Kontinenten. Der Bosporus verbindet Asien und Europa – und trennt gleichzeitig die beiden Kontinente. Paradoxerweise hat sich die europäische Lebensweise auf der asiatischen Seite ausgebreitet, die orientalischen Traditionen haben dagegen auf der europäischen Landzunge am Goldenen Horn die Jahrhunderte überdauert.

Während die Frauen in den westlichen Stadtteilen Eyüp und Fatih tief verschleiert gehen, ihre Männer Turbane tragen und strikt den Gebetsrufen der Muezzine von den uralten Minaretten folgen, eilen smarte Geschäftsleute in grauen Anzügen und dezent geschminkte Studentinnen durch die Einkaufs- und Bürohauszentren auf der anderen Seite des Goldenen Horns. Und Jugendliche treffen sich auf den Parkplätzen der Trabantenstädte um Üsküdar jenseits des Bosporus zu Raptanz und Skateboardfahren.

In den lauten, engen Straßen Alt-Istanbuls, wo sich Dieselqualm mit orientalischen Gerüchen und Seeluft mischt, wetteifern Eselskarren mit klapprigen Lastwagen und blitzenden Nobelkarossen im chaotischen Verkehrsgewühl um die Vorfahrt. Es ist diese lebendige, mitunter auch schwierige Spannung zwischen den Kulturen und Traditionen, die die Atmosphäre dieser geschäftigen 8-Millionen-Einwohner-Stadt ausmacht, die sich über 2000 Jahre hinweg immer wieder neu gestaltet hat.

Nur ein einziges Mal wurde Istanbul völlig dem Erdboden gleich gemacht. Das war im Jahre 196 n. Chr., als sich der römische Kaiser Septimius Severus dafür rächte, dass sich Byzanz in einem Bürgerkrieg gegen ihn gestellt hatte.

Das „Zweite Rom" im Osten

Byzanz hatte damals schon eine 850-jährige Geschichte hinter sich. Der Sage nach soll Byzas, der Führer der Griechen aus der Stadt Megara, die Halbinsel von Thraker-Stämmen erobert haben, um 657 v. Chr. hier seine Stadt Byzanz zu bauen.

Am 11. Mai 330 n. Chr. erkor der römische Kaiser Konstantin I. Byzanz zum „Zweiten Rom", entschied sich aber schnell, es nach sich selbst „Konstantinopel" zu nennen. 65 Jahre später, 395, wurde es Hauptstadt des oströmischen Reiches.

Ihren Zenit erreichte die Stadt unter Kaiser Justinian I. im 6. Jahrhundert. Viele der christlichen Kirchen und Paläste wie auch die unvergleichliche Hagia Sophia und das eindrucksvolle Hippodrom stammen aus dieser Zeit.

In die Hände der Türken fiel Konstantinopel 1453, als die ottomanische Armee Sultan Mehmets II. die Stadt eroberte und sie zur Hauptstadt seines Reiches machte. Unter den Ottomanen entwickelte sich die klassische Architektur der Moscheen, die bis heute das Stadtbild prägt. So erhielt auch die christliche Hagia Sophia ihre vier Minarette und wurde damit zu einem islamischen Gotteshaus.

Sultanszeit geht ins Museum

450 Jahre vergingen, bis das osmanische Reich zerbrach und 1923 die Geburtsstunde der neuen türkischen Republik schlug, einer säkularen Republik, in der Religion und Politik getrennt sind. Als Ausdruck der modernen Zeit wählte die Regierung Ankara zur Hauptstadt, während in Istanbul die Residenzen der Sultane zu Museen wurden.

Selbst die Hagia Sophia verlor ihre religiöse Funktion und ist heute ein Museum, obwohl in neuerer Zeit immer mehr Moslems zum Beten hierher kommen. Sie ist wohl das großartigste Bauwerk der byzantinischen Kunst. Kaiser Justinian I. ließ sie ab 532 in nur fünf Jahren erbauen. Jahrhunderte lang war sie das größte Gotteshaus der Christenheit.

Südlich der Hagia Sophia erstreckt sich die weitläufige Anlage des Topkapi-Palastes. 4000 Bedienstete umsorgten einst den Sultan in dem verwirrenden Komplex mit unendlich vielen Räumen – allein der Harem hat 400 Zimmer –, verwunschenen Höfen und weitläufigen Parkanlagen. Heute beherbergt der Palast eine unschätzbare Sammlung von Juwelen, Porzellan, Waffen und Reliquien des Propheten Mohammed.

Vor der Hagia Sophia liegt der Eingang zur wohl bizarrsten Attraktion Istanbuls, der Yerebatan-Zisterne. Sie wurde im 6. Jahrhundert angelegt. 336 Säulen, deren Sockel Medusenköpfe zieren, stützen die acht Meter hohe Gewölbedecke des Reservoirs, das 80 000 Kubikmeter Wasser speichern kann. Sie ist der restaurierte Teil eines ganzen Netzwerkes, mit dessen Bau bereits Konstantin im 4. Jahrhundert begann.

Die Hagia Sophia war einst die größte Kirche der Christenheit. Die Ottomanen verwandelten sie in eine Moschee und ergänzten den Bau um vier Minarette. An den Kirchenkomplex schließt sich der Topkapi-Palast an, in dem einst die Sultane residierten (oben)

Blick in das Innengewölbe der Hagia Sophia. Der Sakralbau ist heute ein Museum (unten r.)

Die Galata-Brücke führt über das Goldene Horn, eine schmale Bucht, die vom Bosporus abzweigt

Europas Hauptstadt

Die „Grand' Place" in **BRÜSSEL** ist einer der schönsten Plätze der Welt

BESTE REISEZEIT:
Frühling, Frühsommer und Herbst. Im August sind fast alle Brüsseler im Urlaub

UNTERKUNFT:
„Metropole" (Grandhotel mit dem Charme der Belle Époque). „Dorint" (konsequent modern). Einfachere Hotels rund um die Grand' Place

MÄRKTE:
Der größte Brüsseler Markt am Sonntag an den Marollen. Flohmarkt auf der Place du Jeu de Balle. Antiquitätenmarkt am Wochenende auf der Place du Grand Sablon

SOUVENIRS:
Pralinen von Neuhaus. Brüsseler Spitzen. Spekulatius

DER BESONDERE TIPP:
Die königlichen Gewächshäuser sind ein kathedralenartiges Meisterwerk aus Glas und Stahl. Nur von Ende April bis Mitte Mai zu besichtigen

Die traditionellen Zunfthäuser geben der Grand' Place das gewisse Etwas. Besonders malerisch ist der Blumenmarkt (oben)

Das Manneken Pis ist eine viel besuchte Touristenattraktion (unten l.)

Shopping und Cafés in den Galéries Saint-Hubert (unten M.)

Errichtet zur Weltausstellung 1958, ist das Atomium heute das Wahrzeichen Brüssels

Nehmen wir Platz in einem der vielen Cafés auf der Grand' Place und fühlen wir uns als Gast im schönsten Salon Europas. Festlich erleuchtet erstrahlt der „Grote Markt" in purem Gold, und Zunfthäuser, Maison du Roi und Rathaus bilden einen spannenden Dreiklang aus Gotik, Renaissance und Barock. Die Grand' Place ist einer der schönsten Plätze der Welt, aber auch ein Ort, an dem Geschichte geschrieben wurde: Hier wurden die Grafen Egmont und Hoorn 1568 nach einem Aufstand gegen den spanischen Herzog Alba enthauptet, und es war der „Grote Markt", den Ludwig XIV. im Jahr 1695 so gnadenlos von seiner Artillerie beschießen ließ, dass er beinahe gänzlich neu aufgebaut werden musste, was ihm heute seine Geschlossenheit und vornehme Strenge verleiht.

Brüssel hat so viele Gesichter, wie Nationen hier vertreten sind. Als Europas Hauptstadt macht die Stadt seit den fünfziger Jahren Karriere, unbekümmert und weltoffen. Etwa ein Drittel der Bevölkerung hat einen ausländischen Pass, und da wird nicht nur rund um das Europäische Parlament in vielen Sprachen geredet. Salomonisch hat der Choreograph Maurice Béjart der belgischen Metropole bescheinigt, „schön zu sein, ohne Schönheit zu besitzen".

Reichtum der Kolonialzeit

Brüssel war dank des Tuchhandels schon im Mittelalter eine wohlhabende Stadt, da aber burgundische, österreichische, spanische, französische und niederländische Statthalter nacheinander das Sagen hatten, war es um die Eigenständigkeit meist schlecht bestellt. Nach einer der Freiheit huldigenden Opernaufführung im Jahr 1830 wurde dann die Zeit reif für eine Revolution. Die Brüsseler jagten die Niederländer aus dem Land, und als erster König der neu gegründeten Monarchie zog Leopold I. aus dem Hause Sachsen-Coburg-Gotha in Brüssel ein.

Unter seinem Sohn Leopold II. entstand die Stadt neu, die Kolonialherrschaft und die Ausbeutung des Kongos finanzierten den Umbau zu einer der modernsten Städte Europas. Der größte Justizpalast des Kontinents wurde auf dem Galgenberg gebaut, auf dem „Mont des Arts", dem Kunstberg, wuchsen prachtvolle Museen empor, ein vorbildlicher Bahnhof entstand, und an die Stelle eines alten Bettelorden-Klosters stellte man ironischerweise die Börse. Geld und Überfluss demonstrierten auch die Gründerzeitbauten, die bald schon das Stadtbild prägen sollten.

Wenig später dann die Antwort Brüssels auf so viel Pomp: Der Jugendstil machte die Stadt zu seiner Metropole, und Künstler wie Henry van de Velde und Victor Horta schufen mit ihrer Formenvielfalt einen neuen Stil des Bauens und Wohnens. Das Horta-Haus in der Rue Americaine und das einstige Kaufhaus „Magasins Waucquez", in dem heute das Comic-Museum untergebracht ist, sind Beispiele jener Zeit. In der Avenue Brugmann besteht ein ganzer Straßenzug aus Villen im Jugendstil, und wer seinen Cocktail im Hotel Metropol schlürft, der tritt ein in die Welt der „Belle Époque".

Blütenpracht am Grote Markt

Das elegante Brüssel residierte immer in der Oberstadt, dort, wo die Museen mit ihren weltberühmten Sammlungen, das königliche Schloss, aber auch die vornehmen Hotels und die Shopping-Meilen liegen. Rund um die Avenue Louise und die Chaussée de Waterloo ist es ein Spaß, auf Einkaufstour zu gehen, zwischendurch im Pain Quotidien ein zweites Frühstück einzunehmen oder sich in einer der vielen Grünanlagen darüber zu freuen, dass die Brüsseler so blumenbesessen sind. Man muss ja schon ein bisschen „fou" (verrückt) sein, wenn man jedes zweite Jahr die Grand' Place mit einem 1860 Quadratmeter großen Blütenteppich überzieht, der dann wie ein flammender Gobelin das Auge entzückt.

Schließlich führen ohnehin alle Wege zur Grand' Place zurück, und nicht nur die vier von 1846 an erbauten Passagen begeistern den Flaneur. Das Viertel rundum wird Îlot Sacré genannt, die Heilige Insel, und in der Tat fühlt man sich wie in einer abgegrenzten Welt, wenn man in den engen Gassen mit den schwelgerischen Auslagen unterwegs ist. Am Grand Sablon trifft man dann auf einen Platz, der nicht nur wegen seiner Intimität, sondern auch wegen seines Antiquitätenmarktes berühmt wurde. Die Kirche Notre-Dame du Sablon wirkt mit ihrer gotischen Fassade wie mit Brüsseler Spitzen behängt.

Am Sablon ist es abends am schönsten, wenn die Restaurants voll besetzt sind und die Luft erfüllt ist von lebhaften Gesprächen. Essen und Trinken ist nun einmal eine besondere Leidenschaft der Belgier, und vielleicht, so raunt man hinter vorgehaltener Hand, wurde Brüssel nur deshalb zur Hauptstadt Europas, weil die beste französische Küche nicht in Paris, sondern eben hier serviert wird.

Brügge im alten Glanz

Flanderns mittelalterliche Handelsmetropole hat ihr Flair bis heute bewahrt

BESTE REISEZEIT:
Das ganze Jahr, im Herbst und Winter kommen die Kenner

UNTERKUNFT:
Hotel „Die Swaene", kleine Hotels an den Grachten

KULINARISCHES:
Käsekroketten, Fisch, Meeresfrüchte, Bier

SOUVENIRS:
Pralinen, Trüffel, Spitzen

DER BESONDERE TIPP:
Ein Glockenspieler lässt vom hohen Belfried mehrmals wöchentlich Melodien von Bach, Mozart oder Verdi, aber auch Volkslieder und Evergreens erklingen

Ein Blutstropfen Christi verhilft der Stadt Brügge zu einem einzigartigen Schauspiel: Mit der Heiligblutprozession am Himmelfahrtstag kehrt die „Krone Flanderns" farbenprächtig in die eigene Vergangenheit zurück. Was im Übrigen keineswegs als Spektakel empfunden wird. Das katholische Brügge ist beherrscht von Kirchen und Kapellen, und nicht weniger als 600 kleine und große Madonnenstatuen schmücken die Stadt.

Die schönste hat man sich im Mittelalter für unendlich viel Geld gekauft, denn als einziges Werk Michelangelos verließ die Marmorstatue „Madonna mit Kind" zu Lebzeiten des Künstlers Italien und steht seither mit wehmütigem Gesichtsausdruck in der Liebfrauenkirche mit ihrem filigranen Turm.

Brügge wurde schon immer schwärmerisch „die Scone" (die Schöne) genannt, und was sich hier auf engem Raum an gotischen und barocken Bauten, an Straßenzügen und Plätzen erhalten hat, reicht aus, um Millionen Besucher jährlich staunen zu lassen.

Segensreiche Sturmflut

Bienenschwärmen gleich fallen sie auf dem Markt mit seiner gewaltigen Stadthalle ein, klettern den Belfried hinauf und genießen von der Balustrade aus einen faszinierenden Rundblick über Stadt und Land, bewundern das Rathaus mit der gotischen Fassade und statten schließlich der Heilig-Blut-Kapelle mit der kostbaren Reliquie einen Besuch ab. Vor allem aber sind es die Museen, die den Reichtum Brügges demonstrieren.

Allen voran das Groeninge-Museum, in dem die niederländische Malerei überaus reich vertreten ist, das Memling-Museum im St. Janshospital und das Gruuthuse-Museum, mit seinen Skulpturen, Spitzen und Fayencen untergebracht in einem der besterhaltenen gotischen Häuser.

Brügges Reichtum war immer ein Ergebnis von klugem Kalkül und diplomatischem Geschick, denen sich noch ein paar günstige Fügungen anschlossen. Denn erst ein Einbruch des Meeres ins Land brachte Brügge im 12. Jahrhundert so nahe an den Ozean heran, dass die Stadt über einen Meeresarm und einen Kanal mit großen Schiffen erreicht werden konnte. Mit dem Handel von Weinen und Tuchen schaffte Brügge den Aufstieg zum mächtigsten Handelszentrum der damaligen Welt, und die

Geschäfte „mit trockenen Wechseln" erwiesen sich als so erfolgreich, dass die Börse noch heute einen Namen trägt, der auf die Treffen der mittelalterlichen Finanzjongleure im Hause der Familie van der Buerse zurückgeht. Die burgundischen Herzöge mit ihrem ausgeprägten Sinn für Ästhetik wählten das vielgepriesene Brügge denn auch zu ihrer Hauptresidenz, als ihnen die Grafschaft Flandern im Jahr 1384 zufiel.

Ein gutes Jahrhundert sonnte sich Brügge im burgundischen Glanz, ehe es von der Bühne abtreten musste. Antwerpen übernahm mehr und mehr die Führung als Handelsmacht, und als der Zugang zum Meer dann auch noch versandete, blieb die Stadt als verarmte Schönheit zurück. Dass Brügge jahrhundertelang das Geld für Erneuerungen fehlte, ist heute ihr großes Glück, denn nur so konnte ein Stadtensemble erhalten bleiben, das Kunstkenner, aber auch Gourmets und Kneipengänger magisch anzieht.

Bier und Beten passte in Brügge schon immer zusammen, und so ist die Stadt mit den prachtvollen Palästen auch eine Hochburg der Pinten und der verschwiegenen Restaurants. Der Tourist erlebt Brügge vom Wasser aus, wenn er auf Booten an den eleganten Häuserfronten vorbeigleitet, doch der wahre Liebhaber geht zu Fuß und entdeckt dabei auch das Alltagsgesicht der gefeierten Diva, die kleinen Straßen unterhalb des Walls oder den Beginenhof, den man am besten am Abend aufsucht. Denn dann liegt über der im 13. Jahrhundert erbauten mittelalterlichen Wohnanlage für fromme Frauen – heute ein Benediktinerinnen-Kloster – ein Frieden, der sich auf den Besucher überträgt.

Die Vorzüge des Winters

Weiter führt der Weg zum Fischmarkt, der in den 1820 erbauten Hallen mit den zierlichen Säulen alle Köstlichkeiten des nahen Meeres bereithält. Hier stehen die Hausfrauen mit kritischem Blick, und dampfend werden vor den Händlern vor ihren Augen kleine Gerichte in eisernen Pfannen zubereitet.

Am schönsten ist es auf dem Fischmarkt in der kalten Jahreszeit, denn der Winter ist eine gute Reisezeit für Brügge. Nicht nur, dass man dann mit goldglänzendem Abendlicht verwöhnt wird, mit Eintopfgerichten und flackernden Kaminen, auch mit den Menschen kommt man ins Gespräch, die sich vom großen Ansturm ausruhen. Nicht ohne ein Glas darauf zu trinken, dass der geldbringende Touristenstrom im Frühjahr doch wiederkommen möge wie die Narzissen im Beginenhof.

In Brügge wurde die historische Altstadt an den Kanälen entlang gebaut, wie am Rozenhoedkai, der aus verschiedenen Perspektiven gezeigt wird (oben)

Das Zentrum der Altstadt ist der belebte Große Markt mit vielen Cafés und Restaurants

Kaufmannspracht in Flandern

Der Seehandel und die flämische Malerei begründeten den Ruhm **ANTWERPENS**

BESTE REISEZEIT:
Das ganze Jahr. Auch im Winter viel Gesellschaft

UNTERKUNFT:
Hotels aller Kategorien

MÄRKTE:
Vogelmarkt nahe der Rubensstraat am Sonntagmorgen: Kitsch und Kunst, aber auch Hühner, Tauben und sprechende Papageien

SOUVENIRS:
Diamanten, avantgardistische Mode, Bücher über Kunst

KULINARISCHES:
Waterzooi (Eintopf aus Hühnerklein), Frikadellen mit Bier, Muscheln, Käsekroketten

DER BESONDERE TIPP:
Malerisches Schifffahrtsmuseum in „Het Steen", der früheren Burg am Hafen

Ein Schloss für die Kunst? Wie zu einem königlichen Empfang steigt man die ausladende Freitreppe zum Königlichen Museum der Schönen Künste in Antwerpen empor und tritt geradezu andachtsvoll durch das von gewaltigen Säulen eingerahmte Portal. Im Inneren blenden die Treppenaufgänge, und die Säle, in denen die ganze Pracht der altniederländischen Malerei hängt, nehmen es in ihrer Weihestimmung mit jeder Kathedrale auf. Kunst ist in Antwerpen mehr als nur ein Aushängeschild. Die Stadt an der Schelde lebt mit ihr in vollendeter Harmonie.

Als „Manhattan des Mittelalters" machte Antwerpen im 16. Jahrhundert Karriere, war reicher als jede andere europäische Stadt und mit 125 000 Einwohnern ein Zentrum der westlichen Welt. In dieser Zeit entstanden auch die Bauten, die wie das Rathaus, die Gildehäuser, die Kirchen und Paläste heute das Stadtbild prägen, nicht zu vergessen die Kathedrale, die nach 269 Jahren Bauzeit endlich fertig gestellt wurde. Daneben verbreitete die Malerei den Ruhm Antwerpens, und neben den an der Schelde geborenen Anthony van Dyck, Jacob Jordaens und Frans Snyders waren es vor allem Peter Paul Rubens und Jan Breughel, die mit ihren Bildern die Welt in Erstaunen versetzten.

Reichtum durch den Hafen
Der Malerglanz musste allerdings auch darüber hinwegtrösten, dass Antwerpen im 17. und 18. Jahrhundert einen wirtschaftlichen Niedergang erlebte. Erst das Wiedererstarken des Hafens (heute hat Antwerpen den zweitgrößten Hafen Europas) sorgte dafür, dass die Scheldestadt in der zweiten Hälfte des 19. Jahrhunderts wieder zu einer geistigen und kulturellen Metropole wurde. Als eine wahrhaft überwältigende Empfangshalle wurde damals der Bahnhof erbaut, der mit seiner prächtigen Kuppel und neobarocken Wandaufbauten ebenso für Aufbruchstimmung sorgte wie die breiten baumgesäumten Avenuen, die neoklassizistischen Paläste und die Villen im Jugendstil.

Avantgarde war im fortschrittlichen Antwerpen immer gefragt, und so wurde die Stadt zu Beginn des vergangenen Jahrhunderts denn auch ein Zentrum der experimentellen Kunst. In den 50er Jahren entstand mit dem Middelheimpark ein Freilichtmuseum der modernen Plastik, das in Europa seinesgleichen sucht. Im vergangenen Jahrzehnt hat sich Antwerpen aber auch als Modehochburg profiliert, die mit Witz, Fantasie und Eleganz frischen Wind in die Welt der Haute Couture bringt. Als Einkaufsstadt hat es ohnehin besondere Qualitäten.

Nicht zufällig beherrschen die großen Einkaufsstraßen das Bild der Innenstadt, und Keyserley, Leystraat und Meir (mit dem ehemaligen königlichen Palais) verbinden als große Boulevards den Bahnhof mit dem Groten Markt. Man wird sich Zeit lassen auf dieser belebten Meile, denn hier erweist eine überaus gut gelaunte Bevölkerung den vielen Kneipen und Cafés ihre Reverenz. Schließlich behaupten Spötter, dass die Antwerpener den zehn Geboten ein elftes hinzugefügt haben, das da heißt: „Du sollst genießen."

Lebhafte Kneipenszene
Der Grote Markt mit seinem 67 Meter langen Rathaus, das von prachtvollen Zunfthäusern mit vergoldeten Giebelfiguren eingerahmt wird, ist denn auch so recht nach dem Herzen der flämischen Hedonisten, denn hier sitzt man in den gemütlichen Restaurants bei gebackenen Garnelen, wenn es draußen stürmt oder schneit, oder man genießt einen lauen Sommerabend im Freien beim Trappistenbier. Lebhaft ist die Kneipenszene auch in dem engen Gassengewirr rund um die Liebfrauenkathedrale, deren rund 123 Meter hoher Turm (der zweite blieb unvollendet) eine ganz außerordentliche Eleganz besitzt.

Einblick in eine völlig andere Welt bekommt man im Viertel rund um die Pelikaanstraat nahe dem Hauptbahnhof. Da glitzern Tausende von Diamanten in gut gesicherten Vitrinen, koschere Bäcker und Fleischer bieten ihre Waren an, und Männer mit dem breitkrempigen Pelzhut auf dem Kopf eilen die Straßen entlang. Antwerpen ist Sitz der größten orthodoxen jüdischen Gemeinde in Europa, aber auch Zentrum des Diamantenhandels.

Seit sephardische Juden vor 450 Jahren nach ihrer Flucht aus Spanien und Portugal im weltoffenen Antwerpen eine neue Heimat fanden, handeln sie so erfolgreich mit den hier meisterhaft beschliffenen Steinen, dass heute 70 Prozent des Diamantenhandels über die Scheldestadt laufen. Antwerpen glänzt eben überall.

Auf dem Groten Markt: Stadhuis und Gildehäuser mit ihren prachtvollen Fassaden aus dem 16. Jahrhundert. Links das Standbild Brabos. Der Sage nach soll der Römer Brabo einen Riesen getötet haben, der die Schifffahrt auf der Schelde behinderte (ober.)

In Het Steen, der alten Burg am Hafen, ist heute das Schifffahrtsmuseum untergebracht. Die Anlage ist das älteste Gebäude der Stadt (unten l.)

Einkaufsparadies und Flaniermeile der Antwerpener sind die Leystraat und die Me r

Giebelhäuser an den Grachten

Von Stadtpalästen am Wasser und Wohnbooten mitten in der City – **AMSTERDAM** pflegt seine Traditionen

BESTE REISEZEIT:
Das ganze Jahr. Hochsaison zwischen April und Juni

UNTERKUNFT:
Unbedingt in einem Hotel mit Grachtenblick

KULINARISCHES:
Hervorragende indonesische und vietnamesische Restaurants

MÄRKTE:
Bloemenmarkt am Singel

DER BESONDERE TIPP:
Ein Konzert im 1888 erbauten Concertgebouw mit seinem weltberühmten Orchester

Wer von seinem Hotelfenster aus über das träge dahinziehende Wasser der Herengracht blickt, in dem sich elegante Häuserfronten, Bäume und Brücken spiegeln, der ist mitten in Amsterdam angekommen. Er kann sich aber auch ein oder zwei Stunden in ein „Braunes Café" setzen und landet ebenfalls im Herzen der „lebendigsten Stadt der Welt". Fast schwarz sind die getäfelten Wände vom Zigarettenrauch, der polierte Zapfhahn steht nicht still, und das Klicken der Billardkugeln wird von dröhnendem Lachen übertönt. An die 500 solcher „Bruiner Cafes" gibt es in Amsterdam, und alle sind nach Feierabend voll von Leuten, denen der gesellige Raum Wohnzimmer, Infobörse und Stammkneipe in einem ist.

Amsterdam vibriert vor Leben und ist dann wieder überraschend still, ist prächtig und bodenständig, revolutionär und beharrend, exotisch und tolerant. Für ständige Veränderungen sorgen allein schon die Jahreszeiten, die hier etwas markanter auszufallen scheinen als anderswo. Denn wenn in kalten Wintern beispielsweise ganz Amsterdam mit Schlittschuhen auf den zugefrorenen Kanälen unterwegs ist, wenn die Giebelhäuser im frühen Abendlicht aufleuchten und die Brücken wie goldene Bogen über die Grachten gespannt sind, dann versteht man die niederländischen Maler, die diese Szenerie immer wieder gemalt haben. Amsterdam ist eine Brueghelsche Kulisse, auch wenn die Stadt überaus modern pulsiert.

Stillstand hat die Hauptstadt Hollands nie gekannt, und grenzenlose Neugier war es, von der die Amsterdamer auf die Meere getrieben wurden. Mit ihren Schiffen beherrschten sie den Ostseehandel, schafften aber auch vom frühen 17. Jahrhundert an für ganz Europa die Gewürze aus Ostasien heran. Im „Goldenen Jahrhundert" war Amsterdam die wichtigste Handelsmacht der Welt, und in dieser Zeit entstand auch jene Stadt, die bis heute die Menschen in Erstaunen versetzt, nicht allein, weil sie auf fünf Millionen Holzpfählen ruht.

Von Käuzen und Künstlern

Am Singel, dem ersten Grachtenring der historischen City, hatte man ja gesehen, wie gut Wasser und Architektur zusammenpassten, und so legte man beinahe mathematisch streng drei weitere Grachten, die Heren-, Keizers- und Prinsengracht, an, die man mit schmalen Stadtpalästen bebaute. Auch an die einfacheren Leute dachte man und gab ihnen

einen Platz, dem die sich hier ebenfalls ansiedelnden Hugenotten den Namen „Jardin" gaben, was im Holländischen schließlich „De Jordaan" hieß, heute ein Viertel, das in Häusern und „Hofjes" Käuze und Künstler, kleine Läden und Galerien beherbergt. Ein Dorf in der Stadt, in dem angeblich die meisten Individualisten Europas wohnen.

Fahrräder überall

Überhaupt sind Originalität und Nichtangepasstsein ein Markenzeichen von Hollands Metropole, die allerdings gar nicht Regierungssitz ist, weil Den Haag diese Rolle spielt. Aber natürlich gibt Amsterdam den Ton an, und die Stadt hat in den frühen 60er Jahren sogar eine Revolution eingeleitet, die Europa zum Brodeln gebracht hat. Die Provos wehrten sich als Erste gegen das Wertesystem der Wachstumsgesellschaft und machten ihre Revolution mit Witz, nackten Hinterteilen und herausfordernden Vorschlägen wie den, jedem Amsterdamer ein Fahrrad zu geben – als Rettung vor dem Verkehrsinfarkt.

Fahrräder sind auch ohne staatliches Zutun das beliebteste Fortbewegungsmittel, und malerisch auf Brücken abgestellt sind sie auch Mittel der Dekoration. Das Fotografenherz wird in Amsterdam ohnehin reichlich verwöhnt, doch es sind nicht nur die Grachten mit den malerischen Hausbooten darauf, nicht nur die Drehorgeln, das königliche Schloss und die vornehmen Kirchen und auch nicht die „magere Brug" allein: Es sind auch die großen Straßen wie der Damrak, auf dem man auf einer der Terrassen sitzt und die Leute vorbeiflanieren sieht, es sind die Parks wie der Vondelpark und der versponnene mittelalterliche Beginenhof mit seiner klösterlichen Stille, die dem Besucher das Gefühl geben, zu Hause zu sein.

Neben dem Königsschloss auf dem Dam demonstrieren die Museen den Reichtum der Stadt, wie etwa das Rijksmuseum mit seinen mehr als 500 Gemälden des Malers Rembrandt Harmensz van Rijn (darunter auch „Die Nachtwache"), das Van-Gogh-Museum mit der weltgrößten Sammlung der Werke des holländischen Malers und das Jüdisch-Historische Museum, das die bedeutendste Sammlung an Exponaten außerhalb Israels besitzt.

Viel Unterschiedliches wird man erleben in Amsterdam, und dazu gehört auch, dass man das Einkaufen ganz neu entdeckt. Die Flohmärkte sind Legende, vor allem der am Waterlooplein, aber es ist auch das Stöbern in den so genannten Winkeltjes, das überaus verführerisch ist, weil der Erfindungsreichtum der Amsterdamer die schrillsten, buntesten und verrücktesten Läden Europas hervorgebracht hat.

An der herbstlichen Prinsengracht in der Nähe des Noorder Markts: Wohnboote gehören in Amsterdam zum Stadtbild (oben l.)

Der Dam, der Platz mit dem königlichen Schloss, ist das Zentrum der Stadt (oben r.)

Ohne Zugbrücken wäre der Schiffsverkehr in Amsterdam nicht möglich gewesen. Die „magere Brug" führt über die Amstel und ist eine der am besten erhaltenen historischen Anlagen

Berlin in neuem Glanz

Die alte deutsche Hauptstadt profitiert von den politischen Veränderungen in Europa

UNTERKUNFT:
Im "Forum-Hotel" am Alexanderplatz mit Zimmern im 20. Stock. Preiswerte Pensionen rund um den Kurfürstendamm

FESTIVALS:
Internationale Filmfestspiele im Februar. Love-Parade im Juli

KULINARISCHES:
Eisbein und Sauerkraut, Kassler, Buletten, Currywurst

DER GEHEIMTIPP:
Das Nikolaiviertel, dörfliche Idylle mitten in Berlin

Berlins Prachtboulevard Unter den Linden ist eine Schöpfung Preußens. Vor der Humboldt-Universität erinnert ein Reiterdenkmal an Friedrich den Großen (oben)

Der im Zweiten Weltkrieg zerstörte Potsdamer Platz – heute ein belebtes Shopping-Center (unten M.)

Die neue Kuppel des Reichstags ist innen begehbar (unten r.)

Brandenburger Tor und Leierkastenmann: zwei Symbole der Stadt

Eine Stadt erfindet sich neu. Keine Metropole der Erde hat sich in den letzten zehn Jahren radikaler verändert als Deutschlands alte neue Hauptstadt. Was vor dem Fall der Mauer grau war, ist jetzt bunt und schrill, und was chic war, völlig aus der Mode. Berlin summt wie damals, als man in den wilden 20er Jahren schräge Feste feierte und im Hotel Adlon näselnd „Herr Ober, Champagner" rief.

Berlin war schon im 17. Jahrhundert Residenz der Kurfürsten von Brandenburg-Preußen, doch erst unter dem preußischen König Friedrich Wilhelm I. entstand nach 1701 das neue Berlin, an dem auch sein Sohn Friedrich der Große als passionierter Bauherr kräftig feilte. Im Jahr 1800 zählte Berlin bereits 172 000 Einwohner und entwickelte sich immer mehr zu einem Ort, „an dem sich Leute von Geist trafen" (Heinrich Heine). Das wilhelminische Berlin sonnte sich in Kaiserauftritten, doch es war auch die Stadt an der Spree, die Adolf Hitler zur Regierungszentrale des nationalsozialistischen Deutschlands machte.

Nach schweren Kriegszerstörungen wurde Berlin gemäß dem Potsdamer Abkommen im Jahr 1945 geteilt. Der Westteil fiel den Alliierten und später der Bundesrepublik zu, der Ostteil kam unter sowjetische Herrschaft und wurde 1949 Hauptstadt der kommunistischen DDR. Mit dem Mauerbau im Jahr 1961 war die Teilung dann im wahrsten Sinne des Wortes zementiert, und erst nach der unblutigen Revolution im November 1989 wurde Berlin wieder vereint. 1999 zog der Bundestag an die Spree.

Perlenkette der Architektur

Seit drei Jahrhunderten ist der Prachtboulevard Unter den Linden Berlins Vorzeigemeile, denn hier liegen die Bauten, die von der Genialität großer Baumeister geprägt sind, etwa die Alte Bibliothek, die Neue Wache, das Zeughaus, das Alte Museum mit dem Lustgarten, die Staatsoper, das Kronprinzenpalais und der etwas abseits liegende Gendarmenmarkt. Wie ein Schlussakkord ragt das Brandenburger Tor am Ende der Linden auf, dessen Quadriga Napoleon so faszinierte, dass er sie nach seinem Sieg über Preußen für ein paar Jahre nach Paris schaffen ließ.

Berlin Mitte pflegt den Stuck

Es waren die Viertel rund um die Linden und den Alexanderplatz, in denen die Jugend nach der Wiedervereinigung einzog. Hier in den stillen Straßen eines Theodor Fontane oder eines Kurt Tucholsky gab es noch Platz für Fantasie und bezahlbare Wohnungen mit Ofenheizung und Stuck.

Auch das ehemalige jüdische Viertel rund um die Oranienburger Straße und die Hackeschen Höfe wurde wiederentdeckt, vor allem als die im Krieg zerstörte Synagoge mit ihrer orientalisch-maurischen Pracht im Jahr 1995 neu eröffnet wurde. Heute leben in Berlin wieder mehr als 12 000 Juden und bestreiten eine eigene vitale Szene.

Es ist das „neue" Berlin, das die Menschen magisch anzieht, und eine schier endlose Schlange von Besuchern wälzt sich täglich auf den von Sir Norman Foster umgebauten Reichstag und dessen gläserne Kuppel zu. Als elegante Einkaufsmeile meldete sich die Friedrichstraße zurück, und auch der Potsdamer Platz erstand als eine Art Babylon neu mit gigantischen Bauten. Beinahe so intim wie in den Zeiten einer Marlene Dietrich wirkt dagegen der Pariser Platz, der den Linden-Boulevard vornehm gegen die Regierungsbauten abschirmt und mit dem Bankpalast eines Frank O. Gehry zum neuen Stadtbild beiträgt. Auch im Hotel Adlon wird längst wieder diniert und beim Klang von „As Time Goes By" in den Zeitungen geblättert und parliert.

Pariser Charme im Westen

Vom Pariser Platz aus verläuft die Straße des 17. Juni schnurgerade an Berlins größtem Park, dem Tiergarten, entlang zur Siegessäule und von hier aus weiter in das einstmals großbürgerliche Berlin – mit Kurfürstendamm, Gedächtniskirche und Europacenter, das Pendant zur boomenden Mitte. Die bunteste Mischung im Westteil der Stadt besitzt Charlottenburg mit seinem an Paris erinnernden Charme, den verträumten Gärten und dem heiteren Schloss. Schlösser und Tempel im Überfluss bietet dann die Havellandschaft vor dem nahen Potsdam, die als „preußisches Arkadien" die Besucher aus der ganzen Welt anzieht.

Was aber über allem rangiert, ist die Kunst, denn sie nimmt trotz dreier Opernhäuser und einer überaus lebendigen Theater- und Kabarettszene mit mehr als 100 Museen die Rolle der Primadonna ein. Mit der einer antiken Tempelanlage nachempfundenen Museumsinsel, mit dem Alten Museum, dem Bauhaus-Archiv, der Nationalgalerie und dem Museum der Gegenwart im „Hamburger Bahnhof" ist Berlin eine der bedeutendsten Kunststädte der Welt.

Zumal auch die Galerieszene explodiert: Wer ein paar Wochen nicht in Berlin war, trifft bei seiner Rückkehr garantiert auf neue Kunstsalons, auf überraschende Experimente, auf schrille Happenings und neue Locations. Die Stadt ist hungrig auf Leben. Und da gleicht eben kein Tag dem andern.

Lübeck – die Königin der Hanse

Thomas Manns „Buddenbrooks" entstanden im Schatten der sieben Türme

BESTE REISEZEIT:
Sommer

UNTERKUNFT:
Traditionelle Familienhotels am Trave-Ufer, aber auch moderne Luxushotels

FESTE:
Schleswig-Holstein-Musik-Festival Juni bis August. FriendSHIP Party im August, Weihnachtsmarkt rund um die Marienkirche

KULINARISCHES:
Labskaus, Plettenpudding, Fisch

SOUVENIRS:
Marzipan im Niederegger-Haus in der Breiten Straße. Krawatten, wie sie Thomas Mann trug (im Buddenbrook-Haus). Holsteiner Delikatessen im Glas, wie Sauerfleisch oder Rote Grütze

DER BESONDERE TIPP:
In der Hüxstraße trifft man das junge Lübeck: viele kleine Läden und Szenerestaurants

Wo andere Städte mühsam nach einem Stadtschreiber suchen, trumpft Lübeck mit einem Nobelpreisträger auf. Im Familienroman „Buddenbrooks" hat der 1875 in der Hansestadt geborene Thomas Mann seine Heimatstadt so lebendig geschildert, dass man noch im fernsten Japan weiß, wie es in der traditionsreichen Kaufmannsstadt ausgesehen hat.

Prachtvoll nämlich ging es zu, wenn sich die Senatorenfamilie zu Tisch setzte und von schwerem Silbergeschirr schwere Speisen aß. Vor den Fenstern ragten die gewaltigen Türme der Marienkirche, und das Pferdetrappeln hallte herauf wie ferne Musik. Bis heute gibt es dieses Gefühl, in den engen Gassen und Höfen unterzutauchen und beschützt zu sein von den sieben gotischen Türmen und ihrer maßvollen, aber überaus kunstfertigen Architektur.

Spät trat Lübeck in die Geschichte ein, denn erst 1159 gelang es nach Bränden und Verwüstungen, die Stadt Liubice („Die Liebliche") auf Dauer zu gründen. In Backstein erbaut, hielt sie fortan den Feuersbrünsten stand und entwickelte sich zum städtebaulichen Vorbild im gesamten Ostseeraum, ebenso wie die Marienkirche und der doppeltürmige Dom. Zum Meisterwerk bauten die Stadtväter auch ihr Rathaus aus, das mit gotischen Schaugiebeln, mit Renaissancetreppe und eleganten Arkadengängen den Marktplatz einrahmte. Zum Schutz des Übergangs über die Trave entstand dann zwischen 1469 und 1478 das Holstentor, das mit der Inschrift „Eintracht im Innern, Frieden draußen" für die Diplomatie der Stadtväter warb. Die Salzspeicher ein paar hundert Meter weiter sind Hinterlassenschaften einer Zeit, in der man mit dem Salz, dem „weißen Gold des Mittelalters", steinreich werden konnte.

Die Hanse als Kaufmannsbund

Lübecks Reichtum gründete auf dem Handel, und die Kaufleute schickten ihre Schiffe beladen mit dem im nahen Lüneburg gesiedeten Salz in den gesamten Ostseeraum und bis Reval und Nowgorod. Dass die Kapitäne auf der Rückfahrt Eisen, Kupfer, Felle und Bernstein an die Trave brachten, dazu nautisches Können und Weltgewandtheit, ließ Lübeck immer glanzvoller werden.

Zur besseren Behauptung ihrer Interessen schlossen sich die Kaufleute zu einem Schutzbund, der „Hanse", zusammen, und aus dieser Kaufmannsgilde erwuchs im 14. Jahrhundert ein mächtiger Städtebund, in dem Lübeck unangefochten als „Königin der Hanse" die Führungsrolle übernahm. Neben Köln war Lübeck mit etwa 30 000 Bewohnern damals die größte Stadt in Deutschland, und Kaiser Karl V. redete die Stadtväter bei seinem Besuch durchaus respektvoll mit „Ihr Herren von Lübeck" an.

200 Jahre lang währte der Glanz der Hanse, und erst mit dem Erstarken anderer Häfen trat Lübeck in die zweite Reihe zurück. 1942 wurde die Altstadt durch Fliegerangriffe schwer zerstört. Nach dem couragierten Wiederaufbau ist sie heute ein solches Kleinod, dass sie von der Unesco in die Liste der Schätze der Menschheit aufgenommen wurde. Mit 1000 denkmalgeschützten Bauten gilt Lübeck als die am besten erhaltene mittelalterliche Stadt im Ostseeraum.

Kultur und Gaumenfreuden

Lübeck ist aber auch eine moderne Stadt, in der es sich unter roten Dächern überaus vital leben lässt. Dank mehrerer Hochschulen, verschiedener Theater und einer lebhaften Einkaufsszene genießt man modernen Komfort im traditionellen Stil. Besonders die Musik nimmt eine dominierende Stellung ein – in einer Stadt, in der einst Heinrich Buxtehude als Organist gewirkt hat.

Wie die Lübecker auch besonders stil- und genussvoll zu leben wissen. Traditionsreiche Restaurants, so die in einem fast 470 Jahre alten Gildehaus untergebrachte „Schiffergesellschaft", servieren Gerichte, bei denen man ganz von selbst die Kalorientabelle vergisst. Und natürlich trinkt man dazu den schweren Rotspon, einen durch langes Lagern in Eichenfässern veredelten Bordeaux-Wein.

Lübecks Ruhm gemehrt hat auch der aus Süddeutschland eingewanderte Konditorgeselle Johann Georg Niederegger, der mit dem weltberühmten Marzipan, dem „Marcis Panis", eine Spezialität an die Trave brachte, die Lübeck zum Schlaraffenland gemacht hat. In etwa hundert Variationen wird das nach seinem Geheimrezept hergestellte Zucker-Mandel-Gemisch heute im Niederegger-Haus in der Breiten Straße angeboten und von den Touristen mindestens so hoch geschätzt wie der gestrenge schöne Dom.

Das Buddenbrook-Haus in der Mengstraße ist dem Schaffen des Literatur-Nobelpreisträgers Thomas Mann gewidmet

Das trutzige Holstentor vor der Marienkirche und den historischen Salzspeichern (oben). Das Wahrzeichen der Stadt wurde von 1469–1478 als Symbol der Verteidigungsbereitschaft erbaut

Der „von-Höveln-Gang", eine enge Gasse mit niedrigen alten Häusern (links)

Der „Markt von annodazumal" findet vor dem Rathaus mit der eleganten Renaissancetreppe statt. Im Hintergrund die Marienkirche

Hanseatische Handelspracht
Rund um die Alster ist **HAMBURGS** Reichtum zu besichtigen

BESTE REISEZEIT:
Frühling, Sommer, Frühherbst

UNTERKUNFT:
Grandhotels „Atlantic" und „Vier Jahreszeiten". Preiswertere Hotels am Hauptbahnhof

SOUVENIRS:
Buddelschiffe und Seemannspullover. Englische Herrenmode und Haute Couture

KULINARISCHES:
Hamburger Pannfisch, Scholle, Labskaus

FESTE:
Hafengeburtstag (Mai), Weihnachtsmarkt

Das Rathaus hat mehr Zimmer als der Buckingham-Palast und die Stadt mehr Brücken als Venedig. An Selbstbewußtsein hat es den Hamburger Kaufleuten, den „Pfeffersäcken", schließlich nie gefehlt, eher an schönem Wetter.

Kühl ist die Stadt, schon allein des ewig wehenden Westwindes wegen, aber auch wegen einer Architektur, die alles beiseite räumte, was dem Fortschritt im Wege stand. Womit die nüchtern kalkulierenden Hanseaten Recht hatten, denn eleganter und ästhetischer ist heute keine andere deutsche Stadt.

Einen wesentlichen Anteil an dem Stadtbild haben die Passagen, die sich heute über die ganze City erstrecken. 1980 wurde das Hanse-Viertel als längste Ladenpassage Europas eröffnet und damit ein Areal unter eine hohe Glaskuppel geholt, das vorher aus 30 Einzelgrundstücken bestanden hatte. Durch die Kombination des traditionellen Baustoffs Backstein mit Glas, Marmor und Stahl wurde „hanseatisches Gepränge" architektonisch so effektvoll in Szene gesetzt, dass aus diesem Stil ein Markenzeichen der Stadt geworden ist. Heute bieten mehr als 15 Galerien das entspannte Einkaufen an. Der traditionsreiche Flanierboulevard Jungfernstieg hat Konkurrenz bekommen.

Einige der Passagen haben ihren Ausgang zur Binnenalster hin, die als spiegelnder Stadtsee von hohen Kontorhäusern, dem Hotel „Vier Jahreszeiten" und reizvollen Cafés eingerahmt wird. Zur wasserblauen Eleganz der Stadt trägt aber auch die sich anschließende Außenalster bei, die mit ihren 164 Hektar Wasserfläche den schnellen Segeltörn nach Feierabend möglich macht.

Die Alster amüsiert, doch den Reichtum bescherte immer die Elbe. Über den breiten Strom fuhren früher die Großsegler ein, heute sind es die Containerschiffe, die schwer beladen an den Kais festmachen. Einen erheblichen Teil des Stadtgebietes nimmt der Hafen ein, der immer noch wichtigster Arbeitgeber in der Hansestadt ist.

Beitritt zur Hanse
Ein bisschen nachgeholfen haben die Hamburger ja, als sie im 12. Jahrhundert einen Freibrief Kaiser Barbarossas verschwinden und durch eine verbesserte Fälschung ersetzen ließen, denn die darin festgelegten Garantien wie Schifffahrt bis zur Elbmündung, freier Fischfang und die Befreiung von der Heerfolge wurden Grundlage für die wirtschaftliche Entwicklung der Stadt. Der Beitritt zur Hanse

im Jahr 1342 bescherte zudem solch glänzende Handelsbeziehungen, dass Hamburg bald das mächtige Lübeck überrundet hatte.

Ein goldenes Zeitalter brach im 19. Jahrhundert an, als die Fracht- und Passagierschifffahrt nach Süd- und Nordamerika vor allem von Hamburg aus abgewickelt wurde. Selbst Reichskanzler Bismarck musste sich dem mächtigen Hamburg beugen, als es sich für den Beitritt zum Zollabkommen im Jahr 1888 die Einrichtung eines Freihafens erstritt.

Noch heute ragen die kathedralenartigen Lagerhäuser in der Speicherstadt auf, in denen die Waren zollfrei gelagert werden. Im Zweiten Weltkrieg wurde die Stadt schwer zerstört, das Wirtschaftswunder machte sie aber bald zu einer der reichsten Städte Europas und zum weltweit begehrten Reiseziel.

„Auf der Reeperbahn nachts um halb eins…", sang einst der Filmstar Hans Albers, und immer noch macht die Sehnsucht am Hamburger Hafen fest. Denn wenn auch der Umschlag der Schiffsfrachten heute weiter draußen in modernen Hafenbecken stattfindet, so gibt es an den Landungsbrücken immer noch jenen Mix aus Mastengewirr, Schiffstuten und Kreischen der Möwen, der Legende ist.

Legende, wie der Hamburger Fischmarkt und die Reeperbahn: Die „berühmteste Vergnügungsmeile der Welt" lädt allabendlich zum grellbunten Korso und bietet Billiges und Brillantes, aber auch menschliche Nähe und exotische Vergnügungen an. In den letzten Jahren hat sich die Reeperbahn mit Theatern wie Schmidt's Tivoli und dem Musical-Tempel Operettenhaus aber auch zum exklusiven Magnet fürs Theaterpublikum entwickelt.

Wo die Beatles starteten

Von St. Pauli aus ist es nicht weit zur Elbchaussee, die sich mit Villen, Parks und Gärten nach Blankenese hinzieht, einem ehemaligen Fischerdorf, das als „Neapel des Nordens" zu Fuß treppauf, treppab erkundet sein will. Zurück in der City widmet man sich dann der Kunst, denn die Meile am Hamburger Hauptbahnhof mit fünf renommierten Museen ist ebenso attraktiv wie die Galerienvielfalt in den Nobelvierteln Harvestehude und Pöseldorf.

Aber Hamburg hat auch Ecken und Kanten, und in Stadtteilen wie dem Karolinenviertel bietet sich ein anderes Bild. Hier liegen Läden, in denen die Subkultur für ein facettenreiches Angebot sorgt, man sitzt in schrillen Cafés und genießt die Nachbarschaft der vielen hier lebenden Nationen. Immer noch wird in der Stadt, in der in den 60er Jahren die Beatles ihre Karriere starteten, geradezu fanatisch eine traditionelle Weltoffenheit gepflegt.

Panorama der Hamburger City: Blick auf Binnenalster und Jungfernstieg (oben l.)

Als Kathedralen des Handels wurden die Lagerhäuser der Speicherstadt berühmt (unten r.)

An der Großen Freiheit liegen die bekanntesten Nachtclubs des Rotlichtviertels St. Pauli. Jahrzehntelang berühmt war das „Salambo"

So funkeln Bayerns Sterne

Hofbräuhaus, Viktualienmarkt, Englischer Garten und Schwabing – in **MÜNCHEN** hat jeder seine Bühne

BESTE REISEZEIT:
Der Sommer wegen des Englischen Gartens, der Winter wegen des Kulturangebots

UNTERKUNFT:
Das „Vier Jahreszeiten" ist Münchens Fin-de-Siècle-Hochburg, eine erlesene Adresse ist der „Bayerische Hof". In Schwabing preiswertere Hotels

FESTE:
Fasching. Oktoberfest (Mitte September). Christkindlmarkt (Dezember)

KULINARISCHES:
Weißwürste, Brezln, Bier. Aber auch Knödel und Sauerkraut

DER BESONDERE TIPP:
Die Städtische Galerie im Lenbachhaus beherbergt viele Werke der Expressionisten

Leopoldstraße und Frauenkirche im Herzen Münchens vor der Alpenkulisse (oben)

Bayerische Lebensfreude pur in den Bierzelten auf dem Münchner Oktoberfest (unten l.)

Das Barockschloss Nymphenburg ist von einer weitläufigen Parkanlage umgeben

Der bayerische Kronprinz versprach ja ziemlich viel, als er verkündete: „Ich will aus München eine Stadt machen, die Deutschland so zur Ehre gereichen soll, dass keiner Deutschland kennt, der München nicht gesehen hat." Dass er als König Ludwig I. von 1825 an mit dem Bau des Königs- und des Odeonplatzes, der Ludwigstraße, der Pinakotheken, der Feldherrnhalle, dem Siegestor, der Ruhmeshalle, dem Umbau der Residenz und etlichen Kirchenbauten seinen Worten auch wahrlich Taten folgen ließ, brachte ihm den Titel des größten deutschen Kunstinitiators ein. Daneben verlegte er die Universität von Landshut nach München und lebte auch noch seine Liebe zu schönen Frauen aus.

Dass München heute leuchtet, was angesichts der heiteren Kuppeln gern behauptet wird, liegt aber nicht an Ludwig allein, denn schon im 17. Jahrhundert hatten die Wittelsbacher Kurfürsten – Bayern wurde erst 1806 Königreich – aus München eine barocke Kunstlandschaft gemacht. Dank hervorragender Baumeister wuchs das Nymphenburger Schloss zum Barockwunder empor, und die Theatinerkirche war ein strahlendes „merci" für die Geburt eines Kronprinzen.

Als Dekorateure von allerhöchstem Kunstverstand brachten die Baumeister des Rokoko schließlich ihre Meisterwerke ein, so dass München heute mit der Asamkirche, der St.-Annen-Kirche, den „Reichen Zimmern" und der Amalienburg eine unangefochtene Hochburg des Rokokos ist. Ein Traum in Rot und Gold ist das im Krieg ausgelagerte Cuvilliés-Theater, das in der Residenz nun wieder im alten Glanz erstrahlt.

Begehrter Wohnort

Was für eine Stadt, die mehr Singles hat als jede andere in Deutschland und Biergärten so groß, dass in ihnen eine ganze Kleinstadt unterkommen könnte. Lebensfreude ist eines der Markenzeichen Münchens, und Genuss und Vergnügen sind allerhöchster Adelsschlag. Zugute kommt den Münchnern zweifellos die attraktive Lage, denn die Stadt besitzt in der Isar eine überaus gesellige Partnerin. Auf einer Länge von 14 Kilometern schlängelt sich der Fluss durch das grüne München und erweist dem Englischen Garten seine Reverenz. Dass München als Wohnort so begehrt ist, liegt ja nicht zuletzt an dem hohen Freizeitwert, und gerade der Englische Garten mit seinem zweihundertjährigen Baumbestand, dem Sonnentempel Monopteros und den weiten Rasenflächen ermöglicht einen Urlaub mitten in der Stadt. Dass man auf dem Viktualienmarkt wie auf einem italienischen Markt, nein, sogar besser noch einkaufen kann, dank der hervorragenden bayerischen Würste, des duftenden Brotes und der meterlangen Radis, ist eben typisch München. So wie man in dem ehemaligen Künstlertreff Schwabing einen attraktiven Stadtteil besitzt, der mit seinen Kneipen und kleinen Läden nicht nur die Studenten sondern auch die Schickeria anzieht.

Biergärten und Hochkultur

In der bayerischen Landeshauptstadt liegt Wesentliches dicht beieinander, und gemütlich wandert man vom neugotischen Rathaus durch die Altstadt, bestaunt die Frauenkirche mit ihren beiden markanten 99 Meter hohen Türmen und lässt sich im Inneren von der spätgotischen Kulisse blenden. Vom Marienplatz aus ist es nicht weit zur Theatinerkirche, an die sich der Hofgarten anschließt.

Unter Münchens Prachtstraßen spielt vor allem die Maximilianstraße als Laufsteg der Haute Couture eine besondere Rolle. Eine Welt für sich bilden die beiden Pinakotheken, die unter den 50 Museen der Stadt die Primadonnen sind. Und auch die Theaterfreunde werden gut bedient, denn München hat mehr Spielstätten als jede andere vergleichbare Stadt Deutschlands.

Und noch ein paar Sterne funkeln – auch kulinarisch hat die bayerische Hauptstadt einen hohen Stellenwert. Doch wenn man an der Isar auch die italienische Küche liebt: Die wahre Heimat aller Münchner (etwa ein Drittel der Bewohner wurde hier geboren) ist nun einmal der Biergarten, „wo man den Mittag in der Gärten Frische erlebt". An einfachen Tischen sitzend genießt man das Schattenspiel der Kastanien, trinkt sein Bier und freut sich, dass an den Nebentischen ordentlich was los ist. In manchen Biergärten kann man sein eigene Vesper mitbringen, weil das in München eine lange Tradition hat.

Tradition, das merkt der Besucher schnell, ist ein ehernes Gesetz in der Landeshauptstadt. Immerhin gibt es hier noch einen Lederhosenschneider, der die Nationaltracht nach Maß anfertigt, es gibt das Hofbräuhaus und jede Menge Trachtenumzüge, bei denen sich München mit Blasmusik und Dirndlkleidern in bester Sonntagslaune präsentiert. Und last not least feiert hier alle Welt das beliebte Oktoberfest!

An den Ufern von Elbflorenz

Die Brühlschen Terrassen, Zwinger und Semperoper sind **DRESDENS** Legenden

BESTE REISEZEIT:
Frühling, Sommer und Herbst. Reiches Kulturangebot aber auch im Winter

SOUVENIRS:
Meißner Porzellan

FESTIVALS UND MÄRKTE:
Internationales Dixieland-Festival, Elbhangfest zwischen Pillnitz und Dresden, Weihnachtsmarkt

ESSEN UND TRINKEN:
Sächsischer Sauerbraten, Saure Eier mit Specksauce, Dresdner Christstollen, Radeberger Bier, Wein von den Elbhängen

DER BESONDERE TIPP:
Raddampferfahrten auf der Elbe. Pfundt's Molkerei, ein Milchladen, der auf Tausenden von Jugendstilkacheln die Geschichte der Milchwirtschaft erzählt

Das Altstädter Elbufer mit der Kathedrale, der Augustusbrücke und der Semperoper im Hintergrund (oben)

Die Semperoper mit Vorplatz (unten l.)

Die Barockbauten des Zwingers verkörpern die Verbindung von Architektur und Gartenkunst

Mehr als 350 Kinder soll er gezeugt und Hufeisen mit bloßer Hand verbogen haben. Friedrich August II. (1670–1733), Kurfürst von Sachsen und seit 1697 auch König von Polen, war so reich mit körperlichen Kräften gesegnet, dass man ihm staunend den Beinamen „der Starke" gab. Dabei hatte der bizepsverwöhnte Herrscher noch ganz andere Gaben: Ein „Venedig des Nordens" wollte er aus seiner Elbresidenz machen, wollte den Hof in Berlin übertrumpfen – was ihm gelang – und den Glanz Versailles' an die Elbe holen.

Und weil sein Sohn Friedrich August III. (1696–1763) sich ebenso für die schönen Künste begeisterte, entstand das Wunder Dresden, dem der Beiname „Venedig des Nordens" allerdings verwehrt blieb. Der deutsche Philosoph Johann Gottfried Herder hatte es schwärmerisch ein „Elbflorenz" genannt, und diese Bezeichnung lebte auch weiter, als die „schönste Stadt Deutschlands" am 13. Februar 1945 nach einem Dauerbombardement durch die Alliierten in Schutt und Asche fiel.

„Protestantischer Petersdom"

Heute baut sich Dresden noch einmal neu, feilt und sägt am Sandstein und richtet selbst die zerstörte Frauenkirche, den „protestantischen Petersdom", wieder auf, als ein Zeichen für Frieden und Neubeginn. „Geschichte, Kunst und Natur schweben über Stadt und Tal wie ein von seiner Harmonie verzauberter Akkord", hat der in Dresden geborene Schriftsteller Erich Kästner einmal gesagt und hinzugefügt: „Eine wunderbare Stadt und kein von den Dresdnern zufällig bewohntes Museum."

Nein, ein Museum ist Dresden schon deshalb nicht, weil Kunst und städtisches Leben hier harmonisch nebeneinander existieren. Auf den berühmten Brühlschen Terrassen promeniert es sich wie im fürstlichen Garten, und Schloss, Hofkirche und Augustusbrücke scheinen nur Kulissen zu sein für den träge dahinziehenden Strom.

Der schönste Platz Europas

Am Theaterplatz dann ein weiterer Akkord, denn um diese Piazza, eine der schönsten Europas, reihen sich die Gemäldegalerie, die Semperoper, die Schinkel-Wache und das als Luxushotel wiedererstandene Taschenbergpalais wie zum Tanz. Höfische Eleganz verströmt auch der zwischen 1710 und 1728 erbaute Zwinger, der als Symbiose aus Architektur und Gartenkunst ein solch perfekter Festplatz unter freiem Himmel war, dass August der Starke hier die Hochzeit seines Sohnes mit der österreichischen Kaisertochter feiern ließ. Nicht weniger als 60 000 Kerzen illuminierten das gigantische Mahl.

Dabei hatte es an der Elbe bescheiden begonnen, und die 1206 erstmals erwähnte Siedlung wurde schlicht nach den slawischen Ureinwohnern, den „Drezdzany", benannt. Doch schon im 13. Jahrhundert erlebte Dresden ersten höfischen Glanz, der um 1300 auch zur Gründung der Kreuzschule führte. Zur vornehmen Residenz wurde die Stadt dann im 16. Jahrhundert ausgebaut, als eine pompöse Schlossanlage im Renaissancestil entstand, die später durch die Barockbauten August des Starken meisterhaft ergänzt wurde. Einen wesentlichen Anteil am Aufschwung Sachsens hatte die Erfindung des europäischen Porzellans, das noch heute im nahen Meißen mit einer solchen Kunstfertigkeit hergestellt wird, dass Kaiser und Könige bevorzugt von echtem „Meißner" tafeln. Der Stadtpavillon beherbergt zudem die größte Porzellansammlung der Welt, und im Fürstenzug – einem Wandrelief am Schloss – wird die 800-jährige Geschichte Sachsens auf 25 000 Meißner Kacheln dargestellt.

Stadt der Musik und Künste

Wie denn Dresden überhaupt als Kunst- und Musikstadt hohes Ansehen genießt. Nicht nur, dass die in Hunderten von Jahren zusammengetragenen Schätze im „Grünen Gewölbe" geradezu blenden: Die Sixtinische Madonna von Raffael kann in der Gemäldegalerie bewundert werden, und die Gründung der Künstlergruppe „Die Brücke" im Jahr 1905 hat in Dresden zu einem reichen expressionistischen Erbe geführt. Daneben

aber singt und swingt die Stadt. Der Kreuzchor mit seiner 700-jährigen Tradition, die Semperoper mit der Staatskapelle und die Philharmonie sorgen dafür, dass der Musiktourismus boomt.

Aber es gibt auch profanere Genüsse: Nirgendwo schmecken Sauerbraten, Quarkkeulchen und knusprige Enten besser als in einem der vielen Biergärten, in die der Elbwind sanfte Kühlung trägt. Viele der traditionsreichen Gaststätten liegen in der vor mehr als 300 Jahren erbauten Neustadt, die mit ihren eleganten Boutiquen in der Königstraße, ihren kleinen Theatern und Restaurants die Bummelmeile der Dresdner ist. Vom rechten Elbufer aus hat der Maler Canaletto auch jene berühmte Stadtansicht gemalt, die nach der Zerstörung Dresdens wie eine Fata Morgana vor den Augen aller Liebhaber der untergegangenen Elbmetropole schwebte und die heute beinahe wieder Gültigkeit hat.

Von der Lebensart der Schweizer

Könige, Diplomaten, Bohémiens und der Geldadel wählten **ZÜRICH** als Treffpunkt

BESTE REISEZEIT:
Das ganze Jahr. Doch im Sommer entfaltet Zürich mit dem See seinen besonderen Charme

UNTERKUNFT:
„Dolder" und „Baur au Lac" als luxuriöse Grandhotels. Alt-Zürcher Flair bietet das Hotel „Zum Storchen". Gemütliche Gasthäuser am See

FESTE:
Fasnacht. Sechseläuten-Fest mit einem farbenprächtigen Umzug der Zünfte im April

SOUVENIRS:
Volkskunst, Uhren, Schmuck

KULINARISCHES:
Zürcher Geschnetzeltes mit Rösti, Fondue, Fische aus dem See

DER BESONDERE TIPP:
Nostalgie pur: Die feuerrote Polybahn fährt als Seilbahn seit 1899 vom Central-Bahnhof zur Technischen Hochschule ETH

Wer sich Zürich per Schiff nähert, dem bietet sich mit der sanften Stadtsilhouette und den grünen Uferpromenaden ein eindrucksvolles Bild. Wenn er später an der Limmat entlangschlendert, die Zürich wie ein kleiner Canal Grande in zwei Hälften teilt, und das Großmünster aufragen sieht, wenn er treppauf, treppab in der Altstadt unterwegs ist und auf das Dächergewirr hinunterblickt, dann begreift er, warum der Schriftsteller Gerhart Hauptmann von dem „einzigartigen Geist der schweizerischen Bürgerlichkeit" geschwärmt hat.

Zürich sei eine große Kleinstadt oder eine kleine Großstadt, wird gesagt, und in der Tat: Sieht man einmal von den immensen Geldmengen ab, die auf dem größten Geldumschlagplatz der Welt gehandelt werden, und dem wahrlich internationalen Flughafen Kloten, dann schrumpft die größte Stadt der Schweiz mit ihren 365 000 Einwohnern schnell auf ein überaus gemütliches Maß zurück. Sehr zur Freude der Bewohner, die sich sauwohl fühlen unter Linden und Kastanien und stolz darauf sind, dass man in der Mittagszeit schnell mal ein Bad im Zürichsee nehmen kann.

Die Lage hat schon die Römer dazu verführt, an den Ufern der Limmat ein wehrhaftes Kastell zu errichten. Nach der Besetzung der römischen Gebiete durch die Alemannen – vom 5. Jahrhundert an – blühte das einstige Turicum langsam auf und wurde 1218 zur freien Reichsstadt erhoben. 1351 trat die Stadt der Eidgenossenschaft bei und erlangte nach erbitterten Kämpfen schließlich auch eine führende Rolle. Dennoch wurde Bern und nicht Zürich zur Hauptstadt gekürt, als 1848 der Schweizerische Bundesstaat ausgerufen wurde. Zürich blieb die größte Stadt der Schweiz und entwickelte sich vor allem dank einer sprichwörtlichen Weltoffenheit zur Metropole des internationalen Finanzwesens.

Ziel für Bildungsreisende

Schon seit dem Ende des 18. Jahrhunderts war das Land der Eidgenossen ein begehrtes Ziel der Bildungsreisenden, und von der Mitte des 19. Jahrhunderts an galt es in der eleganten Welt als überaus schick, in der Stadt an der Limmat abzusteigen. 1844 wurde das „Hotel Baur au Lac" im klassizistischen Stil erbaut, das Königen und Diplomaten, Adligen und Bohémiens eine Heimat wurde. Es lebte sich idyllisch am blauschimmernden See, man hatte den Luxus, den sonst nur die Schlösser boten, und hörte dem langsamen Glockenschlag aus der Altstadt zu. Aber auch die Künstler und Literaten zog es nach Zürich, und mit der Gründung des „Cabaret Voltaire" in der Spiegelgasse wurde Zürich zur Hauptstadt der Künstlerbewegung Dada. Später war es dann das „Café Odeon", in dem sich die Exil-Literaten trafen. Kein Theater in Europa hatte zwischen 1933 und 1945 wegen der vielen hierher geflüchteten Intellektuellen einen solchen Ruf wie das Zürcher Schauspielhaus.

Handel und Finanzen

Wirtschaftlich hatte Zürich mit der Industrialisierung schon vorher seinen Boom erlebt, und als der Bahnhof 1871 eingeweiht wurde, blühte auch der internationale Handel auf. Nach dem Vorbild der Pariser Boulevards wurde später die Bahnhofstraße zum See geführt und stilvoll mit Linden bepflanzt. Heute ist sie nicht nur das Schaufenster der Nation, sondern auch eine der elegantesten Einkaufsstraßen der Welt. Große Modemacher und Pelzcouturiers haben hier ihre Geschäfte, Cafés laden zur heißen „Schoggi" (heiße Schokolade) ein, und es bleibt ein Vergnügen, zur Zeit der Lindenblüte über die Bahnhofstraße zu flanieren. Nur ein paar Schritte entfernt ragen am Paradeplatz die Paläste der Großbanken auf.

Tradition, das merkt man schnell in Zürich, wird eisern bewahrt, und das gilt auch für das architektonische Erbe. Das Stadthaus und das Zunfthaus zur Meisen, die Kirche St. Peter und das Rathaus mit dem schönsten Barocksaal der Schweiz, das Großmünster und das Fraumünster mit den Glasfenstern Chagalls, die Wasserkirche und die neobarocke Oper stehen ebenso für Kontinuität wie die Kronenhalle, in der man umgeben von Originalen der modernen Kunst sein Essen genießt. Die Kunst hat einen hohen Stellenwert in Zürich, und die Sammlungen im Kunsthaus gehören zu den Highlights der europäischen Museumsszene.

Die Stadt an der Limmat ist aber auch eine Hochburg der Jugendkultur. Immer neue Plätze sucht sich die Subkultur, und die Jugend bleibt unangepasst, wo andere Revoluzzer längst in den Vorstandsetagen verschwunden sind.

Das Großmünster überragt die Altstadt, die Limmat und den See. In der Kirche predigte Ulrich Zwingli, der in der Schweiz die Reformation einleitete (oben)

Die im Stil der Pariser Boulevards erbaute Bahnhofstraße ist eine der elegantesten Einkaufsstraßen der Welt (links)

Straßencafés und Restaurants laden in den malerischen Gassen der Altstadt zum Verweilen ein

Stadtkunstwerk der Eidgenossen

BERN vereint das Lebensgefühl der Moderne mit dem des Mittelalters

„Bern ist Bern, wie Gott Gott ist", sagt man. Man sagt aber auch, die Stadt trage immer ein Lächeln im Gesicht. Die Schweizer Metropole ist mit palastartigem Bundeshaus eine Institution, in der das Land regiert wird, daneben schätzt man an der Aare aber auch die leichte Lebensart. Hier ließ sich schon Casanova in den Bädern verwöhnen, die russische Großherzogin Anna Feodorowna legte sich in Bern einen romantischen Garten an, und Lenin schrieb emsig an seinen Philosophischen Heften.

Alles Vergangenheit, sagen die Studenten, die es weit mehr interessiert, dass man in Bern einfach so im Fluss schwimmen kann – immerhin in der längsten Flussbadeanstalt Europas. Im großen Schwung durchfließt die Aare die Stadt, die glasklares Gletscherwasser führt. Ein Grund, die Stadtbesichtigung einmal vom Wasser aus zu machen.

Auf einem Felssporn hoch über der Aare wurde im Jahr 1191 die Stadt gegründet, die von Friedrich von Hohenstaufen reiche Privilegien erhielt. Man lebte vom Fernhandel, aber auch von den Einkünften, die man aus den Marktzöllen erzielte. Begeisterte Kaufleute waren die Berner nicht, vielmehr gute Verwalter und später auch hervorragende Politiker. Vor allem aber waren sie talentierte Stadtplaner: 24 Meter breit wurde die Marktstraße im frühen Mittelalter angelegt, was heute Autobahnmaßen entspricht.

Laubengänge und Arkaden

Als ein Feuer im Jahr 1405 nahezu die ganze Stadt zerstörte, wurde Bern in den heutigen Dimensionen angelegt. Hundert Jahre später war das Zentrum in Sandstein wiedererstanden, und Reisende lobten die breiten Gassen mit den Arkaden, unter denen man trockenen Fußes spazieren ging. Mit sechs Kilometer überdachten Laubengängen baute sich Bern im Mittelalter das, was sich die meisten Metropolen erst im 19. Jahrhundert mit den Galerien leisteten. Ein dem Regen und der Hitze trotzendes, überaus kommunikatives Einkaufsparadies.

Im 16. Jahrhundert wurde Bern weiter verschönert und der Zeitglockenturm mit der prachtvollen astronomischen Uhr als markanter Stadtmittelpunkt erbaut. Auch die Brunnen setzte man zur Stadtverschönerung ein und errichtete nun statt der hölzernen Wasserstellen meisterhaft gestaltete Anlagen, darunter den Zähringer- und den Simsonbrunnen. Mit den Ideen der Französischen Revolution drang der neue Geist auch nach Bern, man traf sich in Kaffeehäusern und richtete das Augenmerk erneut auf die Ausgestaltung der Stadt. Nun wurden die Fassaden dem französischen Stil angepasst, und das Innere stattete man mit feinen Tapeten und Stoffen aus.

Aber Frankreich brachte nicht nur feine Lebensart: Immerhin fünf Jahre lang war Bern von napoleonischen Truppen besetzt, und selbst der Staatsschatz wurde nach Paris verschleppt. Dem Ruf Berns als heimliche Metropole der Schweiz konnte das nichts anhaben: 1848 wurde die Stadt offiziell zur Bundeshauptstadt gewählt, und 50 Jahre später wuchs das Bundeshaus empor. Unter einem imposanten Alpengemälde werden seither im Plenarsaal die Geschicke des Landes geregelt.

Braunbären als Wahrzeichen

Bern sei wie New York, nur eben die mittelalterliche Version, heißt es, denn die Straßen und Märkte – Bern hat die üppigsten Wochenmärkte weit und breit – sind so angelegt, dass man sich hier sofort zurechtfindet. Berns schönste Straße, die Märitgasse, hat eine Häuserzeile, die so geschlossen wirkt, dass man erkennt, wie sehr die Stadtbaumeister immer den Gesamteindruck im Blick hatten. Im Umkreis der Straße liegen viele Sehenswürdigkeiten, darunter das Einsteinhaus (die Relativitätstheorie wurde in den acht Jahren des Aufenthalts von Einstein in Bern entwickelt), das Rathaus, das Kornhaus, der Zeitglockenturm und nicht zuletzt das Münster St. Vinzenz, die schönste spätgotische Basilika der Schweiz.

Eine Besonderheit ist das ehemalige Gerberviertel Matte, in dem es von kleinen Cafés und Szene-Theatern wimmelt. Für seine Kellertheater ist Bern berühmt, doch noch berühmter ist Bern seiner Bären wegen. Seit 1441 werden in einem breiten Graben Braunbären als Wahrzeichen der Stadt gehalten, und ganz Bern feiert, wenn am Ostermontag der Nachwuchs vorgestellt wird.

Aber Bern ist auch passionierte Kunststadt, in der Paul Klee seine Kinder- und Jugendjahre verbrachte. In Bern war es schließlich auch, wo der rumänische Künstler Christo Ende der 60er Jahre als ersten Bau der Welt die Kunsthalle verpacken durfte. Da sage noch jemand, dass die Berner langsam sind.

BESTE REISEZEIT:
Das ganze Jahr

UNTERKUNFT:
Grandhotel „Bellevue Palace". Preiswerte Hotels in der Altstadt und im Umland

SOUVENIRS:
Schweizer Kunsthandwerk, Antiquitäten, Schokolade, Berner Lebkuchen

KULINARISCHES:
Berner Rösti, Berner Platte (Sauerkraut mit Würsten, Fleisch und Schinken garniert), saure Leber, Meringue (biskuitartiges Dessert)

FESTE:
Gassefasnacht (Februar), Internationale Berner Tanztage (August/September), Zwiebelmarkt (letzter Montag im November)

Majestätisch überragt der Turm des Münsters St. Vinzenz die Stadt, durch die in weitem Bogen die Aare fließt (oben)

Stammt aus dem 16. Jahrhundert: der Uhrturm an der Marktgasse. Im Vordergrund der Zähringerbrunnen (unten l.)

Hort der Schweizer Demokratie ist das um 1900 erbaute Parlamentsgebäude

Wien hat den Walzerschritt bewahrt

In Österreichs Hauptstadt sind die Spuren der glanzvollen Vergangenheit gegenwärtig

BESTE REISEZEIT:
Das ganze Jahr, aber im Frühling blüht die Stadt, im Winter hat die Kultur Hochsaison

UNTERKUNFT:
„Bristol", „Imperial" und „Sacher" als Luxusherbergen, aber auch viele preiswerte Hotels

MÄRKTE:
Naschmarkt mit allem, was ein Gourmetherz höher schlagen lässt. Kunst- und Antiquitätenmarkt am Donau-Kanal

SOUVENIRS:
Aufnahmen der berühmten Neujahrskonzerte, österreichische Weine

KULINARISCH:
Wiener Schnitzel mit Kartoffel-Gurken-Salat, Backhendl, Mehlspeisen. Spezialitäten aus der böhmischen und ungarischen Küche

Am Ring, dem breiten Boulevard um das Zentrum der Stadt, liegen die weltberühmten Kulturtempel: die Oper, die (Schauspiel-)Burg und – unser Bild links – das kunsthistorische Museum mit seiner gepflegten Brunnenanlage

Was für eine Übertreibung, was für eine Pracht! Die Auftritte der Spanischen Reitschule in der Wiener Hofburg finden in einer Reithalle statt, die der geniale Baumeister Fischer von Erlach 1730 mit Galerien und gewaltigen Kronleuchtern wie einen Thronsaal entworfen hat. Wer hier den Pirouetten der Lipizzaner-Hengste folgt und sich begeistern lässt von der absoluten Harmonie zwischen Pferd und Reiter, der ist in Wien angekommen. Er kann sich aber auch auf einen „Kleinen Braunen" ins Kaffeehaus setzen und beim Studium der Zeitungen nach guter Grantl-Manier feststellen, dass wieder mal nichts, rein gar nichts in den Blättern steht.

Wien ist unter den europäischen Städten die verwirrendste, weil man hier wie beim schnell gedrehten Walzer plötzlich die Orientierung verliert. Schmäh und Schmankerln und dann wieder allerhöchste Kunst, Operettenklänge und Beethovens Symphonien, Sissis Unglück und die Leichtigkeit des Seins im Prater: Wien bleibt Wien. Aber die Stadt mit ihren 1,65 Millionen Einwohnern und beinahe 50 Prozent Grünfläche will erst einmal verstanden sein. Wobei das kaum jemandem gelingen wird.

Bollwerk gegen die Türken

Wien trat ins Licht der Geschichte, als die aus Franken stammenden österreichischen Statthalter ihre Residenz 1156 nach Wien verlegten. Ihr Hof wurde bald zum Zentrum der Geselligkeit, und berühmte Minnesänger wie Walther von der Vogelweide zogen ein buntes Volk von leichtlebigen Höflingen an. Nach dem Aussterben der Babenberger im Jahr 1246 traten dann die Habsburger auf den Plan, und die sollten das Riesenreich der Donaumonarchie von Wien aus aufbauen – nicht zuletzt als ein Bollwerk gegen die Türken. Erst 1918 traten sie von der Bühne ab, und Österreich wurde Republik.

Unter den österreichischen Kaisern ragt vor allem Maximilian I. heraus, der durch seine Verbindung mit Maria von Burgund die Politik des klugen Heiratens als Erster beherrschte (Tu, felix Austria, nube). Und natürlich Maria Theresia, die das Imperium trotz des Verlustes von Schlesien erfolgreich gegen halb Europa verteidigt hat. Dass zum Ausklang dann mit Franz Joseph I. ein Monarch die Herrschaft antrat, der beinahe 70 Jahre lang regieren sollte, hat Wien nachhaltig geprägt. Noch heute scheint der greise Kaiser, der immer Uniform trug, die Stadt zu beherrschen, grüßt von Tassen und T-Shirts und macht auch in Marzipan gegossen eine gute Figur.

Es ist ja das kaiserliche Wien, das blendet und den Eindruck erweckt, hier bewegten sich alle im Walzerschritt. Die von der Unesco zum Weltkulturerbe ernannte Hofburg mit ihren 2600 Räumen, dem Prunksaal der Nationalbibliothek und der Krypta mit den Sarkophagen der Kaiser ist eine ebenso beeindruckende Hinterlassenschaft der Habsburger wie der geschichtsträchtige Heldenplatz. Und natürlich erzählen auch der prachtvolle Palast Belvedere und Schloss Schönbrunn von den glanzvollen Wiener Zeiten. Größe demonstriert der Ring mit seinen eleganten Palästen, dem 1888 eröffneten Burgtheater und dem Opernhaus. Protegiert vom Kaiserhof, wurden viele Kirchen erbaut, unter denen die Karlskirche und der Stephansdom die

herausragenden sind. Hier am Stephansdom warten die Fiaker, in denen man im leichten Trab durch die eleganten Straßen eine Reise in die Vergangenheit antritt.

Das Kaffeehaus als Erbe
Aber das andere Wien ist nicht weniger spannend, und das ist die Stadt der Künstler und Architekten, die in der Wiener Secession mit skandalumwitterten Ausstellungen in ihrem Jugendstilgebäude für Aufregung sorgten. Die Literaten haben das Kaffeehaus als Erbe hinterlassen, und auch die vielen Theater leben davon, dass berühmte Schriftsteller wie Arthur Schnitzler, Ödon von Horvath und Thomas Bernhard in Wien gewirkt haben. Vor allem aber war Wien immer die europäische Metropole der Musik, und Haydn und Mozart, Beethoven und Schubert, Brahms und Mahler haben in der Donaustadt ihre Meisterwerke komponiert. In der Oper und im „Goldenen Saal" des Musikvereins wird das musikalische Erbe stilvoll bewahrt.

Aber es gibt auch das leichtfertige Wien, das man im Prater findet und auf dem Naschmarkt, in den Beisln, beim Heurigen und am Würstelstand, und immer häufiger auch in den bunten Vierteln der Vorstadt, in denen heute eine vitale Nightlife-Szene zu Hause ist.

Dass man sich dennoch immer wieder verführen lässt vom goldenen Wien und wenigstens als Zaungast dabei sein möchte, wenn die Damen (nie im Hosenanzug, immer im Abendkleid) und die Herren der Gesellschaft (im Frack) zum Hofball vorfahren, das hängt eben damit zusammen, dass ein leise gesummtes „Wien, Wien, nur du allein…" über den Dächern und Kuppeln der Stadt zu schweben scheint.

Die Wiener Literaten haben das Kaffeehaus zu ihrem Arbeitsplatz gemacht. Das „Café Central" ist noch heute eine legendäre Institution (oben r.)

Mittelpunkt des kaiserlichen Wiens war die Hofburg. Der Blick auf die Toreinfahrt lässt die Größe der Anlage ahnen

Im Zeichen des Barocks

SALZBURGS Ruf als Kulturmetropole wurde von den Festspielen neu begründet

BESTE REISEZEIT:
Das ganze Jahr. Im Hochsommer ist die Stadt überlaufen

UNTERKUNFT:
Grandhotel „Österreichischer Hof" Preiswertere Hotels in den Vororten

FESTIVALS:
Mozartwoche (Januar), Osterfestspiele, Salzburger Festspiele (Ende Juli bis Ende August)

KULINARISCHES:
Salzburger Nockerln, Krautspatzen, Mehlspeisen wie Zwetschkenfleckerln und Mohnpotitzen

SOUVENIRS:
Mozartkugeln aus der Konditorei Fürst, Kunsthandwerk, Trachten

DER BESONDERE TIPP:
Das Salzburger Marionettentheater mit Opernaufführungen

Wie ein gigantischer Wächter thront die Festung Hohensalzburg über der Stadt. Unten bestimmen die Kuppeln der Barockkirchen das Panorama (oben)

Mozarts Musik ist allgegenwärtig. Selbst Straßenmusikanten sind gelegentlich Virtuosen (unten l.)

Der Mirabellgarten zählt zu Salzburgs schönsten Parkanlagen. Im Hintergrund die Kuppel und die beiden Türme des Doms

Ein warmer Sommerabend. Vor der Kulisse des Salzburger Doms ist ein gigantisches Theater-Festmahl aufgebaut. Man trinkt und johlt in der Gesellschaft des reichen Herrn Jedermann, der Gott und der Welt die Stirn bietet und nicht weiß, dass seine Zeit längst abgelaufen ist.

Der „Jedermann" von Hugo von Hofmannsthal scheint wie gemacht für diese Stadt, die mit 80 Brunnen, 36 Kirchen und 5 Klöstern auch ein kleines Rom sein möchte. Die zwischen Gestern und Heute schwankt und für die weltberühmten Festspiele eine Kulisse nutzt, die Alexander von Humboldt einst zu den schönsten der Welt gezählt hat. Das Theatergenie Max Reinhardt hat das Bühnenhafte der Stadt mit Kennerblick erkannt und das Festival aus der Taufe gehoben. Am 22. August 1920 hallte zum ersten Mal der Ruf „Jedermann" über den Domplatz, und seither gehört das Stück in wechselnder Starbesetzung zum Repertoire.

Mehr als 200 Inszenierungen werden heute alljährlich an zehn Spielstätten geboten, und das hohe Niveau der musikalischen und schauspielerischen Darbietungen macht Salzburg zu einem der bedeutendsten Festivalplätze der Welt – mit glanzvollen Premieren aber auch zur „Rendezvousstadt der Prominenz".

Mozarts Musik steht dabei im Vordergrund: In Salzburg wurde der geniale Komponist geboren, hier wurde er entdeckt und gefördert und dann doch mit einem „Fußtritt" (Originalton Mozart) aus den fürstbischöflichen Diensten entlassen. Wobei er darüber nicht wirklich traurig war, denn Salzburg, meinte er, „ist keine Stadt für mein Genie."

Heute ist das alles Vergangenheit, Mozart ist überall, sein Geburtshaus und sein späteres Wohnhaus können besichtigt werden, und sein Konterfei geht ja auch auf den berühmten Mozartkugeln rund um die Welt.

Salz brachte frühen Reichtum

Als geschäftstüchtige Händler waren die Salzburger schon immer berühmt, und auf Salz, das bereits zwischen 900 und 400 v. Chr. hier abgebaut wurde, war der erste Reichtum der Region begründet. Das „weiße Gold" war auch ein Grund dafür, dass im Jahr 7 n. Chr. am Ufer der Salzach eine Siedlung entstand, die vom Handel mit Salz und Marmor profitierte. Gleichzeitig legte der aus Worms stammende Bischof Rupert mit dem Bau eines Klosters den Grundstein für die Bedeutung Salzburgs als geistiges und kulturelles Zentrum. Im 13. Jahrhundert bauten die Erzbischöfe ihre Macht zur Landesherrschaft aus und vergrößerten die Festung Hohensalzburg, die seither als Wahrzeichen über der Stadt thront. Die Barock- und Rokokozeit brachte dann jene Bauten, die Salzburg heute so einzigartig machen.

Unter Fürstbischof Wolf Dietrich von Raitenau wurde der Dom 1628 als erste barocke Anlage dieses Ausmaßes nördlich der Alpen eingeweiht. Und mit der von Johann Bernhard Fischer von Erlach erbauten Kollegienkirche kam 80 Jahre später dann ein weiterer Prachtbau hinzu, der zusammen mit der Residenz, den Brunnen und Schlössern die Stadt zum Kunstwerk macht.

Den für viele Städte so verhängnisvollen Aufbruch in die Moderne hat Salzburg ein bisschen verschlafen: Nach der Auflösung des Fürstentums und der Angliederung Salzburgs an Österreich im 19. Jahrhundert fiel die Stadt in einen Dornröschenschlummer, aus dem sie erst erwachte, als das Festival die Blicke an die Salzach lenkte.

Natur und Kunst vereint

Salzburg ist auf engem Raum entstanden und drängt sich zwischen Mönchs- und Kapuzinerberg. Den besten Aus- und Überblick hat man von der Kanzel des Kapuzinerberges aus auf Stadt und Tal, und man begreift, wie Recht der Komponist Franz Schubert hatte, als er die Gärten pries, die Schlösser und Güter, den Fluss, aber auch die Berge der Alpen, die als Wächter aufragen. Dieses Gespür, Natur mit Kunst zu verbinden, drückt sich ebenfalls in der Anlage der Parks und Gärten aus, etwa in Schloss Hellbrunn mit seinen schwelgerischen Wasserspielen oder im Park von Schloss Mirabell, der mit Irr- und Zwerglgarten wie gemacht ist für ein kleines Menuett.

Musik und Lebenskunst – in Salzburg wird gern und gut gelebt. Die Nockerln – ein Blendwerk aus Zuckerschnee – sind wie die Marillenknödel und Nusskipferl wahre Verführungsorgien für den Gaumen. Mit Krautspatzen, saurer Wurst und Knödeln zeigt die elegante Stadt dagegen ihr bodenständiges Gesicht. Unvergessliche Stunden wird man schließlich auch in den Kaffeehäusern verbringen, die mit Thonetstühlen, Zeitungen und exzellenten Kaffeespezialitäten ihr ganz besonderes Flair haben. Die elegantesten Adressen sind das Tomaselli und das Bazar. Dort kann man dann in den Festival-Wochen den Jedermann einmal ganz ohne Schminke erleben. Natürlich bei einer Melange.

Moldau-Murmeln im goldenen Prag

Die tschechische Hauptstadt ist wieder eine glanzvolle Metropole in Europas Mitte

UNTERKUNFT:
„Grand Hotel Pariz" nahe dem Repräsentationshaus. Preiswertere kleine Hotels in der Altstadt

SOUVENIRS:
Mundgeblasene Glaswaren, Kristallglas, Granatschmuck, Becherovka-Kräuterlikör

KULINARISCHES:
Knödel, Kraut, Schweinebraten, Rindslungenbraten, Prager Schinken, Mehlspeisen

FESTIVALS:
Prager Frühling. Internationales Musikfest von Mitte Mai bis Anfang Juni

DER BESONDERE TIPP:
Mozartmuseum Bertramka in der Sommerresidenz der Familie Ducek, wo Mozart oft zu Gast war

Die Karlsbrücke mit ihren Heiligenfiguren ist Prags beliebtester Boulevard. Durch das historische Stadttor führt der Weg in die Altstadt (rechts)

Blick auf den Altstädter Ring mit dem Rathausturm und der Teynkirche (unten r.)

Im Abendlicht leuchten die Dächer im historischen Stadtzentrum – und machen Prag zur „goldenen Stadt"

Mozart war der Stadt Prag wie einer Geliebten verfallen. Für den nahe dem Altstädter Ring geborenen Schriftsteller Franz Kafka war die Stadt dagegen ein zähes Mütterchen, das mit seinen Krallen zupackt und nicht mehr loslässt. Für die meisten Menschen ist das hunderttürmige Prag allerdings mehr Wunder als Wirklichkeit. Keine vergleichbare Stadt in Europa besitzt einen solch einheitlich erhaltenen mittelalterlichen Stadtkern wie das „goldene Prag" und mit dem Hradschin auch ein einzigartiges Burgareal. Als herausragendes Beispiel der gotischen Profanarchitektur wurde die Karlsbrücke von der Unesco zum Weltkulturerbe erklärt.

Wer in Prag ankommt, kann nichts besseres tun, als erst einmal auf die Karlsbrücke zu gehen. Denn hier hat er nicht nur den aufregendsten Blick auf die Stadt und den Hradschin. Man steht auch dort, wo sich ein Großteil der Geschichte Prags abgespielt hat, wo Könige und Kaiser einzogen und wo man den Priester Nepomuk in die Fluten warf, als er das Beichtgeheimnis seiner Königin nicht brechen wollte. In Bronze gegossen steht er nun hoch über dem Fluss und verkörpert die Unbeugsamkeit der Prager, die ja auch einen Reformator wie Jan Hus hervorgebracht hat.

Prag, das im 9. Jahrhundert noch aus 40 befestigten Höfen bestand, entwickelte sich zwischen den Burgen Hradschin und Wyschehrad zu einer lebhaften Siedlung, die als Kleinseite 1257 das Stadtrecht erhielt. Ihre erste kulturelle Blüte erlebte die Stadt, als Kaiser Karl IV. sie zu seiner Residenz wählte und mit der Gründung der Universität im Jahr 1348 ein Zeichen setzte. Auch Rudolf II., der als einziger Habsburger in Prag residierte, polierte am goldenen Glanz und fügte dem Hradschin markante Renaissancebauten hinzu. Der Dreißigjährige Krieg traf Prag schwer, und die Stadt blühte erst wieder auf, als die selbstständigen Gemeinden Altstadt, Kleinseite, Neustadt und Hradschin mit der Josefsstadt zusammengelegt wurden.

1918 wurde Prag Hauptstadt der Tschechoslowakei und geriet nach dem Zweiten Weltkrieg unter sowjetische Herrschaft. 1968 blickte die Welt auf die Moldaustadt, als hier Truppen des Warschauer Paktes den Prager Frühling gewaltsam beendeten. 1991 wurde Prag Hauptstadt der Tschechischen Republik, die vom Hradschin aus regiert wird.

Jugendstil am Wenzelsplatz

Viele Wege führen durch Prag, denn jede Zeit hat ihre Spuren hinterlassen. Neben der Karlsbrücke ist es der Altstädter Ring, auf dem Prags Herz schlägt, heftig und laut in den Reisemonaten, im Herbst und Winter eher verhalten und still. Rund um den Marktplatz mit Teynkirche, St. Niklas, Husdenkmal, Rathaus und astronomischer Uhr taucht man in ein geheimnisvolles Gassengewirr ein, wo kleine Theater liegen, aber auch Läden für Glas, Granatschmuck und Marionetten. Prag ist eine Theaterstadt, und man liebt das Verwirrspiel so sehr, dass man Studenten in historischen Kostümen für die Opernaufführungen werben lässt. Don Giovanni schlendert da mit der Königin der Nacht den Wenzelsplatz hinab und verbeugt sich galant vor den Touristinnen aus Wales und Bayern.

Mit dem von Jugendstilbauten gesäumten Wenzelsplatz ist Prags Geschichte besonders eng verbunden, denn an dieser Straße wurde die Republik ausgerufen, der Prager Frühling 1968 blutig beendet und die Revolution 21 Jahre später friedlich vollzogen. Hunderttausende demonstrierten damals hier und trugen so zur Wende und zum Ende des Kommunismus bei.

Auf dem Hradschin

Wem der Jugendstil am Wenzelsplatz nicht reicht, findet weitere glänzende Adressen, wie das Repräsentationshaus oder die Pariser Straße in der Josefsstadt. In diesem Viertel haben seit dem 12. Jahrhundert die Juden gelebt. Mit sechs Synagogen, dem jüdischen Rathaus und dem Friedhof blieben beeindruckende Zeugnisse der Vergangenheit erhalten.

Die Kleinseite auf dem gegenüber liegenden Ufer der Moldau lebt am stärksten von allen Prager Vierteln vom Nebeneinander der Paläste und der Kopfsteinpflasterstraßen. Durch das 750 Jahre alte Stadtviertel steigt man zum Hradschin empor und verliert sich in der größten bewohnten Burg der Welt mit dem Wohnsitz des Staatspräsidenten neben Veitsdom und St.-Georg-Basilika. Das Goldene Gässchen, in dem einst die Goldschmiede wohnten, ist mit den eng gedrängten Häusern zwar eine belagerte Touristenattraktion, doch kaum irgendwo sonst lässt es sich in skurrilen Läden besser stöbern als hier.

Aber schließlich kehrt man doch wieder zur Karlsbrücke zurück und träumt dort beim Geigensolo einer jungen Musikerin von den Wassern der Moldau, die der Komponist Bedřich Smetana in der ganzen Welt berühmt gemacht hat.

Das böhmische Weltbad

Unter der Schirmherrschaft europäischer Monarchien wurde **KARLSBAD** zur Legende der Badekultur

BESTE REISEZEIT:
Frühsommer und Herbst

UNTERKUNFT:
Grandhotel „Pupp". Preiswertere Hotels wie das „Promenada" im Kurzentrum

KULINARISCHES:
Schweinsbraten mit Knödeln und Kraut, Enten, Becherovka (Kräuterlikör)

SOUVENIRS:
Kristallglas von Moser, Karlsbader Oblaten

FESTE:
Internationale Jazz-Tage (Mai), Internationales Film-Festival (Juli), Karlsbader Herbst (September)

Wo hätte ein Ästhet wie Johann Wolfgang von Goethe ebenso gern gelebt wie in Weimar und Rom? Im böhmischen Karlsbad natürlich, wo er während seiner Kuraufenthalte zusammengerechnet mehr als drei Jahre seines Lebens verbracht hat. Siebzehnmal zuckelte er in der Reisekutsche über schlechte Straßen in das glanzvolle Bad und hielt dort umgeben von prachtvollen Badebauten Hof.

Doch Goethe ist keineswegs der Star unter den Besuchern: Zar Peter der Große kam zur Kur, ebenso wie Casanova oder Fürst von Metternich, und nahezu die gesamte Musikerprominenz gab sich die Ehre, darunter: Beethoven, Wagner, Mozart, Chopin, Liszt, Grieg und Brahms. Dass Wallenstein einst in einer Sänfte in die Stadt getragen wurde, geplagt von Schmerzen und Gicht, und schließlich verjüngt auf dem Pferde davonritt, ist bestes Aushängeschild eines der berühmtesten Bäder der Welt.

Was für eine Stadt, die sich da am Ufer des kleinen Flusses Tepla aufstellt, und sich keineswegs devot zwischen die bewaldeten Hügel drängt. Man konnte nicht in die Weite bauen, also richtete man die Fassaden herrisch wie Schlösser auf, führte die Promenaden am kühlenden Wasser entlang und ließ die Brunnen sprudeln. Kein Badeensemble der Welt pocht so sehr auf seine Einzigartigkeit, und wenn es auch ein paar ärgerliche Erbstücke aus der realsozialistischen Ära gibt, bleibt Karlsbad mit seinen Badehäusern, Villen und Grandhotels und den dichten Wäldern ringsum „ein Brillant in einer Smaragdeinfassung", wie Alexander von Humboldt einst entzückt schwärmte.

Kaiser Karl IV., der in Prag residierte, soll der Sage nach auf der Hirschjagd einen heilkräftigen Sprudel entdeckt haben. Tatsächlich gründete er der heißen Quellen wegen im Jahr 1350 eine Stadt am Zusammenfluss von Eger und Tepla und stattete sie großzügig mit Privilegien aus.

Heilsamer „Brunnen"

Vom Mittelalter an bis zum 16. Jahrhundert bestand die Heiltherapie ausschließlich in Wannenbädern. Erst 1522 erkannte der Leipziger Arzt Wenzel Payer die Heilwirkung des „Brunnens" und empfahl, das mineralienreiche Karlsbader Quellwasser als heilende Medizin zu trinken. Im 17. Jahrhundert entwickelte sich Karlsbad dann zum Kurzentrum der russischen, polnischen und sächsischen Adelswelt, aber auch zum Hätschelkind der österreichischen

Monarchie. Vom Schlossturm aus wurden berühmte Gäste stilvoll mit Fanfarenstößen begrüßt.

Im Jahre 1759 brannte der Ort nahezu vollständig nieder und entstand danach auf beeindruckende Weise neu. 1775 eröffnete der Konditor Johann Georg Pupp sein legendäres Hotel, das bald zu den elegantesten der Welt zählen sollte. Um die Jahrhundertwende erhielt Karlsbad dann noch einmal ein neues Gesicht, als repräsentative Bauten im Jugendstil und im Stil des Historismus in die Empire- und Rokokobauten eingefügt wurden.

Gleich beim Eintritt in die Kurstadt wird man von dem Antonin-Dvořák-Park empfangen, an dessen Rand sich die 1881 errichtete Sadova-Kolonnade als ein Meisterwerk der Schmiedekunst in filigraner Versponnenheit ausbreitet. Hier wandelte man unter künstlichen Arkaden einst im Reifrock – und noch heute trinkt man an der Parkquelle seinen Brunnen. Im Übrigen benutzt nur ein Banause für den heilenden Trunk ein normales Glas: Die Schnabeltassen ähnelnden Trinkbecher sind eine um 1800 entstandene Spezialität Karlsbads, und Hunderte von verschiedenen Modellen sind auch heute noch im Umlauf.

Prunkvolle Kolonnaden

Das berühmte Karlsbader Wasser entspringt aus zwölf Quellen, und vor allem am „großen Sprudel" erkennt man die Kraft des Wassers, denn bis zu 14 Meter steigt die 73,5 Grad heiße Fontäne empor. An nicht weniger als an fünf Quellen kann man sich allein in der Mühlbrunn-Kolonnade bedienen, die mit einer Länge von 132 Meter, 124 Säulen und ihren allegorischen Figuren das Herz der Kurstadt und stilvoller Platz für die Kurkonzerte ist. Auch das Bad III besticht durch seine klassizistische Fassade, am schönsten aber ist das Kaiserbad, das für Franz Joseph I. errichtet wurde.

Dem Liebhaber mondäner Hotelatmosphäre bleibt ebenfalls genug zu bestaunen, denn immer wieder sieht man von der Uferpromenade aus in Speisesäle hinein, in denen sich das Licht in böhmischen Kronleuchtern spiegelt. Das gesellschaftliche Zentrum des Kurviertels ist natürlich das „Pupp". Mit Römerbad, prachtvollem Konzertsaal und säulengeschmückten Speisesälen ausgestattet, bietet es zugleich geschichtsträchtige Vergangenheit und sorglose Gegenwart. Eben genau das, was Menschen seit Jahrhunderten in Badeorten suchen. Vor allem in Karlsbad, wo scheinbar immer Sonntag ist.

Die Karlsbader Promenade mit dem Tepla-Fluss in der Mitte. Hinten ein Flügel des Pupp-Hotels (oben l.)

Die russische Kirche St. Peter und Paul wurde in der Nähe der Vertretung Russlands errichtet (oben r.)

Das Hotel Pupp ist ein weitläufiger Komplex. Der Konditor Johann Georg Pupp eröffnete es 1775

Die Schöne an der Donau

BRATISLAVA ist Europas jüngste Metropole – Die slowakische Hauptstadt hat eine bewegte Vergangenheit

Die vielen Weinstuben in der Altstadt beweisen es: Bratislava ist nicht nur Europas jüngste Metropole, sondern auch ein Ort, vor dessen Toren seit grauer Vorzeit ein vorzüglicher Wein wächst. Ganz in der Nähe der „Schönen an der Donau" wurde eine versteinerte Weinrebe gefunden, deren Alter auf 150 Millionen Jahre geschätzt wird.

Das fruchtbare Donautal zog schon früh die Menschen an, und nach den Kelten und den Römern ließen sich die Slawen im 6. Jahrhundert im heutigen Bratislava nieder. Anfang des 11. Jahrhunderts gründete der ungarische König Stephan I. hier einen Komitatssitz und ließ 1030 eigens Münzen mit der Aufschrift „Breslava civitas" prägen.

Die große Stunde der Stadt schlug, als der ungarische König nach der Niederlage gegen die Türken im Jahr 1526 seinen Regierungssitz in Buda verlor. Bratislava wurde Königsstadt des habsburgischen Ungarn, und alle Potentaten wurden bis zum Jahr 1830 im St.-Martins-Dom gekrönt. Nach 1848 und zu den Zeiten der Doppelmonarchie wurde die Slowakei von Budapest aus regiert. Obwohl Bratislava bereits seit Beginn des 19. Jahrhunderts Mittelpunkt des Slowakentums war, wurde es erst nach der Auflösung der Tschechoslowakei im Jahr 1993 Hauptstadt einer eigenständigen und freien Slowakei.

Lange Nächte, kurze Röcke

Nur 60 Kilometer von Wien entfernt, glänzt Bratislava heute wieder mit seinen Palästen. Die Stadt war jahrhundertelang ein bevorzugter Wohnort des Adels und für seine rauschenden Bälle berühmt. Jetzt blüht das frühere Preßburg wieder auf, und wenn die Industriegebiete sich auch ausdehnen, so gilt die Altstadt doch als wahres Kleinod. Mit Wien lebt man weiter in freundlicher Konkurrenz, wobei Kenner behaupten, dass die Nächte hier länger und die Röcke der Mädchen kürzer seien als in der österreichischen Metropole.

Das Vornehme der einstigen Königsstadt entdeckt man auf dem Marktplatz, wo die Cafés ständig belagert sind. Das Alte Rathaus, das im 15. Jahrhundert aus mehreren Wohnhäusern gebildet wurde, verzichtet auf dominierende Schaufassaden. Doch das einstige Wohnhaus des Stadtrichters Jakob macht mit Arkadengängen und einem imposanten Turm den Eindruck einer großzügigen Landresidenz. Im Apponyi-Palais nebenan informiert ein Museum über den Weinbau der Region. Und auch das Mirbach-Palais im Stil des Rokoko und das klassizistische Primatial-Palais sind Prachtbauten mit langer Tradition. Im Spiegelsaal des Primatial-Palastes wurde am 26. Dezember 1805 nach der Dreikaiserschlacht bei Austerlitz – Napoleon besiegte die Österreicher und die Russen – der „Preßburger Frieden" geschlossen, der Europa neu aufteilte.

Die Jesuiten- und die Franziskanerkirche sind zusammen mit dem St.-Martins-Dom und den vielen anderen Kirchen von der tiefen Religiosität der Slowaken geprägt. Im Schatten des Doms liegt auch das Holocaust-Mahnmal, das daran erinnert, dass 60 000 slowakische Juden bei den Pogromen ihr Leben ließen. Das Viertel, in dem sie einst gelebt haben, gibt es nicht mehr, denn es wurde samt der Synagoge Anfang der 70er Jahre beim Bau einer neuen Schnellstraße abgerissen.

Die Michaelertorgasse ist die bedeutendste Straße der Stadt und wird beinahe sentimental von den Bewohnern als eleganter Flanierboulevard geliebt. Schönstes Bauwerk ist das Michaelertor mit seinem gewaltigen Turm, durch das die ungarischen Könige zur Krönung einzogen. Die heutigen Staatsoberhäupter blieben dem Stil treu, denn das Grassalkovic-Palais als Sitz des slowakischen Präsidenten wirkt wie ein Königsschloss.

Wie der Donau-Walzer begann

Bevor man zur Burg hinaufsteigt, darf man das Haus des Guten Hirten nicht versäumen. Schmal und graziös wie eine Balletteuse ist es eines der schönsten Rokoko-Gebäude Mitteleuropas. Die Burg selbst wurde immer wieder umgebaut, wandelte sich unter Maria Theresia zur barocken Residenz und brannte schließlich im Jahr 1811 fast vollständig aus. Heute ist sie im Zustand des 17. Jahrhunderts wieder hergestellt und mit ihren vier Türmen ein weithin sichtbares Wahrzeichen.

Weit geht der Blick von hier aus über das Donautal. Der Fluss war immer der Lebensarm der Stadt, und im Anblick der tanzenden Wellen sollen Johann Strauß hier auch die ersten Takte zu seinem berühmten Walzer in den Sinn gekommen sein. Überhaupt versteht sich die Stadt, in der der Komponist Johann Nepomuk Hummel geboren wurde, als eine Hochburg der Musik, in der überall aufgespielt wird. Aber auch die Kaffeehauskultur lebt, wie beispielsweise im legendären Café Mayer. Schließlich sind auch die Diplomaten wieder da, und für deren Auftritt ist es egal, ob die Stadt von einem Kaiser oder einem Präsidenten regiert wird.

BESTE REISEZEIT:
Frühsommer, Sommer, besonders schön im Herbst

UNTERKUNFT:
Grandhotel „Carlton" (Radisson SAS), in den 20er und 30er Jahren eines der berühmtesten Hotels Mitteleuropas, Hotel auf dem Wasser „Botel FAIRWAY"

KULINARISCHES:
Cremehühnersuppe im Brotteiggeschirr, Krautsuppe mit Steinpilzen, Palatschinken mit Mohn, Nougat und Haselnüssen, Dampfknödl, Nuzinudln (aus Kartoffelteig, Mohn und Zucker), Wild, Wein

SOUVENIRS:
Holzspielzeug, Leinendecken, Uhren (Uhrmachertradition seit dem 15. Jahrhundert)

FESTE:
Bratislava Musikfestspiele (September/Oktober), Weihnachtsmarkt am Hauptplatz

DER BESONDERE TIPP:
Aussichtscafé „Bystrica" im 85 Meter hohen Pylon der neuen Brücke

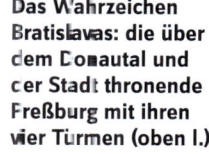

Das Wahrzeichen Bratislavas: die über dem Donautal und der Stadt thronende Preßburg mit ihren vier Türmen (oben l.)

Die Straßencafés – wie hier auf dem Hauptplatz – machen auch in Bratislava den traditionsreichen Caféhäusern kräftig Konkurrenz (unten l.)

Das Grassalkovic-Palais – im Vordergrund der große Brunnen – ist heute Sitz des slowakischen Staatspräsidenten

Die Lebenslust der Magyaren
BUDAPEST zelebriert seine Bäderkultur und das scharfe Gulasch

Zigeunermusik, scharfes Essen, Czardas und goldener Tokajer-Wein: Besucher reisen mit einem festen Bild in die Donau-Metropole – und werden keineswegs enttäuscht: Die Zigeunerkapellen spielen tatsächlich auf, die Frauen zählen zu den temperamentvollsten und schönsten in Europa, und das Essen ist so scharf, dass einem die Kehle wie Feuer brennt. Da man es zudem mit einer Stadt zu tun hat, die eine Eleganz besitzt ähnlich wie Paris, gerät der Besuch zu einem einzigen Fest.

Die Magyaren waren um 900 n. Chr. aus Kleinasien gekommen, ein Reitervolk, das weder slawisch war noch germanisch, den Finnen verwandt und mit einer Sprache im Gepäck, die heute noch jedem Fremden die Schweißperlen auf die Stirn treibt. Nach Italien zog es sie, doch als sie im Jahr 955 auf dem Lechfeld von Otto I. dem Großen zurückgeschlagen wurden, siedelten sie sich in der Donau-Tiefebene an – als Spielball zwischen Ost und West. Denn wenn es im 14. und 15. Jahrhundert auch glanzvolle Epochen des ungarischen Königreiches gab, so geriet Ungarn doch 1541 unter die Herrschaft der Türken und nach der Befreiung im Jahre 1686 verstärkt unter den Einfluss Österreichs. Im Jahr 1867 entstand mit dem „Ausgleich" die österreichisch-ungarische Doppelmonarchie, die bis 1918 Bestand hatte.

1000 Jahre Ungarn
Am Ufer der Donau lagen die beiden selbstständigen Städte Buda und Pest, die sich 1872 mit Obuda zur neuen Metropole zusammenschlossen. In atemberaubender Geschwindigkeit entstanden nun die glanzvollsten Bauten, darunter Bahnhöfe, Museen und Brücken. Und auch einen Ring legte man nach Wiener Vorbild an. Geradezu gigantisch fiel das Parlamentsgebäude aus, das mit 268 Meter Länge und beinahe 700 Räumen eines der größten Regierungsgebäude Europas ist. Mit der Anlage des Heldenplatzes feierte man sich schließlich selbst: Das Säulen-Ensemble, das den wichtigsten Gestalten der ungarischen Geschichte gewidmet ist, wurde 1896 zur Tausendjahrfeier eingeweiht.

Dabei hätte man auch eine Zweitausendjahrfeier ausrichten können, denn bereits unter den Römern hatte das heutige Budapest als Militär- und Wohnstadt eine hohe Lebensqualität, wie man an den Resten des Amphitheaters und der Thermen erkennen kann. Ein besonderes Erbe hinterließen die Türken, als sie 1686 nach 150 Jahren Herrschaft vertrieben wurden, denn auf ihre Zeit gehen drei prachtvolle Badehäuser zurück.

Am markantesten aber zeichnet sich das Erbe Österreichs heute im Stadtbild ab, denn beinahe hektisch orientierte man sich an Wien, nachdem Ungarn Teil der Doppelmonarchie geworden war. Auch die Kaffeehauskultur ist von Wien inspiriert. Und es ist vor allem das Café New York, das mit vergoldeten Säulen und opulenter Deckenmalerei eine Fin-de-Siècle-Legende ist.

Im Café New York schlägt das Herz der Stadt, zumal man nach einem stärkenden Mokka in der Vaci Utca der Lieblingsbeschäftigung der Budapester nachgehen kann, dem Sehen-und-gesehen-Werden, dem Bewundern der eleganten Auslagen. Bei schönem Wetter flaniert man auch über den Donaukorso zur Kettenbrücke hin, die Pest mit Buda verbindet.

Buda hat seinen speziellen Charme, denn über den Straßen und Gassen mit barocken und klassizistischen Häusern erhebt sich die Festung, die unter Kaiser Franz Joseph I. aufwendig umgestaltet wurde. Die größte Attraktion von Buda aber ist die neoromanische Fischerbastei, die mit ihren maurisch anmutenden Türmen jedes romantisch veranlagte Gemüt beeindruckt.

Auf brodelnden Quellen
Ein Mekka für alle Liebhaber des Jugendstils ist das Hotel Gellert, das vor allem mit seiner säulengeschmückten Schwimmhalle einen glanzvollen Tempel der legendären Budapester Badelust besitzt.

Was für ein Phänomen aber auch, dass Budapest sozusagen auf brodelndem Boden steht. 123 Quellen speien mehr als 70 Millionen Liter Wasser täglich aus, zwischen 26 und 76 Grad heiß. Unterschiedlich stark sind die Heileigenschaften, sodass jedes Bad seine besondere Bedeutung hat. Königs-, Raitzen- und Rudas-Bad gehen auf römische beziehungsweise türkische Zeiten zurück, während das Szechenyi-Bad neoklassizistisch gestaltet wurde.

Man inszeniert nun einmal gern zwischen Buda und Pest, und die Oper ist mit 1500 Sitzplätzen ebenso den Besuch wert wie das Konzerthaus Vigado. Schließlich stammen nicht nur die Könige der Operette Franz Lehár und Emmerich Kálmán aus dem Musikland Ungarn, sondern auch die Komponisten Béla Bartók und Franz Liszt. Und den virtuosen Wirbel der Ungarischen Rhapsodien von Franz Liszt versteht man erst, wenn man in Budapest zu Gast war, wo die Puszta nicht fern ist.

UNTERKUNFT:
„Grand-Hotel Gellert", „Atrium Hyatt", kleinere Hotels in Pest

BESTE REISEZEIT:
Frühling und Herbst

KULINARISCHES:
Gulasch, Gänsestopfleber, Palatschinken (mit Nusscreme gefüllt), Kastanienpüree

SOUVENIRS:
Mode, Porzellan, gestickte Decken, Silbersachen, Marillenschnaps, Tokajer-Wein

Die Donau fließt mitten durch Budapest. Blick über die Kettenbrücke auf das Parlamentsgebäude (links)

Treffpunkt für alle Bürger der Stadt: Straßencafé in der Vaci Utca (unten l.)

Badekur im Freien. Das im neoklassizistischen Stil erbaute Szechenyi-Thermalbad

Das Paris des Ostens

In **WARSCHAU** prägen Marien- und Heiligenstatuen das Stadtbild ebenso wie elegante Einkaufsstraßen

BESTE REISEZEIT:
Ganzjährig. Im Mai und im September ist es am schönsten

UNTERKUNFT:
„Bristol" und „Europejski" als teure Traditionshotels. „Marriott" am Zentralbahnhof mit allem Komfort

MÄRKTE:
Stadion-Markt im Ortsteil Praga. Händler aus dem Osten bieten hier Ramsch und Besseres an. Sonntagsmarkt Kolo im Stadtteil Wola für Antiquitäten und Trödel

FESTE:
1. August, Jahrestag des Warschauer Aufstands von 1944.
Festival klassischer zeitgenössischer Musik

KULINARISCHES:
Pfannkuchen mit marinierten Waldpilzen, Gefüllte Eier, Saure Suppe mit kleinen Pasteten

DER BESONDERE TIPP:
Von Mai bis September findet jeden Sonntag am Chopin-Denkmal im Lazienki-Park ein Konzert statt

Auf dem Schlossplatz erinnert die 30 Meter hohe Säule an König Zygmunt III., der Warschau 1596 zur Hauptstadt Polens machte (oben)

Die Barbakane mit ihren vier Ecktürmen wurde im Jahre 1548 als Teil eines Befestigungssystems erbaut (unten l.)

Der Rynek Starego Miasta (Altstädtische Markt) ist ein Treffpunkt für Jung und Alt

Musik von Chopin natürlich, und das in einem Palais, in dem einst der polnische König getafelt hat. In der Pause des sommerlichen Klavierkonzertes wird man sich überhaupt nicht wundern, dass ein junger Mann eine alte Dame mit Handkuss begrüßt. Man ist ja in Warschau.

Die polnische Metropole ist eine Stadt voller Wunder, und dass es das alte Warschau wieder gibt, das jünger ist als das Vorkriegswarschau, ist dem eisernen Willen seiner Bevölkerung zu verdanken. Wer sich erinnert, dass 85 Prozent aller Bauten von den Sprengkommandos der deutschen Wehrmacht nach der Niederschlagung des Warschauer Aufstands im Jahr 1944 zerstört wurden, der geht ungläubigen Blickes durch die Straßen, in denen das Königsschloss, die Sigismund-Säule, die Universitätsbibliothek mit dem Glockenspiel, die Universität, aber auch die vielen Paläste und Kirchen wieder in heiterem Barock oder in strengem Klassizismus aufragen.

Warschau entstand neu unter den Händen der Bevölkerung, die nach dem Zweiten Weltkrieg endlos viele Arbeitsstunden einbrachte, um ihre Hauptstadt neu zu errichten. Den originalgetreuen Wiederaufbau verdankt Warschau aber auch einem Italiener, der sich Canaletto nannte und der mehr als 150 Jahre tot war, als man seine 57 Stadtansichten als eine Art Bauzeichnung zu nutzen begann. Von der Unesco wurde die gesamte neu erbaute Altstadt inzwischen zum Weltkulturerbe ernannt.

„Ex Occidente Luxus"

Schnell ist das heutige Warschau, ein bisschen hektisch, aber überaus modern, und die Menschen blicken mit interessiertem Blick nach Westen. „Ex Oriente Lux, ex Occidente Luxus", heißt der Leitspruch, den man dem Aphoristiker Stanislav Jerzy Lec verdankt. Aber auch die Architektur steht für diesen Satz. Denn die vielen Architekten aus Italien, Frankreich und Deutschland, die nach der Erhebung Warschaus zur Königsmetropole im Jahr 1596 hier gewirkt haben, entwarfen zusammen mit polnischen Baumeistern eine sich am Fortschritt orientierende Residenzstadt.

Der Altstädtische Marktplatz war immer ein Zentrum, und auf diesem von Bürgerhäusern gesäumten Platz trifft man sich auch heute in den Cafés, lässt sich nach Montmartre-Manier porträtieren oder startet zur Stadtrundfahrt in einer der wartenden Kutschen. Am Schlossplatz bestaunt man dann die Sigismund-Säule, die als weltliches Denkmal in der mit Marien- und Heiligenstatuen übersäten Stadt ein kosmopolitisches Zeichen setzte, und auch das Königsschloss mit seinen prachtvollen Marmorzimmern nahm eine Vorreiterstellung ein, als hier im Jahr 1791 die polnische als zweite demokratische Verfassung der Welt verabschiedet wurde – unmittelbar nach der amerikanischen.

Universität und Oper wollen besichtigt werden, vor allem aber der Ostrogski-Palast, in dem eine Chopin-Gedenkstätte eingerichtet ist. Das Herz des in Paris gestorbenen Komponisten wurde 1850 nach Warschau überführt und ruht in einer Säule eingemauert in der Heiligkreuzkirche.

Nationalheld Chopin

Der größte polnische Komponist wurde im 35 Kilometer entfernten Zelazowa Wola geboren und hat vor seiner Emigration nach Paris viele Jahre in Warschau gelebt. Ein Chopin-Denkmal ragt im Lazienki-Park auf, und dieser höfische Garten mit See, Theater und Palast ist nur einer der vielen Parks, in denen man ungestörte Sommerfreuden genießen kann, wie im Sächsischen Garten oder rund um das Schloss Belvedere. Ein Platz der Stille ist das Denkmal, das für die beim Ghetto-Aufstand umgekommenen Juden errichtet wurde. Fast ein Drittel der Bevölkerung Warschaus war vor dem Zweiten Weltkrieg jüdisch.

In Praga erlebt man dann eine ganz andere Seite Warschaus. Diese Vorstadt, einst im Schatten der glanzvollen Altstadt stehend, blieb im Krieg unzerstört und ist heute eine brüchige Idylle, aber auch ein dynamisches Quartier. Hier liegen die großen Märkte, die es teilweise schon in kommunistischer Zeit gab, hier befinden sich die Restaurants, in denen beste polnische Hausmannskost serviert wird. Und von Praga aus hat man auch den schönsten Blick auf die Warschauer Altstadt.

Schließlich kehrt man über die Weichselbrücke aber doch zurück in das brodelnde Warschau, mit seinen eleganten Einkaufsstraßen wie der Nowy Swiat, mit Nobelhotels wie dem legendären „Bristol" und einer Kunstszene, die mit aufregenden Galerien lockt. In der Nowy Swiat öffnete mit dem Café Blikle wieder eine Legende, in der schon Elizabeth Taylor die köstlichen Krapfen genossen hat. Aber ins „Blikle" geht man ja nicht allein der Krapfen wegen, es ist auch ein Symbol dafür, dass man in Warschau das Alte schätzt und dennoch das Neue leidenschaftlich liebt.

BESTE REISEZEIT:
Mai bis Oktober.
Reiches Kulturangebot im Winter

UNTERKUNFT:
Grandhotels, die an den alten Glanz anknüpfen wie das „Francuski", das „Hotel pod Roza" oder das „Europejski". In der Altstadt gibt es preiswertere Hotels

SOUVENIRS:
In den Tuchhallen werden in kleinen Buden neben Kitsch auch hervorragendes Kunsthandwerk, Lederwaren und Stickereien verkauft

ESSEN UND TRINKEN:
Bigos, ein Sauer- und Weißkohlgericht mit dreierlei Fleisch, Pilzen und scharfen Würsten. Blinis und Kaviar. Krakauer Kringel. Der polnische Wodka gilt als besonders sanft

FESTIVALS UND FESTE:
Lajkonik-Fest: Zur Erinnerung an die Vertreibung der Tataren mit farbenprächtigem Umzug. Konzerte mit internationaler Beteiligung in den alten Gebäuden der Stadt. Wettbewerb der Weihnachtskrippen im Museum der Stadt

Krakau, die alte Königsmetropole

Die Stadt ist ein Meisterwerk der Renaissance und bewahrt ihr Flair bis heute

Zu jeder vollen Stunde ertönt vom Turm der Marienkirche herab eine scharfgeblasene Trompetenmelodie, die plötzlich abbricht. Nicht ohne Stolz erklärt die Kellnerin mit dem schwarzen Schleier im Haar im Café auf dem „Rynek Glowny", dem Marktplatz im Zentrum der Stadt, dass man mit diesem Weckruf, dem „Hejnal", an einen Trompeter erinnert, der Krakau bei einem Tatarenangriff im Jahr 1241 zu warnen versuchte. Mit einem Pfeil im Herzen, der ihn abrupt verstummen ließ.

Krakau ist nicht nur die „Stadt der sprechenden Steine" sondern auch die Stadt der Legenden. Hier gibt es noch heute hundert Kirchen und Klöster, Nonnen so schön wie Madonnen und junge Männer, die ungeniert vor dem Denkmal des Heiligen Stanislaus beten.

Aufstieg durch den Tuchhandel

Bereits um das Jahr 900 war Krakau eine brodelnde Handelsstadt, erhielt 100 Jahre später die Bischofswürde und wurde 1038 Sitz des Königsgeschlechts der Piasten. Auf dem Wawel, einem an der Weichsel steil aufragenden Kalkfelsen, errichteten sie eine Burg und hielten auch an Krakau fest, nachdem die Tataren die Stadt in den Jahren 1241/42 beinahe ausgelöscht hatten. Vor allem unter König Boleslaw und seinem Nachfolger Kasimir II. blühte Krakau wieder auf, erhielt seinen schachbrettartigen Stadtplan und jenen Marktplatz, der mit 200 x 200 Metern schon damals ein bisschen größenwahnsinnig war.

1364 wurde die Universität gegründet, an der zeitweilig auch Nikolaus Kopernikus lehrte, und 1430 erfolgte der Beitritt zur Hanse. Als Umschlagplatz für Stoffe war Krakau so begehrt, dass man sich mit den gotischen Tuchhallen eine Kathedrale des Handels schuf. Mit hohem Kunstverstand wurden auch die Straßenzüge geplant, die heute mit ihren eleganten Stadthäusern und durch die Geschlossenheit ihres Stils verblüffen. Viel Geld floss in die Aus-

stattung der Kirchen, und der vom Neckar stammende Veit Stoß schnitzte, mit 200 vergoldeten Lindenholzfiguren, den größten gotischen Altar Europas. Höfischen Glanz schufen dann italienische Baumeister und Maler, die im „Goldenen Zeitalter" Krakau in ein Meisterwerk der Renaissancekunst verwandelten.

Drehort von „Schindlers Liste"

1596 war es mit der Hauptstadtwürde vorbei, als König Zygmunt III. Warschau zur neuen Metropole erkor. Krakau blieb ein wenig ratlos zurück, ehe es sich darauf besann, den Weg als Kulturmetropole weiter zu verfolgen. Einen wesentlichen Anteil hatten dabei die Juden, die vom Mittelalter an in Krakau bereitwillig aufgenommen und Ende des 15. Jahrhunderts in ein eigenes Viertel umgesiedelt wurden. In Kasimierz lebte die zeitweilig größte jüdische Gemeinde Europas, bis die Nazis 65000 Juden aus Krakau deportierten und die meisten von ihnen im nahen Auschwitz-Birkenau ermordeten. Nur zögerlich kehrte die jüdische Kultur nach den Jahren der Barbarei zurück, und das Viertel Kasimierz, in dem Filmregisseur Steven Spielberg „Schindlers Liste" drehte, ist heute wieder ein Stadtteil, in dem jeden Abend Klezmer-Musik erklingt.

Wer Krakau erleben will, kann hier irgendwo einkehren und seinen Gedanken nachhängen, vielleicht folgt er aber auch dem alten Königsweg, der vom Florianstor durch die vornehme Florianska mit den erlesenen Modeläden, den Silbergeschäften und Konditoreien auf den von Straßencafés gesäumten „Rynek Glowny" führt. Am Denkmal des National-Dichters Adam Mickiewicz lagern die Jugendlichen auf flachen Stufen, auf dem Blumenmarkt davor bieten Frauen Rosen, Levkojen und Lilien an, und Musikanten in bunten Trachten spielen Melodien, die von weit herkommen. Durch die Grodzka, die zweite Prachtstraße Krakaus, geht es dann hinauf zum Wawel, der sich mit Schloss, Dom und Nebengebäuden wie eine eigene Stadt über den Dächern erhebt.

Warum das alles nicht ermüdet in Krakau? Es ist eine gewisse Champagner-Stimmung, die wohl von den Weiten der nahen Tatra herrührt oder einfach von den Menschen, die als die Südländer Osteuropas gelten. 50 000 Studenten bringen zudem selbst eine alte Stadt auf Trab und auch die lange Zeit, in der Polens Schauspielgott Kantor hier sein experimentelles Theater erprobte, hat ihre Spuren hinterlassen. Aber was braucht man die große Bühne, wenn man die Straße hat! Überall wird Musik gemacht, Pantomimen verzaubern mit bizarren Gesichtern, und selbst die kleinste Flöte reicht aus für ein fröhliches Menuett. Und abends taucht man ein in die vielen Gewölbe-Keller, in denen Jazz erklingt, wo man Kabarett macht oder einfach nur diskutiert.

Die Marienkirche mit ihren unterschiedlichen Türmen beherrscht den Rynek Glowny, den Hauptmarkt im Zentrum der Altstadt (links)

Imposante Kanonen aus dem Mittelalter vor der Kathedrale auf dem Wawel-Hügel (oben)

Im Arkaden-Gang der Tuchhallen kann man heimisches Kunsthandwerk erwerben

Die Wiedergeburt von Danzig

Das historische Zentrum wurde von polnischen Restauratoren neu errichtet

ANREISE:
Fährverbindungen mit Deutschland und Schweden. Eisenbahnverbindungen und innerpolnische Flüge

UNTERKUNFT:
Gute Mittelklasse- und auch einige Luxushotels

BESTE REISEZEIT:
Frühling bis Herbst

TRINKGELD:
Faustregel: Je luxuriöser das Hotel oder Restaurant, desto größer das erwartete Trinkgeld. Rechnungsbeträge werden entsprechend aufgerundet

AUSFLÜGE:
Halbtagsausflüge nach Oliva und Gdingen. Ganztagsausflüge nach Marienburg und Elbing

An einem warmen Sommertag über den Langen Markt zu flanieren ist in der Ostseestadt Danzig seit Jahrhunderten eines der schönsten Bürgervergnügen. Prächtige Patrizierhäuser stehen den Bummelnden zwischen Rathaus und Grünem Tor ockerfarben und ochsenblutrot Spalier. Andenkenläden locken mit Bernsteinketten und kaschubischen Stickereien. Der Neptunbrunnen plätschert, und vor den drei Stockwerke hohen Fenstern des Artushofes wird Himbeereis verkauft. Welch eine Kulisse!

Das alles war 1945 ein Trümmerfeld. Statt schöner Barock- und Renaissancegiebel ragten aus dem Schutt nur noch gut gemauerte Kamine und ausgebrannte Kirchtürme empor. Niemand konnte sich vorstellen, dass Danzig in seiner viel gerühmten Schönheit wieder auferstehen könnte. Es schien, als sei der alte Streit zwischen Deutschen und Polen über Rechte an der Stadt durch das Inferno des Zweiten Weltkriegs im wahrsten Sinne des Wortes gegenstandslos geworden.

Angefangen haben soll's mit Fischern, die sich im 10. Jahrhundert in der Gegend des späteren Langen Marktes ansiedelten. Aus dem Dorf in der Weichselniederung entwickelte sich die vornehmlich von Deutschen, aber auch von Polen bewohnte Hafen- und Handelsstadt Danzig. In ihrer wechselvollen Geschichte stand sie zeitweilig unter der Herrschaft des Deutschen Ordens, dann wieder unter dem Schutz polnischer Könige, ehe sie schließlich an Preußen fiel und bis Ende des Ersten Weltkriegs deutsch blieb. Zwischen den Kriegen stand Danzig dann als Freie Stadt auf polnischem Zollgebiet unter dem Schutz des Völkerbundes, war aber durch ein Stück Polen, den „Korridor", von Deutschland getrennt.

Hier begann der 2. Weltkrieg

Am 1. September 1939 nahm der deutsche Panzerkreuzer „Schleswig-Holstein" von der Ostsee her polnisches Militär auf der Westerplatte, einer Danzig vorgelagerten und zur Festung ausgebauten Halbinsel, unter Beschuss. Damit begann auf Befehl Adolf Hitlers der Zweite Weltkrieg, in dessen Verlauf die Hansestadt zwar vorübergehend wieder zu Deutschland gehörte, aber schließlich nach ihrer Zerstörung 1945 endgültig an Polen fiel und nahezu ihre gesamte deutsche Bevölkerung durch Flucht und Vertreibung verlor.

Dass der Lange Markt so wie das gesamte historische Zentrum heute wieder aussehen wie zu Danzigs Glanzzeiten vor 200 und 300 Jahren, wird als Wunder bezeichnet, ist aber das Ergebnis harter Arbeit. Unterstützt durch eine Führung, die außer auf ihre kommunistische Ideologie auch ein bisschen auf Tradition bauen wollte, gingen Denkmalpfleger und Handwerker daran, das Zerstörte originalgetreu wieder aufzubauen. Das Ergebnis stützt den Ruf polnischer Restauratoren, die Besten ihres Fachs zu sein.

Von den 450 000 Einwohnern Danzigs ist nur noch eine verschwindende Minderheit deutscher Abstammung. Aber unter den ausländischen Besuchern stehen Deutsche an erster Stelle. Früher als in anderen von Polen übernommenen deutschen Orten war man in der Stadt, von der 1980 die antikommunistische Solidarność-Bewegung ausging, an guten nachbarlichen Beziehungen zu den einstigen Kriegsgegnern interessiert.

Ein Krantor als Wahrzeichen

Überall in den neuen alten Stadtvierteln sind Reisegruppen unterwegs. Viel ist zu besichtigen, die Lange Gasse und die Frauengasse mit ihren Giebelhaus-Reihen, das Hohe Tor mit den Wappen Danzigs, Polens und Preußens und der Renaissance-Triumphbogen des Langgasser Tors. Einen Besuch verdient auch der restaurierte Bau des Rechtstädtischen Rathauses mit dem 82 Meter hohen Turm, von dem man einen guten Rundblick über das historische Zentrum und die Gotteshäuser hat, darunter ganz nah die monumentale Marienkirche mit Platz für fast 25 000 Menschen.

Am ehemaligen Flusshafen steht Danzigs altes Wahrzeichen, das 1444 errichtete hölzerne Krantor. Sein Hebewerk funktionierte nur mit Hilfe von Sträflingen, die mit ihrer ganzen Kraft ein großes Tretrad bewegen mußten. Die älteste Industrieanlage der Stadt ist eine Getreidemühle von 1350. Mit 18 Mühlrädern, die zuletzt durch Turbinen ersetzt wurden, war sie noch bis 1945 in Betrieb.

Die jüngste Sehenswürdigkeit sind drei riesige aus Schiffsstahl zusammengeschweißte Kreuze. Sie stehen auf dem Solidarność-Platz vor der ehemaligen Lenin-Werft und sind den 28 Opfern gewidmet, die im Dezember 1970 beim großen Streik der Werftarbeiter von der Polizei erschossen wurden.

Die Rechtstadt mit dem Krantor von 1444 am Mottlawa-Ufer (oben)

Nach dem Zweiten Weltkrieg wieder originalgetreu aufgebaut: die Lange Gasse mit den attraktiven Giebelhäusern (unten l.)

Der Neptunbrunnen am Langen Markt

Auf den Spuren der Hanse

Estlands Hauptstadt TALLINN ist ein aufblühender Handelsort an der Ostsee

ANREISE:
Häufige Flugverbindungen von Skandinavien und Russland. Flüge auch von Westeuropa und den USA. Zahlreiche Fährverbindungen über die Ostsee

KLIMA:
Juli und August sind die wärmsten Monate, Höchsttemperaturen bis 30° C. Wintermonate mit Dauerfrost

UNTERKUNFT:
Zahlreiche westliche Hotelketten haben neue Hotels gebaut oder sind in restaurierte Gebäude der Altstadt eingezogen. Vorbuchungen empfehlenswert

TRINKGELD:
Nicht üblich. Rechnungsbeträge von Dienstleistungen werden aber immer aufgerundet

Blick von der Nikolaikirche auf die Altstadt und den modernen Hafen (oben)

Der Rathausplatz im Zentrum mit seinen Straßencafés ist im Sommer ein beliebter Treffpunkt (unten l.)

Eine Kindergruppe in Trachten übt einen Volkstanz auf dem Domberg. Im Hintergrund die Alexander-Newski-Kathedrale

Seit Jahrhunderten ist der Domberg Tallinns eine weit sichtbare Landmarke der Seefahrer. Bei klarem Wetter ist von dort aus auf der anderen Seite des Finnischen Meerbusens Helsinki zu sehen. Aus der finnischen Hauptstadt kommen täglich rund 20 Fähren herüber. Sie bringen Hunderte von Finnen ins Land, die Tallinns preiswerte Geschäfte zu schätzen wissen und für ein paar Stunden die mittelalterliche Mystik der Jahrhunderte alten Stadt erleben wollen.

700 Jahre ununterbrochene Baugeschichte stehen hier kunstvoll restauriert dicht beieinander. Der Platz vor dem Rathaus aus dem 13. Jahrhundert und die 1422 gegründete Ratsapotheke sind das Herz von Tallinn. In den zahlreichen Cafés und Restaurants, deren Tische und Stühle sich über den ganzen Platz ausbreiten, trinken, essen und diskutieren Scharen lachender, freundlicher Menschen, umrahmt von den gotischen Häusern des frühen 15. Jahrhunderts.

Quirliges Leben herrscht auch in den engen Gassen, in denen sich kleine Läden, Modeboutiquen, Bierkneipen, Nachtclubs und Restaurants bis hinauf zum Toompea, dem Domberg, aneinanderreihen.

Stadtgeschichte seit 1050

Auf dem steilen Hügel gab es schon im 1. Jahrhundert v. Chr. eine befestigte Siedlung. Im Jahre 1050 entstand die erste Befestigung aus Stein zum Schutz der 150 Jahre alten Kaufmannssiedlung Kolywani. Das Ansehen der Stadt wuchs danach so schnell, dass der arabische Kartograf al-Idrisi sie sogar in seine Weltkarte von 1154 einzeichnete.

1219 kam Waldemar II. aus Dänemark, eroberte den Handelsplatz, gab ihm den Namen „Reval" und stiftete als Ausdruck seiner Macht die Domkirche St. Marien, die er zwischen 1229 und 1233 auf dem Domberg errichten ließ.

Es ging ihm nicht um die Beherrschung des estnischen Volkes, das zusammen mit den Finnen irgendwann zwischen 3000 und 2000 v. Chr. hierher gekommen war. Vielmehr hatte Reval für den Westen eine Schlüsselstellung beim Handel mit dem Osten. Der blühte im Schatten der Festung zunehmend auf. Doch davon hatten die Esten nicht viel, sollten sie doch bis ins 20. Jahrhundert hinein Vasallen fremder Mächte bleiben.

Schon sehr früh wurde Reval im Jahre 1285 Mitglied der damals noch jungen Hanse. 1346 kauften die Ritter des Deutschen Ordens die Stadt. Als der Orden sich 200 Jahre später langsam auflöste, wurde Reval schwedisch und erlangte im 15. Jahrhundert das Monopol für den Handel mit dem Osten.

Den Schweden folgten die Russen, als Zar Peter I. Reval 1710 im Nordischen Krieg eroberte. Von da an blieb es bis 1918 eine russische Stadt.

Unter russischer Herrschaft

Als Alexander III. im Jahre 1881 den Thron bestieg, begann er Estland zu „russifizieren", indem er alles Fremde und Estnische verbannte. Zum Zeichen seiner Macht über die deutsche Oberschicht, die die Ostseeprovinzen Estland, Livland und Kurland verwaltete, ließ er auf dem Domberg die Alexander-Newski-Kathedrale errichten.

Im Ersten Weltkrieg hielten die Deutschen Estland besetzt. Als der Krieg verloren und Russland mit seiner Revolution beschäftigt war, schlug 1918 die Stunde des ersten estnischen Staates, und Tallinn wurde Hauptstadt. Doch nur für 22 Jahre. 1940 marschierten deutsche Truppen in Tallinn ein. Als sie 1944 geschlagen abzogen, da hinterließen sie einen Trümmerhaufen.

Ihren Platz nahmen wieder die Russen ein, machten Estland zu einer sowjetischen Teilrepublik und starteten eine neue Welle der Russifizierung. Erst als sich die Sowjetunion Ende der 80er Jahre auflöste, wurde Estland 1991 erneut selbstständig und Tallinn zur Hauptstadt des jungen Staates.

Oberstadt und Unterstadt

Heute hat die Regierung die alten Räume oben in der Burg bezogen, die nach ihrer Zerstörung im Zweiten Weltkrieg sorgfältig restauriert worden waren. In viele der alten Häuser in der Oberstadt sind Botschaften eingezogen. Auch die älteste erhaltene Kirche Estlands, die lutherische Domkirche St. Marien, erstrahlt in neuem Glanz, genauso wie die von den Esten weniger geliebte orthodoxe St.-Nikolaus-Basilika.

In der Unterstadt ist die große, weißwandige Niguliste-Kirche in der Nähe des Marktplatzes besonders sehenswert. Das Gotteshaus gehört heute zum Museum für estnische Kunst und zeigt eindrucksvolle Beispiele mittelalterlicher Kunstwerke der Stadt, wie Altäre aus dem 15. und 16. Jahrhundert und das Fragment „Todestanz", ein viel bewundertes Meisterwerk des Künstlers Bernd Notke aus dem 15. Jahrhundert. Moderne Tallinner Kunst zeigt sich in den oberen drei Stockwerken des alten Wachtturms „Kiek-in-de-Kök".

Außerhalb der Stadtmauern kann man wunderbar im gepflegten Katharinenpark flanieren, einem beliebten Treffpunkt verliebter Paare. Zar Peter der Große legte ihn einst für die Bürger von Tallinn an. Mittendrin liegt das wuchtige Barockschloss, das er zwischen 1718 und 1736 von dem italienischen Architekten Niccolo Michetti als Sommersitz bauen ließ. Heute ist es die Residenz des Präsidenten der Republik Estland.

Russlands Tor zum Westen

Zar Peter der Große errichtete in den Sümpfen des Newadeltas das legendäre **ST. PETERSBURG**

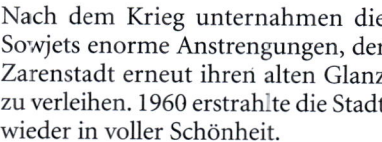

Die westlichste Stadt im Norden Russlands war schon immer etwas Besonderes und ganz und gar unrussisch. Für Zar Peter I. den Großen sollte St. Petersburg das Fenster nach Europa sein – ein wenig von Prag, etwas Paris, eine Prise Wien und das Fundament von Amsterdam.

So versprüht diese Stadt mit ihren breiten Boulevards, Parks, Uferpromenaden und unzähligen Brücken immer noch ihr weltoffenes, nordisch-zurückhaltendes Fluidum. Auf dem Newskij Prospekt, dem bekanntesten der großzügigen Boulevards, herrscht ständig geschäftiges, aber nie hektisches Menschengetümmel. Ein glanzvoller Palast prunkt hier neben dem anderen. Prächtige Stadtvillen, Kaufhäuser und Kirchen vieler Konfessionen reihen sich aneinander. So die lutherische St. Peter, die römisch-katholische St. Katharinen und die russisch-orthodoxe Kazan-Kathedrale. Zahlreiche Cafés und Restaurants laden zum Verweilen und Bestaunen ein, darunter auch das Literaturcafé, das einst „Wolff & Béranger" hieß und das zweite Wohnzimmer Alexander Puschkins war.

St. Petersburg ist eine Reißbrettstadt, entstanden auf unwirtlichem, mückenverseuchtem und hochwassergefährdetem Moorland zwischen zahlreichen Flussarmen im Newadelta. Aber dieser Platz war die einzige Stelle, an der Russland Zugang zu einem westeuropäischen Meer und damit auch zur westeuropäischen Kultur bekommen konnte.

Sieg über die Schweden

Russische Siedler lebten in Ingermanland, dem Land am Ende des Finnischen Meerbusens, schon seit dem 8. Jahrhundert. Alexander von Nowgorod vertrieb 1240 die Schweden, die über dieses nur dünn besiedelte Gebiet herrschten, doch 1617 annektierten sie das Land erneut und bauten Festungen entlang der Newa bis zum Ladogasee.

Für Zar Peter den Großen kam die große Chance zu Beginn des Nordischen Krieges (1700 – 1721). Eines Nachts kam er mit Booten über den Ladogasee, eroberte die Festung Noteborg am Ausfluss der Newa – heute Petrokrepost – und nahm wenig später Nyenschanz am Unterlauf des Flusses ein. Als Mensch schneller Taten zögerte er nicht lange und legte persönlich auf der Sajatschi-Insel in der Newamündung den Grundstein für die Peter-und-Paul-Festung.

Im folgenden Jahr begannen die Arbeiten an der Admiralitätswerft am Ufer schräg gegenüber. Schnell wuchs die Siedlung um Festung und Werft. Nach dem Vorbild Amsterdams wurde die Stadt auf Pfählen errichtet. Zwangsarbeiter mussten dafür schuften, und viele verloren dabei ihr Leben. Man sagt, St. Petersburg sei auf Menschenknochen erbaut.

Obwohl zunächst nur kleine Holzhäuser die Moorgegend belebten, verlegte Peter 1712 die Hauptstadt von Moskau hierher. Der Zar zwang Adelige und Bürger, aus den Tiefen Russlands an die Ostsee überzusiedeln. Das erste Steinhaus entstand 1710 für Prinz Alexander Danilowitsch Menschikow, den ersten Gouverneur, und steht heute noch.

Nach dem Frieden von Nystad 1721 kamen Baumeister aus ganz Europa, um die Stadt im 18. Jahrhundert mit großzügigen Barock- und Rokoko-Gebäuden, im 19. Jahrhundert mit gigantischen Bauwerken des Klassizismus zu einem einzigartigen Gesamtkunstwerk auszubauen.

Von vielen Prachtbauten der Innenstadt blieben nur noch Trümmer, als deutsche Truppen St. Petersburg, das damalige Leningrad, zwischen 1941 und 1944 fast 900 Tage lang belagerten und bombardierten. Nach dem Krieg unternahmen die Sowjets enorme Anstrengungen, der Zarenstadt erneut ihren alten Glanz zu verleihen. 1960 erstrahlte die Stadt wieder in voller Schönheit.

Winterpalast und Eremitage

Das wohl prächtigste Bauwerk ließ Zarin Elisabeth, die Tochter Peters des Großen, bauen: den Winterpalast. Die italienische Barockkomposition in Weiß und Grün mit ihrem klassizistischen Anbau machte die Kunstnärrin Katharina II. die Große 1764 zu ihrer Eremitage und kaufte in ganz Europa Kunstschätze zusammen. Heute ist diese Sammlung mit fast drei Millionen Kunstwerken das größte Kunstmuseum der Welt.

Eine der größten Kirchen Europas ist die St.-Isaaks-Kathedrale. Mit ihren 100 Metern Höhe prägt sie die Skyline von St. Petersburg. Ihr Innenraum, eine wahre Symphonie aus Marmor, Edel- und Halbedelsteinen in allen Farben, bietet 14 000 Besuchern Platz. Die goldene Kuppel ist mit 100 Kilogramm reinem Gold überzogen. Von hier oben hat man einen atemberaubenden Blick auf die schönsten Plätze der Altstadt.

ANREISE:
Direktflüge von europäischen Metropolen. Bahrverbindungen von West- und Südosteuropa. Autofähren von Deutschland, Schweden und Finnland. Autofahrten von Westeuropa aus sind noch abenteuerlich

KLIMA:
St. Petersburg ist zu allen Jahreszeiten sehenswert. Im Juni „weiße Nächte", in denen die Sonne nur für kurze Zeit verschwindet. Juli und August bieten warme bis trocken-heiße Tage. Von November bis Februar wird die Stadt zu einem Wintermärchen

UNTERKUNFT:
Luxus- und Mitte klassehotels. Für Individualreisende teuer, als Pauschalreise preiswert. Vorbuchungen nötig

TRINKGELD:
Nicht mehr als 10 Prozent. Bei Taxifahrten den Fahrpreis vorher aushandeln. Vielfach muss in US-Dollar gezahlt werden

Wasserkaskaden des Klassizismus. Freitreppe und Fontänen vor der Schlossanlage des Peterhofs, einst Wohnsitz der Zaren (links)

Der barocke Winterpalast beherbergt die Eremitage mit der größten Kunstsammlung der Welt. Katharina die Große hatte in dem prachtvollen Bau die Sammlung eingerichtet (oben r.)

Der Gribojedow-Kanal mit der Auferstehungskirche im Hintergrund. Cafés am Wasser und schaukelnde Boote gehören zum Stadtbild

Unvergängliches Moskau

Die russische Hauptstadt hat alle Stürme der Geschichte überlebt und erstrahlt in neuer Schönheit

ANREISE:
Flughafen Scheremetjewo 2 hat weltweite, internationale Verbindungen. Europäische Bahnverbindungen über Warschau und Berlin

KLIMA:
Beste Reisezeit im Hochsommer mit oft heißen Tagen und im verschneiten Winter mit klarem, kaltem Frost

UNTERKUNFT:
Luxus- und Mittelklassehotels. Für Individualreisende sehr teuer, als Pauschalreise angemessene Preise. Vorbuchungen nötig

TRINKGELD:
Nicht mehr als 10 Prozent. Bei Taxifahrten den Fahrpreis vorher aushandeln.
Fahrten von und nach Scheremetjewo 2 nur mit US-Dollar zahlbar

Im Zentrum des russischen Reiches: der Rote Platz mit der Kreml-Mauer und dem Spasski-Turm, gegenüber die weiße Fassade des Kaufhaus Gum. Im Hintergrund die Basilius-Kathedrale (oben)

In den glasüberdachten Einkaufspassagen des Gum (unten r.)

Blick auf das nächtliche Moskau mit den Ufern der Moskwa, der Großen Kathedrale und den Mauern des Kreml

Diese riesige Stadt scheint planlos und improvisiert. Alles in Moskau ist größer als anderswo: die Häuser, die Kathedralen, die Straßen. Doch der Gigantismus erschlägt nicht die unzähligen kostbaren, jahrhundertealten Kleinode, an denen die pulsierende russische Metropole so reich ist.

Rund zwölfeinhalb Millionen Menschen leben im Einzugsbereich von Moskau. Doch den typischen Moskowiter gibt es nicht. Ein vielfältiges Völkergemisch von mehr als 100 europäischen und asiatischen Nationalitäten prägt die Atmosphäre in der Stadt.

Besonders wohltuend ist die enorme Hilfsbereitschaft und warme Gastfreundlichkeit, auf die man nicht nur im Basargewühl des alten Arbat oder im moderneren Geschäftsviertel des neuen Arbat trifft. Der alte Arbat war früher Zentrum von Kunst und Literatur und ist heute ein bunter, lebendiger Trödelmarkt, während man im neuen Arbat Restaurants aus nahezu allen Regionen Russlands findet.

Wie London und Paris ist auch Moskau in den letzten 200 Jahren explosionsartig gewachsen. Vier Verkehrsringe dokumentieren das historische Wachstum. Außen verläuft der Moskauer Autobahnring durch Apartmentsiedlungen und neuere Industrieanlagen. Die Schienen der Ringeisenbahn markieren den einstigen Verlauf der Zollgrenze im 18. Jahrhundert. Der Gartenring folgt der Linie alter Befestigungen, und der innere Boulevardring umschließt die rechteckige Kitaj Gorod, die Altstadt, in deren Zentrum der dreieckig angelegte Kreml liegt. Mit einfachen Erdwällen und Gräben war bereits 1156 die hoch gelegene Landspitze zwischen der Moskwa und der Neglinnaja, einem heute überbauten Nebenfluss, befestigt worden.

Erste Lebenszeichen

Als Tag der Stadtgründung gilt der 4. April 1147. Eine alte Schrift berichtet nämlich davon, dass der Prinz von Suzdal, Juri Wladimirowitsch Dolgorukij, an diesem Tag Gast eines großen Banketts seines Verbündeten Prinz von Nowgorod-Sewerskij in „Moskau" war.

Schon bald aber kamen unruhige Zeiten. Immer wieder musste sich die Stadt gegen die Mongolen wehren, oft erfolglos. Obwohl die Befestigungen immer ausgefeilter wurden, wurde man die Eroberer erst 1408 endgültig los. Fortan konnten den Aufstieg Moskaus zur internationalen Handelsmetropole weder Feuer noch Hungersnöte oder Kämpfe mit Mongolen und Tataren bremsen. Selbst Zar Peter I. förderte die wirtschaftliche Entwicklung, obwohl er an der Ostsee, im Mündungsdelta der Newa, das westlich orientierte St. Petersburg aufgebaut und den Regierungssitz 1712 dorthin verlegt hatte.

Wie Napoleon scheiterte

Moskau blieb dennoch das wirtschaftliche Zentrum des Landes und auch das militärische Ziel seiner Feinde. Als Napoleon im Herbst 1812 in Moskau einmarschierte, glaubte er den Widerstand der Russen gebrochen. Doch er fand die Stadt verlassen vor, zwei Drittel aller Gebäude waren verbrannt und seine Truppen damit ohne Schutz und Lebensmittel. Im Oktober trat er seinen katastrophalen Rückzug durch den eiskalten russischen Winter an.

Kaum waren seine Armeen abgerückt, begannen die Moskowiter 1813 ihre Stadt völlig neu zu planen, um dem steten Zustrom der Menschen gerecht zu werden. Aus dieser Zeit sind noch viele Gebäude erhalten. Unter Stalin wurde die Stadt in den 30er Jahren erneut systematisch errichtet, und ab 1980 stampfte man neue Satellitenstädte auch jenseits der Ringautobahn aus dem Boden.

Aber selbst im Häusermeer außerhalb des Gartenringes, wo viele Industriegebäude und Apartmenthäuser des frühen und mittleren 20. Jahrhunderts das Stadtbild bestimmen, sind wunderbare Beispiele des klassischen Moskau erhalten geblieben, darunter befestigte Klöster und zahlreiche Kirchen aus dem 16. Jahrhundert.

Das sehenswerteste Denkmal Moskaus ist sicherlich der Kreml. Die roten Backsteinmauern mit ihren 20 Türmen bauten italienische Baumeister, die Iwan III. im 15. Jahrhundert ins Land geholt hatte. Mit seinen zahlreichen Kirchen und Palästen ist der Kreml die wohl imposanteste Ansammlung unterschiedlichster architektonischer Formen.

In der Altstadt rund um den Kreml und den Roten Platz stehen kostbare alte Gebäude aus dem 15. Jahrhundert Seite an Seite mit den Funktionsgebäuden der 20er Jahre, reich verzierten Zuckerbäckermonumenten aus der späten Stalinzeit und den Glas-Beton-Wolkenkratzern, die seit den 60er Jahren gebaut wurden. Weltberühmte, gut besuchte Theater, wie das Bolschoi, und hervorragende Museen sind eindrucksvolle Zeugnisse der tief in den Menschen verwurzelten russischen Kultur.

Warum Dublin zur Pilgerstätte wurde

Die irische Hauptstadt ist berühmt für ihre Pubs, für Whiskey und Bier, die Straßenmusiker und die Schriftsteller

BESTE REISEZEIT:
Das ganze Jahr wegen des milden Klimas

UNTERKUNFT:
Nobel Hotel „Conrad International Dublin", Bed and Breakfast

SOUVENIRS:
Tweedsakkos, Pullover, Wolldecken, Keramik

KULINARISCHES:
Irish Stew, Wildlachs, Braunes Bier (Stout), Whiskey

FESTIVALS:
St. Patrick's Day am 17. März mit St. Patrick's Parade und dem „River of Flame" (Feuerwerk am Ufer des Liffey)

DER BESONDERE TIPP:
Martelloturm am Howth Head (hier wohnte James Joyce zusammen mit seinem Freund Gogarty, den er im „Ulysses" als Buck Mulligan verewigt hat)

Im Zentrum von Dublin überquert die O'Connell-Brücke den Liffey (oben)

Blick in die Alte Bibliothek des Trinity College (unten M.)

Öffentliche Dichterlesung am Bloomsday vor einem Pub (unten r.)

Folk-Musik im O'Conners Pub, mit Harmonika, Fiddle und Geige

Die halbe Welt – jedenfalls die literarische – weiß, was ein gewisser Leopold Bloom am 16. Juni 1904 in Dublin gemacht hat. Denn mehr als tausend Seiten lang begleitet der Schriftsteller James Joyce seinen Helden auf dessen verwirrenden Streifzügen durch die Stadt und macht das so detailgetreu, dass man an Hand seines Romans das alte Dublin wieder aufbauen könnte. Joyce selber ist nicht in der Stadt am Liffey geblieben, denn er folgte um die Jahrhundertwende mit seiner Übersiedlung auf den Kontinent dem Motto seines Kollegen George Edward Moore, der schrieb: „Ein Ire muss aus Irland fliehen, wenn er er selber bleiben will."

Starke Worte, die man nur schwer versteht, wenn man heute durch die Stadt geht. Jung ist Dublin und bunt, und vor allem hundertprozentig individuell. 700 Pubs und keines wie das andere, fast so viele Musiker wie Einwohner, und mit der Grafton Street hat es eine Einkaufsmeile, die im internationalen Modeangebot wahrlich mithalten kann. Was es sonst noch gibt? Ein Stout natürlich, gebraut bei Guinness, der größten Exportbrauerei der Welt. Dass der Konzern, der das irische Nationalgetränk herstellt, sich seit mehr als 100 Jahren auch als Mäzen verdient macht, hat die Renovierung der St.-Patrick's-Kathedrale ermöglicht und die Anlage mehrerer Parks. Hopfen und Malz, seufzen die Dubliner, Gott erhalt's.

Es waren Wikinger, die sich am Platz des heutigen Dublin im 9. Jahrhundert niederließen, und die fühlten sich am Liffey offensichtlich so wohl, dass sie erst im 12. Jahrhundert vertrieben werden konnten. Die Anglo-Normannen machten Dublin danach zum Mittelpunkt ihres englischen Herrschaftsbereichs, bauten eine Festung und die Christ Church Cathedral. Ein weiterer Meilenstein in der Entwicklung Dublins war die Gründung des Trinity College im Jahr 1591, von Königin Elizabeth I. als Bollwerk gegen die katholische Kirche finanziert. In der Bibliothek wird hier das „Book of Kells", eine illustrierte Evangelien-Handschrift aus dem 9. Jahrhundert, verwahrt.

Der Weg ins Armenhaus

Das 17. und 18. Jahrhundert bescherte der Stadt dank eines florierenden Handels architektonische Glanztaten, doch nach dem Act of Union war es 1801 mit der Selbstständigkeit vorbei. Irland wurde mit England vereint und wie schon früher zeitweilig von den Handelsverbindungen abgeschnitten. Das Land und seine Hauptstadt verelendeten, und Irland wurde zum Armenhaus, über das ein Friedrich Engels verächtlich als „Wüste" sprach. 1921 erhielt Irland den Status eines Freistaats. Heute ist das Land geteilt, der Hauptteil der Insel ist selbstständige Republik, der Nordosten gehört zu Großbritannien.

Wer Dublin nur aus irischen Filmen kennt, in denen es kübelweise regnet und die Straßen düster und eng sind, wird überrascht sein von der herrschaftlichen Pracht. Das Castle mit einer opulenten Innenausstattung, das Nationalmuseum mit seinen Säulen und Arkaden, das Hauptpostamt in der O'Connell Street, die St. Mary's Pro Cathedral und das ehemalige Gebäude des irischen Parlaments mit seiner klassizistischen Fassade erinnern an Dublins große Vergangenheit. Vom Protestantismus geprägt ist die St.-Patrick's-Kathedrale, an der fast 30 Jahre lang der Verfasser von „Gullivers Reisen", Jonathan Swift, als Dekan gewirkt hat.

Im Pub zu Hause

Womit wir wieder bei den Dichtern wären, denn die sind für Dublin das, was für Wien die Kaiser sind. Drei Nobelpreisträger – William Butler Yeats, George Bernard Shaw und Samuel Beckett – wurden in Dublin geboren, und mit Oscar Wilde, James Joyce, Patrick Kavanagh, Flann O'Brien und Brendan Behan kommen noch einmal Namen dazu, die jedes Literaturherz höher schlagen lassen. Dass sie fast alle ihre Heimat im Pub hatten, kommt heute den Touristen zugute, denn eine mit Lesungen gespickte Kneipentour führt an die Plätze des poetischen Rückzugs, ins Davy Byrnes, ins Mulligan's und in die Palace Bar. Auch ein eigenes Museum gibt es für die Meister der schönen Worte: Im Writers Museum werden persönliche Erinnerungsstücke der Poeten gezeigt.

Aber was braucht man Bücher in Dublin, die Stadt selber ist ja Poesie. Es wird gern geredet, auch mit Fremden, das Wetter ist oft überraschend schön und die Fahrt entlang der Küste hinunter nach Bray so malerisch wie eine Autotour über die Corniche bei Marseille. Das reizvollste Viertel in der Innenstadt ist Tempel Bars, ein ehemaliges Hugenottenviertel, wo Läden, Bistros, Restaurants und Cafés, aber auch Theater und Galerien so eng beieinander liegen, dass man ständig neuen Eindrücken erliegt. Auch hier schmeckt das Stout, und am Abend wird mit Fiddle und Banjo jene Musik gemacht, die Irish Pubs überall auf der Welt zu Pilgerstätten werden lässt.

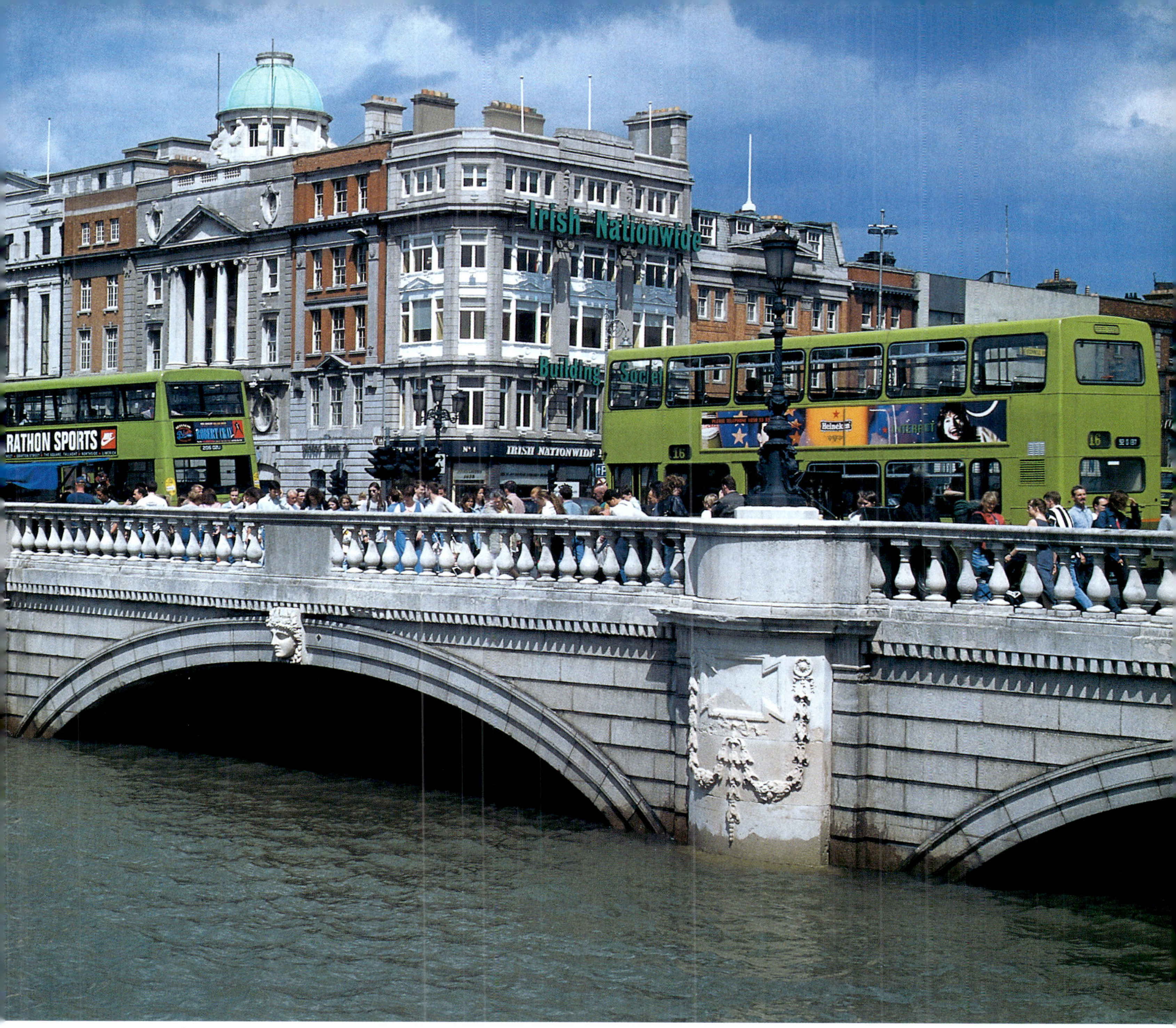
Irish Nationwide
IRISH NATIONWIDE

McGrath Ltd

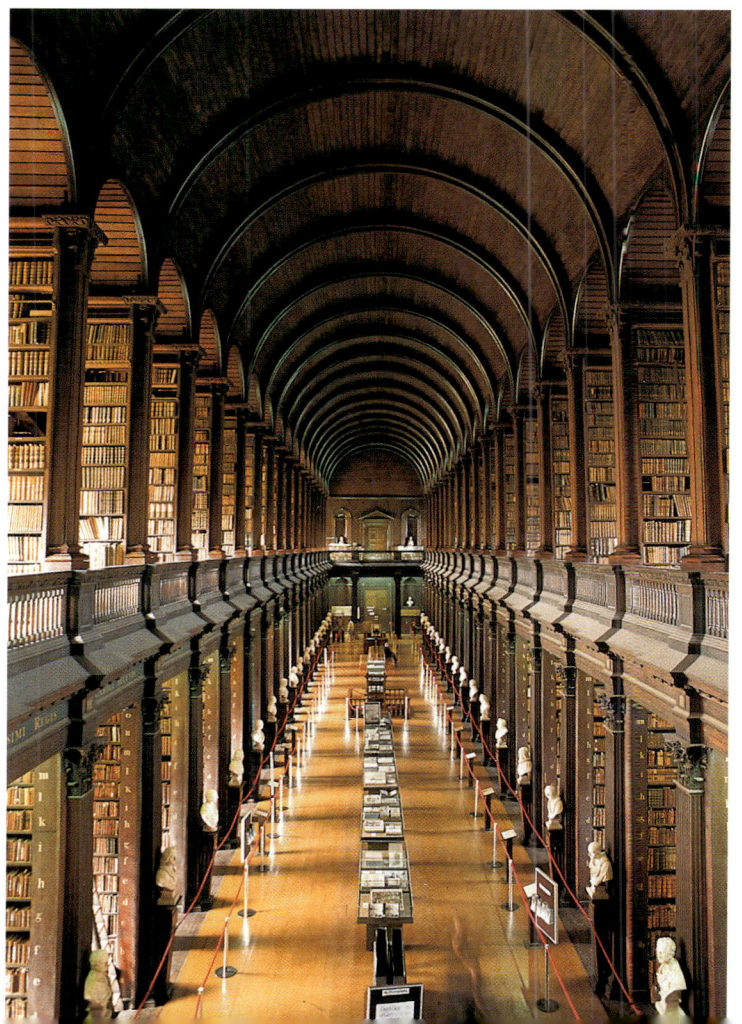

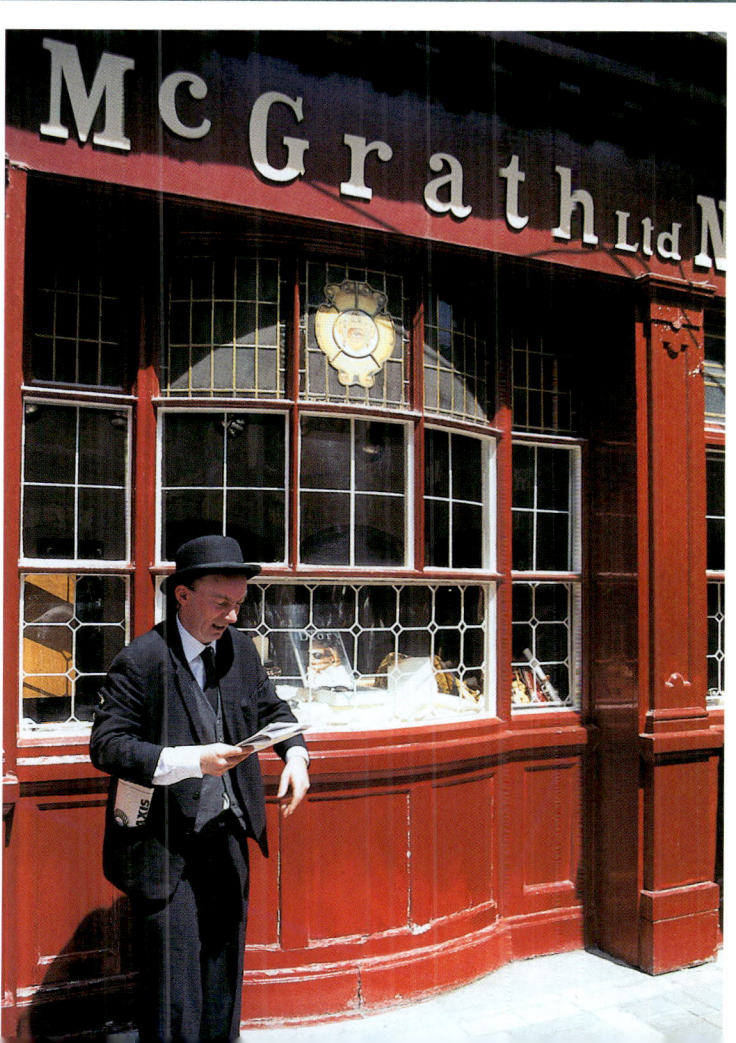

London birgt viele Welten
Die britische Hauptstadt ist ein Denkmal Europas

Was wäre London ohne seine Royals, was wäre London ohne seine Tradition: In keiner Stadt der Welt wird Vergangenheit so malerisch in Szene gesetzt wie rund um den Buckingham-Palast, und der Seufzer „Schafft bloß die Monarchie nicht ab" entfährt manchem Zaungast, der bei einer der farbenprächtigen Truppenparaden anwesend ist. Schwarz glänzen die Bärenfellmützen über roten Röcken, die Queen lächelt huldvoll, und die gotischen Fassaden dominieren das Bühnenbild.

London ist geprägt von der tausendjährigen Monarchie, aber die Stadt ist auch die Wiege des Mini-Rocks, die Ruhmeshalle der Beatles, der Geburtsort des Punk, die Hochburg schriller Mode. London ist hemmungslos kreativ und dennoch so sehr auf Rituale bedacht, dass die Königin immer noch um Erlaubnis bitten muss, wenn sie die Bannmeile der (bürgerlichen) City von London betreten will.

Ein gewisser Hochmut der Londoner erklärt sich aus der Geschichte, denn schon die Römer hatten Londinium zur Hauptstadt ihres britannischen Inselreiches gemacht. Nach dem Niedergang des römischen Imperiums drangen die Angeln und Sachsen nach England vor und ließen sich ebenfalls an der Themse nieder. Bereits im 6. Jahrhundert wurde England christianisiert, und London erhielt mit der St. Paul's Cathedral sein erstes Gotteshaus. Wilhelm der Eroberer entschied sich dennoch für die jüngere Westminster Abbey, als er sich im Jahr 1066 krönen ließ – als Begründer einer einzigartigen Tradition. Denn alle englischen Königinnen und Könige sollten fortan in Westminster Abbey gekrönt werden.

Der Bowlerhat wird seltener
Unter Heinrich VIII. und seiner Tochter Elizabeth I. erlebte die Stadt im 16. Jahrhundert ihre glanzvollste Zeit, was nicht zuletzt auf die Abspaltung von Rom und die Gründung der anglikanischen Kirche zurückzuführen war. Ende des 18. Jahrhunderts war London die größte Stadt der Welt und später als Zentrum des Commonwealth auch deren heimliche Metropole. Das Ende des Kolonialreiches und der Niedergang des Hafens brachten Mitte des 20. Jahrhunderts wirtschaftliche Einbußen, doch eroberte sich London in den 70er Jahren eine führende Rolle als Finanz- und Geldhandelsplatz zurück. Rund 550 000 Menschen arbeiten heute in der City, der Bowlerhat als Symbol des Bankers verschwindet allerdings mehr und mehr von den wohl frisierten Köpfen und macht einer neuen Lässigkeit Platz.

Das schrille London reizt heute die Jugend der Welt, die rund um Covent Garden ihr Zentrum hat, aber auch in den widersprüchlichen Vierteln des East End, am Portobello Road Market und in Clerkenwell. Als die „coolste Stadt" sehen selbst die Amerikaner die britische Metropole, die mit avantgardistischer Kunst, langen Schlangen vor den verrücktesten Discos und seiner führenden Comedy-Szene ständig für Wirbel sorgt.

Da gibt es einen kulturellen Mix, der indische Farbenpracht mit karibischen Rhythmen und afrikanischen Blues mit asiatischem Tempeltanz zusammenbringt. Für jeden Spleen ist hier Platz, und wenn man sich erholen will, dann gibt es die Parks, die mit Sonnenstühlen und Seen wahre Stadtoasen sind.

Trutzburg der Demokratie
Das politische London ist nicht weniger präsent, denn das beherrscht einen erheblichen Teil der Innenstadt. In Whitehall, im Regierungsviertel, liegen die wichtigsten Ämter und Ministerien, das Banketthaus ragt auf, und wie eine Trutzburg der Demokratie erheben sich die „Houses of Parliament", seit 1547 Sitz des britischen Parlaments. Am Nordende hat Big Ben seinen Platz, der für viele mit dem Schlag der 13 Tonnen schweren Glocke die schönste Melodie der Welt erklingen lässt. In Downing Street 10 wohnt der Premierminister, dessen Haus allerdings nicht besichtigt werden kann.

Da öffnet sich das königliche London schon bereitwilliger dem Touristen, denn die Queen hat den Besuchern einen Teil des Buckingham-Palastes zugänglich gemacht. Auch der Tower kann besucht werden, in dem heute die Kroninsignien von Wächtern in mittelalterlichen Trachten bewacht werden. Und Westminster Abbey zeigt seine ganze Pracht während eines Gottesdienstes, bei dem der Blick immer wieder von der verwirrenden Pfeilerwelt angezogen wird.

Am Ende aber führt jeder London-Besuch unweigerlich zum Treiben auf dem Piccadilly Circus, zur Nelson-Säule auf dem Trafalgar Square und nach einer Fahrt in einem Doppeldeckerbus zum Einkaufen im Nobelkaufhaus „Harrod's". Die Tate- und die National-Gallery wollen besichtigt werden, und wer es very british liebt, der kehrt zum High Tea in einem der Edelhotels wie dem „Savoy" ein. Mit Tee heilen die Briten schließlich allen Kummer, mit ihm feiern sie aber auch ihre einzigartige Stadt. Sofern sie nicht doch lieber in den Pubs zum Pint of Bitter greifen.

BESTE REISEZEIT:
Das ganze Jahr, der Frühling ist besonders empfehlenswert

UNTERKUNFT:
Grandhotels wie das „Savoy" und das „Claridge's". Preiswerte Hotels rund um Victoria Station

SHOPPING:
Schuhe, schrille Mode, Picknickausrüstung, Porzellan, Stilton Cheese

KULINARISCHES:
Lamm mit Minzsauce, Truthahn, Plumpudding, Mince Pies (gefüllte Pasteten), English Breakfast, Fish and Chips

FESTE:
London Parade vom Parlament Square zum Berkeley Square (1. Januar).
Trooping the Colour, offizielle Geburtstagsparade für die Queen (Mitte Juni).
Notting Hill Carnival, Europas größte Street Party (letztes Wochenende im August)

DER BESONDERE TIPP:
Madame Tussaud's Wachsfigurenkabinett. Seit mehr als 100 Jahren am selben Platz in der Marylebone Road. Hugh Grant ist auch schon da

Die roten Doppeldeckerbusse und Big Ben, der Uhr- und Glockenturm neben den Houses of Parliament – zwei Wahrzeichen Londons (links)

Der Buckingham Palace liegt, umgeben von einem riesigen Park, mitten in der City (rechts o.)

Piccadilly Circus mit seinen schrillen Leuchtreklamen kennt jeder Besucher der Stadt. Der Brunnen mitten auf dem Platz ist ein Treffpunkt für Jugendliche aus aller Welt

In der Welt der Colleges
Die Traditionen der Wissenschaften prägen OXFORD

Weltberühmt ist die Kulisse von Oxford mit ihren Zinnen und Türmen, Kuppeln und Pfeilern und einer Stadtmauer, die noch weitgehend in der mittelalterlichen Bauweise erhalten ist. Weltberühmt sind aber auch die Kriminalromane von Colin Dexter, in denen der Autor seinen Inspector Morse im efeuüberrankten Oxford geheimnisvollen Morden nachspüren lässt. Eine Szenerie, die wie gemacht ist für menschliche Verstrickungen und Magie.

Oxford, dessen Universität zusammen mit denen von Bologna, Salamanca, Paris und Padua zu den ältesten der Welt zählt, besitzt eine geradezu „hypnotische Schönheit". 65 Kirchen und Kapellen ragen in der von Hügeln umgebenen Stadt auf, deren „Hohe Schule" aus einer klösterlichen Anlage Ende des 12. Jahrhunderts hervorgegangen ist. In dieser Zeit entwickelten sich in Oxford bereits die Colleges mit ihrer auf Wirkung bedachten Architektur.

Das Tor zur Studenten-Welt

Insgesamt 39 Colleges gibt es heute, und viele englische Politiker, Wissenschaftler und Schriftsteller haben hier oder im nahen Cambridge studiert, in „Oxbridge" eben, das bis ins 19. Jahrhundert keine andere Universität neben sich geduldet hat. Im Übrigen tragen die Studenten und Professoren mit ihren Traditionen zum malerischen Stadtbild von Oxford bei, und nicht selten sieht man sie mit wehendem Talar und dem Akademikerhut auf dem Kopf auf ihr College zuschreiten.

Die Colleges sind unbestritten die überwältigenden Sehenswürdigkeiten der Stadt, da alle ihr ganz eigenes Aussehen haben. Durch ein Tor betritt man den Innenhof, den so genannten Quadrangle oder Quad, um den herum die Kirche, die Aulen, die Schlaf-, Wohn- und Studienräume gruppiert sind, genug Platz lassend für Gärten, steinerne Bänke, Sonnenuhren und uralten Baumbestand. Da die Colleges autonome private Körperschaften sind, haben sie ihre eigenen Regeln und verfügen über oftmals erheblichen Grundbesitz, der aus Schenkungen und Hinterlassenschaften hervorgegangen ist.

Auch mit Kunstschätzen sind viele Colleges gesegnet, sodass man wie im Christ Church eine eigene Gemäldegalerie mit Werken von Tizian, Leonardo da Vinci und Rubens vorweisen kann. Andere College-Berühmtheiten sind das Merton-College mit seiner Renaissance-Bibliothek, das Corpus Christi College mit einem Rubens zugeschriebenen Altarbild und das Hertford-College, dessen alter und neuer Trakt seit 1903 mit einer nachgebauten venezianischen Brücke verbunden sind. Am Nachmittag können die meisten Colleges von Fremden besichtigt werden, wahrlich eine Zeitreise in die Vergangenheit.

Wie sehr Forschung und Lehre in Oxford die Architektur beeinflusst haben, zeigt auch die Bodleian Library, die sich – neben dem aus dem 18. Jahrhundert stammenden Kuppelgebäude der Radcliff Camera (ebenfalls eine Bibliothek) – in der Catte Street erhebt. 259 Handschriften, die der Duke Humphrey von Gloucester der Stadt vermacht hatte, führten zum Bau eines Bibliotheksgebäudes, das nach einem im 17. Jahrhundert von Sir Thomas Bodley finanzierten Umbau zu Weltruhm gelangte. Seither ist die Bibliothek eine Art Petersdom des Wissens, in dem mehr als sechs Millionen Bücher gehütet werden, dazu kostbare Handschriften und Inkunabeln.

Dass Oxford aber auch jung ist und dynamisch, entdeckt man in den vielen Kneipen und Pubs, die vom lärmenden Reden erfüllt sind. So richtig in Schwung kommt die Stadt Ende Mai, wenn bei den großen Ruderregatten auf der Themse leidenschaftlich um Sieg oder Niederlage gerungen wird. Die Themse ist schließlich die gesellige Begleiterin Oxfords, und an ihren Ufern gibt es überall romantische Plätze, wo man sein Lager-Bier trinkt und dem langsamen Treiben des Wassers zusieht. Möglichst nicht allein, denn da in Oxford mittlerweile auch Frauen von den meisten Colleges aufgenommen werden, ist die malerische Stadt ein idealer Platz für einen Flirt.

Unter gotischen Bögen

Oxfords Hauptstraße ist die High Street, und in ihrem Einzugsbereich liegen auch die wichtigsten Sehenswürdigkeiten wie das Christ Church College, die Kathedrale, die Universitätskirche St. Mary the Virgin, das Queens College, das Museum of Oxford oder das Sheldonian Theater, in dem Oxford seine großen akademischen Feiern abhält. Den besten Überblick aber hat man aus der Vogelperspektive vom Carfax Tower aus, einem Turmrelikt aus dem 14. Jahrhundert, zu dessen Füßen sich die Stadt mit ihrem Gespinst gotischer Bögen und verwinkelter Dächer wie das Meisterwerk eines mittelalterlichen Stadtplaners ausbreitet.

BESTE REISEZEIT:
Frühling und Sommer

UNTERKUNFT:
„The Randolph", 1864 erbautes Luxushotel. Während der Ferien kann man in vielen Colleges preiswert wohnen

MÄRKTE:
Gloucester Green mit Gemüse- und Antiquitäten-Markt

KULINARISCHES:
Man isst deftig in den Pubs, beispielsweise im „The King's Arms" nahe der Bodleian Library

DER BESONDERE TIPP:
Inspector Morse Tours. Immer am Samstag

Blick auf zwei Kathedralen der Forschung: auf den Turm des Bibliotheksgebäudes Radcliff Camera und das legendäre All Souls College (oben l.)

Der Carfax Tower im Stadtzentrum, umgeben von historischen Gebäuden (unten l.)

Sport gehört zum Studienprogramm der Colleges. Hier auf dem Gelände von Christ Church Meadows

Das Herz Schottlands

In **EDINBURGH** kreuzen sich die Wege der englischen und der schottischen Geschichte

Berge und Meer, schroffe Felsen und ein Himmel, der an Dramatik kaum zu überbieten ist: Der in Edinburgh geborene Schriftsteller Robert Louis Stevenson verstand beim Blick auf seine Heimatstadt einfach nicht, warum „diese Fülle von Exzentrik kein Szenenbild in einem Theater, sondern eine Stadt in ihrem Alltag" ist.

Edinburgh, Weltkulturerbe und Festivalstadt, setzt sich meisterhaft in Szene und überrascht mit dem „Sinn fürs Theatralische" nicht nur die Dichter. Allein die Burg mit ihrer herrischen Lage auf einem schwarzen Basaltfelsen und der 1090 errichteten St. Margaret's Chapel scheint von Geheimnissen umwittert und hütet unter den Königsinsignien die Krone, die 1540 aus dem Gold schottischer Bergwerke geschmiedet wurde. In einer kleinen Kammer im Schloss gebar die schottische Königin Maria Stuart ihren Sohn, der als Jakob VI. über Schottland und nach dem Tod Elizabeth I. dazu über England regieren sollte. Mit seinem Umzug nach London besiegelte er allerdings auch das Schicksal der schottischen Monarchie.

Das Felsenschloss, seit Ende des 11. Jahrhunderts Residenz des schottischen Königs, war durch Jahrhunderte heiß umkämpft und blieb Symbol, als Schottland durch den Unionsvertrag 1707 endgültig an das englische Königshaus fiel. Vor allem die Auseinandersetzungen zwischen der katholischen und der protestantischen Kirche haben Edinburgh geprägt, und die Schreckensherrschaft Oliver Cromwells von 1650 an war lange ein Trauma für die Stadt.

Auf der Royal Mile

Edinburgh erlebte einen erneuten Aufstieg, als sich die schottische Metropole im 18. und 19. Jahrhundert, dem so genannten goldenen Zeitalter, auf Kultur und Handel besann und architektonisch durch den Bau der New Town ein weithin sichtbares Zeichen setzte. Im georgianischen Stil in strenger Symmetrie errichtet, ist dieser Teil Edinburghs mit seinen von Denkmälern geschmückten Parks und den eleganten Stadthäusern ein herrschaftliches Pendant zum idyllischen alten Edinburgh und der „Royal Mile".

Am Edinburgh Castle beginnt die königliche Meile, die mit den Straßen Castle Hill, Lawnmarket, High Street und Canongate das historische Rückgrat der Stadt ist. An diesem, die beiden imposanten Königsschlösser verbindenden Straßenzug liegen denn auch viele Sehenswürdigkeiten wie das Scotch Whisky Heritage Center, welches dem schottischen Nationalgetränk gewidmet ist, das etwas abseits liegende Lady Stair's House mit der Erinnerungsstätte für die schottischen Dichter Stevenson, Scott und Burns und die High Kirk of St. Giles, deren Turmspitze aus acht Strebebögen wie eine „silbergraue Brautkrone" über der Stadt schwebt.

Im letzten Abschnitt der Royal Mile beeindrucken die ehemaligen Adelspaläste, darunter auch Huntly House, das als offizielles Stadtmuseum genutzt wird. Schließlich macht die Royal Mile am Ende ihrem Namen dann wieder alle Ehre, denn unaufhaltsam führt sie auf das zweite königliche Schloss zu, das zu Beginn des 16. Jahrhunderts im Renaissancestil erbaut wurde. Der Palace of Holyroodhouse ist heute die offizielle schottische Residenz der britischen Königin.

Festival des Dudelsacks

Was die Royal Mile jenseits aller Sehenswürdigkeiten so attraktiv macht, ist ihr vitales Leben und Treiben, sind die buntgestrichenen Läden, die Kiltmakers und die vielen einladenden Cafés und Pubs. Ganz anders dann ein Gang durch die New Town, wo man sich in jenem klassizistischen Teil der Stadt bewegt, der Edinburgh den Titel „Athen des Nordens" eingetragen hat.

Aber was wäre Edinburgh heute ohne sein 1947 gegründetes Festival! Mehr als 2 Millionen Besucher kommen von Mitte August bis Anfang September zum größten Kulturfest der Welt mit mehr als 2000 Veranstaltungen, wobei das „Military Tattoo" mit dem von schottischen Dudelsackkapellen geblasenen Zapfenstreich ein absoluter Höhepunkt ist. Eine Besonderheit ist auch das „Fringe", ein alternatives Festival, das auf Straßen, in Parks und in kleinen Kellertheatern mit geplanten und spontanen Aufführungen die Kreativen der Welt zusammenholt.

Im Übrigen hat das Festival auch die kulinarische Szene verändert, denn längst isst man in der Hafen- und Universitätsstadt Edinburgh gut wie kaum irgendwo sonst im Inselreich. Dass die Pubs allerdings immer noch so gemütlich sind wie eh und je, das garantiert das berühmte schottische Traditionsgefühl.

BESTE REISEZEIT:
Spätes Frühjahr, Sommer, Herbst

UNTERKUNFT:
„Balmoral Hotel", ein Wahrzeichen Edinburghs mit viktorianischem Flair (fünf Sterne), Bed and Breakfast als preiswerte Variante

FESTIVALS:
Edinburgh International Festival (August/September)

KULINARISCHES:
Haggis das schottische Nationalgericht. Besteht aus Schafsmagen, Innereien, Kräutern und Gewürzen

SOUVENIRS:
Cashmere-Pullover, Tweedjacketts, Shortbread, Whisky

Einkaufsstraße und Geschäftszentrum: die Princess Street in Edinburgh (linke Seite)

Vor dem Edinburgher Schloss versammelt sich ein Zug von Dudelsackpfeifern (rechts o.)

Holyrood Palace ist heute die schottische Residenz der britischen Königin

Oslos freundlicher Charme
Die norwegische Hauptstadt bewahrt ein großes Kulturerbe

Wie kaum eine andere Metropole in Europa ist Oslo in den letzten Jahren aufgeblüht. Bis spät in die Nacht sind die Geschäfte der Innenstadt offen. Kneipen, Cafés und Restaurants entlang der Karl Johans Gate und im futuristischen Aker Brygge sind zu jeder Stunde voll besetzt, und die Theater spielen vor ausverkauften Rängen. Dennoch hat Oslo, eine der teuersten Städte Europas, nicht abgehoben. So hoch der Lebensstandard auch ist, sie hat sich viel von ihrem nordisch kühlen, provinziellen, aber freundlichen Charme erhalten.

Kompakt, aber nicht zu klein für eine Metropole, ist Oslo eine Stadt für Spaziergänge und Wanderungen. Die zahlreichen sehenswerten Museen, Baudenkmäler und Parks liegen meist in der Innenstadt und sind bequem zu Fuß zu erlaufen. Höchstens braucht man einmal eine der Fähren, die in zehn Minuten vom Hauptbahnhof hinüber zur Museumsinsel Bygdøy fahren.

Auf einer Landzunge gleich südlich des Bahnhofs liegt Akershus Festning, eine Burg, die Håkan V. um 1300 bauen ließ. Er wollte die Schweden abhalten und verlegte seinen Regierungssitz von Bergen hierher. Zu der Zeit war Oslo nur eine kleine Hanse-Siedlung, die 150 Jahre vorher König Harald Hardråde gegründet hatte.

1348 tötete die Pest die Hälfte der Einwohner. Fünfzig Jahre später, 1397, wurde Kopenhagen zur Hauptstadt, und Oslo fiel für mehr als 200 Jahre in einen Dornröschenschlaf. Erst als die Stadt 1624 fast vollständig abbrannte, wurde Christian IV. von Dänemark-Norwegen auf sie aufmerksam. Er ließ die Stadt völlig neu aufbauen und gab ihr seinen eigenen Namen: „Christiania".

Schiffserbe der Wikinger

Langsam, aber stetig wuchsen Bevölkerung und Wirtschaft. Die Union Norwegens mit Schweden beschleunigte ab 1814 diese Entwicklung, bis sich die beiden Staaten 1905 wieder trennten. In dieser Zeit des Reichtums entstanden prunkvolle Gebäude wie der Königspalast, das Parlament, das Nationaltheater und die Nationalgalerie. 1925 nahm die Stadt wieder ihren ursprünglichen Namen „Oslo" an.

Schon lange bevor die erste Siedlung am Nordufer des Oslofjord gegründet wurde, lebten hier Normannen, die als Wikinger alle europäischen Meere kannten, bis nach Asien Handel trieben und an den Ufern des Nordatlantik zeitweilig Angst und Schrecken verbreiteten.

Im Vikingskipshuset auf der Museumshalbinsel Bygdøy ist das berühmte 21,5 Meter lange Oseberg-Schiff zu bewundern. Es wurde um 850 gebaut und 1904 bei Oseberg am Oslofjord ausgegraben. Das Drachenschiff war die Grabstätte einer Königin. In der hölzernen Hütte auf dem Deck fand man inmitten eines Schatzes von Hausrat und Kleidungsstücken in einem Bett die Überreste zweier Frauen, der Königin und ihrer Magd. Vier Schlitten und ein schwerer Eichenholzwagen sollten ihnen die Wege im Jenseits leicht machen. Solche offenen Ruderschiffe, seit dem 7. Jahrhundert im Einsatz, waren die schnellsten, wendigsten und seetüchtigsten Boote ihrer Zeit.

Seeabenteuer aus neuerer Zeit dokumentieren das Framhuset und das Kon-Tiki/Ra-II-Museum. Mit der „Fram" erforschte Fridtjof Nansen zwischen 1893 und 1896 die Arktis, Roald Amundsen nutzte sie 1911 für seine Fahrt zum Südpol. Mit dem Balsafloß „Kon-Tiki" bewies Thor Heyerdahl 1947, dass schon vor Jahrtausenden Menschen von Südamerika gen Westen segelnd Tahiti hätten erreichen können.

Von Munch bis Vigeland

Das Meer und die langen dunklen Winternächte regen aber auch zum Nachdenken über die grandiosen Kunstwerke Oslos an. Edvard Munch, Norwegens berühmtester Expressionist und einer der größten Maler der Moderne, hat seine Werke der Heimatstadt Oslo hinterlassen. Das eigens dafür gebaute Edvard-Munch-Museum beherbergt 1100 seiner Gemälde, 4500 Zeichnungen, 18 000 Grafiken und sechs Skulpturen.

Nicht weniger beeindruckend sind die 192 realistisch-sensiblen Granit-, Bronze- und Eisenskulpturen von Gustav Vigeland im Frogner-Park. Am bedeutendsten ist der 17 Meter hohe Monolith aus einem einzigen Granitblock. Filigran hat Vigeland hier zwischen 1928 und 1942 den Lebenszyklus des Menschen eingehauen, von der Geburt bis zum sterbenden Greis, der sich vor seinem Tode von seinem Enkel verabschiedet.

ANREISE:
Gute Flugverbindungen von Europa und Nordamerika. Komfortable Fährverbindungen von Schweden, Dänemark, Deutschland und England

KLIMA:
Die Sommer sind relativ warm, meist um 22° C. In der winterlichen Ski- und Schlittschuhsaison bleiben die Temperaturen im schneesicheren Minusbereich

UNTERKUNFT:
Oslos Hotels gehören zu den teuersten Europas. Alle Kategorien sind vorhanden. Bescheidenere Alternativen bieten Wandererheime. Vorbuchungen erforderlich

TRINKGELD:
Nicht üblich. Endbeträge aufrunden

Das gewaltige rote Backstein-Rathaus am Hafen ist das Wahrzeichen Oslos. Der Bau wurde 1950 fertiggestellt (links)

Die Skulpturen des Bildhauers Gustav Vigeland sind im Frogner-Park zu besichtigen. In der Mitte der Monolith (oben r.)

Das aus dem 9. Jahrhundert stammende Oseberg-Schiff ist auf der Museumsinsel Bygdøy zu besichtigen. Es zeigt die große Schiffszimmerer-Kunst der Wikinger

Im toleranten Kopenhagen

Dänemarks Hauptstadt erinnert mit prunkvollen Bauten an die Zeit, da das Land eine Großmacht war

ANREISE:
Internationale Verbindungen zum Flughafen Kastrup. Per Bahn oder Auto entlang der Vogelfluglinie

KLIMA:
Typisches Inselklima mit schnellem Wetterwechsel. Beste Reisezeit in den Sommermonaten Juni bis August

UNTERKUNFT:
Alle Hotelkategorien vorhanden. Meist im Bahnhofsviertel und ums Tivoli. Preisniveau höher als in Mitteleuropa

TRINKGELD:
Nicht üblich

Allen Traditionen zum Trotz wirkt Dänemarks Hauptstadt jung und ungezwungen. Kopenhagen ist nicht nur das blühende Zentrum berühmter Museen, Theater, Galerien und des modernen dänischen Designs, sondern hier gedeihen auch Kleinkunst und alternative Kultur.

Auf Schritt und Tritt begegnet man einer Atmosphäre von Individualismus und Toleranz. Auf dem wahrscheinlich längsten Strich – Strøget – der Welt, der fast zwei Kilometer langen Fußgängermeile, herrscht geschäftiges Treiben wie in jeder Großstadt, aber hier blickt man auffallend häufig in liebenswürdig lächelnde Gesichter. Ein fast mediterranes Flair liegt über dem Ny Havn, dem Neuen Hafen, der eigentlich der älteste ist. Im Sommer bevölkern Kopenhagener und Touristen zu Hunderten die Tische und Stühle, die vor den Restaurants, Kneipen und Bars direkt am Hafenwasser stehen.

Die freundlichen, bunten Giebelhäuser um das schmale Hafenbecken entstammen noch dem 18. und 19. Jahrhundert, als hier zuerst ehrbare Kaufleute lebten, bevor der Kai einige Zeit die rote Meile der Seeleute war.

Der Ursprung Kopenhagens liegt nur wenige Schritte entfernt auf Slotsholmen, der Schlossinsel, auf der heute die Regierung residiert. Im Jahre 1026 befand sich genau dort ein Fischerdorf mit dem schlichten Namen „Havn", Hafen. Als Bischof Absalom aus Roskilde klar wurde, dass es an einer strategisch wichtigen Stelle lag, ließ er in dem Dorf eine kleine Festung errichten.

Sie hielt 200 Jahre. Nachdem norddeutsche Plünderer den Bau 1369 zerstört hatten, begann man sieben Jahre später mit der Errichtung einer neuen, stärkeren Burg. 1416 siedelte der dänische König in die wiederaufgebaute Siedlung um, und 1443 wurde Kopenhagen zur Hauptstadt. Im späten 16. Jahrhundert blühte der Handel auf, die Stadt wurde reich und wuchs langsam über ihre Grenzen hinaus.

Bauboom durch Christian IV.

Ihre erste Kulturblüte erlebte sie im 17. Jahrhundert. Unter dem Kunst liebenden König Christian IV. entstanden die schönsten, heute noch erhaltenen Gebäude, wie das Observatorium Rundetårn, die Börse mit dem kuriosen, mit Drachenschwänzen verzierten Turm und Schloss Rosenborg in seinem niederländischen Renaissancestil, heute das königliche Schatzmuseum.

Den guten Jahren des Baubooms folgten aber im nächsten Jahrhundert katastrophale Rückschläge. 1711 starb fast die ganze Bevölkerung an der Pest, 1728 und 1795 zerstörten verheerende Feuer die Stadt, und 1807 beschossen die Briten, was gerade aufgebaut war.

Als sich die Dänen von diesen Schicksalsschlägen erholt hatten, breitete sich eine Kulturrevolution aus, die zum goldenen Zeitalter für Kopenhagen wurde. Der Philosoph Søren Kirkegaard, der Schriftsteller Hans Christian Andersen und der Gründer der dänischen Kunstschule, Christoffer Wilhelm Eckersberg, veränderten mit ihren Werken die Welt des Denkens. 1849 wurde Dänemark demokratisch, und 1856 riss man die Verteidigungswälle ab.

Die alten Bastionen an den Ufern in Christianshavn, zwischen 1662 und 1665 erbaut, sind heute grün bewachsen, und neue Bewohner haben sich dort fantasievolle Behausungen selbst gebaut. 1971 besetzten vor allem Hippies das aufgegebene Militärgelände Christiania und proklamierten ihren eigenen, freien Staat. Heftig umstritten, aber letzten Endes toleriert, ist die Siedlung eine miet-, steuer- und autofreie Enklave, in der eine bunte Mischung aus Bohemiens, Künstlern und Yuppies lebt. Vom spiralförmigen Turm der Vor-Frelsers-Kirche neben dem Freistaat hat man einen spektakulären Blick über den Innenhafen und auf Kopenhagens Zentrum. Dort reckt sich am weitläufigen Raadhuspladsen der 106 Meter hohe Turm des Rathauses über die Stadt. Umgeben von belebten Straßen, schlägt hier das Herz Kopenhagens.

Kunst im Tivoli

Direkt daneben liegt das Tivoli. Der bereits 1834 eröffnete Vergnügungspark ist eine kulturelle Institution, denn nicht nur Riesenrad, Karussells und Achterbahnen locken die Besucher an. Hier zeigt man auch Volkstänze, und in der großen Konzerthalle treten internationale Orchester und Ballettgruppen auf.

Gleich neben dem Tivoli hat der Bierbaron Carl Jacobsen Ende des 19. Jahrhunderts die Ny-Carlsberg-Glyptothek gebaut. Sie besitzt die wohl größte Sammlung etruskischer Kunst außerhalb Italiens, aber auch französische und dänische Kunst des 19. Jahrhunderts und eine beeindruckende Zusammenstellung von Werken französischer Expressionisten. Im Nationalmuseum zwischen der Glyptothek und Slotsholmen kann man in die Geschichte Dänemarks eintauchen, die weit zurück ins jüngere Paläolithikum reicht. Einen über 3500 Jahre alten Sonnenwagen kann man hier genauso bestaunen wie 3000 Jahre alte Bronzewerkzeuge und antike Münzen und Medaillen.

Ny Havn, ein beliebter Treffpunkt der Kopenhagener (oben l.)

Stadtzentrum ist der Rathausplatz (oben r.)

Kopenhagens berühmteste Skulptur: die Meerjungfrau

Stockholm – eine Stadt auf Inseln

Die schwedische Metropole gilt als Venedig des Nordens

ANREISE:
Zahlreiche internationale Flugverbindungen nach Stockholm. Tägliche Fährverbindungen mit Finnland, dem Baltikum, Polen und Deutschland. Schnelle Bahnverbindungen von Kopenhagen und Göteborg

KLIMA:
Beste Reisezeit: Mai bis August (20-25° C und wärmer, im Juni bis zu 20 Stunden Tageslicht), Januar und Februar (bis -7° C)

UNTERKUNFT:
Stockholm ist eine der teuersten Städte der Welt. Zimmer unter 70 € sind kaum zu bekommen. Von Juni bis Mitte August vielfach Sonderangebote. Vorbuchung empfehlenswert

TRINKGELD:
Nicht üblich, aber möglich. Ausnahme: Taxifahrer erwarten mindestens 10 Prozent Trinkgeld; sie müssen es nämlich versteuern, egal, ob sie es erhalten haben oder nicht

Die Stadt auf den 14 Inseln zwischen dem See Mälaren und der Ostsee ist eine Symphonie aus Wasser und Licht. Im Sommer, wenn die gleißende Sonne des Nordens sich in den weiten Wasserflächen von Schwedens Hauptstadt spiegelt, gibt sich die Stadt fast mediterran, aber dennoch ruhig und entspannt. Dann bevölkern die Menschen die unzähligen Straßencafés, Plätze und Parks, die zum Verweilen, Spielen und Musikhören einladen.

Angefangen hat alles vor 750 Jahren auf der Insel Gamlastan mit ihrer gut erhaltenen, idyllischen Altstadt, durchzogen von engen, verwunschenen Gassen mit kleinen von Cafés, Restaurants, Galerien und Boutiquen umrahmten Plätzen.

Auf diesem Felsen zwischen Süß- und Salzwasser begann der schwedische Herrscher Birger Jarl im Jahre 1252 Stockholm zu einer Stadt auszubauen. Sie wuchs außerordentlich schnell, denn Birger knüpfte enge Beziehungen zu Lübeck, indem er den Kaufleuten Zollfreiheit zusagte und das Recht, sich hier in großer Zahl anzusiedeln. Noch heute kündet St. Gertrud in der Altstadt, die sehenswerte deutsche Kirche aus dem 16. Jahrhundert, von den engen Verbindungen zur deutschen Hansestadt.

Ein Schloss zum Anfassen

Auf der Nordecke der Insel thront das wuchtige, barocke Königsschloss gleich neben dem kleinen Eiland, auf dem das schwedische Parlament liegt. Es ist das einzige Königsschloss der Welt, das der Bevölkerung jederzeit offen steht. Zwischen 1697 und 1704 erbaute man es auf den Grundmauern eines abgebrannten Vorgängerschlosses und erweiterte es 1754.

Als man 1859 die Stadtreinigung und 1861 die Abwasserentsorgung einführte, wurden gleichzeitig auch die Stadtkerne großzügig umgestaltet. Viele alte Häuser wurden restauriert, aber auch zahlreiche Boulevards und Parks entstanden neu. Etliche der heutigen Schulen, Museen, Bibliotheken und Krankenhäuser stammen aus jener Zeit.

Weil Schweden sich seit 150 Jahren nicht mehr an Kriegen beteiligt hat, konnte sich Stockholm zu einer der schönsten, modernsten und kulturell buntesten Metropolen der Welt entwickeln. Die Theater-, Ausstellungs- und Museumskultur ist weit über Skandinavien hinaus zum Vorbild geworden. Jeder Besuch in einem Museum oder einer Ausstellung ist hier ein besonderes Erlebnis – auch für Kinder.

So auf der Insel Djurgården, wo man hinter dem nordischen Museum die schwedische Kultur im Kleinen erleben kann. Skansen, 1891 gegründet, gilt als das erste Freilichtmuseum der Welt. Bis heute hat man aus allen Landesteilen Schwedens mehr als 150 Gebäude aus der Zeit des Mittelalters bis zum 19. Jahrhundert hierher geholt. Vom höchsten Punkt der weiträumigen Anlage, dem Hügel Soliden, hat man die beste Rundumsicht über Stockholm.

Gleich in der Nähe liegt unter den Dächern einer futuristischen Holzarchitektur das Kriegsschiff „Vasa", das einst der Stolz der schwedischen Marine werden sollte. Aber es war nie auf See, denn gleich nach dem Ablegen zur Jungfernfahrt versank es 1628 mit Mann und Maus und 64 Kanonen im Hafenbecken. 333 Jahre schlief die „Vasa" gut konserviert auf dem Grund der Stockholmer Gewässer, bevor sie 1961 aus 35 Meter Tiefe gehoben wurde.

Kunst auf den Schären

Geht man vorbei am Grand Hotel, wo Nobelpreisträger und Staatsgäste in Sichtweite des Königs absteigen, vorbei an den Liegeplätzen der Schärendampfer und dem Nationalmuseum, kommt man am Liegeplatz des Viermasters „Af Chapman" auf die Insel der Kunst, Skeppsholmen. Kunstobjekte auf großzügigen Grünflächen weisen den Weg. Hier sind neben dem Museum für moderne Kunst und den Akademien für Kunst und Architektur auch zahlreiche Ateliers untergebracht. Die längste Kunstgalerie der Welt liegt aber unter der Erde – es ist die U-Bahn. Rund hundert der tief in die Felsen hinein gehauenen U-Bahnhöfe wurden von zum Teil weltbekannten Künstlern gestaltet.

Am Sergelstorg inmitten des modernen Geschäfts- und Einkaufszentrums auf Norrmalm zwischen dem Hauptbahnhof und dem Schlosspark „Kungsträgården" liegt das Kulturhaus, dessen Architektur und Größe den umliegenden Banken und Kaufhäusern in nichts nachsteht. Gleich drei große Galerien zeigen hier wechselnde Kunst-, Foto-, Mode-, Design- oder Multimediaausstellungen. Von hier aus kann man auch das bunte Treiben rund um die berühmte Fontäne beobachten.

Riddarholmen, eine Altstadtinsel am Mälaren-See, präsentiert sich mit hanseatischer Zurückhaltung (oben)

Unter den vielen gemütlichen Restaurants in der Altstadt fällt die Wahl schwer (unten l.)

Krone vor dem königlichen Palast

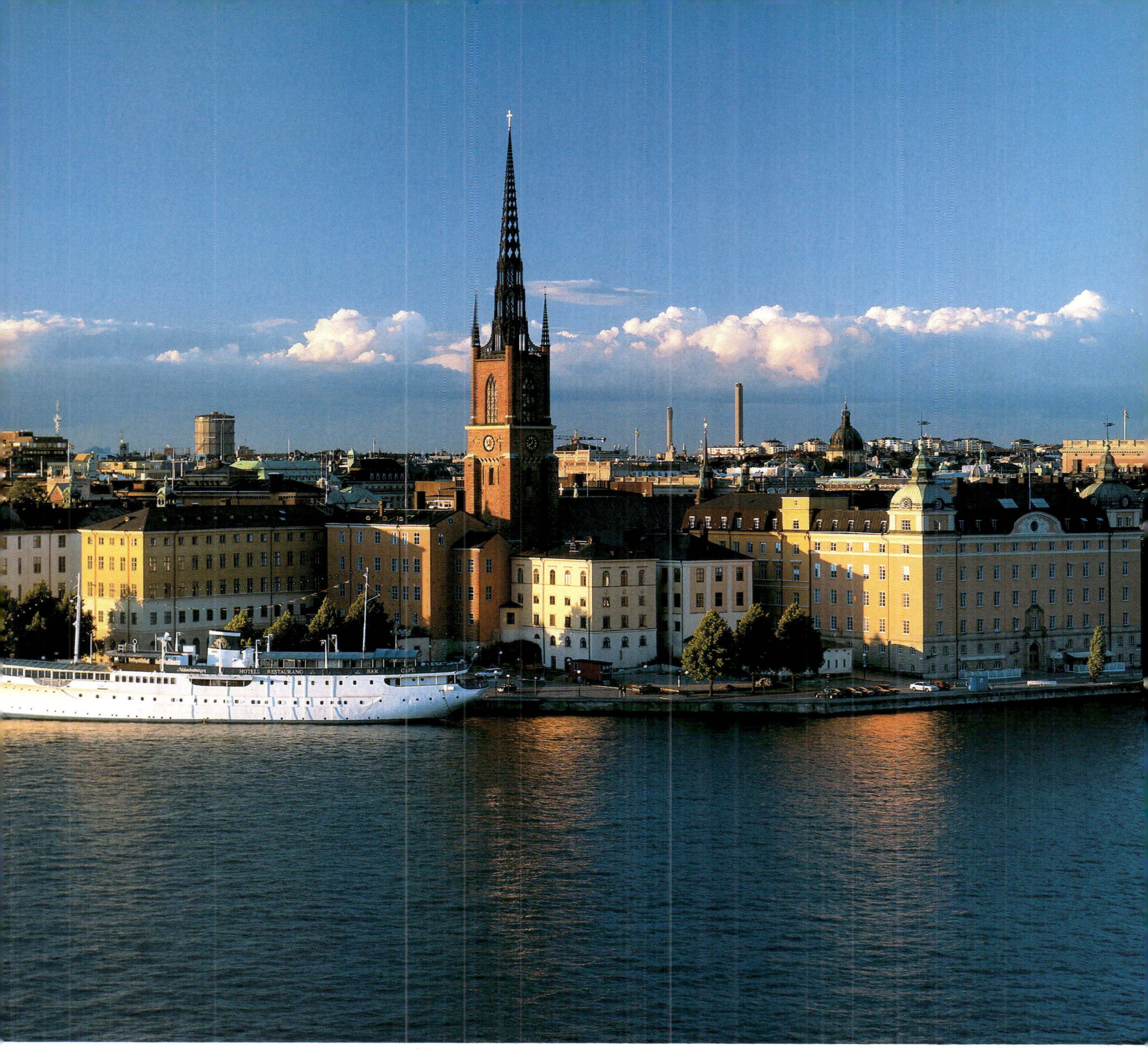

GLASS
RESTAURANG BAR PUB
LA CANTINA
PIZZERIA
KONST
KONST

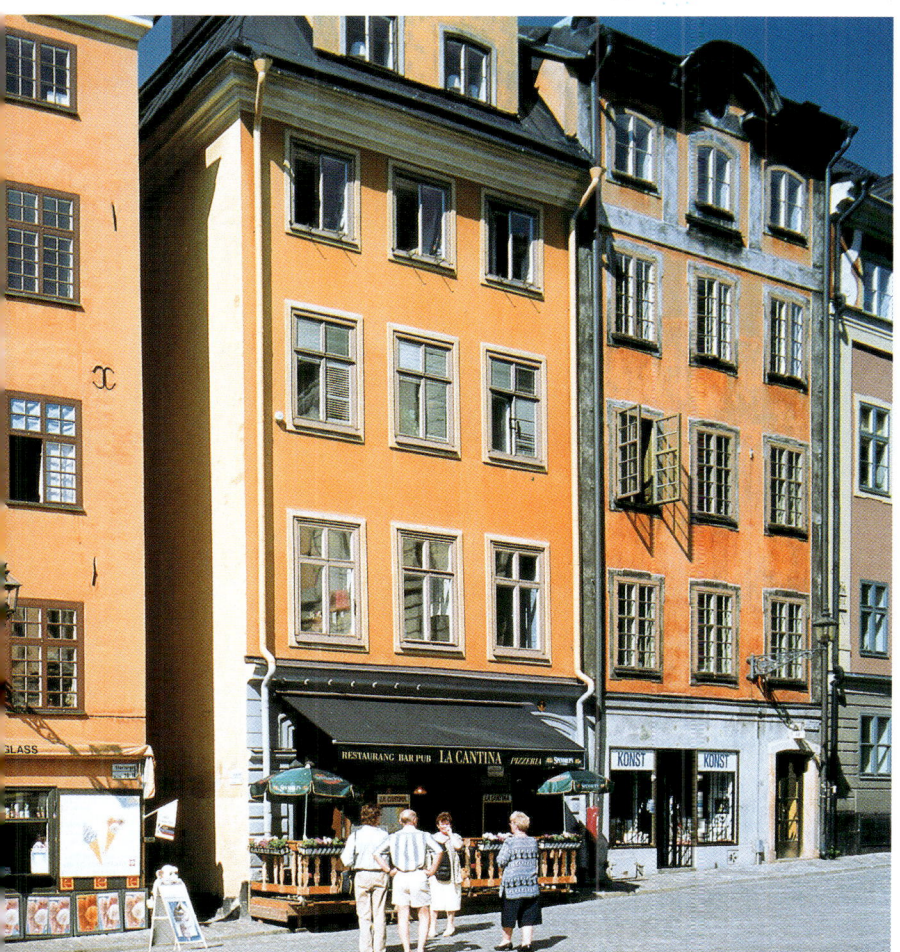

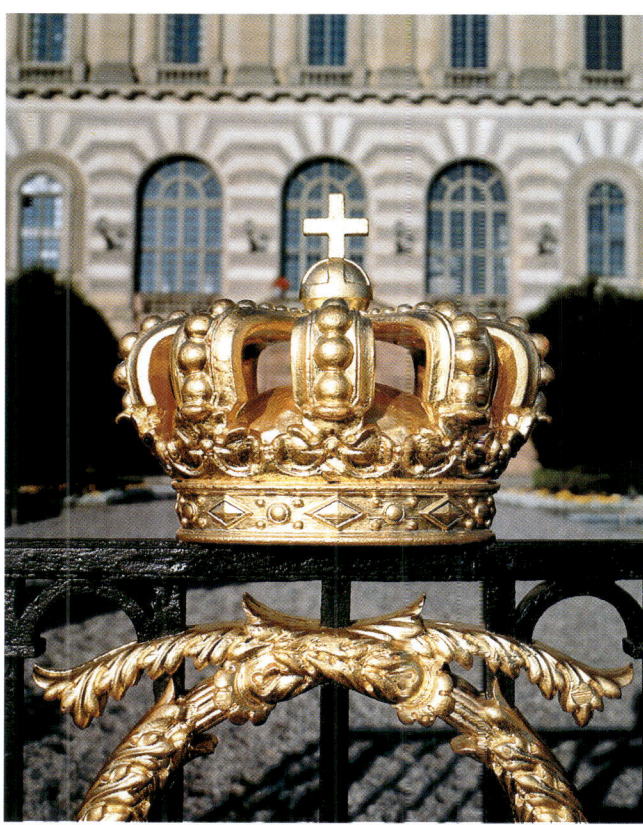

Weiße Nächte in Helsinki

Die finnische Hauptstadt und ihr Flair des Nordens – Berühmte Baumeister prägten das Stadtbild

ANREISE:
Gute Flugverbindungen mit allen Metropolen. Von allen wichtigen Ostseestädten häufige Fährverbindung

KLIMA:
Beste Reisezeit: Juni bis August. Im Juni wird es nie richtig dunkel, Mitte Juli bis Mitte August nicht selten 28° C und wärmer

UNTERKUNFT:
Hotels jeder Kategorie und mehrere Jugendherbergen, in denen auch Erwachsene übernachten können, meist in der Nähe des Stadtzentrums

TRINKGELD:
Nicht üblich. Bei Barzahlung die Rechnungsbeträge allenfalls aufrunden. Ausnahme: Gepäckträger und Portiers

Das Zentrum Helsinkis vom Südhafen aus gesehen. Die weiße Kathedrale thront majestätisch über der Stadt (oben)

Jean Sibelius (1865–1957) gilt als einer der bedeutendsten Komponisten des 20. Jahrhunderts. Helsinki erinnert mit einem eindrucksvollen Denkmal an den finnischen Künstler und seine unverwechselbare Musik (unten l.)

Markttag am Hafen. Auf Booten bieten die Händler ihre Waren an

102

Wenn man an Sonne, Meer und gesellige Unterhaltung denkt, fällt einem gewiss nicht zuerst Helsinki ein. Doch genau diese Bezeichnungen gehören zum Charme der finnischen Hauptstadt, ebenso wie das leicht russische Flair des Stadtbildes und die überwältigende Freundlichkeit ihrer Bewohner.

Im Sommer, wenn die Tage heiß und die Nächte hell sind, spielt sich das Leben draußen in den Straßen, auf Hinterhöfen, am Wasser und in den zahlreichen ausgedehnten Parks ab. Dann schwebt überall Musik jeden Stils in der Luft, ob tagsüber an der Esplanade, der Flaniermeile zum Hafen, vor Kulturzentren, in Grünanlagen oder nachts in Hinterhofschluchten schlafender Bürogebäude. Auf den Treppen der Kathedrale sonnen sich dicht an dicht unzählige junge Leute neben Touristen, die den schönen Rundblick über die Stadt und den Hafen genießen. Fast mediterran ist die Atmosphäre vor allem auf dem bunten Marktplatz am Südhafenbecken, vor den Palais von Bürgermeister und Staatspräsidentin.

Helsinki ist eine junge Stadt. Ihr heutiges, großzügiges Stadtbild und die meisten der neuklassizistischen öffentlichen Gebäude entstanden erst Anfang des 19. Jahrhunderts, einheitlich geplant von dem deutschen Architekten Carl Ludwig Engel. Denn 1808, als russische Truppen Finnland besetzten, brannte die Stadt mit ihren Holzhäusern völlig nieder.

Der schwedische König Gustav Wasa hatte Helsinki 1550 gegründet, um Reval, heute Tallinn, auf der anderen Seite des Finnischen Meerbusens Paroli zu bieten. Er baute die Stadt zunächst etwas weiter nördlich an der Mündung des Vaanta-Flusses. Erst 1640 verlegte man sie an ihre heutige Stelle, um einen besseren Zugang zum Meer zu haben.

Festung gegen die Russen

Immer wieder versuchten die Russen im frühen 18. Jahrhundert Helsinki anzugreifen. Deshalb ließ der schwedische König Gustav III. 1748 auf einer Schärengruppe vor der Hafeneinfahrt die Festung Sveaborg bauen, die Burg Schwedens, in der viele der alten Militärgebäude noch heute bewohnt sind und Restaurants alte Pulverkammern beleben. Seit der Unabhängigkeit 1919 heißt sie Suomenlinna, Burg Finnlands.

1808 war das Land russisch geworden und 1812 verlegte Zar Alexander I. die Residenz des Großfürstentums Finnland von Åbo nach Helsinki. Mit dem Wiederaufbau der abgebrannten Stadt begann auch ihre Blüte und die Entwicklung zum heutigen Handels-, Industrie- und Kulturzentrum von Finnland.

Zureisende werden monumental empfangen. Das beeindruckende Bahnhofsgebäude ist das Hauptwerk des finnischen Architekten Eliel Saarinen und wurde zwischen 1910 und 1914 mit rosafarbenem Granit im Stil des Art déco erbaut. Schiffspassagieren dagegen leuchten schon von weitem die strahlend weiße lutherische Kathedrale und die rote Uspenskij-Kathedrale entgegen.

Petersburger Klassizismus

Der mächtige Kuppelbau der großen Kathedrale mit ihren gewaltigen weißen Säulen wurde zwischen 1830 und 1852 erbaut. Innen lutherisch schlicht, ist sie der Blickfang des Senatsplatzes im Stadtzentrum. Der gesamte Platz ist eine geschlossene Komposition von Carl Ludwig Engel im Stil des St. Petersburger Klassizismus. Auf der einen Seite steht das Hauptgebäude der Universität, das als schönster Engel-Bau gilt, gegenüber das Regierungspalais, ehemals das Senatsgebäude.

Auch in der Uspenskij-Kathedrale nordöstlich über dem Hafen zeigt sich der starke Einfluss Russlands auf die finnische Hauptstadt. Der Architekt Alexander Gornostajew baute das orthodoxe Gotteshaus 1868 im altrussischen Stil aus rotem Backstein mit goldenen Kuppeln. Im verschwenderisch mit Ikonen ausgestatteten Innern tragen riesige Granitsäulen ein reich verziertes Gewölbe.

Das wohl ausgefallenste Gotteshaus ist aber die Felsenkirche Temppeliaukio, eines der eindrucksvollsten Beispiele moderner finnischer Baukunst. Nach einem Entwurf der Architekten Timo und Tuomo Suomalainen höhlte man einen Felsen aus, der mitten in einem Wohngebiet zwölf Meter aufragt. Die weite, grottenähnliche Rotunde, umgeben von blankem, gehauenem Fels, überwölbt eine riesige Kuppel aus Kupfer und Glas. Sie ist der einzige Bauteil, den man von außen sehen kann. Wegen ihrer dramatischen Akustik, hervorgerufen durch die Felsformationen, nutzt man sie auch als Konzertsaal.

Konzerte der immerhin drei städtischen Symphonieorchester finden auch in der berühmten Finlandia-Halle am großen Stadtsee Töölonlathi statt. Das Konzert- und Kongressgebäude aus weißem Marmor, dessen Stil an die Bauhaus-Schule erinnert, ist ein Meisterwerk des Architekten Alvar Alto und wurde 1975 fertig gestellt.

AMERIKA

ANREISE:
Internationale Flüge landen auf dem John F. Kennedy International Airport (JFK) oder dem Newark International Airport im benachbarten Bundesstaat New Jersey

KLIMA:
April, Mai, September und Oktober haben die angenehmsten Temperaturen

UNTERKUNFT:
Die Stadt hat Hotelzimmer in jeder Preiskategorie anzubieten

TRINKGELD:
15 Prozent, Taxis 15 Prozent plus Wechselgeld

Der Nabel der Welt

Seit dem 19. Jahrhundert lebt **NEW YORK** den Traum vom Land der unbegrenzten Möglichkeiten

New York gilt als Inbegriff Amerikas. Kapital, billige Arbeitskraft, Rohstoffe und Transportwege machten die Stadt zum Geschäftsnabel der Welt. Doch ein Spiegelbild Amerikas ist die Stadt beileibe nicht. Nirgendwo sonst leben so viele Völker auf so engem Raum zusammen und doch nebeneinander her, nirgendwo sonst prägen rund 200 Nationalitäten ein so fesselndes Lebensgefühl, nirgendwo sonst ist die Kultur vielfältiger und hat dennoch einen ganz eigenen Ausdruck entwickelt – und nirgendwo sonst wachsen so viele Wolkenkratzer aus den Straßen empor.

New York schläft niemals

Dazwischen, in den Glas- und Betonschluchten des Finanzdistrikts, hetzen tagsüber smarte Anzug-Männer und schicke Kostüm-Frauen wie Ameisen aneinander vorbei, am Broadway feiern sich New Yorker und Touristen bis tief in die Nacht. Tausende von Autos kriechen in breiten Blechlawinen durch die kilometerlangen Avenues und Streets, ständig gescheucht vom Sirenengeheul der Polizei- und Krankenwagen. New York schläft niemals. Es ist die Stadt der Träume, der Träume vom schnellen Geld, vom großen Erfolg – aber auch der tiefen Enttäuschungen.

Santa Margarita nannte einst der italienische Seefahrer Giovanni da Verrazzano diesen perfekten Naturhafen in der Mündung des Hudson-Flusses, in dem er 1524 ankerte. 1626 kaufte der in holländischen Diensten stehende Peter Minnewit aus dem deutschen Wesel den Manhatto-Indianern die Insel Manhattan für 24 Dollar ab und nannte sie „Neu-Amsterdam". Der Indianerpfad, der die Insel durchquerte, ist noch heute die Lebensader New Yorks: der Broadway. Zehn Jahre später entstand gegenüber auf Long Island ein zweites Dorf, das den Namen Breukelen erhielt, das heutige Brooklyn.

Von Anfang an waren die Siedlungen an der Mündung des Hudson-Flusses ein Sammelbecken von Menschen aus vielen Ländern. 1643 zählte der Mönch Isaak Joques in Neu-Amsterdam 18 verschiedene Sprachen. An der kosmopolitischen Atmosphäre änderte sich auch nichts, als die Briten 1664 Neu-Amsterdam in Besitz nahmen und es in „New York" umtauften.

Millionenstadt seit 1870

1836 rollte die erste, richtig große Auswanderungswelle aus Europa auf New York zu. Der Häuserbau konnte so schnell nicht mithalten, und die ersten Slums entstanden. Nach dem Ende des Bürgerkrieges 1865 flohen ehemalige Sklaven vor den Feindseligkeiten des Südens hierher, und

Nachdem das World Trade Center dem Attentat vom 11. September 2001 zum Opfer fiel, hat man vom Empire State Building aus den eindrucksvollsten Blick auf die Straßenschluchten von Manhattan (oben l.)

Die Brooklyn Bridge überspannt den Hudson-Fluss und verbindet die Stadtteile Brooklyn und Manhattan (oben r.)

Als Zentrum Manhattans gilt der Times Square – abendlicher Treffpunkt der New Yorker und der Touristen aus aller Welt

1870 war die Millionengrenze überschritten. Die fünf Verwaltungseinheiten Manhattan – als New York City im Zentrum –, Brooklyn, Bronx, Queens und Staten Island schlossen sich 1898 zur Metropole „Greater New York" zusammen.

Zur Weltstadt erblühte New York aber erst nach dem Ersten Weltkrieg, als die ersten Wolkenkratzer in den Himmel über Manhattan ragten.

Eines der Wahrzeichen aus dieser Zeit ist das Empire State Building. Noch immer gehört der Blick von seiner Besucherplattform zu den schönsten Manhattans. Das Gebäude mit seiner eleganten Art-déco-Fassade wurde 1931 auf dem Fundament des ebenso berühmten Hotels Waldorf-Astoria gebaut, dessen 1401 Luxuszimmer jetzt in einem ebenfalls Art-déco-verzierten Palast in der Nähe des Bahnhofs Grand Central Station die Reichen, Schönen und Berühmten beherbergen.

Lower Eastside wird entdeckt

Permanent muss Altes dem Neuen weichen. Das ist New Yorks Charakter. So wandelte sich das 1792 gegründete Greenwich Village vom vornehmen Stadtteil des 18. und 19. Jahrhunderts im 20. Jahrhundert zum Eldorado der Freigeister und Bohemiens. Doch mehr und mehr zog es sie im Laufe der Zeit zur Ostseite nach East Village. Das Viertel, in dem sich früher Einwanderer aus Deutschland, Polen, Russland und Puerto Rico niederließen, wurde zum Zentrum der Hippies. Heute ziehen zunehmend Gutverdienende in die luxussanierten Wohnungen über den Kunstgalerien. Künstler und Studenten weichen jetzt in die südlich gelegene, einst öde Lower Eastside aus, die sich zu einem der lebendigsten Stadtteile entwickelt. Auch Latinos haben sich hier angesiedelt, und Chinatown, einst jüdisches Viertel und schon längst über Little Italy hinausgewachsen, streckt seine Fühler ebenfalls nach Osten aus.

Gleich gegenüber, in Brooklyn Heights, wartet New York mit einem Charme ganz anderer Art auf. Hinter kleinen Vorgärten strahlen viele Sandstein- und Ziegelvillen entlang von Kopfsteinpflasterstraßen und Alleen unerwartet eine ruhige Beschaulichkeit aus. Unten an der Brooklyn-Promenade gleitet der Blick weit über den East River hinüber zur Wolkenkratzerinsel, die von hier aus wie die grandiose Kulisse eines unwirklichen Schauspiels erscheint.

Die Stadt Washingtons

Vom Kapitol über das Weiße Haus bis zum Lincoln Memorial:
Die „Mall" ist mehr als eine berühmte Prachtstraße

ANREISE:
Zwei internationale Flughäfen: Baltimore-Washington und Washington-Dulles. Gute Amtrak-Zugverbindungen im Ostkorridor bis nach Boston

KLIMA:
Die beste Zeit: März bis Mai und September bis November

UNTERKUNFT:
Alle Kategorien vorhanden, aber teuer

DER BESONDERE TIPP:
Während der Touristensaison stundenlange Wartezeiten vor vielen Sehenswürdigkeiten. Eintrittskarten sollten vorgebucht werden

TRINKGELD:
15 Prozent,
Taxis 15 Prozent plus Wechselgeld

Die Hauptstadt der USA ist der Mikrokosmos eines Landes großer Ideale und hässlicher Realitäten. Die Innenstadt Washingtons war noch vor wenigen Jahren eine vernachlässigte Armeleutegegend, in der die Furcht vor Gewalttaten das einst entspannte Lebensgefühl dämpfte. Deswegen liegen die wohlhabenden Wohngebiete der Regierungsangestellten in den Außenbezirken.

Seit den 80er Jahren hat Washington viel getan, um das Zentrum der Regierungsmetropole wieder lebenswert zu machen und die historischen Schätze zu bewahren. Die großzügigen, baumbestandenen Prachtstraßen, die Monumente um die Mall und viele schöne Gebäude aus dem 19. Jahrhundert erzeugen eine erstaunlich warme, ja sogar gemütliche Atmosphäre. Sie spiegelt eher den beschaulichen Lebensstil der Südstaaten wider als den des geschäftigen Nordens.

Viele Viertel sind heute lebendige Zentren interkulturellen Lebens. So das lebensfrohe Adams Morgan, Herz der Latino-Gemeinde, mit seinem bunten Markt, oder das alte Foggy Bottom am Potomac-Ufer, einst Stadtteil der Iren, Deutschen und Afroamerikaner, mit seinem Kennedy-Zentrum für Schauspielkunst.

Vorbild Paris

Als die hoffnungsvolle junge amerikanische Nation Ende des 18. Jahrhunderts ein Regierungszentrum suchte, wählte der Kongress eine Landschaft am Potomac-Fluss aus, in der Mitte zwischen den Nord- und Südstaaten. Praktisch auch für George Washington, der gleich auf der anderen Seite des Flusses wohnte.

1791 stellten die Bundesstaaten Maryland und Virginia ein 100 Quadratmeilen (260 Quadratkilometer) großes Stück Land für den „Distrikt Columbia" zur Verfügung. Die geplante Stadt wurde für die Bürger „die Stadt Washingtons", ein Name, der blieb.

Der französische Ingenieur Pierre Charles L'Enfant erhielt den Auftrag, die gesamte Hauptstadt zu planen. Sein Vorbild war die barocke Landschaftsarchitektur von Paris und Versailles. Den Grundriss passte er genial dem natürlichen Geländeverlauf an.

Obwohl sich L'Enfant schon bald mit den Politikern überwarf und entlassen wurde, begannen 1792 die Bauarbeiten am Kapitol. Doch kaum war es fertig, setzten britische Truppen es 1812 in Flammen. Schon wollte der Kongress das ganze Hauptstadtexperiment fallen lassen, entschied sich aber schließlich doch, das Kapitol wieder aufzubauen. Fortwährende Streitereien führten dazu, dass sich immer neue Architekten an dem Staatsgebäude versuchten, das so zu seiner ausgefallenen Mischung unterschiedlicher Stile kam. Die Senats- und Parlamentsflügel kamen 1857 hinzu, die gewaltige Eisenkuppel 1863 und die Ostseite nach 1950. Inzwischen ist es doppelt so groß wie geplant. Dennoch gibt es den Bürgern Amerikas das beruhigende Gefühl, dass ihre Regierung auf einem breiten und soliden Fundament ruht.

Monument der Macht der Vereinigten Staaten von Amerika: das Kapitol mit seiner gewaltigen Kuppel (oben)

Der Stadtteil Georgetown ist ein bevorzugtes Wohnviertel für die weiße Bevölkerung (unten l.)

Wohnsitz des amerikanischen Präsidenten: das Weiße Haus

Auch die Mall, die großartige, breite Prachtstraße, die vom Kapitol am Weißen Haus vorbei zum Potomac führt, wurde anders als von L'Enfant entworfen. Vorbild waren die Pariser Champs-Élysées, doch immer neue Häuser veränderten die Symmetrie der Mall völlig.

L'Enfants Idee, jeden offenen Platz in Washington mit einer Statue oder anderen Monumenten auszustatten, folgt man immer noch. So sind auf Washingtons Plätzen heute mehr als 300 Denkmäler zu bewundern, von den eleganten Lincoln und Jefferson Memorials bis hin zu dorischen Tempeln.

Die künstlerischen Strömungen Amerikas gingen bis zum Zweiten Weltkrieg an Washington vorbei. Lediglich die imposante Kongressbibliothek mit der wohl größten Sammlung von Büchern, Zeitungen, Magazinen, Karten und Manuskripten genoss einen besonderen Ruf. Das berühmte Smithsonian Institut in dem roten Backsteinschloss an der Mall war zwar ein bekanntes Museum, wurde aber lange verächtlich „Rumpelkammer der Nation" genannt.

Doch nach 1941 änderte sich das. Die Förderung von Kunst und Kultur in der Hauptstadt wurde zur städtischen und nationalen Herausforderung. Dem ehrwürdigen Smithsonian gliederte man noch 13 eindrucksvolle Museen an, ein Mekka für Kunstliebhaber aller Stilrichtungen.

Tempel moderner Baukunst

CHICAGOS Skyline zählt zu den Wundern der Architektur – Die Stadt am Michigan-See ist das Tor zum mittleren Westen

ANREISE:
Chicago ist ein Verkehrszentrum der USA. Täglich werden vom Flughafen O'Hare aus 300 Städte auf der ganzen Welt angeflogen. Außerdem ist Chicago das Zentrum des Amtrak-Bahnnetzes und der Greyhound-Buslinien

KLIMA:
Beste Reisezeit zwischen Mai und September. Dann auch die kulturell aktivste Zeit. Hochsommertage können sehr heiß werden (bis 32° C)

UNTERKUNFT:
Alle Kategorien vorhanden, aber recht teuer. In den Zeiten der Chicagofestivals (Blues, Gospel, Jazz, Taste of Chicago) Vorbuchungen empfehlenswert

TRINKGELD:
In Restaurants und besseren Hotels 15 Prozent oder mehr, Taxifahrer, Kellner und Friseure erwarten Trinkgelder in derselben Höhe

Zwischen den Hochhäusern sorgen breite Boulevards für entspannte Atmosphäre beim Flanieren, wie hier auf der State Street mit dem Chicago Theatre (unten l.)

Die Hochhaustürme waren eine Herausforderung für die Kunst der Architekten: der Blick vom Hancock Tower aus auf die City in der Dämmerung (oben r.)

Vom Wasser aus wirken die Fassaden der Wolkenkratzer trotz ihrer Monumentalität fast filigran

Die aufgelockerte Wolkenkratzer-Skyline, die am Südufer des riesigen Michigan-Sees in den Himmel ragt, ist der stolze Ausdruck einer Stadt, in der alles möglich ist. Die oft wagemutigen, verspielten Turmkonstruktionen Chicagos sind Lehrbuchbeispiele amerikanischer Hochhausarchitektur. Sie wirken nie erdrückend. Überall ist viel Platz für breite Avenuen mit ausladenden Bürgersteigen, für Parks und Plätze mit Skulpturen berühmter Künstler. Dazwischen immer wieder Kirchen, niedrigere Häuserblocks und sogar zwei- bis dreistöckige Stadtvillen.

Im Stadtkern, wie auch in den anderen Stadtvierteln, liegt alles, was Menschen zum Wohnen, Leben, Arbeiten und für die Freizeit brauchen, dicht beieinander – in Chicago wird gelebt. Menschen aller Hautfarben erfüllen die Stadt mit einem pulsierenden, multikulturellen Flair. Weltberühmte Museen, Theater, Orchester und vor allem die allgegenwärtigen Rhythmen von Blues und Jazz haben hier einen fruchtbaren Boden gefunden.

Ein Fellhändler französisch-afrikanischer Abstammung, Jean Baptiste Point du Sable aus Santo Domingo, baute 1779 die erste feste Siedlung an der sumpfigen Mündung des Chicago-Flusses. 1833 erhielt der Ort den Namen Chicago und wuchs bis 1837 auf mehr als 4000 Einwohner an.

Die Bedeutung Chicagos als zentraler Umschlagplatz für Passagiere und Waren von und nach dem Westen stieg mit der Eröffnung des Illinois-Michigan-Kanals 1848 und mit der ersten Eisenbahnstrecke, die 1850 Chicago erreichte.

Nach dem großen Brand
Mit den aufsehenerregenden „Downtown Improvements" seit 1855, der Innenstadterneuerung, kam man den Bedürfnissen der weiter rasant wachsenden Bevölkerung nach. Weil die Straßen oft im Schlamm der feuchten Niederung versanken, ließ man alle Gebäude aufwändig um 1,2 bis 4,5 Meter anheben und setzte sie gleichzeitig zurück, um Platz für breitere Straßen und Plätze zu bekommen.

Nach dem großen Brand vom 8. Oktober 1871 entstand das „Zweite Chicago" binnen weniger Jahre völlig neu. Das war die Chance, modernste Technologien zu verwirklichen: 1887 nahm man eines der landesweit ersten Telefonsysteme in Betrieb, nur zwei Jahre nach der Erfindung der Glühlampe 1879 erhellte das neue Lichtsystem die Straßen, die Technik der Cable Cars in San Francisco kam 1881 ebenfalls hierher.

Der Bauboom nach dem Brand machte Chicago zum Eldorado für Architekten, mit denen auch Frank Lloyd Wright 1889 in die Stadt kam. Der stetig wachsende Zustrom von Menschen, die Arbeit in den Getreidesilos, Schlachtereien und der Schwerindustrie fanden, verlangte schon bald nach neuen städtebaulichen Maßnahmen, denn 1890 war die Millionengrenze überschritten. Die Lösung für das steigende Verkehrsaufkommen war der Hochbahnring um das zentrale Geschäftsviertel, die „El", die man 1897 baute.

Die ersten Wolkenkratzer
Um die Jahrhundertwende standen alle Technologien für den Stahlskelettbau zur Verfügung, und die Zeit der Wolkenkratzer begann. Zum ersten Mal in der Geschichte der Baukunst wurde die Trennung zwischen Architektur und Konstruktion aufgehoben, eine Leistung der „Chicagoer Schule", denn die neuen Stahlskelette waren nicht nur Tragekonstruktion, sondern wurden zum Gestaltungsprinzip.

Die schönsten Beispiele für die impulsgebende Architektur Chicagos liegen im Stadtzentrum. Im Loop-Viertel innerhalb des Hochbahnrings stehen das neuromanische Auditorium-Gebäude und die im Art-déco-Stil gebaute Handelskammer. Der andere Teil der Hochhaus-Altstadt ist River North auf der Nordseite des Chicago-Flusses. Hier steht zwischen den Hochhäusern inmitten eines quirligen Geschäftszentrums der imposante Wasserturm, der die Stadt einst mit Trinkwasser versorgte.

Im Einkaufsparadies entlang der „Magnificent Mile", einem Abschnitt der Michigan Avenue, ragt der 1925 erbaute Tribune-Turm auf, ein neugotisches Meisterstück, in dem die Redaktion der berühmten Tageszeitung „Chicago Tribune" residiert.

Der 442 Meter hohe Sears-Turm war mit 110 Stockwerken bis 1996 das höchste Gebäude der Welt. Von der Aussichtsplattform im 103. Stock schweift der Blick über die Skyline auf den Michigan-See und die weiten Prärieebenen des Mittelwestens.

ANREISE:
Internationale Flugverbindungen meist über Atlanta oder Newark; Zugverbindungen von Miami, Los Angeles, Chicago und New York

KLIMA:
Beste Reisezeiten sind April, Mai, Oktober und November. Im Sommer tropische Temperaturen von über 30° C mit hoher Luftfeuchtigkeit

UNTERKUNFT:
Alle Kategorien. Während der Festlichkeiten Vorbuchungen erforderlich (Karneval, Mardi Gras, New Orleans Jazz Heritage Festival)

TRINKGELD:
15 Prozent, Dienstboten und Portiers pauschal 1 US-Dollar

Die Metropole des Jazz

NEW ORLEANS hat sein französisches Flair bis heute bewahrt

Die unamerikanischste Stadt der Vereinigten Staaten verweigert sich konsequent allen Zeitströmen und lebt ihre reichen, einzigartigen Traditionen täglich neu aus. Kaum ist im Vieux Carré, dem Französischen Viertel von New Orleans, der Müll des Vorabends beiseite geräumt, füllen sich gegen Mittag bereits wieder die Lokale. Und aus der Bourbon Street steigen die ersten Tonfolgen der Straßenmusiker auf.

Je weiter der Tag und der Abend fortschreiten, desto mitreißender schweben die Rhythmen von Jazz, Zydeco, Cajun, Rhythm & Blues, Gospel und Dixieland durch die Gassen und über die Plätze der Altstadt. Vor allem die Schwarzen waren es, die mit ihrer afrikanischen Musikkultur entscheidend dazu beigetragen haben, dass New Orleans nach 1880 zur Geburtsstadt des Jazz wurde.

Franzosen gründeten die Stadt

Aber auch die zahlreichen anderen Volksgruppen, die im Laufe der Zeit hierher kamen, trugen das Ihre zu der einmaligen Synthese der Kulturen bei. Das übersprudelnde Lebensgefühl der Bewohner zeigt sich ungehemmt in der Karnevalssaison, die im jährlichen „Mardi Gras" gipfelt.

Als erste Europäer kamen die Brüder Pierre Le Moyne und Jean-Baptist Le Moyne de Bienville 1699 hierher, um den Mississippi zu erkunden. Damals lebten hier nur wenige nomadisierende Indianerstämme.

Fast 20 Jahre später kam Bienville zurück und gründete 1718 in den Sümpfen zwischen dem Pontchartrain-See und dem Mississippi „Nouvelle Orleans". Die ersten Siedler folgten aus Frankreich, Kanada und Deutschland, die Franzosen importierten Tausende afrikanischer Sklaven. Doch die harten Lebensbedingungen in dem subtropischen Sumpfland lockten kaum weitere Siedler hierher, und die Wirtschaft wollte nicht wachsen.

Schon bald wurde Louisiana dem französischen Mutterland zur Last. 1762 trat es die wertlose Gegend an Spanien ab, das ebenfalls schnell des neuen Besitzes überdrüssig war. Als Napoleon im Jahre 1800 die Rücknahme anbot, wurde New Orleans wieder französisch. 1803 verkaufte er das Land an Amerika, damit es nicht den Briten in die Hände fallen konnte. Die ansässigen Kreolen waren wenig begeistert – sie hielten die amerikanische Kultur für vulgär und fürchteten den protestantischen Glauben und die britisch beeinflusste Gesetzgebung.

1840 war New Orleans zur viertgrößten Stadt der USA aufgestiegen, zehn Jahre später zum Zentrum des Sklavenhandels geworden. Als sich die amerikanischen Sklavenstaaten im Vorfeld des Bürgerkrieges von der Union lossagten, stimmten in New Orleans immerhin drei Viertel der wahlberechtigten Einwohner vergebens für das Verbleiben in der Union und damit für die Abschaffung der Sklaverei.

Alte Viertel am Fluss

Seit dem Bürgerkrieg und der Befreiung der Sklaven hat sich New Orleans zu einer blühenden Industriestadt mit dem zweitgrößten Seehafen der USA entwickelt. Dennoch sind die alten Viertel am Mississippi beiderseits der Canal Street nach wie vor das lebendige Herz der Stadt.

Im stromabwärts gelegenen Französischen Viertel trägt – anders, als der Name vermuten lässt – vor allem der spanische Grundstil der Gebäude zur faszinierenden Atmosphäre der Stadt bei. Er hat sich mit den französisch-kolonialen Elementen der kanadischen Provinz Quebec zu einem ganz eigenen kreolischen Stil ver-

mischt, nachdem die meisten Gebäude aus der französischen Zeit in den Feuern von 1788 und 1794 abgebrannt waren.

Der Jackson Square ist der zentrale Platz des Vieux Carré, beherrscht von der neuklassizistischen Eleganz der St.-Louis-Kathedrale. Sie wurde 1794 auf den Grundmauern zweier Kirchen errichtet, die Flammen und Hurrikans zum Opfer gefallen waren.

Die schönsten Beispiele kreolischer Häuser liegen entlang der Royal Street und in ihren Seitenstraßen. Die Dächer ragen weit über die Balkone hinaus, deren reich verzierte schmiedeeiserne Gitter einst von geschickten Sklavenhandwerkern modelliert wurden. Während sich hinter den großen, von anmutigen Bögen überwölbten Fenstern der oberen Geschosse Wohnungen verbergen, quellen die Geschäfte im Erdgeschoss von Antiquitäten, Kuriositäten und Vodoo-Kultgegenständen über. Die Seitenstraßen säumen Boutiquen, Parfümläden, Straßencafés, Teeräume und zahlreiche Kunstgalerien.

Denn nach dem Zweiten Weltkrieg wurde New Orleans auch zu einem wichtigen Kunsthandelszentrum, wo zahllose Künstler und Galerien ihre Originalarbeiten anbieten. Viele dieser modernen Schätze hat das sehenswerte Museum für Kunst gesammelt, hinter dessen griechischer Fassade Abteilungen für die holländische Malerei des 17. Jahrhunderts, die spanisch-koloniale Kunst Südamerikas und die Fotografie-Sammlung von besonderer Bedeutung sind.

Straßenmusikanten im Französischen Viertel von New Orleans (oben L)

Seit Anfang des 20. Jahrhunderts verkehrten breit ausladende Raddampfer im Linienverkehr auf dem Mississippi. Heute sind sie vor allem eine Attraktion für die Touristen (oben r.)

Im Französischen Viertel verdankt das Royal Café seine besondere Atmosphäre auch den baulichen Stilelementen der Kolonialzeit

Stadtparadies am Pazifik

In **SAN DIEGO** sorgen ewige Sonnentage und das Meer für hohen Lebensgenuss

ANREISE:
Auf San Diegos Flughafen Lindbergh Field kommen nur Inlandflüge an. Auslandsverbindungen über Los Angeles. Greyhound-Busverbindungen, Amtrak-Züge nur entlang der kalifornischen Küste

KLIMA:
In San Diego herrscht fast immer Sonnenschein. Selbst in den kälteren Monaten selten unter 20° C

UNTERKUNFT:
San Diego ist ein beliebtes Touristenziel, deshalb sind Vorbuchungen empfehlenswert. Alle Hotelkategorien von 60 bis 200 US-Dollar und mehr vorhanden

TRINKGELD:
15 Prozent,
Taxis 15 Prozent plus Wechselgeld

Segelboote gehören zur Skyline von San Diego ebenso wie die Hochhäuser der modernen Stadtarchitektur (oben)

Zu den historischen Baudenkmälern in der Altstadt zählt die Kirche der unbefleckten Empfängnis (unten l.)

Das SeaWorld-Aquarium mit seiner Delfin-Show ist eine der Attraktionen für die Besucher der Stadt

Jogger, Rollerskater und Mountainbiker, durchtrainiert und spärlich bekleidet, flitzen scharenweise die Strandpromenaden entlang. Draußen im Meer, wo sich die Pazifikwellen auftürmen, lassen Surfer sich geschmeidig auf den Brechern zurück an die Strände tragen, an denen sich Tausende Sonnenhungriger bräunen lassen. San Diego, heute die zweitgrößte Stadt Kaliforniens, hat den schnellen Pulsschlag des quirligen kalifornischen Küstenlebens.

Den genießen auch die Urlauber, die sich in den unzähligen Cafés, Restaurants und Souvenirläden im Seaport Village drängen, einem neuen, dem Stil der Jahrhundertwende nachempfundenen Hafendorf am Embarcadero. Auch wenn der Hafen nie eine größere kommerzielle Bedeutung hatte, sind die Museumsschiffe am Maritimen Museum und die jenseits der Silberstrand-Nehrung vor Anker liegenden Kriegsschiffe der Marinebasis doch eine eindrucksvolle Kulisse für die nautische Atmosphäre des Hafenviertels.

Nachdem Juan Rodriguez Cabrillo als erster Europäer am 28. September 1542 das Land betreten und die Gegend „San Miguel" getauft hatte, vergingen noch mehr als 200 Jahre, bevor hier eine spanische Mission entstand. 60 Jahre später benannte Sebastian Vizcaino das Gebiet in „San Diego de Alcala" um, als er die kalifornische Küste kartierte.

Aus Furcht, die russischen Pelzjäger aus dem Norden und die Engländer im Osten könnten das Land vor ihnen in Besitz nehmen, errichteten die Spanier 1769 südlich des San-Diego-Flusses eine Kirche und ein Presidio; die Ruinen sind noch heute zu besichtigen.

Sieg über die Mexikaner

Als Mexiko die Kontrolle übernahm, entstand 1834 ein Dorf außerhalb der Befestigung. Nach dem Sieg der Amerikaner über Mexiko wurde das Pueblo zur Old Town, zur Altstadt, ausgebaut.

1867 kaufte der Immobilienhändler Alonzo Erastus Horton ein Gebiet südlich der Altstadt und begann dort seine „New Town" zu errichten. Zwei Jahre später baute Horton direkt am Wasser einen Kai, die Keimzelle des Gaslampen-Viertels. Hier siedelten sich schnell die lukrativsten Geschäftszweige der damaligen Zeit an: 120 Bordelle und 71 Spielhöllen. Als 1884 die Santa-Fe-Eisenbahn die Stadt mit dem Osten der USA verband, schien die Zukunft San Diegos gesichert. Doch 1888 endete der Boom der Immobilienspekulationen plötzlich, und rund die Hälfte der Einwohner verließ die Stadt, sodass die Old Town und das Gaslampen-Viertel verfielen.

Erst nach 1900 ging es wieder aufwärts, als die Bedeutung der Marinebasis auf Coronado in den beiden Weltkriegen zunahm und sich Schiffbau-, Flugzeug-, Raketen- und Elektronikindustrie hier ansiedelten. In den 60er Jahren begann man, die wenigen verbliebenen historischen Gebäude der Altstadt zu restaurieren.

Licht aus Gaslaternen

Vor allem das attraktive Gaslampen-Viertel erblühte zu neuem Leben. Die alten viktorianischen Ziegelhäuser aus den Jahren zwischen 1880 und 1920 sind jetzt perfekt wiederhergestellt und lassen die unzähligen Besucher unter stilisierten Gaslaternen einen Hauch des Jahrhundertwende-Flairs erleben. In dem noch bis in die 70er Jahre anrüchigen Stadtteil sorgen heute Antiquitäten- und Souvenirgeschäfte, kleine Theater und Restaurants, Bars und Diskotheken für eine erlesene Mischung aus Gastronomie, Spaß und Kultur.

Lebende Elefanten, aber auch Theaterabende mit Shakespeare-Stücken und Kunstveranstaltungen bietet der Balboa Park. Weitsichtige Stadtväter reservierten das Erholungsgebiet im Stadtzentrum bereits um 1868 und retteten es so vor den Grundstücksspekulationen. Heute laden zwischen Rosen-, Palmen- und Kakteengärten 15 Museen, vier Theater, darunter das Old Globe, ein Nachbau des Londoner Shakespeare-Theaters aus dem 15. Jahrhundert, und vor allem der berühmte Zoo zu abwechslungsreichen Erlebnissen ein.

Dort, wo einst zwischen dem Stadtzentrum und der Missionsbucht nur Moorland war, erstreckt sich heute ein begehrtes Bade- und Segelparadies zwischen Lagunen, kleinen Buchten und traumhaften Inseln. Am Südufer erhebt sich das 1964 eröffnete, kommerzielle SeaWorld-Unterhaltungsaquarium, eines der größten der Welt mit perfekten Delfin-Shows und einem gigantischen Unterwassertunnel.

Jenseits der Bucht hat man von den steilen Klippen am Leuchtturm Point Loma einen grandiosen Blick über den Hafen auf die Skyline San Diegos. Von hier aus kann man auch die mehr als 15 000 Grauwale beobachten, die von Dezember bis März den Landzipfel passieren, wenn sie zwischen ihren Nahrungsgebieten in der Arktis und ihren Paarungsgebieten an der kalifornischen Halbinsel wandern.

Die Metropole des Westens

Golden Gate Bridge, Cable Cars und Seelöwen – **SAN FRANCISCO** ist eine moderne Legende

ANREISE:
In der Bay Area mit San Francisco, Oakland und San Jose hat nur der Flughafen von San Francisco weltweite Linienverbindungen

BESTE REISEZEIT:
Von Mitte September bis Mitte November. Im Winter und Frühjahr regenreich, im Sommer starke Küstennebel

UNTERKUNFT:
Vorbuchung empfehlenswert. Hotelkategorien von 60 bis 200 US-Dollar und mehr vorhanden. Preiswerte Hotels in China Town

TRINKGELD:
In Restaurants und besseren Hotels 15 Prozent oder mehr

Zahlreiche Nationen und Kulturen prägen das einzigartige Lebensgefühl San Franciscos. Vielleicht wurde die Stadt gerade deswegen zum Zentrum der Beat-Generation der 50er und der Flower-Power-Generation der 60er Jahre. Heute ist sie ein malerischer Wohn- und Treffpunkt für die Computerintelligenz des nahen Silicon Valley und für die Homosexuellen aus aller Welt.

San Francisco liegt auf einer 50 Kilometer langen Halbinsel auf der Südseite der Meerespassage zu den Buchten von San Francisco und San Pablo, über die sich die berühmte Golden Gate Bridge spannt. Die Siedlungen an den Ufern der Buchten wurden in den vergangenen 100 Jahren zu einem der wichtigsten Wirtschaftszentren Amerikas, der Bay Area. Heute leben hier mehr als sechs Millionen Menschen.

Als der Goldrausch ausbrach

Dabei sind die großen Entdecker des 16. Jahrhunderts alle an der Bucht vorbeigesegelt. Erst bei einer Landexpedition entdeckte der Spanier Gaspar de Portolá 1769 als erster Weißer die Bucht von San Francisco. Sieben Jahre später, 1776, kamen die ersten Siedler.

Drei Kilometer östlich gründete 1835 der Engländer William Anthony Richardson bei Yerba Buena Cove die erste geschlossene Siedlung. Nach missglückten Kaufverhandlungen mit Mexiko besetzten die USA 1846 Yerba Buena Cove und tauften ihn San Francisco.

Wohnten hier 1846 nicht einmal 500 Weiße und Schwarze, Indianer und Hawaiianer, explodierte die Einwohnerzahl mit Ausbruch des großen Goldrauschs 1849. Innerhalb weniger Monate kamen 40 000 Goldsucher per Schiff, ebenso viele kamen zu Fuß über die Berge.

Als man zehn Jahre später in Nevada Silber fand, wurde aus der Stadt der rauen Glücksritter eine aufstrebende Metropole der feinen Bankiers, Spekulanten und Rechtsanwälte, denen teure Modesalons, Restaurants und Hotels folgten. Erst das große Erdbeben am 18. April 1906 bremste das Wachstum und zerstörte das Geschäftsviertel. Weit verheerender aber war das anschließende Feuer, das vier Tage lang wütete, 28 000 Gebäude zerstörte und eine viertel Million Menschen obdachlos machte.

Holzgotik in der Fillmore Street

Die nächste Schicksalswelle brachte der Zweite Weltkrieg: Eine halbe Million Menschen kam zur Arbeit in den Kriegsindustrien, darunter Zehntausende Schwarze, die in die alten Holzgotikhäuser um die Fillmore Street einzogen. Hier lebten vorher Japaner, die allesamt 1942 in Internierungslager deportiert wurden.

Als man die sehenswerten Häuser in den 80er Jahren renovierte, muss-

ten viele der ärmeren Schwarzen in die damals bereits übervölkerten Slums im Südosten der Stadt umsiedeln.

Die heutige Japan Town liegt ein paar Häuserblocks von der Fillmore Street entfernt. Sie ist ein kleines Finanz- und Kulturzentrum, auch wenn viele Japan-Amerikaner nur noch als Besucher kommen.

Ganz anders China Town etwas weiter östlich. Das Viertel gilt mit seinen rund 30 000 Bewohnern als eine der größten chinesischen Gemeinschaften außerhalb Asiens. In den schmalen Gassen kann man zwischen zweisprachigen Straßenschildern und reich verzierten Straßenlaternen chinesischen Alltag erleben und exotische Mahlzeiten probieren.

Viele der alteingesessenen Chinesen ziehen inzwischen aber nach North Beach, einst das Italienerviertel und die Geburtsstätte der Beat-Generation. Nach wie vor ist dieser lebendige Stadtteil mit Nachtklubs und den vielen Bars und Cafés italienisch angehaucht.

Der Coit-Turm auf dem nahen Telegraph Hill bietet einen 360-Grad-Panoramablick über die Stadt und die Bucht – vorausgesetzt, das Wetter spielt mit.

Nostalgie mit Cable Cars

Über die oft steilen Hügel dieser nordöstlichen Stadtteile führen die letzten drei Linien der berühmten Cable Cars. Die motorlosen Straßenbahnwagen wurden 1873 eingeführt und sind bis heute ein Wahrzeichen San Franciscos. Sie klinken sich in ein Endloskabel ein, das mit 15 Kilometer pro Stunde unter der Straße entlangläuft. Ein Besuch im Cable Car Museum an der Ecke von Washington und Mason Street lohnt sich, denn hier steht auch die Antriebsstation, die das gesamte Kabelsystem in Bewegung hält.

Mit einem Cable Car sollte man zum Zentrum des Tourismus fahren, der Fisherman's Wharf nördlich von North Beach. Von hier aus legen die Fähren ab nach Alcatraz, zwischen 1934 und 1963 das sicherste Gefängnis der USA. Auch wenn die Einheimischen das Getümmel auf den Piers verachten, wird man sich der Jahrmarktstimmung und dem Treiben der Pantomimen, der Musiker und Clowns nicht entziehen können – genauso wenig wie den Seelöwen, die sich trotz des großen Trubels und vieler Umsiedlungsversuche nach wie vor auf Pier 39 räkeln.

Die Golden Gate Bridge ist das Wahrzeichen der Stadt. Der in den dreißiger Jahren erbaute Stahlkoloss überspannt die Zufahrt vom Pazifischen Ozean in die Bucht von San Francisco in einer lichten Höhe von 67 Meter. Dahinter die Skyline in der Abendstimmung (oben)

Zwischen den Hügeln von San Francisco verkehren noch immer die Cable Cars als nostalgische Kuriosität – hier in der belebten Powell Street

Fjorde, Berge und Vancouver

Kanadas Großstadt am Pazifik ist für ihre einzigartige Lage berühmt

ANREISE:
Auf dem internationalen Flughafen von Vancouver landen täglich Flugzeuge aus aller Welt

KLIMA:
Die schönste Reisezeit ist Juni bis Oktober, dann liegen die Tagestemperaturen bei durchschnittlich 20° C. März bis Mai und September bis November sind eine gute Zeit für die Beobachtung der Wale im Meer

UNTERKUNFT:
Alle Hotelkategorien sind vorhanden. Viele bieten schöne Aussichten auf das Meer. Vorbuchungen sind ratsam

TRINKGELD:
10 bis 15 Prozent des Rechnungsbetrages bei Dienstleistungen (Restaurant, Taxi, Friseur). Hotelpersonal 2 bis 3 CND pro Gepäckstück oder Dienstleistung

Eingerahmt von schimmernden Fjorden und dem Fraser-Fluss, breitet sich Vancouver auf zerklüfteten Halbinseln vor der grandiosen Kulisse des Küstengebirges aus, dessen schneebedeckte Gipfel bis zu 1200 Meter aufragen. Das Großstadtherz schlägt auf einer Halbinsel, die von den Wassern der Englischen Bucht und der Fjorde Burrard Inlet und False Creek umspült wird.

Chinatown liegt wie ein Portal vor dem lebendigen Geschäftsviertel direkt in der Landverbindung und gibt einen Vorgeschmack auf die kosmopolitische Atmosphäre der Metropole. Das britische Flair Vancouvers hat sich mit den vielen anderen Kulturen, vor allem den asiatischen, zu einem eigenen Charakter verbunden. Denn seit jeher hatte die Zweimillionenstadt am Pazifik eine große Anziehungskraft auf die Länder jenseits des Ozeans. Dabei ist es nicht einmal 150 Jahre her, seit sich die ersten weißen Holzfäller hier unter den Salish-Indianern niederließen.

Gold am Fraser-Fluss

Den Weg für die Europäer bereitete James Cook, der 1778 auf Vancouver Island gelandet war. Jose Maria Narvez fand 1791 die Mündung des Fraser-Flusses, und im Jahr darauf kam Kapitän George Vancouver zurück, der 14 Jahre vorher Cook begleitet hatte. 1793 erreichte Alexander Mackenzie, über die Rocky Mountains kommend, hier den Pazifischen Ozean.

Als 1858 am Fraser-Fluss Gold entdeckt wurde, folgten Tausende von Glücksrittern seinem Ruf. Eines Tages erschien im Jahre 1867 am Südufer des Burrard Inlet John Deighton mit einem Fass Whisky. Er versprach den Holzfällern den Schnaps, wenn sie ihm helfen würden, eine Kneipe zu errichten. In nur 24 Stunden war der Saloon fertig.

Während um die Bar von Gassy Jack, wie man ihn nannte, Gastown entstand, bauten Chinesen nebenan ihre Chinatown auf, und auf einer kleinen Moorinsel im False-Creek-Fjord auf der anderen Seite wuchs die Holzfällerortschaft Granville.

1886 erreichte die transkanadische Eisenbahn die Siedlungen, die dadurch zu der Stadt wurden, die fortan den Namen des Erforschers ihrer Küste, Kapitän Vancouver, trug.

Damit begann die Wirtschaftsblüte. Schon 1887 lief das erste Schiff aus China im Hafen ein, und mit der Eröffnung des Panamakanals 1914 waren die Märkte an der amerikanischen Ostküste und in Europa näher gerückt.

Die tolerante, multikulturelle Gesellschaft, die Vancouver heute so faszinierend macht, entwickelte sich erst nach dem Zweiten Weltkrieg. Hierzu trugen auch Zehntausende reicher Hongkong-Chinesen bei, die vor 1997, als China die Exklave übernahm, nach Vancouver kamen und in die aufstrebenden Vorstädte zogen.

Das ursprüngliche chinesische Leben pulsiert aber in Chinatown, dem Viertel der Garküchen, Restaurants und Kramläden. An ihrem Rande liegt der einzige klassische chinesische Garten außerhalb des Mutterlandes. In der Abgeschiedenheit des Dr.-Sun-Yat-Sen-Gartens kann man in Ruhe den taoistischen Prinzipien von Yin und Yang folgen.

Gastown wurde restauriert

Die nahe gelegene, einst schäbige Gastown wurde nach 1970 saniert und ist ein helles, glänzendes Geschäftsviertel im neuviktorianischen Stil geworden. Die Bürogebäude aus dem 19. Jahrhundert beherbergen heute Restaurants, Bars, Boutiquen und Galerien. Zum bunten Leben auf den Ziegelsteinstraßen, gesäumt von alten Straßenlaternen, gehören auch die Straßenhändler, -musikanten und -künstler. Attraktion des Viertels ist die Dampffuhr an der Water Street, von der Touristen glauben, dass sie immer noch von einer unterirdischen Dampfheizung angetrieben wird. In Wirklichkeit funktioniert sie heute natürlich elektrisch.

Zwischen Gastown und den luxuriösen Einkaufsstraßen um das Pacific Center liegt das eindrucksvolle ehemalige Gerichtsgebäude. Es ist heute die Vancouver Art Gallery, die Kunstgalerie. Das vornehme Kuppelgebäude erstreckt sich über einen ganzen Straßenblock. Sehenswert ist vor allem die permanente Ausstellung der Werke der berühmten kanadischen Malerin Emily Carr im zweiten Stock. Der weite Rasenplatz an der Nordseite ist Versammlungsort politischer Kundgebungen, während sich an der Südseite Stadtjugend, Passanten und Schachspieler beim Lunch die Galeriestufen mit den Anzug tragenden Geschäftsleuten teilen.

Über die gesamte äußere Hälfte der Downtown-Halbinsel erstreckt sich der weite Stanley-Park, der von Frederick Law Olmsted gestaltet wurde, dem Designer des Central Parks von New York.

Hier genießen die Bürger von Vancouver die ausgedehnten Wanderwege, die beschaulichen Picknickplätze und die Uferpromenaden mit ihren großartigen Ausblicken hinüber zu den abwechslungsreichen Silhouetten ihrer Metropole.

Vom Wasser aus zeigt Vancouver sein modernes Gesicht: die Skyline mit dem zentralen Canada Place (oben)

Segelyachten und Motorboote gehören zum Stadtbild (unten l.)

Blick vom Stanley Park aus auf die Lions Gate Bridge

Eine Stadt für viele Völker

Im kanadischen **TORONTO** leben Menschen aus 60 Nationen zusammen

ANREISE:
Toronto ist per Luft, Straße und Schiene leicht zu erreichen. Der Lester B. Pearson International Airport gehört zu den weltweit wichtigen Flughäfen

KLIMA:
Kanada gilt landläufig als klimatisch raues Urlaubsland.
Im Sommer aber Spitzentemperaturen von bis zu 35° C

UNTERKUNFT:
Alle Hotelkategorien vorhanden, je näher zur Innenstadt, desto teurer

TRINKGELD:
10 bis 15 Prozent des Rechnungsbetrages bei Dienstleistungen

Kaum erreichen im Frühjahr die ersten Sonnenstrahlen das Straßenpflaster zwischen den Wolkenkratzern, stehen plötzlich vor jedem Restaurant, jeder Kneipe und jeder Bar Tische und Stühle. Wenn das Thermometer im Sommer in den Straßenschluchten nicht selten auf mehr als 30 Grad ansteigt, fliehen die Menschen ans Seeufer am Südende des Stadtzentrums, wo eine leichte Brise vom Ontario-See die Hitze erträglicher macht.

An den langen Stränden und Uferpromenaden des Sees breitet sich eine fast kalifornische Beach-Atmosphäre aus. Inlineskater und Jogger laufen an den voll besetzten Lokalen, Grills, Sportboothäfen, Schwimmbädern und Amüsierkomplexen vorbei. Mit Picknickkörben bewaffnete Familien und Gruppen stehen Schlange an den kleinen Fähren zu den knapp einen Kilometer weiter draußen liegenden Inseln, von denen man einen wunderbaren Blick auf die Skyline Torontos hat.

Auffällig ist die bunte und friedliche Mischung aller Hautfarben, Nationen und Sprachen. Toronto gilt als die ethnisch abwechslungsreichste Stadt der Welt. 40 Prozent der Einwohner sind in Übersee geboren. Menschen aus 60 Nationen leben in der Metropole konfliktfrei zusammen und geben ihr das besondere Flair.

Als die ersten europäischen Trapper auf alten Indianerpfaden zum Ontario-See kamen, lag auf der Ost-

seite des Humber-Flusses die Siedlung Teiaiagon der Mississauga-Indianer. 1720 bauten Franzosen hier an dem natürlichen Hafen ihr Toronto, eine Handelssiedlung mit einem kleinen Fort.

1763 kam Kanada unter britische Herrschaft, und nach dem amerikanischen Bürgerkrieg erlebte Toronto die erste Zuwandererwelle, weil viele amerikanische Kolonisten lieber unter britischer als unter amerikanischer Herrschaft leben wollten.

Schnaps für Land

Für Schnaps, Waffen und 1700 Pfund kauften die Briten den Mississauga 100 000 Hektar Land ab, damit sich die Siedlung um den Hafen ausdehnen konnte. Der Gouverneur von Ontario, Oberstleutnant John Graves Simcoe, taufte die Siedlung 1793 in „York" um und machte sie zur Hauptstadt Ontarios. Zwei Jahre später bestand der Regierungssitz am Rande der Wildnis aus 12 Hütten.

Als in Europa die napoleonischen Kriege zu Ende waren und England in eine tiefe wirtschaftliche Depression rutschte, suchten viele eine neue Zukunft im kanadischen York. Während die Siedlung 1812 noch 700 Bewohner hatte, waren es 1834 bereits 9000. York wurde zur Stadt und nahm wieder den Namen „Toronto" an.

Mit der Eisenbahn kam in der Mitte des 19. Jahrhunderts der wirtschaftliche Aufschwung. Nach der Jahrhundertwende festigte sich zwischen 1908 und 1915 die Identität der kanadischen Nation, und in Toronto blühten Kunst und Kultur auf. In dieser Zeit schossen die ersten Wolken-

kratzer am Ufer des Ontario-Sees in den Himmel, eine Entwicklung, die in den 60er und 70er Jahren noch beschleunigt wurde. Den Hochhäusern fielen viele der herrlichen alten Gebäude zum Opfer, die in der zweiten Hälfte des 19. Jahrhunderts errichtet worden waren und den Brand von 1904 überlebt hatten.

Viele Städte in der Stadt

Doch einige gibt es bis heute. Mag der Finanzdistrikt auf den ersten Blick eine Ansammlung von architektonisch durchaus sehenswerten Glas- und Betontürmen sein, so kann man dazwischen noch einige Schätze aus der Vergangenheit Torontos entdecken.

Im Stadtteil Cabbagetown, nicht weit vom Finanzdistrikt entfernt, ist der anmutige Charme der viktorianischen Architektur völlig lebendig. Diese Kleinstadt in der Metropole, einst Arbeiterstadt, später der „größte angelsächsische Slum Nordamerikas", ist jetzt ein liebevoll renoviertes, beschauliches Viertel mit gepflegten, kleinen Parks.

Die Viertel Torontos sind ein faszinierendes Mosaik oft völlig verschiedener Stadtteile. Einige sind ethnisch geprägt, andere spiegeln einfach nur andere Lebensstile wider. Wenn neue Bewohner kommen, ändert sich oft auch ihr Charakter. So entstand nach dem Zweiten Weltkrieg Little Italy in einem vorher jüdischen Viertel, dessen Bewohner in wohlhabendere Gegenden zogen. Heute ist Little Italy, trotz italienischen Flairs, in portugiesischer Hand. Die Italiener zieht es zum Corso Italia, einem Viertel, das für seine topmodischen Boutiquen und erlesenen Restaurants und Cappuccino-Bars bekannt ist.

China ist gleich in sechs Stadtteilen lebendig. Chinatown im Zentrum Torontos entstand bereits 1935, damals noch von Nordchinesen geprägt. Heute leben hier vor allem Hongkong-Chinesen. Nicht weit weg liegen das historische Old York Town, Koreatown, Greektown, Indian Bazaar, Little Poland, Portugal Village und Yorkville, das einstige Hippie-Zentrum. Jedes Viertel ist ein lebendiges Abbild seines Heimatlandes.

Eine architektonische Kuriosität ist die Casa Loma, das spektakuläre 98-Zimmer-Wohnhaus des Industriellen Sir Henry Pellatt. Er stattete nicht nur die Räume prunkvoll aus, sondern ließ auch Geheimgänge und verborgene Türen einbauen. Heute ist es als Museum zu besichtigen.

Torontos Lage am Ufer des Ontario-Sees ermöglicht besonders eindrucksvolle Ausblicke auf die Skyline. Links im Bild der „Skydome", das überdachte Baseball-Stadion, und der CN-Tower (oben)

Zwischen den modernen Wolkenkratzern stehen vereinzelt Gebäude, die den großen Brand von 1904 überlebt haben

Drei Kulturen in Mexico City

Die lateinamerikanische Metropole entstand auf den Trümmern einer Azteken-Stadt

Wenn Städte eine Seele haben, dann verbirgt sie sich im Falle von Mexico City und ihren mehr als 20 Millionen Einwohnern unter der mit schwärzlichen Quadern gepflasterten Riesenfläche der Plaza de la Constitución, dem „Zócalo". Die Weite des Verfassungsplatzes erinnert an Venedigs Piazza San Marco, und wie dort erheben sich an den Rändern repräsentative Gebäude, darunter die größte Barockkathedrale Lateinamerikas und der monumentale Regierungspalast mit den berühmten Wandmalereien Diego Riveras. Unsichtbar zwar, gleichwohl fest verankert im Bewusstsein der Mexikaner, säumen den Zócalo auch indianische Tempel und Adelssitze. Denn genau hier hatte einst die Azteken-Stadt Tenochtitlán ihr Zentrum.

Mexico City breitet sich etwa 2240 Meter über dem Meeresspiegel in einem weitläufigen Hochtal aus, das vor einem halben Jahrtausend noch von mehreren flachen Seen bedeckt war. Auf einer großen Insel entdeckten hier der Legende nach Azteken vom Stamm der México einen mythischen Adler, der gerade auf einem Kaktus eine Schlange verspeiste. Das galt einer Prophezeiung zufolge als Zeichen des Gottes Huitzilopochtli, dass die Indianer sich an dieser Stelle ansiedeln sollten. Tatsächlich gründeten dann 1345 Azteken auf einem Inselgelände eine Stadt, der sie den Namen Tenochtitlán gaben.

Der Irrtum Moctezumas

Als im November 1519 der spanische Eroberer Hernán Cortéz in das mexikanische Hochtal vordrang, hatte die nur durch einen aufgeschütteten Damm erreichbare Indianerstadt bereits rund 300 000 Einwohner. Die Spanier staunten über die Schönheit und den Reichtum des Ortes, dessen zentrale Versammlungsstätte sie an einen großen Platz in Sevilla erinnerte. Es gab mehrere Tempelpyramiden und Türme, Tausende von Steinhäusern und überall üppige Gärten. Schnell fanden die Konquistadoren heraus, dass in Tenochtitlán Silber- und Goldschätze verwahrt wurden.

Der Aztekenherrscher Moctezuma II. lud die bärtigen Fremden freundlich in seinen Palast ein, weil er sie für Götter hielt, deren Erscheinen Priester vorausgesagt hatten. Zu spät erkannten die Azteken die Raubgier der Gäste. Die Spanier nahmen Moctezuma als Geisel, um Schätze zu erpressen, verübten mit ihren überlegenen Feuerwaffen grausige Massaker und raubten den Azteken nach monatelangen Kämpfen und großen eigenen Verlusten nicht nur ihr Gold, sondern auch ihr Land, das zur spanischen Provinz erklärt wurde. Moctezuma starb vermutlich 1520 durch einen Anschlag seiner eigenen Leute.

Nach der Plünderung wurde die schwer beschädigte Azteken-Hauptstadt dem Erdboden gleich gemacht. Die Steine „heidnischer" Tempel verwendeten die Spanier zum Bau christlicher Kirchen und Wohnpaläste. Cortéz selber ließ sich seine Residenz auf den Fundamenten des „Neuen Palastes" von Moctezuma errichten. Auf einer Freifläche vor den niedergerissenen Aztekenbauten entstand der Verfassungspalast, der später nach dem Fundament eines unvollendeten Denkmals El Zócalo genannt wurde, der Sockel.

Reste des Templo Mayor

Um sich einen wirklichkeitsgerechten Eindruck des einstigen Kultzentrums der Azteken machen zu können, lohnt ein Besuch der berühmten Tempelpyramiden von Teotihuacan eine halbe Autostunde nördlich von Mexico City. Einige der Großbauten der schon um 700 n. Chr. aufgegebenen Stadt sollen den aztekischen Stadtgründern als Vorbild gedient haben. Inzwischen wurde an der Nordostecke des Zócalo ein Stück Grundmauer der aztekischen Kultstätte Templo Mayor freigelegt.

Stolz präsentiert sich Mexico City heute als Hüterin dreier Hochkulturen gleichzeitig – der wieder zu Ehren gelangten indianischen, der spanischen und der aus beiden hervorgegangenen mexikanischen. Die Museen sind reich bestückt mit Kostbarkeiten der großen Indianerstaaten. Spanischer Kolonialstil vom Feinsten ist unter anderem an der Plaza Santo Domingo zu bewundern, wo auch eine der schönsten Barockkirchen des Landes zur Andacht einlädt. An das Europa der Belle Époque erinnert der Prachtboulevard Paseo de la Reforma, und bezaubernden Jugendstil verkörpert der Palacio des Bellas Artes. Als Zeichen der Moderne erhebt sich 177 Meter hoch der Torre Latinoamericana, von dem aus man abends zusehen kann, wie sich das Häusermeer unten in einen Ozean aus Lichtern verwandelt.

Das ist die beste Zeit für einen Besuch der Plaza Garibaldi, auf der bis spät in die Nacht Mariachi-Kapellen musizieren. Sie spielen jedem auf, der ein paar Pesos springen lässt.

ANREISE:
Gute Flugverbindungen zu allen Teilen der Welt

UNTERKUNFT:
Hotels aller Kategorien

BESTE REISEZEIT:
Oktober bis Januar

TRINKGELD:
In Restaurants und Bars etwa 15 Prozent des Rechnungsbetrages. Zimmermädchen im Hotel sollten gleich zu Beginn ein paar Pesos erhalten, das verbessert den Service meist erheblich. Gepäckträger erwarten pauschal einen US-Dollar

AUSFLÜGE:
Mit dem Taxi oder Autobus zu der 48 km nördlich von Mexico City gelegenen Ruinenstadt Teotihuacan mit ihren berühmten Tempelpyramiden

---

Am Verfassungsplatz, dem Zócalo, erhebt sich im Zentrum Mexico Citys die größte Kathedrale Lateinamerikas. Beim 1573 begonnenen Bau des Gotteshauses benutzten die Spanier auch Steine aztekischer Tempel (oben)

Heute halten Folkloregruppen Kostüme und Tänze der Indianer wieder in Ehren (unten l.)

Großes Vorbild für die Baukunst der Azteken waren die Tempelpyramiden von Teotihuacan

Legenden aus Havanna
Die kubanische Hauptstadt hat ihr historisches Erbe bewahrt – Viele Barockbauten glänzen in neuer Pracht

ANREISE:
Am besten per Charterflug

KLIMA:
Angenehmes Klima das ganze Jahr über: Januar, Februar 22° C, August 28° C

UNTERKUNFT:
Für Privatreisende gibt es nur wenige Unterkünfte

TRINKGELD:
Für alle Dienstleistungen üblich, maximal 10 Prozent

Die in italienischem Barock erbaute Kathedrale steht im Zentrum der Altstadt (oben)

Kubanische Zigarren gelten als die besten der Welt. In der Zigarrenfabrik Partagas rollen Arbeiter sie von Hand (unten r.)

Auch das Nationaltheater erinnert mit seiner Architektur an die Kolonialzeit. Amerikanische Oldtimer sind immer noch ein beliebtes Verkehrsmittel (unten M.)

In dieser Kneipe trank schon Hemingway gern seinen Whiskey: Innenraum der Bodeguita del Medio

Amerikanische Straßenkreuzer der 50er und 60er Jahre beherrschen die engen Straßen Alt-Havannas. Sie erinnern an die „glorreichen" Zeiten, als korrupte Politiker Kuba beherrschten, Mafiosi wie Lucky Luciano oder Meyer Lanski hier ihre Schwarzgelder anlegten und Schriftsteller wie Ernest Hemingway die Nächte durchzechten.

Nach wie vor pulsiert das bunte, aufregende Nachtleben in den zahlreichen Kinos, Theatern, Kabaretts, Nachtklubs und Musikhallen. Es mag heute nicht mehr ganz so umfangreich sein wie vor 50 Jahren, aber dafür kommt es aus dem Inneren der kubanischen Seele und ist weniger kommerziell als in anderen Metropolen.

Havanna liegt an der Westseite einer blauen Tiefseebucht, die nur einen schmalen Zugang zum Atlantik hat. Eine ideale Lage für die spanischen Eroberer, ließ sich die Einfahrt doch gut verteidigen. Zwar baute der Konquistador Diego Velázquez de Cuéllar 1515 die erste Version Havannas an der Südseite, gab die Siedlung aber 1519 wieder auf und verlegte sie an ihre heutige Stelle, denn der alte Platz war zu moorig und voller Mücken gewesen.

Spaniens Tor zum Westen
Schon bald wurde Havanna erste Wahl als Hafen für die Zwischenstopps der spanischen Schiffe, die mit ihren Schätzen aus Mexiko und Peru von hier aus den Heimatkurs ansteuerten. Und es wurde das spanische Tor nach Amerika für die Eroberungszüge und die politische und wirtschaftliche Beherrschung des riesigen Kolonialreiches.

Das machte die Stadt aber auch zu einem begehrten Ziel für englische, französische und holländische Piraten. So baute man schnell Befestigungen aus, wie das Castillo del Morro, das 1610 fertig war und Zentrum eines ganzen Netzwerkes von Festungen wurde. Zusammen mit dem Castillo de la Punta beherrscht es noch heute die Einfahrt in den Hafen.

Als um 1700 auch die Stadtmauern fertig waren, galt Havanna als uneinnehmbar – bis unverhofft englische Schiffe mit schwerem Geschütz auftauchten und die Stadt nach drei Monaten Belagerung Ende August 1762 einnahmen. Die Belagerer blieben aber nur wenige Monate, denn im entfernten Europa hatten die verfeindeten Staaten den Siebenjährigen Krieg beendet, und Spanien bekam Havanna im Tausch gegen Florida zurück.

Vernachlässigte Altstadt
1895 brach der Befreiungskrieg aus. Erst als die USA eingriffen, bekam Kuba 1898 schließlich seine Unabhängigkeit – begab sich damit aber direkt in die neue Abhängigkeit des übermächtigen Nachbarn. Havanna wurde mehr und mehr zu einer US-amerikanischen Stadt.

Die korrupte Herrschaft dreier Diktatoren provozierte schließlich die Revolution vom 1. Januar 1959, als Fidel Castro in Havanna einmarschierte. Die USA kappten alle Verbindungen zur Insel, und die – oft illegalen – Geldströme versiegten.

Weil die neue Regierung die vorhandenen, geringen Geldmittel zuerst im unterentwickelten Hinterland investierte, wurde Havannas Altstadt zunächst vernachlässigt. Aber die raue Schönheit blieb von Zerstörungen und Bausünden verschont und zeigt eines der einheitlichsten Stadtbilder barocker und neuklassizistischer Architektur. Immer mehr der verspielten, alten Kolonialbauten glänzen heute in neuer Pracht, seit die kubanische Regierung in den 80er Jahren ein auf 35 Jahre angelegtes Multimillionen-Dollar-Restaurierungsprogramm beschloss.

Eines der ersten Gebäude, die restauriert wurden, war die Kathedrale von Havanna, die dem Schutzpatron San Cristóbal geweiht ist. Sie wurde im 18. Jahrhundert von Jesuiten in der Nähe des Wassers gebaut und gilt unter Kunsthistorikern als eines der besten Beispiele des italienischen Barocks.

Zentrum des kubanischen Lebens war bis zum Ende des 19. Jahrhunderts die Plaza de Armas. Prunkstück ist der Palacio de los Capitanes Generales, seit 1793 Sitz der spanischen Generalkapitäne, seit 1909 der Präsidenten. Heute zeigt hier das Museo de la Ciudad anschaulich die Stadtgeschichte von der Entdeckung Kubas durch Kolumbus 1492 bis zur Revolution von 1959.

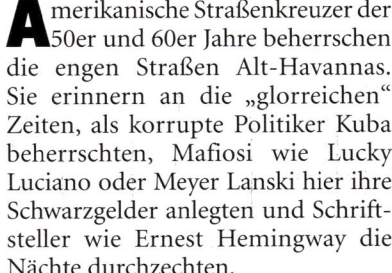

Höhenluft in Quito
Die ecuadorianische Hauptstadt zählt mit ihrem gut erhaltenen Stadtkern zu den Kulturdenkmälern der Welt

ANREISE:
Gute Flugverbindungen nach Quito, fast immer mit Zwischenlandungen in anderen südamerikanischen Städten

KLIMA:
Frühlingshaft, 15° bis 22° C, abwechslungsreich, vorwiegend trocken. Hauptreisezeit Dezember/Januar und Juni bis August

UNTERKUNFT:
Alle Standards vorhanden. Einfache Hotels in der Altstadt, Mittel- und Spitzenklassehotels in der Neustadt. In der Hauptsaison und während der zahlreichen Feiertage eine Woche im Voraus buchen

TRINKGELD:
10 Prozent Bedienungsgeld. In Restaurants das Trinkgeld nicht auf dem Tisch zurücklassen. Taxifahrer erwarten kein Trinkgeld

Unweit des 4794 Meter hohen Vulkans Pichincha breitet sich die älteste Hauptstadt Südamerikas in einem weiten Tal aus. Hier oben in fast 2900 Meter Höhe ist die Luft schon recht dünn und für Besucher gewöhnungsbedürftig. Aber das immer währende wunderbar frühlingshafte Wetter, die friedlichen Plätze mit ihren Springbrunnen, die steilen, engen Gassen der Altstadt und die großzügigen Straßen der Neustadt entschädigen bei weitem für die anfängliche Kurzatmigkeit.

Im nördlichen Teil Quitos schiebt sich dichter, lauter Großstadtverkehr durch die breiten Avenidas 10 de Agosto und 6 de Diciembre. Am großen Treffpunkt der Stadt, der Avenida Amazonas, eilen mobil telefonierende Geschäftsleute, Studenten und modern gekleidete „Quiteños" die Geschäftszeilen entlang oder entspannen sich in den zahlreichen Straßencafés. In den Gassen der Altstadt dagegen sieht man nur wenige Autos. Allenfalls quälen sich klapprige Taxis und farbenfrohe Busse über die holprigen Straßen zwischen den Menschen hindurch.

Quito war schon zu Zeiten der Inkas die Hauptstadt des Königreiches Quitu. Zwischen dem 10. Jahrhundert und 1487, als die Inkas die Stadt unterwarfen, wurde das Königreich von den Shyris, den Herrschern der Cara-Indianer, regiert. Man erzählt, dass sie einst über das Meer kamen.

Aber Sebastián de Benalcázar, ein Leutnant des spanischen Eroberers Francisco Pizarro, fand nur noch Ruinen vor, als er die Inkastadt am 6. Dezember 1534 eroberte. Denn Rumiñahui, der General des letzten Inkaführers Atahualpa, ließ die Stadt schleifen, um sie nicht den Conquistadores zu übergeben.

Als erste Stadt Südamerikas rief Quito am 10. August 1809 einseitig seine Unabhängigkeit aus. Doch erst 13 Jahre später besiegten republikanische Truppen endgültig die königstreuen Verbände und verwirklichten die Unabhängigkeit.

Prachtvolle Altstadt

Die Altstadt Quitos hat sich seit der Kolonialzeit kaum verändert. Seit 1978, als sie Unesco-Kulturerbe der Menschheit wurde, sind Bau und Ausbau der Innenstadt sogar streng geregelt. Die wenigen neueren Gebäude aus den 60er und 70er Jahren stören kaum die schlichten, weißen Kalkfassaden der alten Häuser mit dem Stuckschmuck über den Fenstern, den verzierten Erkern und den versteckten Innenhöfen.

Im Zentrum von Alt-Quito liegt die quadratische Plaza de Independencia mit dem Palacio de Gobierno und der Kathedrale, dem Heiligtum für den Revolutionshelden Antonio José de Sucre. Nur wenige Straßen weiter, auf dem Weg zur Plaza de San Francisco, kommt man an der bekanntesten Kirche der Stadt vorbei: La Compañía de Jesús, die 1572 eingeweiht wurde. Bereits die Fassade mit den lebendig mit dem Licht spielenden Säulen, Bögen und Statuen hält den Blick gefangen. Im Halbdunkel des Innenraums wölbt sich die mit Blattgold reich verzierte Holzdecke über das Hauptschiff, an dessen Ende oberhalb des holzgeschnitzten Hauptaltars der goldverzierte Hochaltar leuchtet.

An der Plaza de San Francisco breitet sich eine weite Klosteranlage über vier Häuserblocks aus. Im Innern funkeln überall Smaragde, feinste Schnitzereien zieren das Chorgestühl, und die gotischen Spitzbögen harmonieren eindrucksvoll mit dem barocken Altar.

In bunten Ponchos

Bunter Lebensmittelpunkt der Altstadt ist die Plaza de Santo Domingo mit der gleichnamigen Kirche. Schon vor Sonnenaufgang drängen sich die Menschen um die Haltestellen der alten Busse. Indiofrauen in ihren bunten Ponchos über den weiten Röcken und den halbrunden Filzhüten kochen auf Eimeröfen Kaffee und verkaufen Brote und gekochte Eier.

Hinter der Altstadt steigt der Hügel El Panecillo empor, den die „Jungfrau von Quito" krönt. Hier hoch sollte man nur mit dem Taxi fahren, denn Wegelagerer machen die Treppen unsicher, die nach dort führen. Aber der Blick von hier aus über die Dächer der ecuadorianischen Hauptstadt hinüber zu den schneebedeckten Spitzen der fernen Bergketten bleibt unvergesslich.

Nicht nur die Anzahl der Museen in Quito ist beeindruckend, auch ihre Qualität. Sehenswert vor allem die riesige, runde „Casa de la Cultura Ecuatoriana", das Kulturhaus, in dem gleich mehrere Museen untergebracht sind. Die Sammlungen im archäologischen Museum der Zentralbank geben einen umfassenden Überblick über die Kulturen der Vor- und Frühgeschichte Ecuadors. Im städtischen Museum für Kunst und Geschichte kann man der Entwicklung der religiösen Kunstbewegungen folgen, die während der gesamten Kolonialzeit blühten. Schließlich hatte Quito die erste Kunstschule des Kontinents, gegründet 1552.

Geseliger Mittelpunkt der historischen Altstadt ist die Plaza St. Domingo. Dahinter auf dem Gipfel des Hügels die Statue der „Jungfrau von Quito" (oben)

Die moderne Skyline von Quito vor der Gipfelkette der nördlichen Kordilleren (unten l.)

Die mächtigen Türme der Kathedrale an der Plaza de Independencia

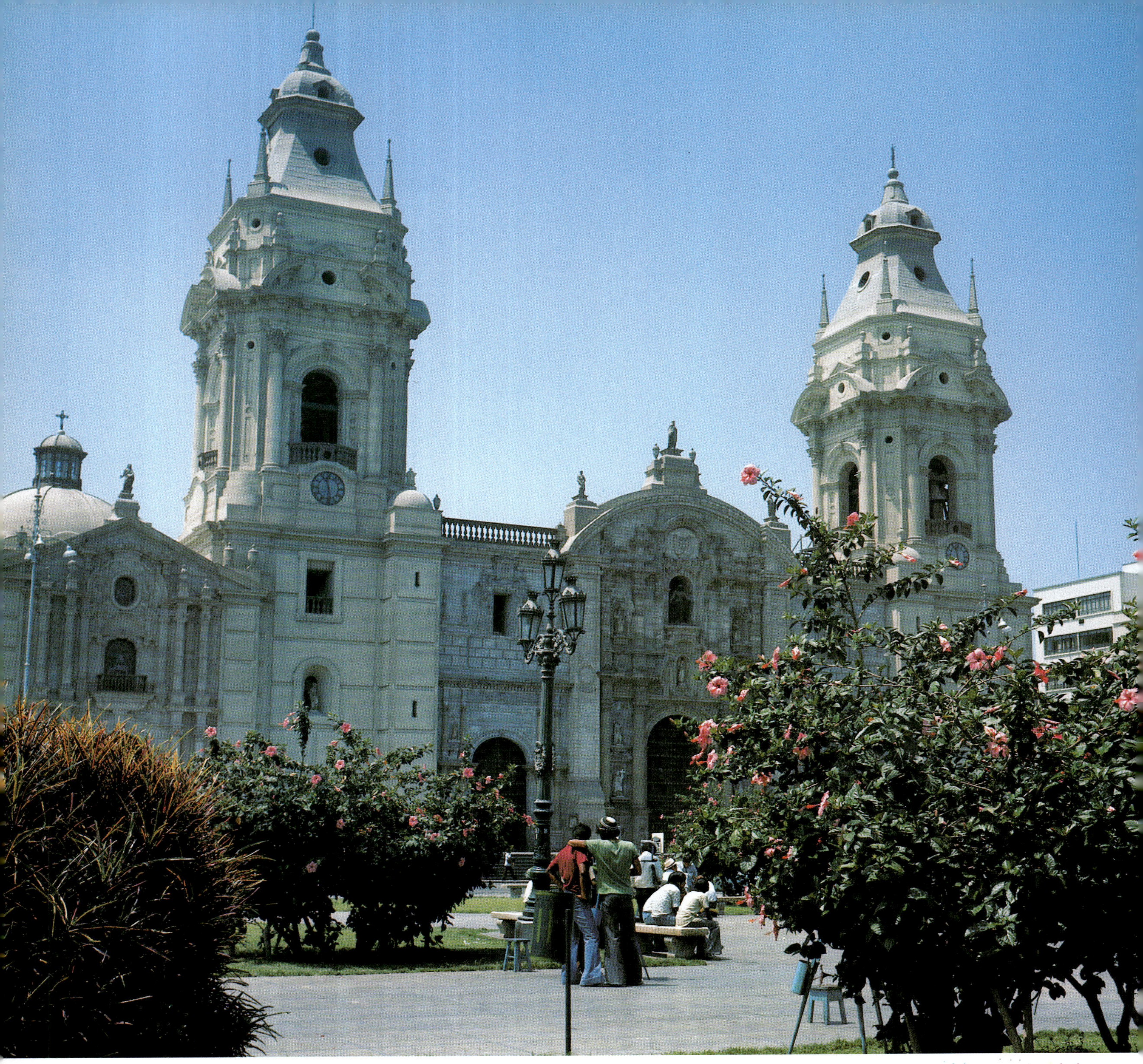

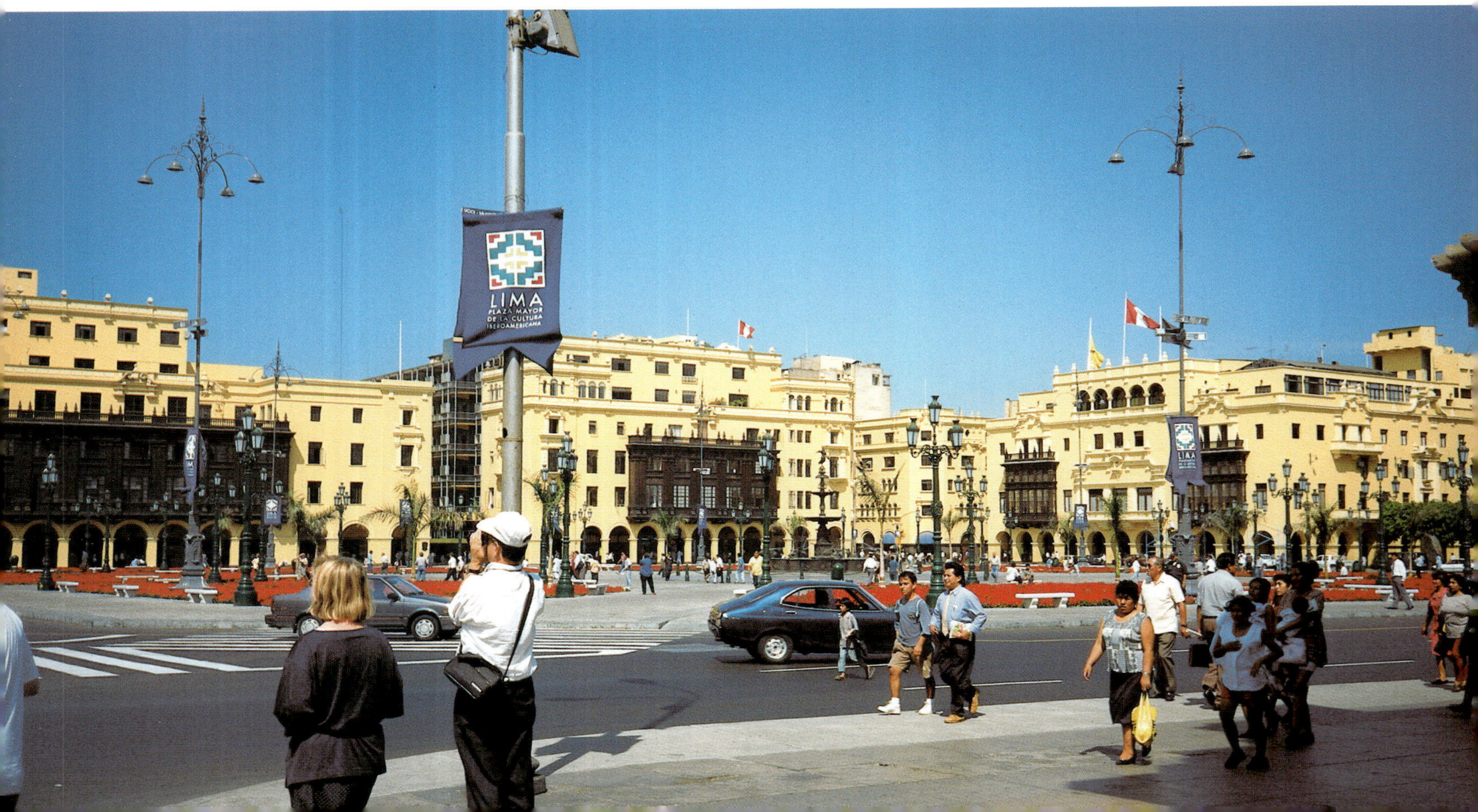
LIMA
PLAZA MAYOR
DE LA CULTURA
IBEROAMERICANA

Im Land der Indios

Die peruanische Hauptstadt **LIMA** ist eine moderne Megastadt mit prachtvollen Relikten aus der Kolonialzeit

Wer Peru bereist, kommt an Lima nicht vorbei. Jeder dritte Peruaner, mehr als sieben Millionen Menschen, leben in ihrer Hauptstadt.

Im Stadtteil Miraflores, südlich des kolonial geprägten Zentrums, liegen die modernen Geschäftsstraßen und bunte Kunst- und Kunsthandwerksmärkte. Die zahlreichen Cafés laden zum Verweilen ein, zum Sehen und Gesehenwerden, und flirrendes, südamerikanisches Nachtleben zieht nach Sonnenuntergang die Gäste an. Wie ein Symbol der Lebensfreude schaut vom Parque del Amor am Strand die Skulptur eines Anden-Liebespaares hinaus auf den Pazifik.

Barranco ist das Viertel der Bohemiens, der Künstler, Poeten und Studenten. Seine Häuser spiegeln das Flair der frühen Jahre der Republik wider und sind Kulisse für die vielen typischen Kneipen und Restaurants.

Gefahr durch Erdbeben

In die Kolonialzeit zurück führen die Reste kurvenreicher, enger Straßen jenseits des Rio Rimac nördlich der Altstadt. Die dicht stehenden, einstöckigen Häuser einer Vorstadt des 17. und 18. Jahrhunderts sind am besten in der Alameda de los Descalzos erhalten.

Im Herzen des kolonialen Limas verbindet die belebte Fußgängerstraße Jirón de la Unión die beiden zentralen Plätze Mayor und San Martín.

Doch allzu viele Zeugen der Kolonialzeit gibt es nicht mehr. Erdbeben zerstörten die meisten alten Gebäude, dichter Seenebel und allgegenwärtiger Smog beschädigten, was übrig blieb. Die früheren Wohngebiete im Zentrum Limas erlebten mehrfache Umgestaltungen vor allem seit 1930, als große Straßen für den aufkommenden, inzwischen dichten Autoverkehr gebaut wurden. Neue Bank- und Geschäftshäuser prägen heute weitgehend das Erscheinungsbild der City.

Peru wurde 1821 unabhängig

Doch manches hat man retten können. So an der Plaza Mayor, früher Plaza de Armas genannt, die sich am nordöstlichen Ende der Einkaufsstraße öffnet. In ihrer Mitte plätschern wieder Wasserkaskaden am 1650 hier aufgestellten Brunnen herab. Zwar umringen einige moderne Regierungsgebäude den Platz, in denen sich die Vorliebe für den jüngeren französischen Empirestil ausdrückt, aber beherrschend sind die Kolonialbauten. So die Kathedrale, die mehrfach durch Erdbeben zerstört und zuletzt 1746 erneut aufgebaut wurde. Der Palast des Erzbischofs beeindruckt mit seinen exquisit verzierten Balkonen.

Die Plaza San Martín am südwestlichen Ende der Jirón de la Unión entstand erst Anfang des vorigen Jahrhunderts. Über sie hinweg blickt die Bronzestatue des Befreiers von der spanischen Herrschaft, José de San Martín. Man errichtete sie 1921 zum Gedenken an die Unabhängigkeit Perus, die der Freiheitskämpfer am 28. Juli 1821 im Dorf Huaura nördlich von Lima ausgerufen hatte.

Die Befreiung Perus kam 1821/22 von zwei Seiten: Nachdem José de San Martín Argentinien und Chile befreit hatte, kam er nach Lima. Unterdessen hatte Simón Bolívar Venezuela und Kolumbien befreit. Als San Martín 1822 nach Frankreich ging, setzte Bolívar das Werk fort und hatte 1824 die spanischen Kolonialherren vollständig aus Peru vertrieben.

Die Gegend um Lima ist seit Tausenden von Jahren bewohnt. Größere Städte hat es hier schon zwischen 200 v. Chr. und 600 n. Chr. gegeben. Aufregende Zeugnisse davon stehen mitten in Miraflores. Neben den Resten einer Pyramide haben Archäologen vor wenigen Jahren auch das Grab eines reichen Mannes aus der Zeit der Lima-Kultur, die ihre Blüte zwischen 400 und 1200 n. Chr. hatte, ausgegraben.

Nachdem Francisco Pizarro zwischen 1531 und 1533 das peruanische Inkareich überfallen und erobert hatte, gründete er 1535 die Stadt Lima. Wo einst sein Palast an der Plaza Mayor stand, steht heute der Regierungspalast. Sein Sarg befindet sich in der mit üppigen Mosaiken verzierten Kapelle rechts am Haupteingang der Kathedrale.

Malereien der Inkas

Lebendig ist die reiche Geschichte Limas und Perus in den bemerkenswert zahlreichen Museen der Stadt. So erhält man im Nationalmuseum den breitesten Überblick über die Geschichte und die Ausgrabungen Perus. Das Goldmuseum beherbergt Tausende von Goldobjekten, von Ohrringen bis zu Ponchos, die mit Hunderten Plättchen aus solidem Gold besetzt sind. Das Museo Rafael Larco Herrera ist bekannt für seine Sammlung vorkolumbischer Gefäße mit erotischen Malereien der Sexualpraktiken früher Inkas, die in einem Nebengebäude untergebracht ist. Aber genauso beeindruckend sind die übrigen 55 000 Keramiken, die Mumien und ein Webteppich, bei dem man 1567 Knoten pro laufendem Zentimeter gemessen hat – ein Weltrekord.

Weniger berühmt, aber äußerst sehenswert ist die Bibliothek des Klosters San Francisco, in der Tausende alter Texte archiviert sind, einige aus der Zeit der spanischen Eroberung. Bekannter sind die Katakomben des Klosters, in denen die Überreste von 70 000 Menschen liegen sollen. Die Kirche ist eines der am besten erhaltenen frühkolonialen Gotteshäuser Limas und beeindruckt durch ihren Barockstil mit den maurisch-arabischen Einflüssen.

ANREISE:
Als Perus Wirtschafts- und Finanzzentrum wird Lima von internationalen Gesellschaften aus aller Welt angeflogen

KLIMA:
Hauptreisezeit: Juni bis August, die Trockenzeit im Hochland. Dann verschleiert aber oft dichter Küstennebel, der „Garúa", die Straßen und Gebäude

UNTERKUNFT:
Alle Kategorien. Viele preiswerte und einige exklusive Hotels im Zentrum, mittelklassige und exklusive Hotels in Miraflores. Während der Hauptreisezeit und während der Ferienzeiten Januar bis März sind Vorbuchungen erforderlich

TRINKGELD:
5 bis 10 Prozent für Dienstleistungen

Limas Kathedrale wurde mehrfach durch Erdbeben zerstört. Der heutige Bau stammt aus dem Jahre 1746 und wurde neu errichtet (oben l.)

An der Plaza Mayor, der ehemaligen Plaza de Armas, sind zahlreiche Prunkbauten aus der Kolonialzeit erhalten (unten l.)

Bronzefigur eines Indio-Bauern mit Ochsen, im Hintergrund das Sheraton-Hotel. Die sozialen Gegensätze im modernen Peru sind gewaltig

Marktplatz im Tal der Anden

Die indianische Bevölkerung prägt das Leben in der bolivianischen Metropole **LA PAZ**

ANREISE:
Internationale Flüge zum höchstgelegenen Flughafen der Welt in El Alto über New York, Miami und Rio de Janeiro

KLIMA:
Im Sommer kann das Klima rau sein, es fällt fast jeden Nachmittag Regen. Temperatur um 18° C

UNTERKUNFT:
Zahlreiche preiswerte Hotels und Pensionen. Vorbuchungen unsicher, deshalb früh am Morgen anreisen. Mehrere Luxus- und Spitzenhotels

TRINKGELD:
Bedienungsgelder in Hotelrechnungen enthalten, sonst 10 Prozent

Die Plaza San Francisco ist ein beliebter Treffpunkt für Straßenhändler (oben)

Auf dem „Hexenmarkt", Markt des Aberglaubens. Händlerin mit magischen Ingredienzen, die vor bösen Geistern schützen sollen

Fast in vier Kilometer Höhe über dem Meeresspiegel erstreckt sich die gewaltige Andenhochebene Altiplano über 1000 Kilometer von Südperu bis zur südlichsten Ecke von Bolivien. Nicht weit südöstlich des Titicaca-Sees schneidet der beeindruckende Cañon des La-Paz-Flusses Choqueyapu 400 Meter tief in den Altiplano ein.

In diesem weiten Talkessel, geschützt vor den eiskalten Winden der Hochebene, ziehen sich die malerischen roten Ziegeldächer des Häusermeers von La Paz die Hänge hinauf. Dazwischen eingesprenkelt ein paar Wolkenkratzer und in der Ferne der schneebedeckte Gipfel des über 6400 Meter hohen Nevado Illimani.

Dieses Tal, in dem bereits ein Inka-Dorf stand, wählte 1548 der spanische Konquistador Alonso de Mendoza aus, als er die Stadt „Nuestra Señora de La Paz" gründete, nachdem man im Choqueyapu Gold gefunden hatte. Der Goldrausch dauerte nicht lange, aber da auch die Hauptroute der Silbertransporte von Potosí an die Pazifikküste durch dieses Tal führte, blieb der Stadt lange Zeit ein stabiles Einkommen gesichert.

Metropole mit Höhenrekord

1825 wurde sie zur Erinnerung an die letzte entscheidende Unabhängigkeitsschlacht in „La Paz de Ayacucho" umbenannt. 1898 verlegte die Regierung ihren Sitz hierher, überließ Sucre im Süden Boliviens aber den Hauptstadt-Titel. Als La Paz auch noch Knotenpunkt der Eisenbahnen wurde, nahm die Zahl der Einwohner Ende des 19. Jahrhunderts gewaltig zu.

Heute leben in der dünnen Luft dieser höchsten Metropole der Welt rund eine Million Menschen. Aber Besucher brauchen keine Sorge zu haben, sich in dem Straßen- und Häusergewirr zu verlaufen. Denn es gibt nur eine Hauptverkehrsachse, die auf dem Talgrund dem Choqueyapu folgt. Hat man sich verirrt, geht man einfach immer bergab.

Das Zentrum von La Paz ist die Plaza Murillo nordöstlich des Flusses, umringt von der 1835 erbauten Kathedrale, dem beeindruckenden Parlamentsgebäude und dem Regierungspalast.

In der Altstadt haben nur wenige Gebäude aus der Kolonialzeit überlebt, doch ein paar Blöcke nördlich der Plaza Murillo hat man eine der alten Straßen liebevoll restauriert. Auch vier kleine, sehenswerte Museen liegen hier. Im Museo de Metales Preciosos Precolombinos gibt es eine erstaunliche Sammlung von Gold- und Silberfunden aus vorkolumbischer Zeit. Das Museum Casa Murillo zeigt Schätze aus der Kolonialzeit, und das Museo del Litoral Boliviano dokumentiert den „Salpeterkrieg" von 1879–1883, in dem Bolivien seine Pazifikküste verlor. Schließlich zeichnet das Museum Costumbrista Juan de Vargas die gesamte Geschichte von La Paz seit der Kolonialzeit nach.

Bizarre Gefängnisbräuche

Eine neue Attraktion ist das Coca-Museum an der Calle Linares. Seine lehrreiche und objektive Ausstellung beschreibt den Platz, den die Droge Coca in traditionellen Gesellschaften einnimmt, ihren Gebrauch, die Nutzung in Erfrischungsgetränken und Medikamenten und die Stigmatisierung und Ausbreitung als illegales Kokain.

Eine der wohl bizarresten Touristenattraktionen ist ein Besuch im San-Pedro-Gefängnis. Die dort einsitzenden rund 1500 Gefangenen versuchen auf jede mögliche Weise Geld zum Überleben zu verdienen. Die erfolgreichsten – oder rücksichtslosesten – von ihnen leben in komfortablen Zellen mit den Annehmlichkeiten eines guten Hotels. Am Haupttor kann man Gefangene ansprechen, die Ausländer für ein paar US-Dollar-Scheine, aber unter strenger Bewachung, durch die Anstalt führen. Bei dem Rundgang kann man auch Spielzeuge und andere Handwerksarbeiten der Gefangenen kaufen.

Die indianische Bevölkerung prägt das Leben der Stadt so stark wie in keiner anderen in Südamerika. Das zeigen eindrucksvoll die großen, bunten und warenreichen Märkte. Sie ziehen sich am westlichen Hang hoch, ausgehend vom San-Francisco-Platz mit der gleichnamigen Kirche. Mit dem Bau des Gotteshauses, vor dem sich an Sonntagvormittagen farbenprächtige Indio-Hochzeitsgesellschaften versammeln, begann man 1549. Fertig wurde die Kirche aber erst in der Mitte des 18. Jahrhunderts.

Farbenprächtige Märkte

Die Calle Sagárnaga ist gesäumt mit Handwerksläden und Straßenständen, die indianische Webarbeiten, Musikinstrumente, Silberschmuck und auch eine Menge touristischer Andenken verkaufen.

Doch die ganze, üppige Farbenpracht und Vielfalt bolivianischer Märkte entfaltet sich auf dem riesigen Mercado-Negro-Markt. Das von Ständen und Buden überfüllte Labyrinth erstreckt sich über mehrere Blocks.

In einer Seitenstraße trifft man auf einen der wohl ungewöhnlichsten Märkte, den „Hexenmarkt" Mercado de Brujos, der offiziell Mercado de Hechicería heißt. Hier hausieren Händler mit magischen Ingredienzen, Kräutern, Samen, Figürchen, und so merkwürdigen Dingen wie getrockneten Lama-Feten. Sie sollen gegen alle möglichen Krankheiten und vor den bösen Geistern schützen, die die Welt der Aymara-Indios bevölkern.

Chiles wichtigster Hafen

VALPARAISO hat eine wechselvolle Geschichte – Die Stadt galt lange als die „Perle des Pazifiks"

Pablo Neruda wusste schon, warum er sich ausgerechnet in Valparaíso ein Haus auf einem der über 50 Stadthügel kaufte. Hatte sich der wählerische, humorvolle Dichter doch bereits eines in der Hauptstadt Santiago gekauft und eine Strandvilla auf Isla Negra 80 Kilometer südlich der Hafenstadt, als er 1952 reich und berühmt aus dem Exil nach Chile zurückkam. Aber der traumhafte Blick vom Hügel La Florida über das Stadtzentrum und den weitläufigen Hafen muss den Schiffsnarren genauso fasziniert haben wie seine Bewunderer und Besucher, die heute den nicht ganz leichten Weg hier hinauffinden.

Dicht an dicht kleben die zahllosen, oft bunt bemalten Wohnhäuser ringsherum an den steilen Hängen, die die Stadt umschließen und vom schmalen Ufer des Pazifiks sofort steil empor steigen. Der Uferstreifen ist so schmal, dass man für das Stadtzentrum den Boden in die Bucht hinein aufschütten musste.

Für den spanischen Eroberer Juan de Saavedra war die weite Bucht, an der er die Stadt 1536 gründete und nach seiner Geburtsstadt in Spanien benannte, in erster Linie ein guter Ankerplatz. Schützten doch die Berge vor den häufigen und oft stürmischen Süd- und Westwinden.

Als die Kaufleute kamen

Lange litt der kleine Hafen unter den strengen Handelsregeln der spanischen Kolonialherren. Das änderte sich nach der Unabhängigkeit 1818 fast schlagartig. Kaufleute kamen nach Valparaíso, Schifffahrtslinien verbanden die Stadt mit Europa, und sie war wichtiger Anlaufhafen für die Schiffe, die Kap Horn umrundet hatten. Und sie wurde Stützpunkt der neu geschaffenen Kriegsmarine.

Die Blütezeit ging zu Ende, als 1914 der Panamakanal öffnete und die Kap-Horniers ausblieben. Inzwischen ist Valparaíso wieder zu einem modernen, wichtigen Handelshafen Chiles geworden.

Die romantischen Ecken sind geblieben. In den kleineren Hafenbecken dümpeln viele, vorwiegend gelb angemalte Holzboote von Küstenfischern, die hier ihren Fang direkt vom Schiff aus verkaufen.

Doch so traumhaft und malerisch die Stadt auch liegt, das Schicksal hat sie immer wieder schwer geprüft. Nur wenige der spanischen Kolonialgebäude haben die Piratenüberfälle, die oft schweren Stürme, Feuer und Erdbeben überstanden. Nach dem verheerenden Beben von 1906 musste man einen großen Teil der Stadt neu aufbauen, und auch das jüngste Beben von 1971 hinterließ viele stark zerstörte Häuser. Dennoch findet man gerade im Zentrum noch zahlreiche viktorianische und neuklassizistische Häuser.

Zu Beginn des 20. Jahrhunderts war Valparaíso als „Perle des Pazifiks" bekannt. Mit nahezu 20 Luxushotels, dem quirligen Leben, dem regen Handel und internationalen Flair hatte die Stadt der etwas farblosen Metropole Santiago den Rang abgelaufen.

Steiles Altstadtviertel

Das moderne Valparaíso mit seinen Hafenanlagen, Lagerhäusern, Banken und dem Einkaufszentrum erstreckt sich entlang dem Hafen. Sein Mittelpunkt sind die von Verwaltungsgebäuden umgebene, parkartige Plaza Sotomayor und der Bahnhof Puerto. In ihrer Nähe liegen die Kathedrale, Parks, Boulevards, Theater und zahlreiche Cafés dicht beieinander. In den Nebenstraßen lassen sich vereinzelt Kolonialgebäude entdecken, darunter auch die sehenswerte Kirche La Matriz.

Händler überziehen an Markttagen ganze Straßenzüge mit ihren Ständen und Buden, und jenseits des Bahnhofs Puerto lebt an Wochenenden die Muelle Prat auf, eine breite, weit in den Hafen ragende Pier, auf der zahlreiche einheimische Kunsthandwerker ihre Arbeiten anbieten.

Hier unten am Pazifik ist Valparaíso noch übersichtlich. Die breiten Straßen folgen in weiten, parallelen Bögen dem Ufer. Aber an den Hängen der Berge hinter und über dem Stadtzentrum gehen die Straßen in ein fast mittelalterliches Wirrwarr von steilen Fußwegen, Treppen, Gassen, haarnadelkurvigen Straßen und Sackgassen über. Man muss in diesen Vierteln geboren sein, um sich zurechtzufinden, denn hier versagt auch der beste Stadtplan.

Einzige Orientierungsmarken sind die 15 noch funktionierenden Ascensores, die Standseilbahnen, die einige der Hügel erklimmen und für ein paar Pesos die Mühe des Treppensteigens abnehmen. Zwar sieht man die rot oder gelb gestrichenen Wagen von überall her, doch die Haltestationen sind oft nur schwer auszumachen. Die ursprünglich 28 Aufzüge wurden zwischen 1883 und 1932 gebaut und sind zum Teil technische Meisterleistungen.

Mit ihrer Hilfe kann man stundenlang zu Fuß die malerischen Bergviertel erkunden. Denn Autos wagen sich kaum hierher. Zu verwinkelt und steil sind die schmalen Sträßchen, die jederzeit in eine Treppe übergehen können oder gar ganz in einer Sackgasse enden.

ANREISE:
Bahn und Bus von Santiago, nationale Fluglinien

KLIMA:
Beste Reisezeit Oktober bis Januar. Mai bis August Regenzeit

UNTERKUNFT:
Hotels aller Kategorien liegen im Stadtzentrum nicht weit vom Hafen

TRINKGELD:
Restaurants 10 Prozent, Taxis nur aufrunden

Im Hafenbecken von Valparaíso dümpeln auch die Boote der Küstenfischer (oben l.)

Das dicht besiedelte Stadtviertel La Matriz zieht sich die Hänge hinauf (unten l.)

Standseilbahnen sind immer noch ein beliebtes Verkehrsmittel

Die betäubende Schönheit von Rio

Südamerikas heimliche Hauptstadt verdankt ihren Ruf dem Lebenshunger und der Lebensfreude ihrer Bewohner

ANREISE:
Direkt- und Charterflüge aller großen Airlines. Komfortable Frachtschiffsreisen von Europa und USA

KLIMA:
Von Juni bis September ist es mild, und es regnet weniger als im Sommer. Von Dezember bis März ist es tropisch heiß

UNTERKUNFT:
Alle Kategorien. In der Karnevalszeit Monate vorher bereits ausgebucht. In der Nebensaison (Südwinter) sind Zimmerpreise verhandelbar

TRINKGELD:
In Restaurants ca. 10 Prozent. Bei Taxis ohne Taxameter Preis vorab verhandeln

Der Karneval ist nur die grandiose, feuerspeiende Spitze eines Vulkans trunkener Lebensfreude. Tanz, Alkohol, Strand, Sport und Sonne sind Lebenselixiere der knapp sechs Millionen Einwohner von Rio de Janeiro. Die weiten Strände, allen voran der von Copacabana, sind die Zentren des Lebenshungers.

Entlang den Atlantikstränden von Copacabana, Ipanema und Leblon ziehen sich die hohen Apartmenthäuser der betuchten Mittelschicht. Oben an den Berghängen, wie zur Mahnung, breiten sich die Armenviertel, die Favelas, aus. Zwischen Flamengo und Copacabana fährt von Praia Vermelha alle halbe Stunde eine Seilbahn hinauf auf eines der beiden Wahrzeichen von Rio, den fast 400 Meter hohen Zuckerhut.

Christus bewacht die Stadt

Das andere Wahrzeichen ist die fast 40 Meter hohe Christus-Statue, die auf dem mehr als 700 Meter hohen Corcovado-Felsen westlich des Zuckerhuts ihre Arme über der Stadt ausbreitet. Eine Serpentinenstraße durch ein Stück Urwald und eine Zahnradbahn führen hier hoch. Der Bergrücken, aus dem der Corcovado aufsteigt, trennt die Südzone vom durchgeplanten, reichen Stadtteil Barra da Tijuca auf der Nordseite des Nationalparks da Tijuca.

Rio de Janeiro verdankt seine betäubende Schönheit der Lage am Westufer der weiten Guanabara-Bucht am Fuße der malerischen Gipfel, den „Morros", und der grün bewachsenen Küstenausläufer des brasilianischen Hochlandes.

Das hat sicher auch den portugiesischen Entdecker André Gonçalves beeindruckt, als er am Neujahrstag des Jahres 1502 in die Bucht von Guanabara einlief. Er hielt sie irrtümlich für einen Fluss und gab ihr den Namen „Januarfluss", Rio de Janeiro. Da die Bucht ein idealer Naturhafen ist, baute der Portugiese Gonçalo Coelho 1503 eine Niederlassung am Urca, dem Hügel unterhalb des Zuckerhutes. Erst 1565 wurden die Grundmauern von „Cidade de São Sebastião do Rio de Janeiro" an der Stelle gelegt, an der heute das Zentrum liegt.

Als man zu Beginn des 18. Jahrhunderts in den Minen von Gerais, südlich des heutigen Brasilia, Gold fand, setzte eine Einwanderungswelle aus Europa ein. Schnell wuchs die Stadt über ihre Mauern hinaus und löste 1763 Bahia als portugiesische Kolonialhauptstadt ab. Die Goldminen waren bald erschöpft, aber nach kurzer Wirtschaftsflaute besann man sich auf den Kaffeeexport. Als 1808 die portugiesische Königsfamilie vor Napoleon aus Europa hierher floh, wuchs die Kolonie noch schneller. Man errichtete neue Häuser, restaurierte die alten, trieb neue Straßen durch die Stadt und baute die öffentliche Wasserversorgung aus.

Catedral Metropolitana

Nachdem König Johann VI. 1821 zurück nach Portugal gegangen und Brasilien 1822 unabhängig geworden war, begann erneut ein Bauboom. Bis zum Ende des Jahrhunderts hatte man die Stadt mit Pferdebahnen, Eisenbahnanschluss, Straßenbeleuchtung, Abwasserkanälen, Funktelegrafie und Telefondiensten auf den neuesten Stand der Technik gebracht. Nach der Jahrhundertwende fielen weitere alte Kolonialgebäude den neuen, breiteren Durchgangsstraßen und den immer höher strebenden Hochhäusern zum Opfer. Noch in den 60er Jahren des 20. Jahrhunderts mussten Kolonialgebäude dem eindrucksvollen, avantgardistischen Bau der Catedral Metropolitana weichen, die 1976 eingeweiht wurde.

Doch einige alte Gassen verstecken sich zu beiden Seiten der zentralen Fußgängerstraße Avenida Rio Branco. Hier drängen sich die Menschen entlang Hunderter kleiner Läden. In den unzähligen Restaurants gibt es um die Mittagszeit kaum Platz. Das Essen ist hier billiger und oft besser als in den Touristenrestaurants der Südzone.

Auch auf der Zollinsel Ilha Fiscal blieb die Zeit stehen. Die grünlichen Gebäude wurden 1880 im neugotischen Stil errichtet. Der aufwändig und sorgfältig restaurierte Palast beherbergt seit 1999 das Museum Cultural da Marinha, in dem Kleider und Gebrauchsgegenstände der königlichen Familie zu sehen sind.

Eine Oase inmitten der hektischen Metropole ist der Jardim Botânico im Nationalpark Tijuca. Er gilt als einer der schönsten tropischen botanischen Gärten und Arboreten der Welt. Johann VI. ließ hier wirtschaftlich wichtige Pflanzen aus anderen tropischen Regionen der Erde anpflanzen. Heute wachsen in dem riesigen Garten rund 7000 Arten.

Blick über die Stadt und die Weite der Bucht von Guanabara mit dem Zuckerhut (oben)

Vierzig Meter hoch ist die Christus-Statue, die mit ihren ausgebreiteten Armen zum Wahrzeichen Rios wurde (unten l.)

Der Strand von Ipanema ist ein Eldorado für alle, nicht nur für die Schönen und die Reichen

Am Ufer des Rio de la Plata

Uruguays Hauptstadt **MONTEVIDEO** ist beschaulich geblieben – und folgt trotzdem dem Rhythmus der Moderne

Anders als sonst in südamerikanischen Großstädten geht es in Montevideo, der Hauptstadt von Uruguay, fast beschaulich zu. Nicht die überschäumende, extrovertierte Latinofröhlichkeit, keine Touristenmeilen. Moderne, helle Computerläden, exklusive Modeboutiquen oder glitzernde Ladenpassagen liegen einträchtig neben verstaubten Buchhandlungen, schummerigen Schreinerwerkstätten oder vollgestopften Gemischtwarenläden. Das kontrastreiche Nebeneinander von Alt und Neu kennzeichnet die ganze Stadt, deren Häuser eine malerische Mischung aus spanisch-kolonialen, italienischen und Art-déco-Stilen sind. Morbide vielleicht, aber voller Charme, zumal man immer mehr der alten Häuser neu herausputzt.

Auf der Suche nach einem Seeweg in den Pazifik erblickte Fernão de Magalhães als erster Europäer im Jahre 1519 diese Stelle, als er den Rio de la Plata hinaufsegelte, der hier rund 100 Kilometer breit ist. Die Gegend war zunächst nicht attraktiv für die Entdecker, gab es doch weder Bodenschätze noch sesshafte Indianer, die man zur Arbeit hätte zwingen können.

Standort für Schmuggler

Erst im 18. Jahrhundert entstand an diesem günstigen Ankerplatz auf der Ostseite des Rio de la Plata eine spanische Garnisonssiedlung. Portugiesen hatten zuvor 1680 flussaufwärts direkt gegenüber von Buenos Aires die Stadt Colônia do Sacramento gegründet, ein Handelsplatz, der vom Schmuggel mit den spanischen Siedlern gegenüber lebte. Den spanischen Kolonialherren gefiel das nicht, und um den Schmugglern den Zugang zum Atlantik zu sperren, ließ Bruno Mauricio de Zabala, der Gouverneur von Buenos Aires, 1726 südlich davon die Garnisonsstadt San Felipe de Montevideo bauen.

Zwischen 1807 und 1830 besetzten Engländer, Spanier, Argentinier, Portugiesen und Brasilianer nacheinander die Stadt – zum Nachteil des Handels, der gerade zu blühen anfing, und der Einwohner, die eilig die umkämpfte Stadt verließen.

Von 1843 bis 1852 belagerte die argentinisch-uruguayische Armee des Diktators Juan Manuel de Rosas Montevideo, während Franzosen und Engländer im Gegenzug Buenos Aires blockierten. Diesmal jedoch blühte der Handel trotzdem, und Montevideo wurde zum wichtigsten Hafen am Rio de la Plata.

In der Nähe der Anlegestellen der Fähren von und nach Buenos Aires liegt auf der Nordseite der Altstadthalbinsel der Mercado del Puerto, ein gastronomisches Mekka. Unter den Dächern dieser ehemaligen reich verzierten schmiedeeisernen Markthalle haben sich zahlreiche Imbissstände, Kneipen und zum Teil hervorragende Restaurants eingerichtet. Auf riesigen Grillrosten brutzeln Innereien und gewaltige Fleischstücke, darüber schwebt der Duft von Fisch- und Muschelsuppen.

Durch die engen Gassen der kolonialen Altstadt, der Ciudad Vieja, gelangt man zu den Parks und Plätzen, die sich wie an einer Schnur aufgereiht durch das Zentrum Montevideos nach Osten hinziehen. Jenseits der Altstadt erstrecken sich vom Südufer der Halbinsel – vor den Apartmenthochhäusern und entlang der Uferstraße Rambla Gran Bretaña – grüne Parks und traumhafte Strände weit die Küste hinunter.

In der Gegend um die Plaza Zabala und die Plaza de la Constitución liegen einige der interessantesten Museen und hervorragend restaurierte Kolonialgebäude. An der Westseite der von Bäumen beschatteten Plaza de la Constitución, dem Zentrum der Altstadt, erhebt sich die Kathedrale Iglesia Matriz. In der 1799 erbauten Kirche ruhen die Großen der uruguayischen Geschichte.

Vielfalt der Baustile

Gegenüber der Kathedrale führt eine Fußgängerstraße mit kleinen Boutiquen und Straßencafés durch das alte Stadttor zur Plaza Independencia, dem neuen Zentrum Montevideos. Inmitten des riesigen grünen Platzes schaut der Freiheitskämpfer und Nationalheld José Artigas hoch zu Ross von seinem Mausoleum über das großstädtische Treiben hinweg. Rund herum sind die vielfältigen Baustile der Stadt versammelt, vom hochmodernen Justizpalast über die klassizistischen Gebäude des alten Regierungssitzes und der Handelskammer bis zum neuklassizistischen Teatro Solís.

Das wohl umstrittenste, aber gleichzeitig faszinierendste Gebäude Montevideos reckt an der Südseite des Platzes seinen Zuckerbäckerturm 26 Stockwerke in die Höhe. Das Haus mit seinen kuriosen Fenstern und den zahlreichen Türmchen und Erkern wurde 1928 gebaut, galt jahrzehntelang als das höchste Gebäude Südamerikas und ist zum Wahrzeichen Montevideos geworden.

ANREISE:
Fast alle internationalen Fluglinien fliegen Montevideo an. Von Buenos Aires Regionalflüge und Schnellfähren

KLIMA:
Juni bis August: 8 bis 16° C, Januar bis März: 18 bis 28° C

UNTERKUNFT:
In Montevideo und den nahen Urlaubsorten zahlreiche Spitzenhotels. Preiswerte Hotels in der Altstadt. Vorausbuchung während des Südsommers und in der Karnevalszeit empfehlenswert

TRINKGELD:
10 Prozent in Taxis und Restaurants

Die Plaza Independencia, das neue Zentrum Montevideos. Hinter dem Reiterdenkmal des Nationalhelden José Artigas ragt der Palacio Salvo auf, das ausgefallene Wahrzeichen der Stadt (links)

Der alte Hafen mit dem Turm des Palacio Salvo

Blick über die Bucht des Rio de la Plata auf Montevideo (unten)

Die Hauptstadt des Tangos

BUENOS AIRES hat die breitesten Boulevards der Welt und bestimmt den Pulsschlag Argentiniens

ANREISE:
Internationale Flugverbindungen mit allen großen Städten. Reizvoll: Mitfahrt auf Containerschiffen

KLIMA:
Beste Reisezeit: Nordwinter. Temperaturen im Winter und Frühjahr 21° bis 26° C, im Sommer und Herbst 10° bis 18° C

UNTERKUNFT:
Alle Kategorien. Kompetente Vermittlung am Flughafen

TRINKGELD:
5 bis 10 Prozent, Koffer- und Hotelboys 0,50 bis 1 Arg. Dollar

Die „Porteños", die alteingesessenen Einwohner von Buenos Aires, sagen, ihre Avenida 9 de Julio sei die breiteste Prachtstraße der Welt. Wahrscheinlich ist sie auch die am dichtesten befahrene. Im undurchdringlichen Fahrzeuggewühl auf der 140 Meter breiten Nord-Süd-Achse fallen besonders die zahlreichen „Colectivos" auf, die argentinische Lösung des öffentlichen Personentransports und Wahrzeichen von Buenos Aires. Die Fahrer der kleinen Busse beschwatzen ihre eng eingepferchten Passagiere mit lebhaften Kommentaren zu allem und jedem. Ihre äußerst aggressive, aber sichere Fahrweise ist legendär. Sie sind Symbol des schnellen Lebens in dieser Stadt.

Weithin sichtbar ragt in der Mitte der Avenida 9 de Julio der etwa 70 Meter hohe Obelisk empor, der 1936 zur Erinnerung an die erste, aber misslungene Gründung der Stadt errichtet wurde.

Denn die lebendige und internationale Megastadt, in deren Einzugsbereich heute etwa 11 Millionen Einwohner leben, hatte vor mehr als 400 Jahren einen sehr schweren Start. Der erste Versuch, hier 1536 eine Siedlung zu gründen, scheiterte wegen der zahlreichen Indianerangriffe, aber auch aus Mangel an Lebensmitteln.

Vizekönigreich Rio de la Plata

Der zweite Versuch im Jahre 1580 war erfolgreicher. Die Teilnehmer der Gründungsexpedition erhielten große Ländereien und fingen die Weidetiere ein, die von den ersten Siedlern zurückgelassen worden waren und die sich inzwischen reichlich vermehrt hatten.

Doch „Nuestra Señora de Santa María del Buen Aire", wie die ersten Siedler den Ort nannten, fristete zunächst nur ein Schattendasein. Die Spanier erlaubten von hier aus keinen Handel, und so gingen die Siedler schon früh ihren eigenen Weg, sie betrieben neben intensiver Viehzucht lukrativen Schmuggel. Das lohnte sich so sehr, dass Ende des 17. bis ins 18. Jahrhundert zahlreiche Siedlungen entlang des Paraná entstanden, einem fruchtbaren Gebiet, von zahlreichen kleinen Flüssen durchzogen und leicht für die kleinen Boote der Schmuggler erreichbar.

Als der Handelserfolg unübersehbar war, wurde Buenos Aires 1776 die Hauptstadt des neu eingerichteten spanischen Vizekönigreichs Rio de la Plata. Der jetzt offizielle Handel festigte die Bedeutung der Stadt als Verwaltungszentrum.

Mit dem steigenden Reichtum kamen auch Immigranten vor allem aus Spanien und Italien, aber auch aus den mitteleuropäischen Ländern und besonders aus Deutschland. Sie ließen sich in den südlichen Stadtvierteln in der Nähe des Hafens, der Lagerhäuser und der Schlachthallen nieder, die von den Einwohnern der ansässigen Mittelklasse nach einer Gelbfieberepidemie im Jahre 1870 verlassen worden waren.

Auf der Plaza de Mayo

Historisches Zentrum von Buenos Aires ist die Plaza de Mayo, die vom Regierungssitz des Staatspräsidenten beherrscht wird, der Casa Rosada. Vom Balkon des roten Gebäudes richten die Präsidenten des Landes ihre Botschaften an das Volk. Auf dem Platz davor protestieren, feiern oder demonstrieren immer wieder viele Hunderttausende Argentinier.

An der Westseite des Platzes verbindet die fast zwei Kilometer lange Avenida de Mayo mit ihren repräsentativen Bauten den Regierungssitz geradewegs mit dem Kongressgebäude, das dem Kapitol in Washington aufs Haar gleicht.

Am Kilometerstein „0" auf dem Kongressplatz beginnen alle argentinischen Überlandstraßen. Gegenüber symbolisiert das „Monument der zwei Kongresse" mit seinen Granittreppen die Anden, mit seiner Fontäne die Flüsse und das Meer.

Der moderne Rhythmus von Buenos Aires schwingt nördlich der Plaza de Mayo rechts und links der Fußgängerboulevards Calle Lavalle und Calle Florida. Hier hetzen entlang der endlosen Einkaufspassagen zahlreiche gut gekleidete Geschäftsleute mit dem Handy am Ohr zum Finanz- und Bankenviertel, in den Restaurants drängen sich die Leute vor dem Fleischgrill, und vor den Kinos und Theatern bilden sich abends lange Warteschlangen.

Künstlerviertel San Telmo

Beliebte Besucherziele sind die typischen Arbeiterviertel San Telmo und La Boca südlich der Avenida de Mayo. In den restaurierten Kolonialhäusern von San Telmo leben und arbeiten heute Künstler und Kunsthandwerker, und im farbenprächtigen La Boca sind die schreiend bunt bemalten Häuser aus Holz und Blech eine ursprüngliche Szenerie für viele Feste und die zahlreichen Tangoveranstaltungen.

Nach Recoleta, Retiro und Palermo im Norden haben sich die Reichen zurückgezogen. Hier kann man zwischen den luxuriösen Villen der Kolonialzeit und hochmodernen Glas-Beton-Refugien Ruhe finden bei Spaziergängen durch die Botanischen und Zoologischen Gärten und über den Friedhof Cemeterio de la Recoleta, wo Generationen der argentinischen Elite ruhen.

Das Kongressgebäude wurde dem Kapitol in Washington detailgetreu nachgebaut (ober l.)

Zentrum der modernen Megastadt ist der Platz der Republik mit dem Obelisken (ober r.)

Farbenpracht gehört dazu. Wohnhäuser im Viertel von La Boca

ASIEN

ANREISE:
Von vielen Ländern Flugverbindungen zum Ben-Gurion-Airport bei Tel Aviv

KLIMA:
April, Mai und Oktober gelten als günstigste Reisemonate

UNTERKUNFT:
Zimmer aller Preisklassen. Fünf-Sterne-Luxus nahe der Altstadt bietet das „King-David-Hotel". Schöner Ausblick: „Seven-Arches-Hotel" am Ölberg

TRINKGELD:
Wie in Europa üblich

Das dreifach heilige Jerusalem

Christen, Juden und Mohammedaner teilen sich die Heiligen Stätten dreier Religionen

Es gibt keinen zauberhafteren Blick auf Jerusalem als bei Sonnenaufgang vom Ölberg aus. Als erstes scheint plötzlich die goldene Kuppel des Felsendoms zu glühen. Dann leuchten auch Minarette und Kirchtürme, die würfelförmigen Häuser des moslemischen, christlichen, jüdischen und armenischen Viertels, als Letztes die gelblichen Steinquader der Stadtmauer. Und solange das Kidron-Tal unterhalb davon im Dunkeln liegt, sieht es aus, als schwebe der heilige Ort federleicht zwischen Himmel und Erde – ein friedliches Bild.

Zum malerischen Aussehen trägt das einheitliche Baumaterial Altjerusalems bei. Gleich der 15 Meter hohen Befestigungsmauer bestehen alle Gebäude aus hellem örtlichen Kalkstein oder sind zumindest damit verkleidet. So bleibt dem Pilgerziel dreier Weltreligionen der antike Zauber biblischer Zeiten bewahrt, vollendet sich die Architektur Jerusalems zu einem Gesamtkunstwerk, dem Gott, wie es im Talmud heißt, neun Zehntel der für das ganze Erdenrund verfügbaren Schönheit verlieh – allerdings auch neun von zehn Teilen allen Leids und aller Trauer.

Für gläubige Juden begann die Geschichte ihres Staates vor 3000 Jahren auf dem Tempelberg. Damals erstürmte König David von Israel und Judäa das von Jebusitern verteidigte Jerusalem und rief es vom Tempelberg aus zur heiligen Hauptstadt des Judentums aus. Sein Nachfolger König Salomo ergänzte den Gründungsakt durch den Bau eines Palastes und des nach ihm benannten legendären Tempels. Auch unter dem im Jahre 37 v. Chr. von den Römern zum König über die Juden ernannten Herodes I. entstand auf dem Jerusalemer Hochplateau eine umfangreiche Tempelanlage.

Von all diesen Großbauten blieb im Laufe der Jahrhunderte kaum ein Stein auf dem anderen. Arabische Eroberer ließen die Mauern der ihnen fremden Religion niederreißen. Nur an der Westseite des Tempelbergs überdauerte aus jüdischer Zeit eine aus mächtigen Steinquadern aufgeschichtete 18 Meter hohe Wand, die zum bedeutendsten Heiligtum der Judenheit wurde: die Klagemauer. Gegenüber auf dem Ölberg soll dem Volk Israels alten Prophezeiungen zufolge eines Tages ein neuer Messias erscheinen und sich das Tor zu einem himmlischen Jerusalem öffnen.

Beginn des Christentums

Nicht der erwartete Judenmessias, aber der Heiland der Christen blickte einst, wie es in der Bibel heißt, vom Ölberg weinend auf das von so vielen Eroberern geschundene Jerusalem. Jesus ist 30 Jahre alt, als er wegen seiner Lehre in der Heiligen Stadt gekreuzigt wird. Im Jahre 70 nach seiner Geburt beginnt mit der Bildung einer ersten Jerusalemer Christengemeinde der Siegeszug der neuen Weltreligion in nahezu alle Länder der Welt. Im vierten Jahrhundert überbauen Gläubige das Felsengrab ihres Herrn mit einer Auferstehungskirche, die 1149 von Kreuzrittern durch eine römische Basilika ersetzt wird, die heutige Grabeskirche. Viele Tausende von Pilgern haben sich seitdem mit schweren Holzkreuzen auf den Schultern durch die Via Doloro-

sa zu diesem größten christlichen Heiligtum geschleppt, um die Leiden des Erlösers auf seinem letzten Weg nachzuempfinden.

Heilig ist Jerusalem auch den Moslems. Denn von einem Felsenvorsprung auf dem Tempelberg soll ihr Prophet Mohammed mit seinem Wunderpferd Al-Buraq zu Allah aufgestiegen sein. Als der Kalif Omar I. im siebten Jahrhundert die Stadt erobert hatte, ließ er den Tempelberg zu einem Großheiligtum des Islam ausbauen, dem bedeutendsten nach Mekka und Medina. Wo Mohammed in den Himmel startete, erhebt sich seitdem der achteckige Felsendom, ein Meisterwerk frühislamischer Architektur. Da der Dom allein dem Gedenken an Mohammed gewidmet ist, wurde daneben für islamische Gottesdienste die riesige siebenschiffige Al-Aqsa-Moschee errichtet, Hauptgebetsort und religiöser Mittelpunkt der moslemischen Bewohner Jerusalems.

Längst ist Jerusalem weit über die Altstadt mit ihren Kirchen, Kapellen, Klöstern und Gebetshäusern hinausgewachsen. Von den über 600 000 Einwohnern sind zwei Drittel Juden, etwa 180 000 Jerusalemer sind moslemische Palästinenser, an die 20 000 gehören christlichen oder anderen Konfessionen an. Für alle Zeit ist hier größte Toleranz gefordert.

Panoramablick vom Ölberg über die Heilige Stadt Jerusalem (oben)

Gläubiger Jude beim Gebet an der Klagemauer (unten l.)

Der Tempelberg mit der goldenen Kuppel des Felsendoms

Weiße Stadt auf 18 Hügeln

AMMAN Vom königlichen Aufstieg der jordanischen Hauptstadt

ANREISE:
über den International Airport Amman

UNTERKUNFT:
Hotels der Mittel- und der Luxusklasse

BESTE REISEZEIT:
Ende März bis Mitte Mai, Oktober bis Mitte November

TRINKGELD:
Mit „Bakschisch" sollte angesichts extrem niedriger Löhne nicht gegeizt werden. Rechnungen von Restaurants rundet man um 5 bis 10 Prozent auf

VERANSTALTUNGEN:
Im römischen Theater Ammans finden im Sommer klassische Konzerte statt

Ruinen des Forum Romanum (oben)

Kuppel und Minarett der Abdullah-Moschee (unten l.)

Blick über Amman von der Zitadelle aus (unten M.)

Staunende Touristen in dem gigantischen römischen Theater

Am besten, man steigt in Amman für einen ersten Rundblick auf den 837 Meter hohen Jebel Al-Qala, den Zitadellenberg. Über 18 Hügel breitet sich ringsum bebautes Land aus, und die meisten Häuser sind weiß getüncht, wie es sich das Königshaus immer gewünscht hat. Im Osten der jordanischen Hauptstadt ist ein Stück der Autobahn Syrien–Ägypten zu sehen und dahinter nur noch der Staubdunst unendlicher Wüste. Nach Westen zu aber wird es grün, senkt sich die Landschaft dem fruchtbaren Tal des Jordan entgegen.

Der Zitadellenberg ist auch ein Zeitzeuge der Stadtgeschichte. Auf seinem flachen Gipfel siedelten schon, wie Grabfunde beweisen, vor 4000 Jahren Menschen. Um 1200 v. Chr. bildete er den Mittelpunkt der Hauptstadt eines Königreichs der Ammoniter. Die Israeliten König Davids ließen hier oben ihre Spuren zurück, auch Assyrer, Babylonier und Perser. Aus römischer Zeit blieben Befestigungsanlagen erhalten. Mauerreste erinnern an die byzantinischen Kirchen früher Christen. Von einem Palast moslemischer Omaijaden aus dem 7. Jahrhundert steht noch der Qasr, ein gewaltiger Torvorbau.

Das heutige Amman ist ein Kind des 20. Jahrhunderts. Erst innerhalb der letzten 100 Jahre stieg die Bevölkerungszahl von 2000 auf 1,7 Millionen Menschen an. Zunächst kamen aus Russland moslemische Tscherkessen und Tschetschenen, die sich bei der Abwehr räuberischer Beduinenstämme bewährten. Positiv für die Wirtschaft wirkte sich die 1908 erfolgte Anbindung der Stadt an die Hedschasbahn aus, die Damaskus mit Medina verbindet. Für jährlich Zehntausende von Medina-Pilgern ist Amman seitdem ein wichtiger Verkehrsknotenpunkt. Aufschwung brachte nach dem Ersten Weltkrieg auch das Ende der türkischen Vorherrschaft und 1949 die Gründung des haschemitischen Königreichs Jordanien mit Amman als Hauptstadt.

Der erfolgreiche Monarch

Der jordanische König Abdallah fiel 1951 dem Attentat eines Palästinensers zum Opfer. Ein Jahr später ging der Haschemiten-Thron an Abdallahs knapp 17 Jahre alten Enkel Hussein – ein Glücksfall für das Land. Der „kleine König", wie Hussein wegen seiner geringen Körpergröße genannt wurde, erwies sich in den brisanten Situationen der permanenten Nahost-Krise als ein Meister des Lavierens. Unbeschadet durch die Kriege in der Nachbarschaft entwickelte sich Amman zu einer modernen Großstadt mit eigener Universität, internationalem Airport, Handelsniederlassungen und Touristikunternehmen. Hussein selbst war bis zu seinem Tode durch die sympathische Art seiner Medienauftritte der beste Werber für Reisen in sein Land.

Das Zentrum Ammans ist ein enges Tal zwischen dem Zitadellenberg und drei weiteren Hügeln. Dicht beieinander liegen hier öffentliche Gebäude wie die Hauptpost, Luxusläden, ein arabisches Marktviertel und religiöse Stätten wie die Al-Hussein-Moschee, die 1924 auf dem Fundament einer Omaijaden-Moschee errichtet wurde. Größte Sehenswürdigkeiten in der Stadtmitte sind das weitläufige ehemalige Forum Romanum und ein römisches Amphitheater mit 6000 Plätzen, in dem wegen seiner hervorragenden Akustik auch heute noch Aufführungen stattfinden. Ein muschelförmiges Odeum, das musikalischen Vorträgen vorbehalten war, macht das Ensemble komplett.

Sehenswert, aber von den Straßen kaum einsehbar, sind die phantasievollen Villenbauten der Oberschicht aus den 20er und 30er Jahren auf dem Jebel Amman. Besuchern zugänglich ist lediglich ein modernistischer Bau der Stiftung Jordan River Designs, die sich um eine Förderung des einheimischen Kunstgewerbes bemüht. Auf dem Jebel Amman war auch die Familie König Husseins zu Hause, bevor man in die Residenz auf dem weiter östlich gelegenen Jebel Al-Qusur umzog. Dort liegen inmitten weiter Parkanlagen der Basman- und der Raghadan-Palast.

Für die wachsende Zahl von Nahost-Touristen, die Amman als Drehscheibe für Ausflüge zu berühmten Ruinenstätten nutzen, sind in den vergangenen Jahren im Regierungs- und Diplomatenviertel im Westen der Stadt zahlreiche Hotelneubauten entstanden. Von hier starten auch die klimatisierten Reisebusse ins jordanische Hinterland. Hauptziele der Touristen sind die berühmten Ruinen von Petra, die Mosaiken von Madaba, die Kreuzritterburg Kerak und das antike Jerash, aber auch die Badeorte am Toten Meer.

Das himmlische Damaskus

Die Hauptstadt Syriens ist einer der ältesten Orte der Erde

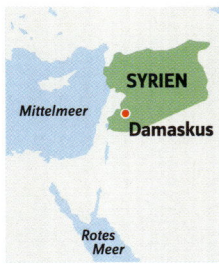

ANREISE:
Internationale Flüge nach Damaskus

UNTERKUNFT:
Zwei- bis Fünf-Sterne-Hotels

KLIMA:
Beste Reisezeit April/Mai und September/Oktober

TRINKGELD:
10 Prozent des Rechnungsbetrages. In Restaurants sollte nicht nur dem Oberkellner, sondern auch den sehr schlecht bezahlten Hilfskellnern Trinkgeld gegeben werden

Das schönste und zugleich sonderbarste Kompliment verdankt die syrische Hauptstadt Damaskus dem Propheten Mohammed. Als der Religionsstifter nach einer langen Reise von einem Berg auf die Oasenstadt mit ihren Zypressen und Palmen, dem bunten Basar, den Türmen und Kuppeln herabsah, war er von ihrer Schönheit tief beeindruckt, weigerte sich aber, Damaskus zu betreten. Für ihn könne es nur ein Paradies geben, erklärte Mohammed seinen Begleitern, und da das seine bei Allah im Himmel liege, müsse er um das dort unten einen großen Bogen machen.

Archäologen zählen Damaskus zu den ältesten ununterbrochen von Menschen besiedelten Städten der Erde. Schon vor 12 000 Jahren lockte, Funden zufolge, eine natürliche Oase am Barada-Fluss erste Siedler an. Für Karawanen auf dem Weg von der Wüste zum Mittelmeer oder hinauf in das Antilibanon-Gebirge war das ein idealer Rastplatz. Etwa 2500 Jahre v. Chr. erhielt die Handelsoase Stadtrechte, und 1480 v. Chr. ließ der ägyptische Pharao Thutmosis III. Damaskus in die Städteliste seines Reiches eintragen.

Kampf um die Sakralbauten

Als einen ersten großen Sakralbau errichteten Aramäer im späteren Stadtkern ein Heiligtum ihres Gottes Hadad, das Römer dann durch einen gewaltigen Jupitertempel ersetzten, der wiederum dem Bau einer christlichen Basilika weichen musste. Unweit davon gab es zu Beginn des ersten Jahrtausends eine jüdische Synagoge. Auch Assyrer, Babylonier, Perser und Griechen hinterließen in Damaskus Spuren ihrer Kultur.

Im achten Jahrhundert verwandelt sich Damaskus mehr und mehr in eine islamische Stadt. Die Byzantinische Basilika der Christen wird in die Omaijaden-Moschee umgewandelt, ein bis heute erhalten gebliebenes Meisterwerk arabischer Architektur. Neben einer langgestreckten dreischiffigen Gebetshalle liegt ein großer Innenhof, der an drei Seiten von kunstvoll gestalteten Säulengängen eingerahmt ist. Kostbare Mosaiken, Holzschnitzereien, Skulpturen und Schmiedearbeiten unterstreichen den Rang der Anlage als bedeutendste Moschee am Ort.

Bei einer in der Moschee verwahrten Kopfreliquie aus christlicher Zeit soll es sich um das Haupt Johannes des Täufers handeln, der im Islam als Prophet Yahya verehrt wird. Anderen Überlieferungen zufolge wurde der Stammvater Abraham im biblischen Damaskus geboren, auch erschlug hier Kain seinen Bruder Abel. In der östlichen Altstadt erinnert eine Ananias-Kapelle an den heiligen Ananias der Apostelgeschichte, der auf Anordnung Christi in Damaskus dem erblindeten Saulus durch Handauflegen das Augenlicht zurückgab, wodurch aus dem Christenhasser Saulus der Christenapostel Paulus wurde.

Hoch entwickelte Medizin

Eine bahnbrechende Rolle spielt das mittelalterliche Damaskus bei der Behandlung Kranker. So erhält die Stadt mit dem Bau des Hospitals Maristan Nuri im Jahre 1154 eines der modernsten Krankenhäuser seiner Zeit. Die Klinikärzte teilen sich die Arbeit bereits nach Fachbereichen wie Chirurgie, Orthopädie, Fieberleiden und Geisteskrankheiten ein. Zur Schulung verfügt das Haus über eine umfangreiche Bibliothek medizinischer Werke. Anders als bei den rückständigen Siechenhäusern im christlichen Abendland untersteht das arabische Hospital nicht Geistlichen, sondern einer weltlichen Verwaltung.

Schwere Rückschläge erleidet das fortschrittliche Damaskus im 13. Jahrhundert durch plündernde Mongolen. Noch schlimmere Verwüstungen richtet im Jahre 1400 Timur Lenk an, als er mit seinem Heer in die Stadt eindringt. Vom 16. Jahrhundert bis zum Ende des Ersten Weltkriegs steht Damaskus als Provinzhauptstadt des Osmanischen Reiches unter türkischer Herrschaft. 1920 überträgt der Völkerbund Frankreich das Mandat über Syrien. 1946 wird das Land dann unabhängig.

Eine „Augenperle des Orients", wie sie der römische Kaiser Julian im 4. Jahrhundert nannte, ist die Zwei-Millionen-Stadt Damaskus auch noch im 21. Jahrhundert – wenn man über etliche Baukatastrophen aus jüngerer Zeit und das tägliche Verkehrschaos hinwegblickt. Der alte Ortskern unterhalb der drohend aufragenden Zitadelle ist ein zeitloses Kleinod des Städtebaus. Am Rande der Geraden Straße mit ihren vielen Läden und in Nachbarschaft orientalischer Märkte erheben sich schmucke Paläste und Patrizierhäuser, sind mittelalterliche Stadttore zu bewundern, liegen die prächtigen Kuppelmausoleen längst verblichener Herrscher, erinnert das schöne Badehaus des Nuredin an antike Hygienefreuden.

Die größten Bauten sind die Moscheen und Medressen, die höchsten Türme die vielen elegant himmelwärts sprießenden Minarette. Nach einer islamischen Prophezeiung wird auf dem schönsten Minarett hoch über der legendären Omaijaden-Moschee eines Tages der Prophet Jesus erscheinen und das Jüngste Gericht eröffnen.

Gläubige im Innenhof der Omaijaden-Moschee (oben)

Drechselnder Schreiner vor seinem Laden (unten l.)

Panoramablick auf Damaskus

Entdeckungen in Bagdad
Prächtige Moscheen erinnern an Tausendundeine Nacht

Wo sich einst der große Kalif Harun al-Raschid verkleidet unter sein Volk gemischt haben soll, um die Stimmung unter seinen Untertanen auszuforschen, und wo noch vor kurzem Saddam Hussein die Bevölkerung unterdrückte und die Welt an der Nase herumführte, liegt heute einer der Brennpunkte der Weltpolitik: In der Stadt herrscht nach dem zweiten Golfkrieg ein Spannungsfeld von Religionen, Wertvorstellungen, Kulturen und Machtansprüchen, das immer wieder in Gewalt umschlägt. Dabei ist die irakische Hauptstadt mit ihren fünf Millionen Einwohnern und ihrer märchenhaften Vergangenheit sicher immer noch, trotz der Zerstörungen in den beiden Golfkriegen, eine der schönsten Städte der arabischen Welt.

Es war der Abbassiden-Kalif al-Mansur (der Siegreiche), der die Hauptstadt um das Jahr 762 am Westufer des Tigris gründete. Nach dem Vorbild von Firuzabad in Persien legte er für seine Residenz einen runden Grundriss fest. Kreisrund umgab die Neubaustadt am Ende auch eine doppelte Mauer mit einem tiefen Festungsgraben. Das Zentrum bildeten die Freitagsmoschee und der Kalifenpalast. Zwei sich kreuzende Prachtstraßen teilten das Bebauungsrund in Viertel auf, und entsprechend den vier Himmelsrichtungen gab es vier Stadttore.

Baum aus Gold und Silber
Bauherr al-Mansur nannte seine Residenz Medinet as-Salaam (Stadt des Friedens). Doch unter seinem Nachfolger Harun al-Raschid bürgerte sich schon im 8. Jahrhundert als Stadtname Bagdad ein: die Runde. Mit ihren Gold- und Silberschmieden und den Webereien kostbarer Stoffe gelangte die Hauptstadt bald zu großem Wohlstand. Arabische Quellen berichten vom unermesslichen Luxus der Oberschicht. Allein im Kalifenpalast zählte man 38 000 wertvolle Vorhänge und 22 000 Teppiche. Den Audienzsaal, die Halle des Baumes, schmückte als Großkunstwerk ein prachtvoller Baum aus Gold und Silber.

Anfang des 13. Jahrhunderts lebten in Bagdad an die zwei Millionen Menschen, Moslems und Christen vor allem, aber auch zahlreiche jüdische Handwerker und Händler. 1258 und 1401 metzelten Mongolenhorden große Teile der Einwohnerschaft nieder und legten beide Male die Stadt in Schutt und Asche. In späteren Jahrhunderten und unter wechselnder Fremdherrschaft dezimierten die Pest, Hungersnöte und Überschwemmungen die Bevölkerung bis auf etwa 150 000 Menschen am Ende des 19. Jahrhunderts.

Erst als der Irak 1932 von seiner letzten „Schutzmacht" Großbritannien in die Unabhängigkeit entlassen wurde und als 1968 die Verstaatlichung der ausländischen Erdölgesellschaften erfolgte, erhielt Bagdad durch umfangreiche Neubauten sein heutiges modernes Aussehen. Es gibt breite mit Palmen bestandene Boulevards, Hochhausviertel und einige mustergültig restaurierte historische Gebäude. „Orientalisch" im herkömmlichen Sinne muten sonst nur noch einige alte Gassen und der Altstadtbasar am linken Tigris-Ufer an. Auch die Zerstörungen der Golfkriege haben der Stadt nicht ihre Faszination genommen.

Ein großartiges Zeugnis alter islamischer Baukunst legt am Tigris die Moschee und Medresse al-Mustansiriya ab, die der gleichnamige Abbassiden-Kalif 1234 für die damals in vier Schulen eingeteilten Rechtswissenschaften errichten ließ. Mehrfache aufwändige Restaurierungen haben dafür gesorgt, das Gebäude mit seinen Spitzbogennischen und doppelstöckigen Arkaden in der ursprünglichen Form zu erhalten. Gleiches gilt für den kunstvollen Abbassiden-Palast aus dem 13. Jahrhundert, die Marjan-Moschee mit dem reich verzierten hohen Ziegeltor aus dem 14. Jahrhundert und die Kazimain-Moschee mit ihren wunderbaren Spiegelmosaiken und kunstvollen Schmuckkacheln aus dem 16. Jahrhundert.

Kuppeln für die Toten
Einige der bedeutendsten Baudenkmäler dienen dem Totengedenken. Über dem Grab von Scheich Umar, eines im 13. Jahrhundert gestorbenen heiligen Mannes, erhebt sich ein sehenswerter hoher spitzer Turm mit einem wabenförmigen Muster. Prachtvolle Kuppelmoscheen schmücken auch die Ruhestätten berühmter Imame. Ein architektonisches Meisterwerk ist das 1983 von Ismael Falah al-Turk geschaffene türkisfarbene Märtyrer-Denkmal für die Gefallenen des irakisch-iranischen Krieges von 1980–1988. Es hat die Form einer zweigeteilten Kuppel, deren Hälften sich je nach Entfernung des Betrachters zueinander verschieben.

Die Urzelle Bagdads, die runde Anfangssiedlung, befand sich am Westufer des Tigris in der Gegend des heutigen Hauptbahnhofs. Doch alles Alte dort ist längst überbaut. Einzige Überbleibsel aus Harun al-Raschids Zeiten sind die Reste eines Stadttores (Bab al-Wastani) und ein 1202 angelegtes Grab für die Mutter des Kalifen al-Nasir, in dem viele Irakis jedoch Harun ar-Raschids Lieblingsfrau Sitt Zubayda vermuten.

Reisen nach Bagdad sind wegen der unsicheren Lage derzeit kaum möglich und nicht empfehlenswert. Europäer benötigen für die Einreise ein Visum, das jedoch in der Regel nicht erteilt wird

Die Vierzehnte Ramadan Moschee (links) mit ihrer geglückten Verbindung zwischen Tradition und Moderne schmückt ein typisches Neubauviertel Bagdads (Mitte)

Die Moschee und Hochschule al-Mustansiriya aus dem 13. Jahrhundert, in der islamisches Recht gelehrt wurde

Das jemenitische Kunstwerk Sanaa

Die „Perle Arabiens" behielt ihr mittelalterliches Gesicht

ANREISE:
Über den internationalen Flughafen Sanaa (Al Rahabaa)

UNTERKUNFT:
Ausreichend Hotels der verschiedenen Preisklassen. Die unterste Kategorie entspricht sehr selten europäischen Ansprüchen

BESTE REISEZEIT:
Oktober und November

TRINKGELD:
In Restaurants und Hotels nicht üblich

AUSFLÜGE:
Halbtagstouren nach Kawkaban und Thula. Tagesausflüge nach Hajjah, Mahwit, Hajarath und Dhin Bin

Die ganze Altstadt von Sanaa ist ein Kunstwerk. Keines der 4000 Häuser gleicht dem anderen. Es unterscheiden sich die Stockwerke, die Brüstungen der Dachgärten und die schmückenden Stuckaturen der Fassaden. Am vielfältigsten sind die Fenster gestaltet – rund, rechteckig, bogenförmig oder in Art einer Rosette. Einige füllt filigranes Gitterwerk aus, und in den ältesten stecken statt Glasscheiben noch Opalplatten. Das Baumaterial besteht aus Natursteinen und Lehmziegeln in den Brauntönen des jemenitischen Hochlands. Und da die Maurer über Jahrhunderte an ihrer Arbeitsweise festhielten, hat sich Alt-Sanaa bis in die Gegenwart ein mittelalterliches Aussehen bewahrt.

Über die Entstehung der heutigen Hauptstadt des Jemen vor etwa 2500 Jahren gibt es nur Vermutungen. Eine Legende handelt von Sem, dem ältesten Sohn des biblischen Noah. Er soll beim Hausbau am Berg Alian von einem Vogel abgelenkt worden sein, der vor seinen Augen einen Zweig in den Schnabel nahm. Sem verstand das als ein Zeichen Gottes und folgte dem davonfliegenden Vogel, der den Zweig schließlich zu Füßen des 2892 Meter hohen Dschebbel Nukum fallen ließ. Und dort soll Sem sein Haus gebaut und so eine Siedlung gegründet haben, die anfangs Stadt des Sem genannt wurde, später Azal und schließlich Sanaa.

Minarette über den Dächern

Archäologen vermuten, dass der Bau einer Festung zur Zeit des Königreichs Saba dazu führte, dass sich hier in 2000 Meter Höhe Menschen ansiedelten. Vermutlich stand im Gebiet der späteren Altstadt vor 2000 Jahren auch schon ein Tempel. An seiner Stelle errichteten später Israeliten eine Synagoge, die dann einer Kirche koptischer Christen weichen musste. Im 7. Jahrhundert eroberten Muslime Sanaa und bauten die Al-Kabir-Moschee, aus der nach vielen Um- und Ausbauten die Große Moschee hervorging. Seitdem ist die sagenumwobene „Perle Arabiens" eine islamische Stadt mit an die 100 Moscheen, deren meist schneeweiß getünchten oder mit Arabesken bemalten Minarette das Häusermeer überragen.

Rastplatz der Karawanen

An der Kreuzung von Karawanenstraßen gelegen, war Sanaa schon im ersten Jahrtausend ein wohlhabender Handelsort. Auch Gärtner, Silberschmiede, Alabasterschnitzer und Weber kostbarer Stoffe trugen zum Reichtum bei. Aus dem dritten Jahrhundert stammen die ältesten Teile der heute nur noch zur Hälfte erhaltenen ersten Stadtmauer. Von der zwölf Kilometer langen, bis zu 14 Meter hohen und bis zu fünf Meter dicken Wehranlage leitet sich auch der Stadtname Sanaa ab, die „Wohlbefestigte". Es gab fünf Stadttore, deren klobige Türen nachts verriegelt und von Soldaten streng bewacht wurden.

Als einer der ersten Europäer besuchte 1503 der Italiener Ludovico di Varthema Sanaa, das er als eine riesige Stadt mit 4000 Häusern, vielen Gärten und einer wuchtigen Stadtmauer beschrieb. Der im Dienste des russischen Zaren stehende Deutsche Ulrich Jasper Seetzen bestätigte 1801 das Lob vieler Reisender, Sanaa sei die schönste Stadt des Orients. Bis in die Gegenwart Gültigkeit hat die Feststellung des deutschen Globetrotters und Schriftstellers Hans Helfritz von 1930, Sanaa sei eine der wenigen Städte in der Welt, die auch auf den zweiten Blick nicht enttäuschten.

Seit 1990 Jemens Hauptstadt

Nach schweren Beschädigungen während der letzten Bürgerkriege wurde Sanaa 1990 Hauptstadt des vereinten Jemen und befindet sich seitdem in einer Phase des langsamen Aufschwungs. Mit inzwischen mehr als 900 000 Einwohnern ist die „Wohlbefestigte" heute außerhalb des historischen Kerns eine moderne Großstadt mit florierender Baumwollindustrie, Universität, Radiostation und internationalem Flughafen.

Stark zugenommen hat in den vergangenen Jahren der Tourismus. Wie im Altertum zeigen sich auch heute Besucher von der Kreativität bezaubert, die in der Altstadt zu so vielen künstlerischen Ausdrucksformen führte. Stellt der historische Kern insgesamt ein städtebauliches Kunstwerk dar, so ist jedes Haus für sich ein Zeugnis arabischer Hochkultur. Neben den mittelalterlichen Wohnbauten zählen zu den Sehenswürdigkeiten die alte Stadtburg Al Kasar, Karawansereien und Lagerhäuser, die noch mit Kamelantrieb arbeitenden letzten Sesammühlen, das Stadttor Bab al Jemen, das Zollhaus aus dem 13. Jahrhundert und verschiedene Souks und Moscheen. Türkische Besatzer hinterließen in Sanaa den Palast eines Imam, der den Jemeniten nun als Nationalmuseum dient. Älteste Ausstellungsstücke sind Werkzeuge aus Feuerstein und Obsidian aus der Altsteinzeit, als Sanaa noch Jagdgelände war.

Die Unesco hat gut daran getan, die „Perle Arabiens" zum schützenswerten Erbe der Menschheit zu erklären. Weitsicht bewiesen dabei auch Länder wie Deutschland, Großbritannien, Holland und Norwegen, die sich im Rahmen einer internationalen Kampagne an der Erhaltung und Restaurierung mittelalterlicher Anlagen in Sanaa beteiligen.

Die Altstadt von Sanaa zu Füßen des biblischen Berges Nukum. Unterschiedliche Schmuckfriese und die Fenster machen jedes Haus unverwechselbar (oben)

Der mittelalterliche Marktplatz im historischen Zentrum (unten l.)

Ein modern gestaltetes Verkehrsrondell vor einem antiken Tor zur Altstadt

Das Leben auf dem Vulkan

Die heiße Hafenstadt ADEN im Süden Arabiens zieht wieder Touristen an

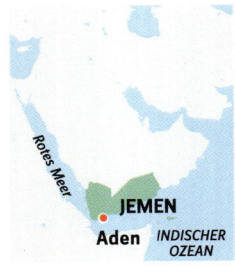

ANREISE:
Aden hat einen international angeflogenen Flughafen

UNTERKUNFT:
Viele einfache Hotels, aber auch Häuser der gehobenen Klasse wie das „Aden Mövenpick" und das „Al-Amer"

BESTE REISEZEIT:
Die Wintermonate

TRINKGELD:
War bisher nicht üblich, wird aber in touristischen Gebieten gern genommen

Das Reizvollste an Aden ist seine Lage. Es sieht aus, als habe die Natur oder – wie man hier sagen würde – Allah im äußersten Süden Arabiens eigens einen gewaltigen Vulkanausbruch inszeniert, um auf einen Schlag einen sicheren Naturhafen, eine Felsenfestung und dazu sandige Badebuchten vor dem Hintergrund malerischer Bergketten zu schaffen. Aden entstand auf der Lava einer Vulkaninsel, die durch eine Landzunge mit dem jemenitischen Festland verbunden ist und Schiffen so Schutz vor Stürmen bietet.

Noch zu Lebzeiten des Propheten Mohammed (570–632) bekannte sich die Bevölkerung der schon im Altertum erwähnten Hafenstadt zum Islam. Als wichtigster Ankerplatz zwischen Rotem Meer und Indischem Ozean hatte Aden 1267 nach einem Bericht des Weltreisenden Marco Polo bereits 80 000 Einwohner und zahlreiche Moscheen. Von früh an weckte der Handelsort mit der idealen Lage die Begehrlichkeit fremder Mächte. Besetzungen, Plünderungen und die Verlegung alter Handelsrouten führten schließlich zum Niedergang. Die Stadt zerfiel, die Einwohnerzahl ging auf etwa 1000 zurück.

Vom Suezkanal profitiert

Erst als britische Truppen Aden 1839 besetzen, erblüht die alte Handelsmetropole zu neuem Glanz. Nach der Öffnung des Suezkanals wird der Hafen von mehr Schiffen angelaufen als jemals zuvor. Ende des 19. Jahrhunderts gilt Aden nach New York und Liverpool als drittgrößter Hafen der Welt.

Die Erfolgssträhne endet, als sich die Briten 1967 zurückziehen und sich Moskau und Peking für die Kronkolonie a. D. interessieren. Aden wird als Hauptstadt einer sozialistischen Volksrepublik Südjemen in Auseinandersetzungen mit Nordjemen hineingerissen, die erst 1990 enden, als beide Teile Jemens eine unabhängige Republik bilden.

Wenn auch nicht mehr als Regierungssitz, so doch als „Wirtschaftshauptstadt" spielt der Hafenort mit seinen mittlerweile 600 000 Einwohnern im Jemen eine führende Rolle. Auch der in den Bürgerkriegsjahren zum Erliegen gekommene Tourismus boomt wieder. Jährlich verzeichnet die südarabische Republik mehr als 100 000 Besucher. Die meisten davon kommen aus Deutschland und reisen von Aden aus ins Landesinnere.

Hauptattraktion Adens ist der Stadtteil Crater, der auf dem Boden des Inselvulkans liegt, festungsartig umragt von schroffen Lavawänden. In diesem ältesten Viertel befindet sich ein typisch orientalischer Souk mit Werkstätten, Teestuben und Garküchen. So bunt wie das Warenangebot ist auch das sich durch die engen Gassen drängelnde Völkergemisch aus arabischen Turbanträgern, in farbige Tücher gehüllten Afrikanerinnen, ganz in Weiß einherschreitenden Indern und zerzausten Rucksacktouristen aus Europa.

Wunderwerk antiker Technik

Zu den Baudenkmälern der Altstadt zählen ein einzeln stehendes weißes Minarett, das von einer Moschee aus dem 8. Jahrhundert übrig geblieben ist, sowie die in ihren ältesten Teilen etwa 500 Jahre alte Al-Idroos-Moschee. Im Innern befindet sich der Sarkophag des Stadtheiligen Al Idroos, zu dessen Ehren jedes Jahr eine große Wallfahrt stattfindet. Ein pompöser Palast des früheren Sultans von Aden dient als Nationalmuseum, hat allerdings seine wertvollsten Sammelstücke an Plünderer verloren. Ein technisches Wunderwerk aus vorislamischer Zeit stellen die Tawila-Zisternen dar, deren 18 Auffangbecken bis zu 90 000 Kubikmeter Regenwasser speichern können. In der Nähe steht der oben offene „Turm des Schweigens", in dem aus Persien zugewanderte Zarathustra-Anhänger, so genannte Parsen, ihre Leichen den Raubvögeln überließen.

Einen Hauch englischer Lebensart hat sich am Westufer der Stadtteil Maala mit seinen Landhäusern bewahrt. Am nahen Gold-Mohur-Strand, einem der schönsten weit und breit, hindert ein quer durch die Bucht gespanntes Netz die vielen Haie daran, Schwimmer anzugreifen.

Überragt werden die Badeparadiese am Golf von Aden von dem 560 Meter hohen Djebel Schamsan, einem düsteren Teil jenes Vulkans, der einst ganz Aden aus dem Meer empor drückte. Das war vor 67, vielleicht auch erst vor 1,5 Millionen Jahren. Allein Allah weiß, ob sich eine solche Eruption noch einmal wiederholt. Was dann passieren würde, beschrieb der französische Schriftsteller Paul Nizan 1931 so: „Das Wiedererwachen des Vulkans von Aden, von dem aus es direkt in die Hölle geht, wird das Ende der Welt ankündigen."

Auf dem Boden eines Inselvulkans, umgeben von schroffen Lavamassen, entstand Adens alter Stadtteil Crater. Von dort aus führt eine steile Treppe durch ein weißes Tor zum „Turm des Schweigens", in dem Parsen ihre Leichen bestatteten (oben)

Lebhaftes Treiben herrscht auf dem orientalischen Basar im Zentrum (unten l.)

Die alten Zisternen werden von einer Moschee bewacht

Dubai – keine Fata Morgana
Urlaubsoase und Einkaufsparadies am Rand der Wüste

Die Autobahnen im Emirat Dubai sind schnurgerade und heiß wie eine Ofenplatte. Im Osten begrenzt nacktes Felsengebirge das Land, und nach Süden hin verliert es sich in der Unendlichkeit von Sanddünen. Heraus aus der Wüste führt nur die Route zum Persischen Golf. Dort im Nordwesten tauchen im flimmernden Dunst sonderbare Schemen auf, teils Pyramiden gleichend, teils Riesenmuscheln oder dem Turm von Babel. Eine Fata Morgana?

Die Halluzinationen am Horizont erweisen sich beim Näherkommen als hart wie Stahl, Glas und Beton. Zehntausende von Gastarbeitern haben an der 70 Kilometer langen Küste des Emirats Hunderte von avantgardistischen Gebäuden aus dem Boden gestampft. Da gibt es tonnenförmige Twin Towers, pyramidenartige Einkaufstempel, Bürokolosse und Hoteltürme, deren gekrümmte Fassaden an Segel erinnern.

„Unsere Welt wird größer und besser!", versprechen Schilder am Straßenrand. Der Teilstaat der Vereinigten Arabischen Emirate, etwa anderthalb Mal so groß wie Luxemburg, soll sich nach dem Willen der Herrscherfamilie Al Maktoum in die modernste Stadt der Welt verwandeln. Schon zählt Dubai mit seinem World Trade Center zu den wichtigsten Handelszentren der Region, verfügt über den leistungsfähigsten Flughafen und den größten künstlichen Container-Hafen.

Es regnet Petro-Dollars

Die Blütenträume begannen zu reifen, als 1966 vor Dubai eine schwärzliche Brühe aus dem Meer schoss. Mit der geglückten Offshore-Bohrung stieg das Emirat über Nacht in den Club erdölfördernder Länder auf. Die tägliche Ausbeute liegt inzwischen bei 1,5–2 Millionen Barrel, und auf die Staatskasse geht ein Dauerregen von Petro-Dollars nieder.

Einen Teil des Reichtums ließ der bis 1990 regierende Landesvater Scheich Rashid bin Zayed Al Maktoum unter seinen Stammesgenossen verteilen, den 180 000 Ureinwohnern von Dubai. Keiner dieser Nachfahren von Beduinen muss sich noch mit Kamelzucht, Fischen, Perlentauchen oder Schmuggel durchs Leben schlagen. Alle wohnen in Villen und haben vor der Tür wenigstens eine Luxuslimousine stehen.

Sorgen machten dem alten Scheich allerdings Berechnungen von Ingenieuren, nach denen die Erdölfelder Dubais in wenigen Jahren ausgebeutet sein dürften, womöglich schon 2025. Damit auch noch die Enkel von Allahs Segen profitieren können, wurde Milliarde um Milliarde in Großprojekte investiert, die spätestens dann Supergewinne garantieren sollen, wenn der letzte Tropfen Dubai-Öl abgezapft ist.

In Dubai-City prallen inzwischen zwei Zeitalter aufeinander. Der Hafenort entstand einst als arabische Siedlung zu beiden Seiten eines schmalen Meeresarms, der sich zwölf Kilometer tief ins Landesinnere erstreckt. Am Kai ankern noch dickbauchige Dhaus, mittelalterliche Lastensegler. Auch gibt es orientalische Souks und alte Viertel wie das Bastakia mit den Windturmhäusern, deren schmucke Dachaufbauten frische Luft in die Wohnräume leiten. Das alles wird nun 200 und mehr Meter von Handelszentren und Bankhochhäusern überragt, steht im Schatten vollklimatisierter und marmorgepflasterter Konsumtempel mit protzigem Design, mal altägyptisch, mal Belle Époque, mal futuristisch.

Auch der Tourismus boomt. Für wohlhabende Schiffspassagiere entsteht ein hypermodernes Kreuzfahrer-Terminal. Und vom internationalen Airport werden im Winter fast pausenlos blasse Abendländer zur Marina kutschiert, der Badezone am Golf. Über 200 luxuriöse Hotels bieten Zimmer und Suiten zwischen 50 und 550 Quadratmeter an. Star der Superherbergen ist der 321 Meter hohe Burj Al-Arab, ein Sieben-Sterne-Turmhotel in der Form eines von leichten Winden gebauschten Segels. Öko-Touristen können in eine Art veredeltes Beduinenlager einziehen, das mitten in die Dünen gebaute Al-Maha-Resort. Schöne Aussichten bietet auch das als Ozeanwelle designte Jumeira-Hotel.

Künstliche Ferieninseln

Das Nonplusultra an Urlaubsarchitektur ist noch im Bau. 5000 Inder und Pakistani schütten derzeit 80 Millionen Kubikmeter Sand und Steine in den Golf, aus denen künstliche Inseln mit Yachthäfen, Nobelrestaurants und exklusiven Quartieren entstehen sollen. Rund 1000 Villen und 3000 Ferienapartments auf den vom Meer umspülten Oasen werden frei verkauft – zu Preisen von 500 000 Euro an aufwärts.

ANREISE:
Internationale Flugverbindungen

UNTERKUNFT:
Häuser der gehobenen Mittelklasse und Luxushotels für höchste Ansprüche. Pauschalangebote von Touristikunternehmen

BESTE REISEZEIT:
November bis März

TRINKGELD:
Für ausländisches Bedienungspersonal 10 Prozent des Rechnungsbetrages. Araber, vor allem Einheimische, erwarten häufig kein Trinkgeld

AUSFLÜGE:
Oase Hatta und die Emirate Sharjah und Abu Dhabi

Der 321 Meter hohe Hotelturm Burj Al-Arab am Golfstrand bietet Feriengästen Sieben-Sterne-Luxus (linke Seite)

Dubais Pferderennbahn am Rande der Wüste

Wolkenkratzer am Dubai Creek, einem seit alters her als Hafen genutzten Meeresarm (unten)

Teherans glitzerndes Erbe
In der Hauptstadt des Iran stehen die Paläste offen

ANREISE:
Teheran wird von fast allen großen Fluggesellschaften angeflogen

KLIMA:
Die Temperaturen in Teheran gleichen denen Westeuropas. Als kältester Monat gilt mit durchschnittlich – 0,6° C der Februar, am wärmsten ist es mit durchschnittlich 22° C im Juli und August

UNTERKUNFT:
Herbergen und Hotels aller Klassen. Von Drei-Sterne-Häusern an aufwärts müssen Touristen mit US-Dollar bezahlen

TRINKGELD:
Tips sind im Iran nicht üblich. Ausnahme: von Wohlhabenden frequentierte Restaurants und Hotels der Luxusklasse

Blick in den Thronsaal des Golestan-Palasts in Teheran. Auf dem Marmorthron residierte einst der Schah (oben)

Blick über die Teheraner Nordstadt zu den von Schnee bedeckten Höhen des Elburzgebirges (unten l.)

Touristen vor dem Archäologischen Nationalmuseum, einem Palast aus der Kaiserzeit

Der persische Landkartenzeichner Ibn Houqal wunderte sich. Auf einer nördlich der großen Wüste zum Elburzgebirge ansteigenden Hochebene fand er dicht beieinander zahlreiche Obstgärten, ohne dass jedoch menschliche Behausungen zu sehen waren. Des Rätsels Lösung hielt er in einer Notiz fest: „Die Einwohner leben die größte Zeit in unterirdischen Höhlen, und ihre Hauptbeschäftigung besteht im Ausplündern der vorbeiziehenden Karawanen." Den Namen des Räubernestes gab der Geograf 924 n. Chr. mit Teheran an. Es ist die älteste Erwähnung der späteren iranischen Hauptstadt.

Jüngere Chroniken beschreiben Teheran ehrenwerter als beliebte Sommerresidenz fürstlicher Familien aus der Königstadt Rey. Mit Hilfe von Flüchtlingen, die vor Mongolen Schutz suchten, entwickelte sich die grüne Siedlung auf der von 1200 auf 1700 Meter ansteigenden Hochebene zu einer blühenden Handelsstadt. Als sich der Kadjaren-Herrscher Aqa Mohammed Khan 1789 ganz Persien unterworfen hatte, machte er den Höhenort zur Hauptstadt und ließ sich hier zum Schah krönen. Von da an blieb Teheran kaiserlicher Regierungssitz, bis der letzte Pahlevi-Schah 1979 vor der iranischen Revolution ins Ausland flüchtete.

Wenige Jahre vor seiner Abdankung hatte Reza Schah Pahlevi noch anlässlich der 2500-Jahr-Feier der persischen Monarchie mitten in der Stadt einen 45 Meter hohen „Kaiserturm" errichten lassen, dessen Umrisse mit der imposanten Tordurchfahrt einem kopfstehenden Ypsilon gleichen. Umbenannt in „Freiheitsturm", ermöglicht der futuristische Bau von seiner Aussichtsplattform einen Rundblick über das Häusermeer Teherans bis hin zu den meist mit Schnee bedeckten Berggipfeln im Norden.

Kronjuwelen zu besichtigen

Mit einer Einwohnerzahl, die auf 9 bis 14 Millionen geschätzt wird, ist die heutige Hauptstadt der Islamischen Republik Iran einer der am dichtesten besiedelten Orte der Erde.

Teils dem Kunstsinn, teils aber auch der Prunksucht und grenzenlosen Verschwendung vergangener Dynastien verdankt Teheran eine große Anziehungskraft für Touristen. Noch zu Zeiten des Revolutionsführers Ayatollah Khomeini wurden die meisten kaiserlichen Paläste in öffentliche Museen umgewandelt. Staunendes Volk ist seitdem zu Gast in hochherrschaftlichen Sälen, in denen die Schah-Familien Hof hielten, kaiserliche Privilegien, Titel und Orden verteilt wurden. Mal thronte der Hausherr dabei auf dem Sonnenthron, mal gab er wie Reza Schah Pahlevi dem Pfauenthron den Vorzug.

Während der Sonnenthron im Golestan-Palast verblieb, kann der mit 26 733 Juwelen besetzte Pfauenthron zusammen mit weiteren Schätzen von unermesslichem Wert im Nationalen Juwelenmuseum besichtigt werden. Zu bestaunen gibt es dort auch die mit 3380 Brillanten, 5 Smaragden, 2 Safiren und 368 Perlen gespickte goldene Pahlevi-Krone, ein Platin-Diadem Farah Dibas mit 324 Diamanten sowie den berühmten Diamanten Darya-ye Nur (Meer des Lichts), 2,5 cm lang, 2 cm breit, 182 Karat. In Nachbarschaft dazu glitzert des Schahs 3690 Kilo schwerer Globus aus Feingold, auf dem Länder und Ozeane mit Hilfe von 51 366 Edelsteinen dargestellt sind.

Basar der 10 000 Läden

Zumindest flächenmäßig wird das Geglitzer vom Spiegelsaal des Grünen Palasts übertroffen. Sechs Jahre brauchten Handwerker, um dieses „Besprechungszimmer" bis zur Decke mit Mosaiken aus Spiegelglas zu bekleben.

Lustiger als in den toten Palästen ist das Leben im Teheraner Basar, dem weitläufigsten orientalischen Einkaufszentrum aller Zeiten. In über 10 000 Läden locken Auslagen, duften Gewürze, glitzert Schmuck, plärren Radios, glotzen frisch geschlachtete Hammel oder piepen Computer.

Ruhiger geht es mittlerweile vor der US-Botschaft zu, deren Personal bald nach der Flucht des letzten Schah 444 Tage lang von fanatisierten Jugendlichen in Geiselhaft gehalten wurde. Zwar ist der Gebäudekomplex weiterhin von Islamischen Garden besetzt, aber statt draußen lautstark gegen den „Teufel USA" zu demonstrieren, ziehen es immer mehr Gardisten vor, drinnen an Ausbildungskursen zur Bedienung moderner Computer teilzunehmen.

Eine gelöste Stimmung herrscht selbst am Mausoleum des 1989 verstorbenen Revolutionsführers Ayatollah Khomeini. Der im Süden Teherans hochgezogene Stahlbetonbau mit der goldenen Kuppel und den vier Minaretten ist feiertags ein beliebtes Ausflugsziel Zehntausender. Man betet vor dem mit Teppichen umlegten Sarkophag und widmet sich danach im Grünen den Angehörigen. Umgeben von picknickenden Familien, spielenden Kindern, schlafenden Alten und Kartenspielern ist das Grabmal des einst so streng blickenden Oberschiiten ganz dem Leben zugewandt.

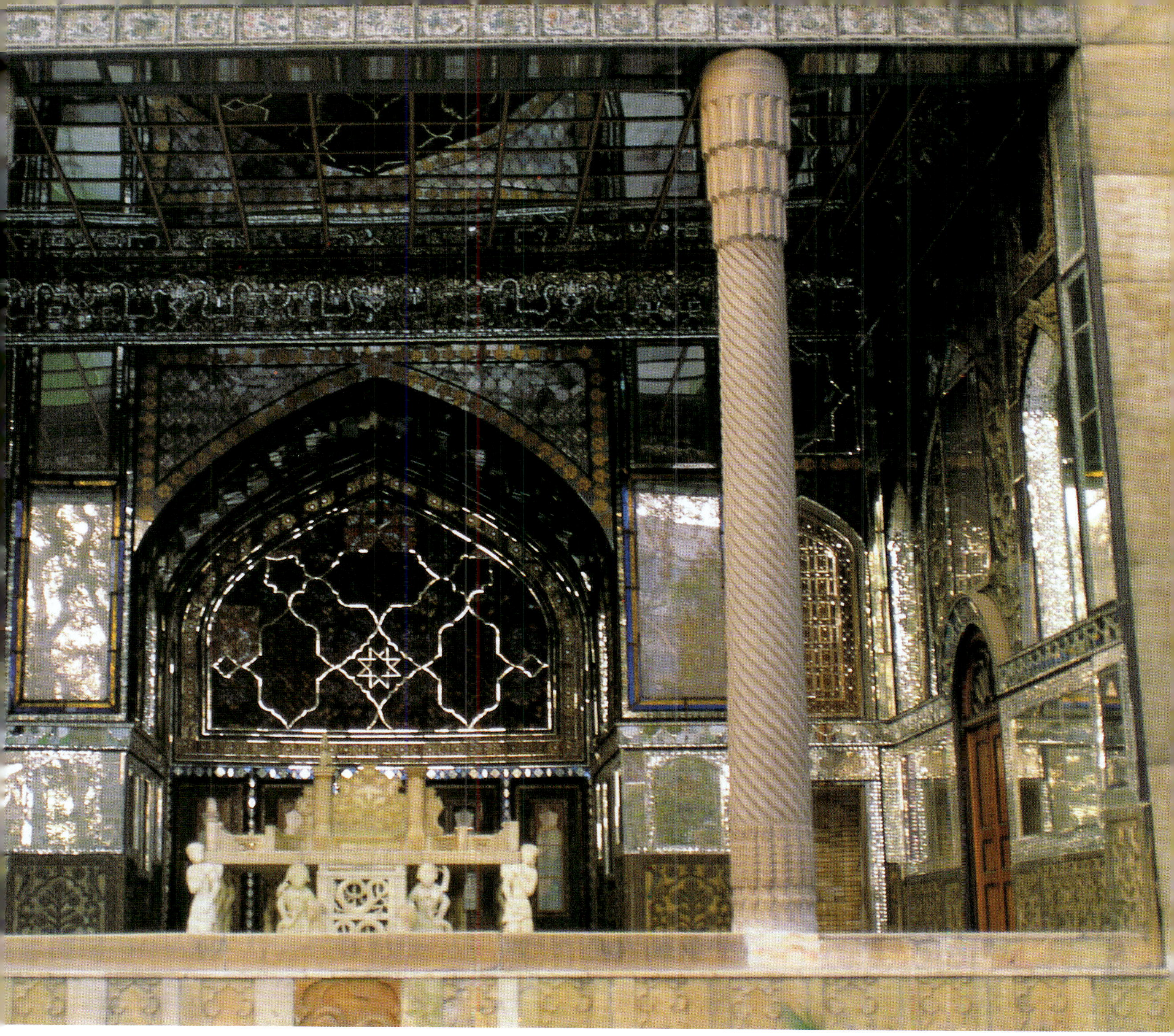

بانک رفاه کارگران
BANK REFAH KARGARAN

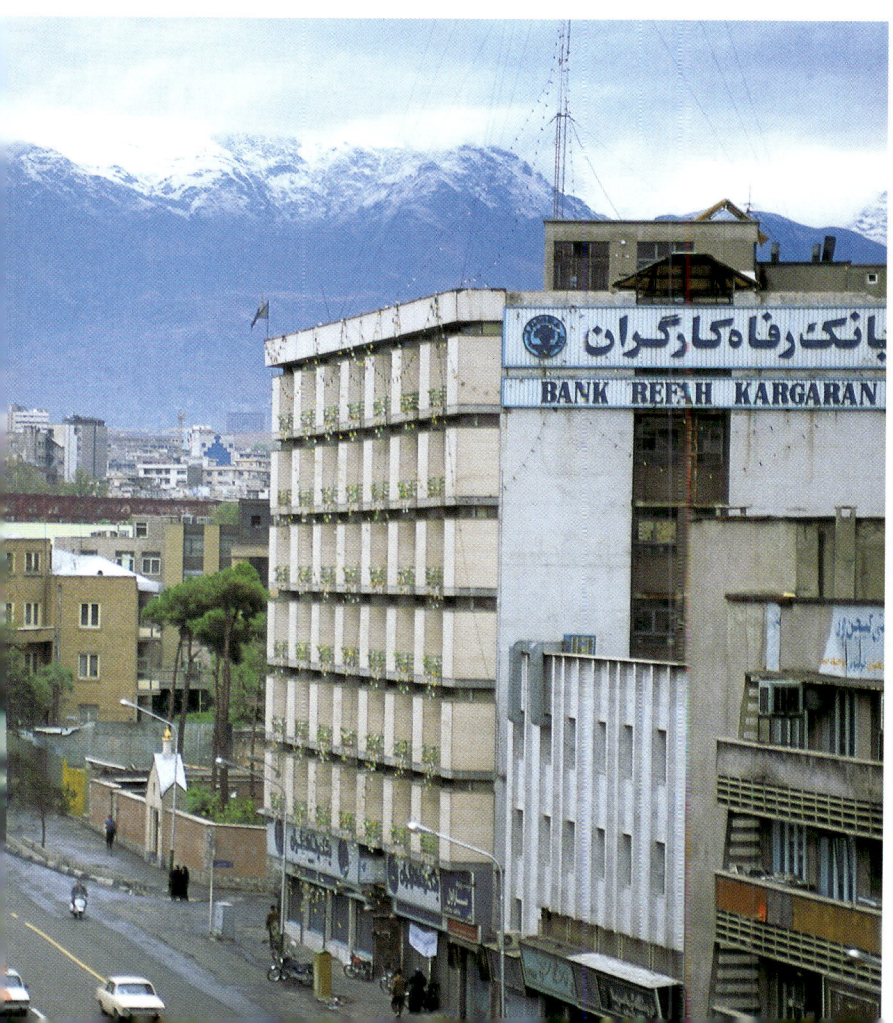

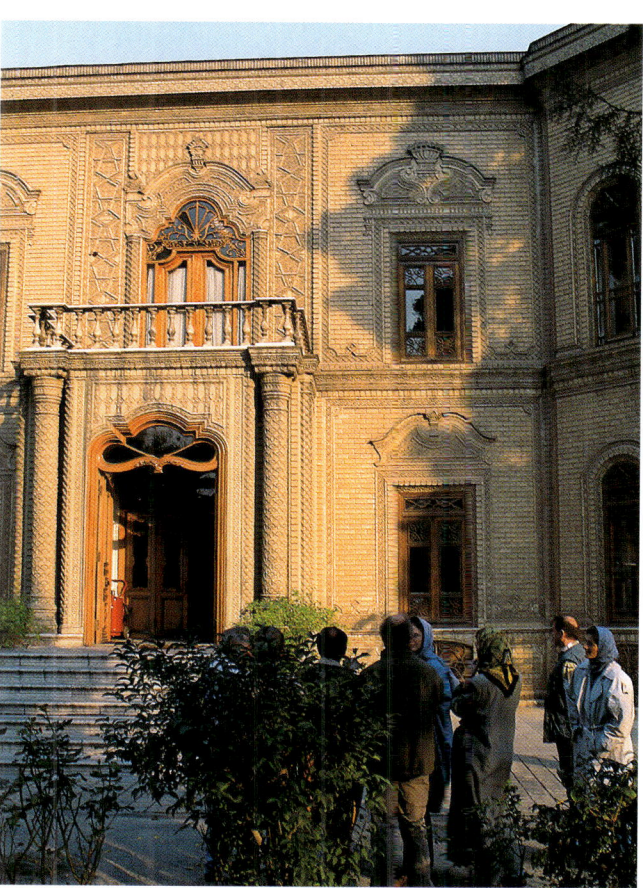

"Isfahan ist die Hälfte der Welt"

Eine Oase in den Bergen wurde zur Kulturhauptstadt Persiens

ANREISE:
Von Teheran aus tägliche Verbindungen nach Isfahan durch Inlandflüge, mit Bahn und Bus

UNTERKUNFT:
Für jeden Bedarf von der einfachen Touristenherberge bis zum Fünf-Sterne-Hotel. Originell: das in einer früheren Karawanserei eingerichtete Luxushotel Abbasi

KLIMA:
Milde Winter, im Sommer mitunter hohe Temperaturen. Als beste Reisezeit gilt der Frühling

TRINKGELD:
Tips sind im Iran nicht üblich, ausgenommen in Häusern der Luxusklasse

Schon vor Jahrtausenden erzählten reisende Kaufleute von einem wundervollen Rastplatz an den Hängen des zentralpersischen Zagrosgebirges. In rund 1500 Meter Höhe breiteten sich dort am Zayandehrud-Fluss die schattigen Gärten einer Oase aus. Später wurde aus dem grünen Flecken ein kleiner Handelsort und daraus schließlich eine reiche Königsresidenz, in der hunderte der besten Architekten Persiens freie Hand hatten, ihre und ihrer Auftraggeber kühnsten Träume zu verwirklichen. So entstand Isfahan, die Stadt mit den meisten und schönsten Bauwerken des Orients zwischen Kaspischem Meer und Persischem Golf.

Als ersten Großbau errichteten Jünger der Zarathustra-Religion um 500 v. Chr. an hoch gelegener Stelle einen Tempel für ihren Feuerkult. Von dem Heiligtum sind nur ein paar Mauerreste geblieben, aber das Isfahan zu seinen Füßen ist inzwischen mit 4,4 Millionen Einwohnern zur zweitgrößten Metropole des Iran herangewachsen und noch immer eine Schönheit. Zwischen den Häuserreihen glitzern wie im Altertum schmale Bewässerungskanäle, und entlang den Alleen stehen Pinien, Platanen und Pappeln Spalier. Und immer noch wird die Stadtsilhouette von den Kuppeln und dem Wald der Minarette des alten Zentrums beherrscht, das die Unesco zum Weltkulturerbe erklärt hat.

Perser, Araber, Seldschuken

Die Ansiedlung von Juden und die wechselnde Beherrschung der Stadt durch Perser, Araber und türkische Seldschuken förderte zwischen dem 5. und 11. Jahrhundert die Kreativität beim Bau von Königspalästen, Moscheen, Medressen und Mausoleen. Alte orientalische Stilrichtungen gingen eine fruchtbare Verbindung mit den Einflüssen des Islam ein, so bei der berühmten Freitagsmoschee Masje-e-Jom'e, die mit klaren Linien und harmonischen Proportionen den Eindruck absoluter Perfektion erweckt. Um 1000 n. Chr. zählt Isfahan über 100 Moscheen und Koranschulen, an die 2000 Karawansereien und 300 Badehäuser.

Im 12. Jahrhundert leidet die Stadt unter Terror und Barbarei. Mitglieder der schiitischen Assassinen-Sekte ermorden führende Seldschuken und setzen 1121 die Freitagsmoschee in Brand. Wertvolle Innenausbauten und die gesamte Bibliothek fallen den Flammen zum Opfer. Mehrmals dringen später Mongolenhorden plündernd und brandschatzend in die Stadt ein.

Erst unter dem ehrgeizigen Schah Abbas I. kommt Ende des 16. Jahrhunderts wieder Schwung in das Bau- und Kunstgewerbe. Mit großem Aufwand will der junge Monarch Isfahan als Hauptstadt seines Safaviden-Reiches zu einem Spiegelbild alles Schönen auf der Welt machen.

Die hohe Kunst der Handwerker

Dazu lässt er im Zentrum einen von Arkaden umgebenen Königsplatz anlegen, der mit einer Fläche von 512 mal 160 Meter um ein Vielfaches den venezianischen Markusplatz übertrifft. Er dient zunächst für Poloturniere und Tierhatzen, wird aber dann in eine Grünanlage mit vielen Springbrunnen umgestaltet. Auch eine mit 1,5 Millionen Schmuckfliesen verkleidete Königsmoschee lässt der Schah errichten, einen kunstvollen Wohnpalast und einige kleinere Moscheen. Zur begehrten Handelsware werden mit ihrem dichten Flor und den beigen Farbtönen fortan die Isfahan-Teppiche.

Im Gegensatz zu anderen Stätten antiker Baukunst ist das historische Zentrum Isfahans auch im 21. Jahrhundert voller Leben. In den Arkaden des Königsplatzes haben Kunsthandwerker ihre Werkstätten, gibt es Schatullen mit eingearbeiteten Mosaiken zu kaufen, werden Miniaturmalereien angeboten, und man kann zusehen, wie kostbare Stoffe im Blockverfahren mit traditionellen Motiven bedruckt werden.

Die Springbrunnen draußen sind von Kindern umlagert, und durch das monumentale Nordtor drängen sich Fußgängerscharen in den Qaisariye-Basar, der seine selbst im heißesten Sommer angenehm kühle Atmosphäre kleinen Ventilationslöchern verdankt, die ein weiser Zimmermann vor Jahrhunderten an den richtigen Stellen in die Überdachung bohrte.

„Isfahan ist die Hälfte der Welt", heißt es in einem mittelalterlichen Lobgedicht. Man kann den persischen Poeten nicht mehr befragen, was genau er damit gemeint hat. Für die Iraner ist der Vers aber seit langem ein geflügeltes Wort, mit dem beschrieben wird, dass von allem Wunderbaren auf der Welt 50 Prozent auch in Isfahan zu finden sind. Allah sei Dank.

Blick über die Dächer: Die Altstadt von Isfahan zählt zum Weltkulturerbe der Menschheit. Die Schah-Moschee mit ihrem Minarett gehört zu den einzigartigen historischen Sehenswürdigkeiten (oben)

Zu den handwerklichen Besonderheiten zählt die Textilmalerei auf Baumwollstoffen (unten l.)

Die Masdschid-i-Scheich-Lotfollah (linke Seite oben) und die Frauen-Moschee mit ihrem Kuppelgewölbe überragen die Altstadt (unten M.)

Ein Meisterwerk orientalischer Baukunst überbrückt den Oasenfluss Zayandehrud

Das Paradies von Samarkand
Die Schönheit seiner Hauptstadt ging Timur Lenk über alles

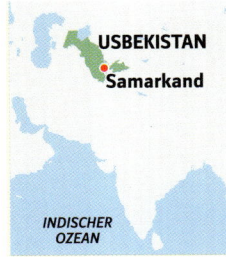

ANREISE:
Internationale Flüge nach Taschkent. Von dort weiter mit Bahn oder Bus in das 300 km entfernte Samarkand

KLIMA:
Beste Reisezeit Frühling und Herbst, aber auch Sommer und Winter noch erträglich

UNTERKUNFT:
Mehrere Hotels vorhanden. Vorausbuchungen vor Reiseantritt empfehlenswert

TRINKGELD:
Hotelpersonal, Kellner und Taxifahrer Tip bei gutem Service

Umgeben von Fluren roten Mohns und weiß betupften Baumwollfeldern liegt im südlichen Bergland von Usbekistan das wunderbare Samarkand. Von den alten Karawanenstraßen aus erblicken Reisende als Erstes am Horizont helmförmige Riesengebilde, braun wie der felsige Untergrund oder türkisfarben in der Sonne glänzend. Es sind die Hochkuppeln mittelalterlicher Prachtbauten, die auch im 21. Jahrhundert das Stadtbild beherrschen.

Aus den Worten samar für fruchtbar und kand für Siedlung bildeten Angehörige des Turkvolks der Usbeken schon vor 2500 Jahren den passenden Namen für ihre Handelsoase am Fluss Serawschan. Über die nördliche Seidenstraße erreichte von Peking und aus Bagdad wertvolle Fracht den Umschlagplatz Samarkand. Bald führten gepflasterte Straßen zum zentralen Markt, auf dem um Seide und Moschus, Teppiche und Pelze, aber auch um junge türkische Sklaven gefeilscht wurde.

Bücher aus Samarkand

Seine wichtigste Rolle spielte Samarkand durch die Verbreitung geistiger Güter. Abendland und Morgenland tauschten mit Hilfe reisender Kaufleute wissenschaftliche Erkenntnisse und philosophische Gedanken aus. Als es Samarkander Handwerkern 751 n. Chr. gelang, nach einem chinesischen Verfahren Papier herzustellen, lieferte die Stadt in alle Welt handgeschriebene Wörterbücher, Enzyklopädien und Medizinwerke, darunter auch das Ärztehandbuch des usbekischen Universalgenies Ibn Sina, auch genannt Avicenna.

Unter dem Schreckensherrscher Timur Lenk, auch Tamerlan (der Lahme) genannt, wurde Samarkand Ende des 14. Jahrhunderts als Mittelpunkt eines mongolischen Weltreiches zur schönsten Stadt Asiens ausgebaut – erkauft allerdings buchstäblich durch Ströme von Blut. Um seine Residenz in ein „Paradies des Ostens" verwandeln zu können, plünderte der geistige Nachfolger Dschingis Khans mit seinen Horden nicht nur reiche Städte Asiens und Osteuropas aus, sondern er verschleppte auch deren beste Architekten, Bauhandwerker und Künstler.

Daheim verwirklichte der Schatzräuber innerhalb weniger Jahre ein ehrgeiziges Bauprogramm, für das anderswo Generationen benötigt worden wären. Fast zeitgleich schossen am Serawschan meisterhaft gestaltete Moscheen und Medressen (Koranschulen) empor, prunkvolle Paläste und gastliche Karawansereien.

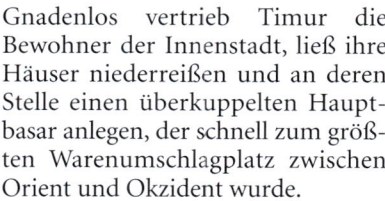

Gnadenlos vertrieb Timur die Bewohner der Innenstadt, ließ ihre Häuser niederreißen und an deren Stelle einen überkuppelten Hauptbasar anlegen, der schnell zum größten Warenumschlagplatz zwischen Orient und Okzident wurde.

Krieg bei Störung der Totenruhe
Für den Neubau der Großen Moschee Bibi Chanym schleppten 95 Arbeitselefanten vier Jahre lang aus den Bergen gewaltige Quader heran. Die so genannten Iwans, große rechteckige Prachttore persischen Stils, mussten Spezialisten von unten bis oben mit Mosaiken und Fayencen überkacheln. Für die Gitter hämmerten Schmiede arabeske Muster aus „sieben Metallen" zurecht. Um die 400 Kuppeln angrenzender Gebetshallen zu stützen, war ein Wald aus Marmorsäulen aufzurichten.

Sich selbst zum Nachruhm ließ der lahme Timur das gigantische Gur-e Amir (Fürstengrab) bauen – sein eigenes Mausoleum. Den Hauptteil der bis heute erhaltenen palastartigen Anlage krönt ein zylindrischer Tambourbau mit einer 34 Meter hohen Kuppel in Melonenform. Das rechteckige, rund zwölf Meter hohe Hauptportal zum Innenhof ließ sich der Bauherr von dem berühmten Architekten Muhammad Ibn Mahmud aus Isfahan gestalten. Über der Mitte des Torbogens steht auf Schmuckfliesen zu lesen: „Glücklich ist, wer die Welt verlässt, bevor die Welt auf ihn verzichtet."

Der Tod ereilte Timur Lenk 1405 außerhalb Samarkands in einem Feldlager, von dem aus der 69-Jährige zur Eroberung Chinas aufbrechen wollte. Gefolgsleute geleiteten seine Leiche zurück nach Samarkand, bestatteten sie im Totenpalast Gur-e Amir und verbreiteten auch Timurs testamentarische Warnung, dass jede Störung seiner letzten Ruhe mit einem großen Krieg bestraft werden würde. Erst sowjetische Archäologen wagten eine Öffnung des Herrschergrabes. Sie fanden die Überreste eines an beiden Beinen gelähmten Mannes von kräftigem Wuchs, mongolischer Schädelform und rotem Bart. Das war 1941. Wenige Wochen danach begann der Krieg Deutschlands gegen die Sowjetunion.

Der Registan-Platz im Zentrum von Samarkand (oben l.)

Imposant: die Gräberstadt Sha-i-Sinda (oben r.)

Die kunstvoll gekachelte Kuppel des Gur-e Amir-Mausoleums (Mitte)

Beliebtes Touristenziel: die Registan-Moschee

Architektur und Liebe in Lahore

Mogul-Kaiser hinterließen Bauwerke von märchenhafter Schönheit

ANREISE:
Lahore hat internationale Flugverbindungen

UNTERKUNFT:
„Holiday Inn" und einfachere Herbergen

BESTE REISEZEIT:
November bis Februar

TRINKGELD:
Bis zu 10 Prozent des Rechnungsbetrages

Die Entstehungsgeschichte der schönsten Stadt Pakistans bleibt im Dunkeln. Nach einer Hindu-Legende wurde Lahore lange vor der Zeitrechnung von Loh gegründet, einem Sohn Ramas, der Inkarnation des Gottes Vishnu. Moslems leiten den Namen der ehemaligen Residenz mächtiger Mogul-Herrscher aus den Worten Loh-awar ab, was Festung aus Eisen bedeutet. Überliefert ist, dass die Stadt der vielen Moscheen und Paläste einst auf einem ihrer Prachttore mit den Worten gerühmt wurde: „So etwas hat es vorher nie gegeben und wird auch später nicht mehr unter dem Himmel zu sehen sein."

Eine Treppe für Elefanten

Die Glanzzeit Lahores begann bald nach der ersten Jahrtausendwende, als die Bewohner durch islamische Eroberer zu Moslems wurden. Unter der Herrschaft verschiedener Sultane entwickelte sich die Stadt zu einem geistigen Zentrum, das Dichter, Künstler und Gelehrte aus Persien und Zentralasien anlockte. Im 16. Jahrhundert bauten dann Mogul-Kaiser Lahore zur architektonischen Schatzkammer ihres Reiches aus. Nirgendwo sonst im heutigen Pakistan erlebte die islamische Hochkultur eine so große Blüte wie hier am Fluss Ravi im fruchtbaren Punjab, dem vom Indus und seinen Nebenflüssen gebildeten „Fünfstromland".

Die Moguln ließen rund um den Ort eine Mauer mit zwölf Toren errichten. Im Innern bauten sie sich die noch heute erhaltene Festung zu einem herrschaftlichen Domizil aus – mit Wohnpalästen, lauschigen Innenhöfen und Badehäusern. Dazu kam etwas später die von drei weißen perlenförmigen Kuppeln überwölbte „Perlenmoschee". Den Haupteingang zum kaiserlichen Festungsbereich bildete das riesige Schah-Buri-Tor, das hoch und breit genug sein musste, um den auf einem Elefanten sitzenden Kaiser hindurch reiten zu lassen. Eine eigens für schwere Dickhäuter konstruierte „Elefantentreppe" führte schräg hinauf zum Shish Mahal. Die Wände dieses Spiegelpalastes schmückten Mosaiken aus verschiedenfarbigem Spiegelglas und größeren Spiegeln, die mit Gold und Edelsteinen verziert waren.

Während der Spiegelpalast Anfang des 17. Jahrhunderts der Kaiserin als Wohnung diente, verfügte der Großmogul selbst innerhalb der Festung über einen eigenen Palastbezirk, von dem ein Badehaus, der „Hof der Haremsdamen" und das „Haus der Träume" mit dem kaiserlichen Schlafgemach erhalten sind. Zu Festen lud der Hausherr in die „Halle der 40 Säulen" ein. Auch sportlich war man in Lahore auf der Höhe, wie Kachelbilder und Fresken an der Festungsmauer bezeugen. Reiter schätzten besonders das Polospiel, das in Zentralasien seinen Urprung hat.

Garten mit 412 Fontänen

Außerhalb ihres Festungsdomizils hinterließen die Moguln zahlreiche weitere Prachtbauten, darunter vor allem das bis heute größte Gotteshaus Lahores, die aus rotem Sandstein errichtete Badshahi-Moschee. Mit ihren drei weißen Kuppeln und dem mit kalligraphischen Schriftbändern verzierten Iwan-Vorbau bietet sie ein Bild vollkommener Harmonie, das noch durch die weite Fläche des Innenhofes unterstrichen wird, auf dem 60 000 Gläubige Platz haben. Etwas außerhalb der Stadt, die heute etwa drei Millionen Einwohner zählt, hinterließ Schah Jahander der Nachwelt die 1642 als orientalische Parklandschaft angelegten Shalima-Gärten. Glanzstück der sich über drei Ebenen verteilenden Anlage sind die bis zu 60 Meter langen Wasserbecken mit ihren 412 Fontänen, künstlichen Inseln, Pavillons und Marmorufern.

Von vielen Legenden umrankt sind die zahlreichen Mausoleen Lahores. In einem der Grabmale, das später als christliche Kapelle genutzt wurde, soll Anarkali („Granatapfelblüte") bestattet sein, eine Nebenfrau Akbar des Großen. Als der Herrscher in einem Spiegel beobachtete, wie die Schöne einem anderen verliebte Blicke zuwarf, ließ er sie lebendig einmauern, um dann in einer Grabinschrift zu trauern: „Ach könnte ich das Antlitz der Geliebten noch einmal sehen!"

Zwei architektonisch weniger bedeutende Grabmäler außerhalb der Stadt erinnern an zwei in Pakistan berühmte Männer. Bei dem einen handelt es sich um den 1072 verstorbenen Gelehrten Ali Makdum Al Hujwiri, ein Universalgenie von solcher Geisteskraft, dass sie noch aus dem Grab heraus jeden erleuchten soll, der davor steht. In der zweiten Grabstätte liegt seit 1635 Hasrat Mian Mir, der weit über ein Jahrhundert alt geworden sein soll, weil er selten atmete, nachts nur zwei- bis dreimal, in seinen letzten Lebensjahren allerdings viermal.

Drei hell glänzende Marmorkuppeln krönen die aus rotem Sandstein errichtete Gebetshalle der Badshahi-Moschee von Lahore. Auf dem Innenhof der Anlage aus dem 17. Jahrhundert versammeln sich an hohen Feiertagen bis zu 60000 Gläubige (oben)

Königliche Prachtbauten oberhalb der Stadtmauer (unten l.)

Ein Stuckateur beim Wiederherstellen eines Frieses (unten M.)

Renovierungsbedürftige Hausfassade in der Altstadt

Delhi – Spielball der Mächte

Paläste und Gräber erzählen in Indiens Hauptstadt von dramatischen Zeiten

ANREISE:
Internationale Flugverbindungen aus aller Welt

UNTERKUNFT:
Vom Billigquartier bis zum Luxushotel alles vorhanden

BESTE REISEZEIT:
November bis April. Im Dezember und Januar kann es unangenehm kalt sein

TRINKGELD:
Rechnungsbetrag je nach Service aufrunden. Extra-Tips für kleine Gefälligkeiten

AUSFLÜGE:
Nach Agra zur Besichtigung des Taj Mahal

Nicht das berühmte Rote Fort mit seinen weißen Kuppeln, keine pompöse Militärparade, kein hinduistisches Tempelfest und auch kein bunter Markt ist jedes Jahr am 30. Januar in Indiens Hauptstadt das Ziel Zehntausender Pilger, sondern das schlichte Grabmal eines einzigen Mannes: Mohandas Karamchand Gandhi, genannt Mahatma, Große Seele. Es war am 30. Januar 1948, als der Prediger der Gewaltlosigkeit beim abendlichen Gebet vor seinem Haus in Delhi von einem politischen Fanatiker erschossen wurde.

Es gehört zur Tragik der sonst so lebensfrohen Doppelstadt Old und New Delhi, dass sich in ihrer Geschichte zum Glanz immer wieder auch Grauen gesellt hat. Hier im Norden Indiens, wo sich zu Füßen des Himalaya die fruchtbaren Flussebenen ausbreiten, leben Kulturen und Religionen seit 3000 Jahren nicht nur im friedlichen Wettstreit miteinander, sondern häufig auch im Krieg.

Der nachts von Scheinwerfern angestrahlte 71 Meter hohe Sandsteinturm Kutab Minar ist Delhis ältestes Wahrzeichen und Symbol weltanschaulicher Gegensätze. Moslems errichteten den minarettartigen Bau einst als Siegesmal zur Erinnerung daran, dass die Stadt 1206 unter islamische Herrschaft kam. Hindus erinnert der Turm an den im Kampf gegen Moslems gefallenen letzten Hindukönig Phrithviraj. Neben dem Kutab Minar stehen noch die stattlichen Überreste der ersten Moschee Delhis, laut Inschrift an ihrem Ostportal erbaut aus den Steinen von 27 niedergerissenen Tempeln der Hindu- und der Jaina-Religion. Was danach noch an alten Gotteshäusern stand, wurde spätestens 1398 dem Erdboden gleich gemacht, als Timur Lenks Mongolenheer die Stadt plünderte und Überlieferungen zufolge über 100 000 Bewohner umbrachte.

Kunstsinnige Mogul-Kaiser

Zum Glück gab es auch Moslem-Herrscher, die nicht zerstörten, sondern aufbauten. So ließen kunstbegeisterte Mogul-Kaiser im 17. Jahrhundert am Westufer des Yamuna das Rote Fort mit einem ganzen Ensemble prächtig ausgestalteter Marmorpaläste, Badehäuser, Hofgärten und Kemenaten errichten. Unter einem von schneeweißen Marmorsäulen getragenen Kuppeldach rauchte hier 1739 der Perser-Schah Nadir mit dem indischen König Bahadur gemütlich eine Wasserpfeife, bevor er seine Soldaten ein Massaker an der Zivilbevölkerung verüben ließ und unter Mitnahme des indischen Pfauenthrons und weiterer Schätze wieder in Richtung Teheran verschwand.

Die Palastanlage des Roten Forts ist inzwischen zur größten Touristenattraktion Delhis geworden. In einem Halbkreis umgab die Residenz die durch eine hohe Mauer geschützte Kaiserstadt Shahjahanabad, heute der älteste Teil von Old Delhi. Erst als Indien im Jahre 1803 dem britischen Empire einverleibt wurde, ist die Zeit der Moslem-Herrscher abgelaufen.

Delhis Doppelcharakter

Nachbar des Roten Forts ist die 1658 vollendete und hervorragend renovierte Jama Masjid, eine Moschee von so gewaltigen Ausmaßen, dass in ihrem Hof bis zu 25 000 Gläubige Platz finden. Ihre beiden 40 Meter hohen Minarette ermöglichen es, sich aus der Vogelperspektive ein Bild von dem Doppelcharakter der Hauptstadt zu machen. Da ist im Norden die Metropole Old Delhi mit den typisch orientalischen Basaren und den hervorstechenden Bauten der Moguln, während das im Süden anschließende New Delhi mit dem Regierungsviertel fast so englisch aussieht wie London, nur etwas neuer.

Die Neubaustadt New Delhi wurde in den Zwanzigerjahren des vergangenen Jahrhunderts nach Plänen britischer Stadtplaner und Architekten als moderne Machtzentrale des Empires aus dem Boden gestampft. Schnurgerade Straßen verbinden runde Plätze und Dutzende Grünanlagen miteinander. Von einem India Gate in der Art eines Triumphbogens führt als Mittelachse die Prachtavenue Rajpath zur Residenz des früheren britischen Vizekönigs, seit 1947 Sitz des indischen Staatspräsidenten.

Außerhalb der geschäftigen Zentren von Old und New Delhi liegt eine der jüngsten Trauerstätten indischer Geschichte. Es ist das Indira Gandhi House, der letzte Wohnsitz der Tochter Jawaharlal Nehrus, die wie ihr Vater dem Land als Ministerpräsident diente – bis sie am 31. Oktober 1984 morgens beim Spaziergang durch ihren Garten von zwei ihrer eigenen Leibwächter erschossen wurde. Indira Gandhis Wohnräume ließ man so, wie sie die Gemächer an ihrem Todestag verlassen hatte. Über der Stelle, an der sie sterbend zusammenbrach, steht ein gläserner Schrein.

Blick von der Jama-Masjid-Moschee über die Dächer der Stadt (oben)

Der große Platz vor der Moschee zeigt die ganze Weitläufigkeit der Anlage mit ihren Kuppelbauten (unten m.)

In großzügigen Dimensionen wurde auch das Humayun-Mausoleum errichtet (links)

Der Mandhir-Tempel zählt zu den eindrucksvollsten Kultstätten Delhis (linke Seite unten)

Viele Götter in Kathmandu
Die fantastische Tempelwelt der Hauptstadt Nepals

Wenn aus dem Hochtal ringsum die Frühnebel zu den Eisgraten des Himalaya aufsteigen, wird Kathmandu vollends zu einem mythischen Ort. Tempel und Götterstatuen versinken in einem weißen Meer, man glaubt aus der Ferne dumpfe Gongschläge zu hören und spürt einen kalten Hauch von Fäulnis und verkohltem Holz. In diesen unwirklichen Augenblicken findet nach dem Glauben des Newar-Volkes eine spirituelle Reinigung des Menschen statt. Alle Sünden und bösen Gedanken lösen sich von ihm ab und werden von den Nebeln fortgetragen.

Es dauert nicht lange, dann folgen in den modernen Vierteln der „Stadt der tausend Tempel" den reinigenden Nebeln die stinkenden Abgasschwaden der Auto- und Mopedschlangen. Der starke Fremdenverkehr hat den abgeschiedenen Himalaya-Ort längst in eine laute Großstadt verwandelt und die Einwohnerzahl sprunghaft ansteigen lassen – innerhalb von vier Jahrzehnten von 123 000 auf 450 000. Aber inmitten der modernen Kathmandu liegt weiterhin fast unberührt das uralte mit seinen vielen Heiligtümern, Götterbildern und Palästen.

Ein Halbgott schlug zu

Das 1300 Meter hoch gelegene Tal von Kathmandu ist das Überbleibsel eines Gebirgssees, dem vor knapp 10 000 Jahren plötzlich durch die Chobar-Schlucht im Süden das Wasser davonlief. Geologen vermuten, dass sich der Abfluss durch ein Erdbeben öffnete, aber die seit Jahrhunderten hier lebenden Newar wissen es besser: Der Halbgott Mandschushri habe das Wunder mit einem einzigen Streich seines Lichtschwertes bewerkstelligt. Die an Natur- und Hindu-Götter glaubenden Newar haben hochbegabte Holzschnitzer hervorgebracht, deren Kunst an vielen Tempeln zu bewundern ist.

Kathmandu (Haus aus Holz) entstand vermutlich im 10. Jahrhundert durch den Zusammenschluss mehrerer Dörfer an der alten Karawanen- und Pilgerstraße zwischen Tibet und Indien. Mönche und Kaufleute brachten ihre Religionen mit ins Tal, den Buddhismus zuerst, dann auch den Hinduismus und die Lehre tibetischer Lamas. So kam es, dass im Gebiet von Kathmandu den unterschiedlichsten Göttern Tempel errichtet wurden. Als fleißige Tempelbauherren erwiesen sich im 16. und 17. Jahrhundert die hinduistischen Newar-Könige. Dutzende von Heiligtümern gehen allein auf König Pratapa Malla (1641–1674) zurück, einen undogmatischen Mystiker.

In den abseits der lauten Straßen gelegenen alten Vierteln Kathmandus scheint sich seit Hunderten von Jahren nichts geändert zu haben, heilige Kühe kauen auf Unrat herum, schmale magere Hunde jagen sich gegenseitig. Dicht an dicht stehen in engen Gassen uralte Kaufmannshäuser mit kunstvoll umschnitzten Schaukästen und bilden mit Baudenkmälern aus der Zeit der Malla-Könige ein riesiges Freiluftmuseum nepal-tibetischer Baukunst. Hindu-Schreine mit quadratischem Grundriss und dreifachen Staffeldächern wechseln ab mit rundgebauten buddhistischen Pagoden, langgestreckten Gebetshallen und Pavillons mit Götterbildern und Dämonenmasken.

Im Zentrum des Durbar Square erhebt sich der alte Königspalast Hanuman Dhoka mit einem neunstöckigen Wohnturm, Tempeln und Audienzräumen. Gewidmet ist die Anlage dem Affenkönig Hanuman, der vor Krankheiten schützen soll. Im Innern kommt auch der elefantenköpfige Ganesha zu Ehren, der Gott der Weisheit und des Wohlstands. Ein goldenes Tor führt in den Krönungshof der nepalesischen Herrscher. In einem weiteren Hof, dem Mul Chowk, werden Büffel, Ziegenböcke und Hähne geopfert, um die Muttergöttin Durga gnädig zu stimmen.

Sex gegen Blitzschlag

Um einzelne Kultstätten ranken sich fantastische Geschichten. Die Darstellung kopulierender Paare auf dem Dachbalken des tantrischen Jagannath-Tempels soll die noch jungfräuliche Göttin Jagannath, die sich der Erde als Blitz zu nähern pflegt, so tief erschrecken, dass sie gleich wieder zum Himmel auffährt und das Bauwerk vom Blitzschlag verschont bleibt. Im tibetischen Bönpo-Kloster warten 50 Mönche und Mystiker auf das vor 18 000 Jahren von dem Heiligen Shenrab prophezeite Paradies auf Erden, das Königreich Olmo Lungring. Fromme Newar hüten eine Juwelenweste, die einst dem Schlangengott von einem Dämon gestohlen wurde und deren Anblick nun vor Diebstahl schützen soll. Und eine Riesenstatue stellt den furchterregenden Kal Bhairab dar, den Gott der Wahrheit, der jeden Blut erbrechen und sterben lässt, der vor ihm lügt.

Wundersames Kathmandu. Jede Gasse ein kleines Geheimnis. Jeder Tempel ein Mythos. Dieser multireligiöse Ort im hellen Höhenlicht des Himalaya ist ein ideales Reiseziel für Menschen des Westens, die einmal abheben möchten aus ihrer Welt der reinen Vernunft.

ANREISE:
Direktflüge von diversen Flughäfen nach Kathmandu. Eine Busfahrt Delhi-Kathmandu, mit Umsteigen an der Grenze, dauert drei Tage. Einreise im eigenen Auto nur mit Carnet de Passage, internationaler Zulassung und internationalem Führerschein

UNTERKUNFT:
Privatzimmer und einfache Lodges für wenige US-Dollar pro Nacht. Zahlreiche Hotels von der Mittel- bis zur Luxusklasse

BESTE REISEZEIT:
Oktober und November, Februar bis April

TRINKGELD:
Rechnungen gehobener Restaurants und Hotels erthalten 10 Prozent für den Service. Extra-Tips für gute Bedienung. Auch Gepäckträger, Reiseleiter und Service-Personal der Hotels erwarten ein Trinkgeld

AUCH SEHENSWERT:
Der Löwenpalast Singha Durbar, ein Riesenbau aus dem 20. Jahrhundert. Der noch bewohnte Königspalast Narayan Hiti. Der 60 Meter hohe Aussichtsturm Bhimsen Tower

Überkuppelte Pagoden, Tempel mit Staffeldächern und verschiedenartige Heiligenschreine wie hier in Patan bei Kathmandu sind typisch für die historischen Zentren nepalesischer Städte (links)

Ein hinduistischer Bettelmönch vor einem Tempel am Durbar Square

Ein buddhistischer Schrein (Stupa) mit Heiligenfiguren und mythischen Tieren (unten r.)

Geschändeter Göttersitz Lhasa

China nahm den Tibetern ihr Land und zerstörte ihre Kultur

ANREISE:
Regelmäßige Flugverbindungen von Chengdu in China und Kathmandu in Nepal zum Tibet-Airport Gongkar, 90 km südlich von Lhasa. Von Kathmandu aus verkehren auch Busse nach Lhasa

UNTERKUNFT:
Sehr einfache tibetische Unterkünfte und einige Mittelklassehotels mit westlichem Standard

BESTE REISEZEIT:
April bis Juni, September und Oktober

TRINKGELD:
Ist offiziell verboten, wird häufig aber gern genommen

EXTRA-TIPP:
Sofern keine Gruppenreise gebucht wurde, ist es sehr wichtig, vor Reiseantritt Erkundigungen über aktuelle Visa-Bestimmungen einzuholen und den Reiseverlauf sorgfältig vorauszuplanen

Nach einer alten Legende legte sich im 7. Jahrhundert eine unsichtbare Dämonin über die Berge von Tibet, um so die Einführung des Buddhismus durch Songtsen Gampo zu verhindern, den 33. tibetischen König. Doch die zauberkundige Prinzessin Wencheng, eine der beiden Frauen des Königs, wusste Rat: Wenn man genau über dem Herzen der Dämonin ein buddhistisches Heiligtum errichte, müsse der böse Geist seinen Widerstand aufgeben.

So märchenhaft werden die Gründe dafür beschrieben, dass der von 629 bis 649 regierende König das 3700 Meter hoch gelegene Lhasa zu seiner neuen Hauptstadt machte und dort das Dschokhang-Heiligtum bauen ließ. Von Lhasa aus entwickelte sich im Laufe der Zeit aus einer Vermischung des alten Dämonenglaubens mit den Lehren Buddhas der so genannte Lamaismus oder Vajrayana-Buddhismus. Oberste Repräsentanten der Religion wurden die Gottkönige, die Dalai Lamas, die sich nach ihrem Tode reinkarnieren, also wiedergeboren werden – wie man in Tibet überzeugt ist.

Die Doppelfunktion eines religiösen und weltlichen Oberhauptes des Himalaya-Staates übernahm als erster im 17. Jahrhundert der „Große Fünfte" Dalai Lama Ngawang Lozang Gyatso. Auf den Überresten der Residenz König Songtsen Gampos ließ der charismatische Priester am Rande von Lhasa den Potala-Palast hochmauern, eine Art tibetischer Vatikan. Mehrfach erweitert, wurde der 13-stöckige Potala mit seiner himmelstürmenden Architektur zu einem der großartigsten Bauwerke Asiens, das bis heute durch seine majestätische Größe, klare Schönheit und religiöse Ausstrahlung beeindruckt.

Fremden drohte der Tod

Den Gottkönigen von Potala ist auch die Erhaltung des Dschokhang-Heiligtums zu verdanken, das wegen der mit seiner Entstehung verbundenen Dämonen-Legende auch Trülnang Tsuglagkhang genannt wird – magisch entstandene Kathedrale. Die größte Kostbarkeit im Innern ist der Jobo Shakyamuni, eine noch zu Lebzeiten des Religionsgründers hergestellte Buddha-Statue, mit einem fünfstrahligen Diadem und überhäuft mit Juwelen, Türkisen, Mondsteinen, Korallen und Amuletten.

Bis in die ersten Jahre des 20. Jahrhunderts war Lhasa, der „Sitz der Götter", eine der isoliertesten Residenzen der Welt. Die meisten tibetischen Pilger konnten ihre Hauptstadt nur über beschwerliche Gebirgspfade oder verschneite Karawanenwege erreichen. Und Fremden war es bei Todesstrafe verboten, sich der heiligen Stadt auch nur zu nähern. Der schwedische Asienforscher Sven Hedin, der als einer der ersten Europäer ins Innere Tibets vorgedrungen war, durfte Lhasa als das eigentliche Ziel seiner Expedition nicht einmal aus der Ferne sehen.

Aufstände niedergeschlagen

Dass die Fremdenangst der Dalai Lamas begründet war, zeigte sich 1950, als China unter Bruch internationalen Rechts seine Armee überfallartig in Osttibet einmarschieren ließ und nach und nach trotz wachsenden Widerstands das ganze Land okkupierte. Die Regierung in Peking sprach von einer Befreiung der Tibeter aus mittelalterlicher Feudalherrschaft, stieß aber bei der Bevölkerung auf feindliche Ablehnung. Mehrfache Aufstände wurden blutig niedergeschlagen. Etwa 100 000 Tibeter flüchteten wie 1959 auch der von Verhaftung bedrohte 14. Dalai Lama nach Indien.

Bald setzte eine systematische Zerstörung der tibetischen Kultur ein. Die großen farbenfrohen Feste der Tibeter wurden als „zu aufwändig" verboten, die Klöster aufgelöst und geplündert. Was nicht schon bei der von den Vereinten Nationen tatenlos hingenommenen „Befreiung" vernichtet worden war, fiel später der chinesischen Kulturrevolution zum Opfer. Mao-Jünger vernichteten Zehntausende von Götterstatuen und verbrannten Bilder und Schriften. Ganze Klöster wurden Stein um Stein abgetragen.

Inzwischen ist Lhasa als Provinzhauptstadt einer chinesischen „Autonomen Region" eine der letzten Bastionen tibetischer Kultur, obwohl die Mehrheit der Einwohner bereits Chinesen sind. Während im übrigen Tibet von 4000 religiösen Stätten den Gläubigen angeblich nur noch knapp 100 zur Verfügung stehen, durfte in Lhasa das schwer verwüstete Dschokhang-Heiligtum restauriert und wieder zum Mittelpunkt von Prozessionen gemacht werden. Zugleich wurde der Potala-Palast in ein volkskundliches Museum verwandelt, das nach langer Sperre auch westlichen Touristen offen steht.

Mit seiner himmelstürmenden Architektur gehört der Potala-Palast der tibetischen Hauptstadt Lhasa zu den großartigsten Bauwerken Asiens. Hier residierte bis zu seiner Flucht vor der chinesischen Besatzung der 14. Dalai Lama, der Gottkönig der Tibeter (oben)

Bewohner Lhasas bei einem Pferderennen in traditionellen Kostümen (unten l.)

Ein lamaistischer Mönch vor einem Kloster in der Altstadt

Im Schrein ruhen Buddhas Haare

Das einstige RANGUN heißt Fremde wieder willkommen

ANREISE:
Direktflüge von Bangkok

BESTE REISEZEIT:
November bis Februar

UNTERKUNFT:
Herbergen und Hotels aller Kategorien bis zum Fünf-Sterne-Luxus im berühmten „The Strand"

TRINKGELD:
Trinkgelder im westlichen Sinne sind unbekannt. Aber kleine Geschenke etwa in Form von Geld, Zigaretten oder Feuerzeugen empfehlen sich, um bürokratische Vorgänge zu beschleunigen oder „ausverkaufte" Tickets zu ergattern

Um die Mittagszeit blendet am Yangon-Fluss das Sonnenlicht die zierlichen Bewohner von Yangon aus zwei Richtungen gleichzeitig. Die eine Sonne steht hoch über der Andamanensee, die andere leuchtet als ihr gleißendes Spiegelbild im blanken Gold der 98 Meter über die Hafenstadt hinausragenden Shwe-Dagon-Pagode, einem der prächtigsten buddhistischen Heiligtümer der Welt, das der „Dschungelbuch"-Autor Rudyard Kipling einst eine „wundersam leuchtende Schönheit" nannte.

In der westlichen Literatur verbanden sich mit Orten wie Rangun, heute Yangon, fernöstlicher Zauber und lauernde Gefahr. Denn seit Großbritannien seine Kolonialherrschaft Anfang des 19. Jahrhunderts auch auf das von verfeindeten Stämmen bewohnte Birma ausdehnte, waren Europäer in Hinterindien nicht überall gern gesehen. Selbst als sich Birma nach dem Zweiten Weltkrieg seine Unabhängigkeit erkämpft hatte und sich in Myanmar umbenannte, schottete es sich noch lange gegenüber dem Westen ab. Erst seit zwei Jahrzehnten sind das geheimnisvolle Yangon und andere sehenswerte Orte wieder dem Tourismus geöffnet.

Leben mit Gelassenheit

Trotz vier Millionen Einwohnern ist das Straßenleben Yangons auch heute noch von jener ruhigen Gelassenheit geprägt, die anderen asiatischen Metropolen längst verloren gegangen ist. Vielreisende zeigen sich angenehm überrascht von dem Charme des am Yangon-Fluss lebenden Mon-Volkes, dessen traditionelle Umgangsformen Höflichkeit vorschreiben, Achtung gegenüber Frauen und das Bemühen, niemals laut oder aufdringlich aufzutreten.

Das Stadtbild erzählt von sehr unterschiedlichen Zeitaltern. Auf dem Fluss schaukeln neben hölzernen Wohnschiffen noch die eleganten, leicht geschwungenen Nachen, deren Form sich seit Jahrtausenden nicht verändert hat. An die Kolonialzeit erinnern Gebäude mit viktorianischen Fassaden, sonderbaren Balkonen und tempelhaften Verzierungen. Eine angenehme Hinterlassenschaft der Briten ist das wieder geöffnete Luxushotel „The Strand".

Zur Atmosphäre der Stadt tragen ihre vielen Bäume und die freundlich lächelnden Buddha-Statuen bei. Unweit vom Flughafen zeigen Skulpturen den Religionsstifter in all seinen Inkarnationen. Ein sitzender „fünfstöckiger Buddha" des Klosters Ashay Tawya bringt es auf eine Höhe von 20 Meter, wird aber an Riesenhaftigkeit ein paar Straßen weiter von einem liegenden Buddha übertroffen. Am typischsten für Yangon sind die zahlreichen Zedis, auch Stupas genannt, die an aufrecht stehende Glocken mit hochgezogener Spitze erinnern. Einige enthalten buddhistische Reliquien, die meisten aber wurden zur Erinnerung an religiöse Ereignisse errichtet.

Die Form eines Zedis hat auf dem Singuttara-Hügel auch Yangons Wahrzeichen, die Shwe-Dagon-Pagode. Ihre legendäre Entstehungsgeschichte handelt von zwei Kaufleuten, die vor 2500 Jahren von Buddha acht seiner Haare mit der Bitte geschenkt bekamen, sie für die Nachwelt in einem Schrein aufzubewahren. Als die Männer Buddhas Haare auftragsgemäß in ein vorbereitetes Schatzhäuschen legten, geschah ein Wunder: Aus den Haaren brachen funkelnde Strahlen hervor, Blinde konnten plötzlich sehen, Taube hören, Stumme begannen zu sprechen, die Erde bebte, es regnete Edelsteine, und alle Bäume blühten und trugen gleichzeitig Früchte.

Aufgewogen in Gold

In Wahrheit dürfte der Goldzedi zwischen dem 6. und 10. Jahrhundert vom Volk der Mon errichtet worden sein. Archäologen zufolge war der Reliquienschrein damals nur wenige Meter hoch und wurde dann für längere Zeit von Urwald überwuchert. Erst in späteren Jahrhunderten ließen birmesische Könige das Heiligtum wieder freilegen und auf seinen heutigen Umfang vergrößern. So stellte die Mon-Königin Shinsawbu zur Ummantelung des Zedis entsprechend ihrem Körpergewicht 40 Kilo Gold zur Verfügung, worauf ihre Tochter und ihr Schwiegersohn sogar vier Mal so viel Gold hergaben, wie sie wogen. Inzwischen beträgt das Goldgewicht der massiven Kuppel des Heiligtums etwa 53 Tonnen.

Der von traumhaften Tempeln, Klöstern, beeindruckenden Skulpturen und kleineren Zedis umgebene Goldschrein gilt den Birmesen heute als Nationalheiligtum. Hier hoch über der Stadt griffen Freiheitskämpfer 1824 erstmals britisches Militär an. 1929 verzichteten die Briten auf eine weitere Kontrolle des heiligen Hügels und zogen sich schließlich 1947 aus ganz Burma zurück. Mit ihrem Verschwinden macht Ranguns Umbenennung nach dem Fluss Yangon doppelten Sinn. Yangon bedeutet: Ende des Streits.

Besonders stimmungsvoll präsentiert sich die Shwe-Dagon-Pagode am Abend (links)

Der Kopf des „Liegenden Buddha" in der Kyaukhtatkyi-Pagode (unten l.)

Andächtige Mönche in ihren roten Kutten knien vor den goldenen Buddha-Statuen in der Shwe-Dagon-Pagode

Bangkok – die Stadt der Engel

Kunstvolle Königspaläste und buntes Leben auf den „schwimmenden Märkten"

ANREISE:
Internationale Flugverbindungen. Viele Pauschalangebote

UNTERKUNFT:
Hotels für jeden Geschmack. Beste Adresse: das Hotel Oriental direkt am Menam

BESTE REISEZEIT:
November bis Februar

TRINKGELD:
Keine festen Regeln. Mit Tips für das meist schlecht bezahlte Bedienungspersonal sollte nicht gegeizt werden

Auf ihrer letzten Wegstrecke zum Golf von Thailand wälzen sich die olivgrünen Wassermassen des Menam durch flaches Land vorbei an Mangohainen, Reisplantagen und Betelnussfeldern. Dann, nur noch 35 Kilometer vom Meer entfernt, tauchen in einer Biegung des Flusses am Ostufer nadelspitze Heiligenschreine auf, Tempel mit goldenen Dächern, Industrieschlote, Hochhäuser und Hotelpaläste. Das ist mit ihren sieben Millionen Einwohnern die thailändische Hauptstadt Bangkok, in der Sprache der Einheimischen Krung Thep, Stadt der Engel.

Ihre Geschichte begann mit einem Tyrannenmord. Nach der Zerstörung der früheren Hauptstadt Ayutthaya durch birmesische Truppen hatte sich 1767 der besiegte Thai-General Taksin selbst zum König ernannt und ein Dorf am Westufer des Menam zu seiner Residenzstadt gemacht. Doch der Herrscher litt zunehmend an Größenwahn, gab sich als kommender Buddha aus und schikanierte seine Gefolgsleute. Es kam zu einer Palastrevolte, bei welcher der wirre König von den eigenen Offizieren getötet wurde.

Den verwaisten Thron übernahm als Rama I. ein in das Mordkomplott verwickelter General, Chakri mit Namen. Der neue Herrscher gründete die seitdem in ununterbrochener Folge regierende Chakri-Dynastie, der auch der heutige König Bhumibol entstammt. Um sich nicht einem bösen Omen auszusetzen, verlegte Rama I. den Königssitz vom Tatort am Westufer auf die gegenüberliegende Seite des Menam und baute dort das kleine Bangkok (Olivendorf) zur neuen Hauptstadt Thailands aus. Auf einem Geländeviereck am Fluss entstanden unter Rama und seinen Nachfolgern prachtvolle Wohnpaläste, Krönungshallen, Ministerien und eine buddhistische Klosteranlage. Ein Teil davon wird noch von der königlichen Familie genutzt, aber bis auf wenige Ausnahmen sind die Tempel und Paläste der Öffentlichkeit zugänglich.

Vor dem schwarzen Thron

Zu den ältesten Gebäuden der Anlage gehört der 1783 errichtete Krönungspalast Ramas I. mit seinem durch Perlmutt-Intarsien verzierten schwarzen Thron. An den grün und golden glänzenden Wänden sind Engel dargestellt, die aus Lotosblumen emporschweben – und vielleicht einst Anlass zu der Bezeichnung „Stadt der Engel" gaben. In einem zweiten Palast des ersten Chakri-Herrschers steht der goldene Busabok-Mala-Thron, der die Form eines Bootes hat.

Von vier weiteren Palastbauten ist der „Große Palast der Chakri-Dynastie" der imposanteste. Britische Baumeister errichteten ihn 1876 als eine Art Renaissanceschloss mit thailändischen Staffelgiebeln, aus denen geschnitzte Himmelsschlangen hervorragen. Drinnen erhellen gewaltige Kristallüster die Thronhalle mit dem Sitz Bhumibols unter einem ausladenden weißen Schirm.

Und überall grüßt Buddha

Sechs Zugangstore, bewacht von je zwei riesigen Yak-Skulpturen, führen in die angrenzende Klosteranlage Wat Phra Keo, die zu dem Schönsten gehört, was thailändische Künstler geschaffen haben. Eine von goldenen Chedi-Schreinen und Tierskulpturen umgebene rechteckige Halle birgt hier eines der größten Heiligtümer Thailands: den auf einem zehn Meter hohen Sockel thronenden „Smaragd-Buddha". Die der Sage nach von Göttern geschaffene Jadefigur gilt als Schutzgott der Chakri-Dynastie.

Besondere Popularität bei der Bangkoker Bevölkerung genießt auch der 14 Meter hohe und 46 Meter lange „Ruhende Buddha" von Wat Po. Gäubige haben den Leib der Riesengestalt über und über mit Goldplättchen beklebt.

Vielleicht am buntesten geht es am Westufer des Menam in den Klongs zu, einem Gewirr von Kanälen und Nebenflüssen, in dem seit alters her die „Flussmenschen" ihren Lebensraum haben. Sie wohnen in Pfahlbauten zwischen alten Bäumen, und ihre Verkehrsmittel sind Kanus und Sampans, in denen sich auch größere Frachten transportieren lassen. Mit Obst und Gemüse aus tropischen Gärten sind morgens viele Klong-Bewohner in farbigen Gewändern unterwegs zu den „schwimmenden Märkten", auf denen alles gehandelt wird, was der fruchtbare Schwemmlandboden ringsum hergibt. Ein Fest für das Auge!

Abends gilt das Interesse vieler Touristen den von Ballettmädchen vorgeführten traditionellen Thai-Tänzen oder einem Bummel durch die Vergnügungsviertel. Nicht zuletzt auch wegen der schönen Thailänderinnen kommen Besucher von weit her in die Stadt der Engel.

Die Tempelfiguren von Wat Phra Keo sind weltberühmt

Vor der Tempelanlage von Wat Phra Keo liegt der Opferplatz, auf dem Blumen und Kerzen den Göttern geweiht werden (oben)

Besonders farbenprächtig ist der Lebensmittelmarkt in den „Klongs", wo auf Booten das frische Gemüse angeboten wird (unten l.)

Betende Mönche – wie hier am Tempel Wat Indraviharn – sind überall in der Stadt anzutreffen

Pariser Leben in Saigon
Die ehemalige Kolonialstadt hat sich ihren Charme bewahrt

ANREISE:
Über den internationalen Flughafen Saigon

UNTERKUNFT:
Gute Mittelklasse- und Luxushotels

BESTE REISEZEIT:
November bis Januar

TRINKGELD:
In Vietnam nicht üblich. Kleine Geschenke für besondere Dienste sind aber durchaus willkommen

BESONDERER TIPP:
Wer nicht feilscht, zahlt zu viel

Lastenschiffe und Holzhäuser an den Flussufern im Stadtviertel Ben Nghe (oben l.)

Ho-Chi-Minh-Denkmal vor dem Rathaus in Saigon (unten l.)

In welcher Gegend Europas befinden wir uns eigentlich? Das ockergelbe Rathaus mit dem verschnörkelten Uhrenturm sieht aus wie ein Hôtel de ville in der Provence. Die Villa mit dem bis ans Dach reichenden Säulenvorbau hat man schon in London gesehen, das Hotel Majestic eher an der französischen Riviera. Und die Kathedrale Notre-Dame passt mit ihrem Backsteinrot in die Normandie. In Wirklichkeit stehen alle vier in Südostasien, genauer in Saigon, das seit 1975 Ho-Chi-Minh-Stadt heißt, aber von seinen Bewohnern weiterhin Saigon genannt wird.

Obwohl ein paar Hochhausriesen und die Denkmäler von Vietcong-Helden nicht so recht ins Bild passen, kann man sich im Zentrum der zweitgrößten Stadt Vietnams fühlen wie in einer französischen Kolonialstadt vor hundert Jahren. Ämter und Kirchen, das Opernhaus und die größeren Hotels haben Pariser Architekten gebaut. Und noch immer hat das „Paris des Ostens" mit dem an der Seine die breiten Alleen gemein. Der Hauptteil des Lebens spielt sich unter Eukalyptusbäumen und den zarten Grünschirmen von Tamarinden ab. Tausende von Klappstühlen laden auf den Boulevards zum Sitzen ein.

In der Sprache der Khmer bedeutet Saigon Kapokwald. Denn riesige Kapokbäume säumten einst den Saigon-Fluss, an dessen Ufern nun Hausboote und Restaurantschiffe vertäut sind. Khmer waren vor 1000 Jahren die ersten Siedler im späteren Gebiet der Metropole. Ende des 17. Jahrhunderts kamen aus der Gegend von Huë auch Vietnamesen hinzu. Mit Flüchtlingen aus China mischte sich dann alles zu Saigonesen zusammen, einem zierlichen Menschenschlag voller Lebenskraft.

Auf Missionare folgten Soldaten

Zumeist freundlich nahm man in Saigon Anfang des 19. Jahrhunderts christliche Missionare aus Frankreich auf, nicht ahnend, dass den frommen Brüdern 1859 acht Schlachtschiffe mit französischen Soldaten folgen würden. In kurzer Zeit eroberten die Fremden den Süden Vietnams und erklärten Saigon zur Hauptstadt der französischen Kolonie Cochinchina. Einerseits begannen die Kolonialherren das Land auszubeuten, andererseits machten sie sich speziell in Saigon auch verdient, indem sie den sumpfigen Untergrund durch Kanäle trockenlegten und das noch ärmliche Stadtbild um pariserische Züge bereicherten. Nach dem Zweiten Weltkrieg führten erst die Franzosen, dann die Amerikaner einen blutigen Krieg, um die Vereinigung Südvietnams mit dem kommunistischen Norden zu verhindern. Doch der Norden gewann. Seit 1976 ist das Land staatsrechtlich wieder eins.

Aus der Hauptstadt Hanoi reisten ganze Bataillone KP-Funktionäre an, um die als westlich dekadent geltenden Bewohner Saigons zu braven Kommunisten umzuerziehen. Inzwischen sieht es so aus, als hätten die

Saigonesen die Kommunisten umerzogen.

Jedenfalls machte sich in der Stadt am Saigon-Fluss nicht volkssozialistische Eintönigkeit breit, sondern die Bürger bewahrten sich ihren kosmopolitischen Geist, ihr Flair und ihren Hang zur Leichtlebigkeit. Längst ist Saigon nun zur „boomtown" Vietnams geworden, zur Stadt mit dem größten Wirtschaftswachstum, dem bedeutendsten Hafen und Rekordzuwachsraten im Tourismus.

Ein beliebter Treffpunkt der Fremden ist die Dachterrasse des Hotels Rex mit ihren Bambuskäfigen voller zwitschernder Vögel und den mit Lichterketten behangenen Bonsai-Bäumchen. Hier tauscht man Tipps darüber aus, was sich außer der Kolonialarchitektur noch alles zu besichtigen lohnt. Zum Beispiel: die düsterschöne Glac-Lam-Pagode mit ihrem siebenstufigen Turm; der von Straßencafés gesäumte Flanierboulevard Don Khoi oder das Kriegsreste-Museum mit erschütternden Foto-Dokumenten.

Das neue Cholon

Eine Stadt in der Stadt ist das Chinesenviertel Cholon. Seit 300 Jahren wohnen hier vor allem Kaufleute, die so ziemlich mit allem handeln, was Geld bringt. So war das Viertel lange Zeit wegen seiner Opiumhöhlen berüchtigt und zugleich ein Magnet für Bordellbesucher. Mit beidem kann in Zeiten des Kommunismus nicht mehr gedient werden, dafür aber mit billigen Haarschnitten von Straßenfrisören, mit Singvögeln, Amuletten und Mitteln zur Stärkung der Manneskraft. Zudem kann Cholon mit einem guten Dutzend geheimnisvoller Tao-Heiligtümer aufwarten, darunter der großartige „Tempel zur himmlischen Frau" mit seinen unzähligen farbigen Keramikfiguren und den Opferstellen, an denen Papiergeld für verstorbene Verwandte verbrannt wird.

Für Pflastermüde hat auch die Umgebung von Ho-Chi-Minh-Stadt viel Abwechslung zu bieten. Im Süden den Badeort Vung Tau am Südchinesischen Meer, im Norden der großflächigen Cat-Tien-Nationalpark.

Zum Straßenbild der Innenstadt gehören die traditionellen Lastenräder noch immer (oben r.)

Der breite Boulevard, an dem das Hotel Rex liegt symbolisiert das moderne Saigon

Schmelztiegel Kuala Lumpur

Ein schwülheißes Bergarbeiterdorf stieg zur supermodernen Hauptstadt Malaysias auf

Im Jahre 1857 drang eine Gruppe chinesischer Bergwerksexperten von der Westküste Malaysias ins Landesinnere vor und entdeckte zu Füßen des Banjaran-Gebirges ein großes Zinnvorkommen. Einige Kilometer entfernt richtete die Expedition am Zusammenfluss der Dschungelgewässer Klang und Gombak eine Versorgungsstation mit Minenarbeiterunterkünften ein. Es war eine von Malaria verseuchte Sumpfgegend, die man „Schmutziger Zusammenfluss" nannte: Kuala Lumpur.

Trotz des abstoßenden Namens entwickelte sich die Tropensiedlung durch das damals teuer gehandelte Zinn in wenigen Jahren zu einer wohlhabenden Stadt. Bald trugen auch riesige dem Regenwald abgerungene Plantagen mit Kaffee und Kautschuk zum wirtschaftlichen Aufschwung Kuala Lumpurs bei. Die Bevölkerung bestand – wie auch heute noch – vor allem aus drei Gruppen: chinesischen Minenarbeitern und Kaufleuten, malaiischen Bauern und zahlreichen Indern, die vorwiegend beim Bahnbau und auf den Plantagen beschäftigt wurden. 1896 wurde „Schmutziger Zusammenfluss" zur Hauptstadt des Malaiischen Staatenbundes ausgerufen.

Sultane wählen den König

Mit Beginn des 20. Jahrhunderts und dem Siegeszug der – auf Gummireifen angewiesenen – Autos profitierte Kuala Lumpur von der weltweiten Nachfrage nach Kautschuk, das nunmehr noch vor dem Zinn den ersten Platz im Außenhandel einnahm. Aus Südindien und Sri Lanka setzte eine neue Einwanderungswelle ein und ließ die Einwohnerzahl der Stadt Anfang der 30er Jahre auf annähernd vier Millionen ansteigen.

Erst im Zweiten Weltkrieg kam es zu schweren Rückschlägen, als sich die britische Kolonialmacht vor den in Malaysia einrückenden Japanern zurückzog. Nach 1945 wurde das Leben durch Kämpfe nationalistischer und kommunistischer Gruppen um die Vorherrschaft im Lande beeinträchtigt. Am Ende der Rangeleien schälte sich die heutige Staatsform Malaysias als eine demokratische und parlamentarische Monarchie heraus, deren königliches Staatsoberhaupt von Sultanen gewählt wird. Hauptstadt und Sitz des Königs: Kuala Lumpur.

Einen weltweiten Bekanntheitsgrad erreichte die vergleichsweise sehr junge Hauptstadt spätestens 1997 durch die Fertigstellung des Zwillingswolkenkratzers Petronas Towers, dessen zwei Türme mit 452 Metern alles überragen, was Menschen bis dahin gebaut haben. Begünstigt durch den Wirtschaftsboom der ASEAN-Staaten wurden in Kuala Lumpur Ende des 20. Jahrhunderts Dutzende weiterer Riesenbauten aus dem Boden gestampft. Der Fernsehturm der Stadt gilt als vierthöchster der Welt, und einen Weltrekord in der Horizontalen stellt angeblich die Linear City dar, die fast zwei Kilometer lang über den Klang-Fluss hinwegführt. Der wachsende Strom von Malaysia-Touristen begeistert sich allerdings mehr am Althergebrachten und Asiatisch-Besonderen.

Ein großes Gebäude mit 30 Meter hohen Minaretten, Rundbögen und Zierkuppeln entpuppt sich beim Nähertreten als der Hauptbahnhof, von dem aus der vornehme „Eastern & Oriental Express" nach Bangkok oder Singapur abdampft. Wie orientalische Traumschlösser muten zumindest äußerlich die Hauptpost und die Eisenbahnverwaltung an. Maurischen Stils sind gleichfalls das Alte Rathaus, das Bürogebäude Sultan Abdul Samad und der Oberste Gerichtshof.

Höhlentempel der Hindus

Da der Islam die Hauptreligion der Malayen ist, gibt es im Stadtbereich zahlreiche Moscheen. Die Landspitze am Zusammenfluss von Klang und Gombak ist seit 1909 der malerische Standort der Freitagsmoschee Masjid Jame, deren weiße Kuppeln an die Perlenmoschee von Alt-Delhi erinnern. Sie wird an Größe von der Nationalmoschee Masjid Negara übertroffen, einem modernen Marmorbau mit einem 73 Meter hohen Minarett und Platz für rund 8000 Gläubige.

Tempel asiatischer Religionen findet man in den bunten Ladengassen der Chinesenstadt und des alten indischen Viertels. Im Sze-Yeoh-Tempel huldigen Chinesen dem Gott der Pioniere, Sen Sze Ya, und der beliebten Gottheit Kuan Yin. Unweit vom Nachtmarkt steht der 1873 errichtete Hindu-Tempel Sri Maha Mariamman in Form eines blau und golden bemalten fünfstöckigen Götterberges. Etwas außerhalb der Stadt führen 272 Stufen einer breiten Treppe hinauf zu den Batu Caves, einem gigantischen Höhlentempel. Bis zu 100 000 Hindus versammeln sich an hohen Feiertagen in den 400 Meter langen und rund 120 Meter hohen Felsräumen, um Shiva und seinen Sohn Subramanjam zu verehren.

ANREISE: In Europa bieten verschiedene Luftlinien Direktflüge nach Kuala Lumpur an. Von Bangkok aus gibt es Verbindungen mit Flugzeug, Bahn und Bus

UNTERKUNFT: Viele Möglichkeiten von Billigunterkünften bis zu komfortablen Hotelzimmern

BESTE REISEZEIT: Das Klima mit Temperaturen zwischen 21 und 33° C ist das ganze Jahr über ziemlich gleichbleibend. Vor Juli bis September ist Monsunzeit

TRINKGELD: Ein Bedienungszuschlag ist zumeist im Rechnungsbetrag enthalten

Die 452 Meter hohen Petronas Towers (links) stehen in der malaysischen Hauptstadt in einem reizvollen Kontrast zu alten chinesischen Heiligtümern wie dem Thoan-Hou-Tempel (unten M.) oder dem Hindu-Heiligtum Sri Maha Mariamman in Form eines Götterberges

Saubere Schönheit

Der Inselstaat **SINGAPUR** ist ein Musterbeispiel für multikulturelles Leben

ANREISE:
Direktflüge u.a. mit der Lufthansa ab Frankfurt, mit der KLM ab Amsterdam und mit British Airways ab London. Auch Passagen auf Frachtschiffen möglich

UNTERKUNFT:
Vom Seemannsheim bis zum Luxushotel viele Möglichkeiten. Extrem teuer: Suiten im restaurierten Kolonialhotel „Raffles"

KLIMA:
Beste Reisezeit: März bis Juni. Mit durchschnittlichen Tagestemperaturen von 30° C ist aber auch die übrige Jahreszeit erträglich

TRINKGELD:
Tips sind nicht üblich. Hotel- und Restaurantrechnungen enthalten zumeist 10 Prozent Bedienungsgeld

Auf den ersten Blick gleicht das Hochhäuserviertel zu beiden Seiten des tiefgrünen Singapur-Flusses dem City-Bereich der meisten modernen Metropolen. Aber nur hier an der Südspitze der malayischen Halbinsel erwecken Straßen, Parks und Kaianlagen den Eindruck geradezu klinischer Sauberkeit. Wie frisch gestrichen präsentieren sich Häuser und Brücken, frisch gesprengt die Uferpromenaden, frisch geharkt die Blumenbeete. Nichts scheint der strengen Stadtverwaltung von Singapur verhasster zu sein als Schmutz und Unordnung.

Die Geschichte des sich über eine große und 54 kleinere Inseln erstreckenden Stadtstaates begann der Legende nach im 8. Jahrhundert mit dem Auftauchen eines Meeresungeheuers, halb Fisch und halb Löwe. Ein am Ufer stehender Malayen-Prinz soll von dem Untier so beeindruckt gewesen sein, dass er ein Fischerdorf umbenannte: von Temasek (Ort am Meer) in Singa Pura (Löwenstadt). Tatsache ist, dass der löwenmäulige Wasserdrachen heute nicht nur Briefmarken ziert, sondern im Merlionpark auch als acht Meter hohes Standbild bewundert werden kann.

Die Briten kommen

Obwohl Singapur an der Malakkastraße liegt, der viel befahrenen Schiffsroute zwischen Indischem Ozean und Südchinesischem Meer, spielte es mit seinem Fischerhafen in den folgenden tausend Jahren weltpolitisch keine Rolle. Das änderte sich erst, nachdem am 29. Januar 1819 nahe der Flussmündung der Engländer Thomas Stamford Raffles an Land gegangen war. Der Agent der britischen Ostindien-Gesellschaft gründete eine Handelsniederlassung und kaufte fünf Jahre später dem malayischen Sultan Hussein Mohammed Shah die Inselgruppe gegen eine Leibrente von jährlich 5000 spanischen Dollar ab. Später wurde Singapur britische Kronkolonie.

Nun steuerten ganze Flotten von Großseglern die Hafenstadt an und bescherten ihr einen Wirtschaftsboom ohnegleichen. Zu Zehntausenden wanderten Chinesen, Inder und Malayen in Singapur ein, wo Arbeitskräfte gesucht wurden. Britische Handelsunternehmen eröffneten eine Filiale nach der anderen und errichteten sich Residenzen im üppigsten Kolonialstil.

Nach dem Zweiten Weltkrieg wurde Singapur selbstständig und nahm 1965 den Status einer Republik an. Alle Regierungsgewalt geht seitdem von der People's Action Party aus. Sie wurde von dem Juristen Lee Kuan Yew gegründet, der als langjähriger Stadtpräsident eine strikte Law-and-Order-Politik durchsetzte, aber auch die Voraussetzungen dafür schuf, dass Singapur zu einer bedeutenden Wirtschaftsmacht Südostasiens aufsteigen konnte.

Friedliches Miteinander

Das Völkergemisch seiner Einwohner begünstigte Singapurs Entwicklung zu einem Musterbeispiel kulturellen Nebeneinanders und religiöser Toleranz. Zugleich blieb in den ethnisch geprägten Vierteln der architektonische Einfluss der Zuwandererländer erhalten. So begegnet man im Chinesenviertel vielseitigen Stilelementen aus dem Reich der Mitte: pagodenförmigen Türmen, altchinesischen Dachkonstruktionen und Schnitzereien, viel Rot und Gold an den Fassaden. Chinesische Einwanderer bauten auch das größte und schönste Buddha-Heiligtum am Ort, den Tempel der Zwillingsgrotte des Lotosberges, Siong Lim.

Das Viertel Little India ähnelt mit seinen zwei- bis dreistöckigen Ladenhäusern einer südindischen Kleinstadt. Dazu passt auch der farbenfroh bemalte Hindutempel Sri Mariamman mit einem fünfstöckigen Turm und der über und über mit Tier- und Götterfiguren verzierten Fassade. Im arabischen Viertel mit den typischen Garküchen spendeten Moslems viel Geld für den Aufbau der großen Sultansmoschee, deren Stil an die Architektur der Sarazenen erinnert.

Malayische Singalesen sind stolz auf ihren nach thailändischem Vor-

bild gestalteten Tempel Sakaya Muni Buddha Gaya. Seinen Mittelpunkt bildet eine 15 Meter hohe und 300 Tonnen schwere Buddha-Figur, die abends von 1000 Glühlampen angestrahlt wird. Hauptkirche britischstämmiger Christen ist die Mitte des 19. Jahrhunderts von indischen

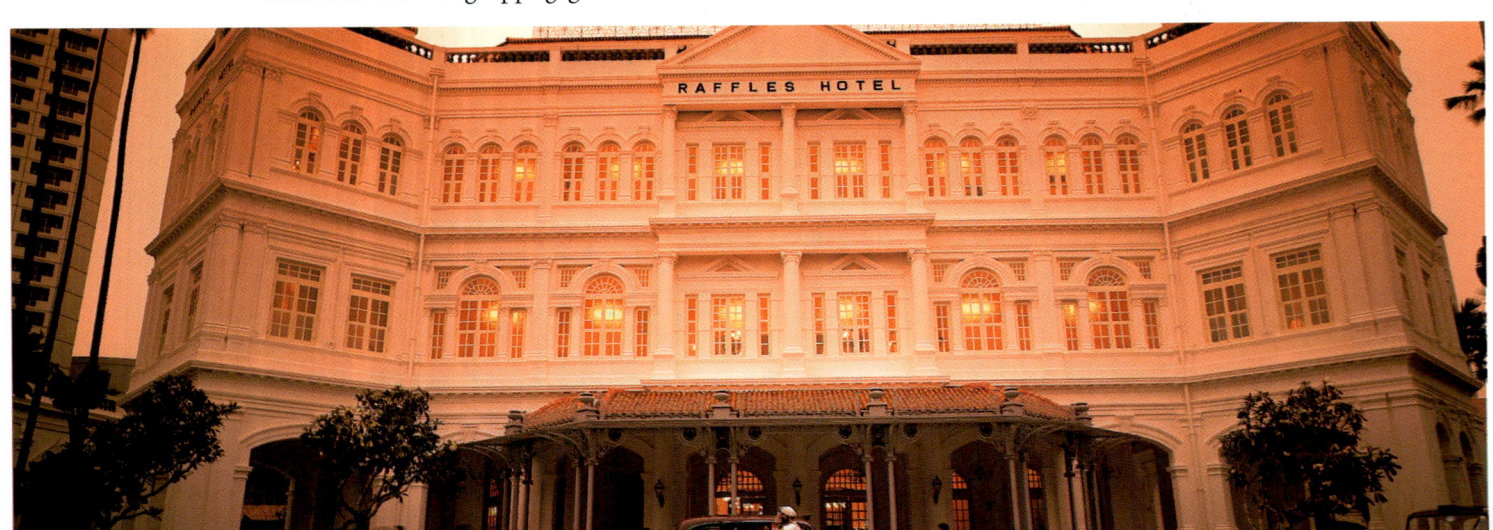

Zwangsarbeitern hochgemauerte Saint Andrew's Cathedral mit ihrem ungewöhnlichen Außenputz aus Eiweiß, zerriebenen Muscheln und Kokosfasern.

Abends zieht es Scharen von City-Angestellten zum nahen Boot Quai und dem Clarke Quai. Dort hat man ganze Zeilen zweistöckiger alter Kontor- und Lagerhäuser in letzter Minute vor dem Abriss bewahrt und zu Restaurants und Bars umgestaltet. Die Qualität der Speisen schmeckt man auf der Zunge, auf Sauberkeit in der Küche darf man vertrauen. Denn einem schmutzigen Wirt droht außer Ärger mit dem Ordnungsamt die noch schlimmere Gefahr, von der auflagenstarken „Straits Times" mit vollem Namen und Foto als „Dreckschwein der Woche" angeprangert zu werden.

Am Singapur-Fluss prägen Glaspaläste die Skyline (oben)

Das altehrwürdige „Raffles Hotel" mit seinen luxuriösen Suiten (unten l.)

Farbenfroher Drachentanz auf der traditionellen Chingay-Parade

Die reiche Braut Hongkong
China lässt der ehemaligen Kronkolonie ihr Eigenleben

An einem windstillen Abend vom 554 Meter hohen Victoria Peak hinunter zu blicken auf die Buchten und Inseln der Hongkong-Region ist ein Fest für die Augen. Fast zum Greifen nah sind die Hubschrauberlandeplätze auf den hell erleuchteten Wolkenkratzern, die Lampen in den Hotelfenstern oder die von Scheinwerfern angestrahlte Bank of China, leicht erkennbar an ihrer in riesige Quadrate und Dreiecke aufgeteilten Fassade.

Im Meerwasser des Hafens spiegeln sich Positionslaternen und das Lichterufer von Kowloon. Und ganz in der Ferne sind im Widerschein glitzernder Trabantenstädte die romantischen Silhouetten der Berge zu sehen – Tai Mo Shan, Lion Rock, Diamond Hill, Man O Shan.

Nach dem Opiumkrieg hatte China die 236 Inseln und das Gebiet von Kowloon an Großbritannien abtreten müssen – laut einem 1889 nachgeschobenen Pachtvertrag für 99 Jahre. Das meiste Land war öde und unbewohnt, aber die Briten wußten um die große handelspolitische Bedeutung des natürlichen Tiefwasserhafens vor der Hauptinsel Hongkong (Duftender Hafen) und begannen mit dem Bau von Kaianlagen und Frachthallen. Es war der Beginn einer beispiellosen Erfolgsgeschichte. Als die Kronkolonie 1987 wieder mit China vereinigt wird, ist sie mit knapp sieben Millionen Einwohnern eine der am dichtesten bebauten Regionen der Erde und verfügt über eine Mitgift von 85 Milliarden US-Dollar Devisenreserven.

Peking billigt der reichen Braut nach dem Motto „Ein Land – zwei Systeme" für weitere 50 Jahre den Sonderstatus einer weitgehend selbstverwalteten Freihandelszone zu. Tatsächlich regiert seitdem in Hongkong nahezu unverändert ein knallharter Kapitalismus, der die Raffinierten belohnt, den Fleißigen eine Chance gibt und die Schwachen nicht ganz verhungern lässt. Es floriert die Wirtschaft, und auf dem neuen Großflughafen Chek Lap Kok landen täglich Scharen von Touristen.

Bestechende Exotik

Nicht schlecht beraten ist, wer sich als Fremder in dicht bevölkerten Vierteln wie Kowloon ziellos von der Menge treiben lässt. Vielleicht schiebt sie ihn zum Jademarkt, wo um Riesenklumpen des Halbedelsteins gefeilscht wird, oder geradewegs in eine Garküche mit Schlangenfleisch in der Suppe. Der süße Duft von Räucherkerzen lockt in den Wong-Tai-Sin-Tempel, dessen taoistischer Hauptheiliger für Wettgewinne bei Pferderennen zuständig ist. Eine chinesische Apotheke hält in langen Regalen Tigerpenisse, getrocknete Seepferdchen und pulverisiertes Rhinozeros-Horn vorrätig, alles zweifelhafte Potenzmittel. Vielstimmig macht sich, bevor man ihn sieht, der Vogelmarkt bemerkbar.

Trotz zwei neuer Autotunnel bleibt die schönste Verbindung zwischen dem Festland und dem Central District auf der Hongkong-Insel der Wasserweg. In gut einer Viertelstunde erreicht die „Star Ferry" die Hauptstadt Victoria, wo ein Gebirge aus Wolkenkratzern die meisten Gebäude aus der kolonialen Frühzeit überwuchert hat. Gewohnt wird hier sehr unterschiedlich: Etwa 1000 Hongkonger hausen noch wie ihre Vorfahren auf Booten und Dschunken, erfolgreiche Geschäftsleute zahlen für eines der knappen Komfort-Appartements bis zu umgerechnet 17 500 Euro Monatsmiete. Unbezahlbar sind am Victoria Peak die Villen mit Seeblick.

Idylle und Magie

Mit allen größeren Nachbarinseln ist Hongkong durch Fähren verbunden. So kann man dem Lärm der Straßenschluchten nach Lamma Island entfliehen, dessen 8500 Bewohner keine Autos dulden, dafür aber über schöne Badestrände verfügen. An der Südspitze Kowloons hat sich das Fischerdorf Lei Yue Mun einen Hauch Ursprünglichkeit bewahrt. Auf dem gut sortierten Markt kauft sich jeder seinen Fisch selbst und lässt ihn in einem der Restaurants zubereiten.

Auch magische Welten gehören zu den Besonderheiten der Ex-Kolonie. An dem spitzen Felsen „Lovers Rock" legen Liebespaare Lotusblumen nieder, um sich die Götter geneigt zu machen. In den Tempeln kann man von Wahrsagern, Astrologen und Handlinienlesern seine Zukunft erfahren. Die allerwichtigste Zauberrolle spielen taoistische Feng-Shui-Experten, ohne deren Rat ein abergläubischer Chinese kein Grundstück kauft und kein Haus baut.

Manchmal genügt es, bösen Geistern den Weg durch einen Schornstein zu versperren, mitunter sind auch umfangreichere Maßnahmen nötig. So warnte ein Feng-Shui-Gutachter gerade noch rechtzeitig bei der Errichtung eines Hochhausblocks: Am Strand der Repulse Bay werde einem dahinter auf einem Berg lebenden Drachen der Ausblick aufs Meer versperrt. Schnell disponierte der vorsichtige Bauherr um und ließ in dem Stahlbetonbau an der richtigen Stelle für den Drachen ein sieben Stockwerke hohes und 18 Meter breites Guckloch frei.

ANREISE:
Internationale und innerchinesische Flugverbindungen. Auch Anreise mit dem Schiff möglich

UNTERKUNFT:
Alle Hotelkategorien. Traditionshäuser: „The Mandarin" auf Hongkong und „Peninsula" in Kowloon

BESTE REISEZEIT:
Frühling und Herbst

TRINKGELD:
Restaurantrechnungen werden um 5 bis 10 Prozent aufgerundet. Das gilt auch für Taxipreise. Im Hotel hinterlässt man bei der Abreise ein angemessenes Trinkgeld

AUSFLÜGE:
Mit dem Schiff nach Macao und Kanton

Panoramablick auf die hypermoderne Skyline von Hongkong und auf das Festland mit Kowloon (links)

Straßenbahn im quirligen Geschäftsviertel (oben)

Traditionelle chinesische Dschunke vor Hongkongs modernen Glaspalästen

Das Wunder von Schanghai
Am Huangpu wuchs ein Wald futuristischer Wolkenkratzer empor

ANREISE:
Internationale und innerchinesische Flugverbindungen. Zahlreiche Pauschalangebote

UNTERKUNFT:
Hotelunterkünfte von etwa 30 US-Dollar an aufwärts. Luxushotels ab 200 US-Dollar

BESTE REISEZEIT:
Mai bis Juni, September bis November

TRINKGELD:
Trinkgelder sind unüblich. Ausnahme: nichtstaatliche Fremdenführer und Chauffeure. Kofferträger erhalten einen Obolus, der sich nach der Zahl der Gepäckstücke richtet

AUSFLÜGE:
Das urtümliche Dorf Zhouzhuang. Der Sheshan-Naturpark. Die Gartenstadt Suzhou

Halb lebt Schanghai noch in der Vergangenheit, halb schon in der Zukunft. Während sich am Westufer des Huangpu noch die Protzbauten europäischer Kolonialmächte hinziehen, haben moderne Architekten und wagemutige Bauherren auf der östlichen Seite einen Wald aus Wolkenkratzern und Turmwundern emporgezaubert, an dessen Rändern Riesenkräne die Fundamente für neue Superlative legen. Bald schon wird die in Deutschland erfundene Magnetschwebebahn dieses chinesische Manhattan mit dem neuen Airport verbinden.

Über ein Jahrtausend verlief die Entwicklung Schanghais vom Fischerdorf zum Hochseehafen weitgehend ruhig. Doch im 19. Jahrhundert führte Großbritannien plötzlich Krieg gegen China, weil sich das Land gegen illegale Lieferungen von Opium durch englische Handelshäuser zur Wehr gesetzt hatte. 1842 schossen britische Kriegsschiffe Schanghai in Brand, drangen über den Yangtse bis nach Nanking vor und zwangen den Gegner zur Kapitulation. China mußte nicht nur die Opiumeinfuhr erlauben, sondern auch den Briten Hongkong verpachten und westlichen Handelsnationen Souveränitätsrechte über einen Teil Schanghais einräumen.

Mit Opium fing alles an
Fortan werden in Schanghai mit Opium ungeheure Vermögen verdient. Die Bosse bauen sich Privatschlösser und investieren in Spielkasinos, Freudenhäuser und Opiumhöhlen. Mehr noch als das Rauschgiftgeschäft boomt bald jedoch auch ehrlicher Handel – Export von Seide, Kattun und Porzellan aus China, Import von Maschinen, Motoren, Haushaltstechnik aus dem Westen.

Briten, Amerikaner, Franzosen und Deutsche errichten an der Uferpromenade, „The Bund" genannt, ihre Niederlassungen, Banken, Hotelpaläste und Clubhäuser. Doch nach dem Zweiten Weltkrieg verlieren die Ausländer ihre Konzessionen. Schanghai wird nun von Peking aus kommunistisch regiert – und finanziell ausgebeutet. Schlimmer noch: Schanghai muß 1966 bis 1976 als Ausgangsbasis für Maos Kulturrevolution dienen. Die Wirtschaft bricht zusammen. Rote Garden prügeln die Ingenieure der Schanghai-Werft aus ihren Chefsesseln und degradieren sie zum Latrinenreinigen.

Erst als 1990 der östliche Stadtteil Pudong zur Wirtschaftssonderzone erklärt wird, beginnt ein neuer Aufschwung. Mit Zuwachsraten bis zu 17 Prozent wird Schanghai zur ökonomisch erfolgreichsten Stadt Chinas. Auch die Einwohnerzahlen im Großraum explodieren – 14 Millionen, 15, 17 Millionen – morgen vielleicht 20 Millionen Menschen. Zugleich erfreut sich das ehemalige Sündenbabel eines starken Zustroms von Touristen. Spitzenkomfort bietet unter anderen als „Cypress Hotel" die einstige Prunkvilla des irakischen Opium-Tycoons Victor Sassoon.

Ein „Muss" für Touristen ist der 1559 angelegte Yuyuan-Garten mit seinen fünf Miniaturlandschaften. Zu der Anlage gehört ein malerischer Teepavillon, der nur über die zickzackförmig verlaufende Neun-Biegungen-Brücke zu erreichen ist. Sie gilt als unpassierbar für Dämonen, weil sich böse Geister nur geradeaus bewegen könnten. Über das Stadtgebiet verteilt gibt es sehenswerte Tempel, in denen Buddhisten, Konfuzianer und Anhänger anderer Religionen ihre Kulte pflegen.

Tradition und Moderne
Zu den architektonischen Sehenswürdigkeiten zählt nach wie vor das kolonialistische Gebäudeensemble der Uferpromenade. Vom Klassizismus über Variationen von Renaissance und Barock bis zum Art déco ist hier alles vertreten, was zu Zeiten des Opiumhandels architektonisch als schön empfunden wurde. An britische Lebensart erinnert das Gebäude des alten Turf Clubs. Auf seiner Rennbahn wurde der Volksplatz mit dem neuen Schanghai-Theater errichtet, dessen Bau die chinesische Vorstellung von einer eckigen Welt unter rundem Himmel symbolisiert.

Im Stadtteil Pudong konnten westliche Architekten ihre kühnsten Träume verwirklichen. Innerhalb von fünf Jahren wurden an die 50 Wolkenkratzer mit auffallenden Formen aus dem Boden gestampft. So ähnelt der 420 Meter hohe Jin-Mao-Tower einer Pagode, der Neubau der Börse einem Triumphbogen.

Das verrückteste Bauwerk am Ostufer ist der Oriental Pearl Tower, ein 468 Meter hoher Fernsehturm. Sein röhrenförmiger Rumpf wird von elf kugelartigen Geschossen unterbrochen, in denen sich ein Vergnügungszentrum, Restaurants und ein Luxushotel befinden.

Fähre in Schanghais Hafen vor der abwechslungsreichen Skyline des Stadtteils Pudong (oben)

Die Uferpromenade „The Bund" mit Relikten aus der Kolonialzeit (unten l.)

Geschäftiges Treiben in der Nanjing-Straße

Die verbotene Stadt

In **PEKING** musste das Volk um den Kaiserpalast und die „Mitte der Welt" einen Bogen machen

ANREISE:
Flughafen mit Verbindungen in alle Welt

UNTERKUNFT:
Gute Hotels mit westlichem Komfort von der Mittel- bis zur Luxusklasse

BESTE REISEZEIT:
September, Oktober

TRINKGELD:
Wurde bisher abgelehnt. Freigebige Touristen bringen diesen Brauch langsam zum Wanken

AUSFLÜGE:
Tagestouren zu den Ming-Gräbern und der Großen Mauer

Der Aufwand war selbst für chinesische Verhältnisse gewaltig: Eine Million Sklaven, hunderttausend Bauhandwerker, Tausende von Holzschnitzern, Malern, Bildhauern, Bronzegießern, Schmieden und Vergoldern erbauten dem Ming-Kaiser Zhu Di im Flachland von Peking eine neue Residenz. 1406 wurde mit den Arbeiten begonnen, und 1420 war das Werk vollbracht: eine Prunkstadt aus Palästen, Pavillons, Hallen und Höfen, umgeben von Wassergräben und einer 12,5 Meter hohen Mauer.

Obwohl im Laufe der Jahrhunderte einige der Holzgebäude abbrannten und nicht unbedingt originalgetreu wieder aufgebaut wurden, blieb der architektonische Gesamteindruck bis in die Gegenwart unverändert. Purpurrot leuchten die hohe Mauer und die Außenwände der Paläste in der Sonne, wie flüssiges Gold glänzen noch immer die Dächer mit den gelb glasierten Ziegeln, der Farbe des Kaisers. Hinzu kommt in den Höfen das blendende Marmorweiß der vielen Balustraden, Freitreppen, Zierbrücken und übereinander gestaffelten Terrassen.

Während Chinesen von der „Purpurstadt" sprechen, bürgerte sich in westlichen Ländern der Begriff „Verbotene Stadt" ein. Tatsächlich durfte während der Regierungszeit von insgesamt 24 Kaisern kein Untertan, soweit er nicht im Palast arbeitete oder dorthin eingeladen war, die Pracht aus der Nähe auch nur ansehen. Denn hier war nach dem Selbstverständnis der „Himmelssöhne", wie man die Herrscher nannte, die heilige „Mitte der Welt". Jede unbefugte Annäherung wurde mit Stockhieben bestraft. Erst mit dem Ende der Monarchie wurde die Kaiserstadt der Öffentlichkeit zugänglich.

Halle der „Höchsten Harmonie"

Seit das kommunistische China nach der fremdenfeindlichen Zeit der Kulturrevolution um Touristen aus dem Ausland wirbt, drängen täglich unübersehbare Scharen von Besuchern durch das Mittagstor in den inneren Palastbezirk mit der „Halle der Höchsten Harmonie". Diese 37 Meter hohe Holzkonstruktion aus dem 17. Jahrhundert wird statt durch Nägel von hölzernen Zapfen zusammengehalten. Unter dem von 24 Säulen getragenen Dach schwebt ein goldener Drache als Symbol kaiserlicher Macht. Darunter steht auf einem Palisanderpodest der Hauptthron, von dem aus die „Himmelssöhne" den vor ihnen auf dem Bauch liegenden Hofbeamten Anweisungen und Gesetze verkündeten.

Insgesamt gibt es innerhalb der Palastmauern etwa 9000 Räume, von denen ein beachtlicher Teil kaiserlichen Gespielinnen und Eunuchen vorbehalten war. Traditionell durfte sich jeder „Himmelssohn" bis zu drei Hauptfrauen, sechs so genannte Favoritinnen und 72 Nebenfrauen geringeren Ranges halten. Einige Kaiser brachten es jedoch auf rund 2000 Konkubinen. Die Damen trugen goldene Plaketten mit ihrem Geburtsdatum, die sie als Hausgäste auswiesen.

Außerhalb der Residenz besitzt Peking, das unter verschiedenen Stadtnamen schon seit 3000 Jahren existiert, zahlreiche weitere historische Baudenkmäler. Am bekanntesten davon ist der 1420 erbaute und mehrfach erneuerte Himmelstempel, ein von einer Goldkugel gekrönter Rundbau mit einer 38 Meter hohen Halle. Im Nordwesten der Stadt liegen am Ufer des Kun-ming-Sees die Gebäude des so genannten Sommerpalastes Yi-ho yüan. Hier hatte es schon im 10. Jahrhundert eine Kaiserresidenz gegeben.

Zu den wichtigsten Sehenswürdigkeiten des modernen Peking mit seinen etwa zehn Millionen Einwohnern zählt der 40 Hektar umfassende Platz des Himmlischen Friedens Tiän An-men mit dem Mausoleum des 1976 verstorbenen Mao Tse-tung. Der einbalsamierte Große Vorsitzende ruht in einem gläsernen Sarg. Die Gesichtszüge lassen trotz starker Schminke ahnen, dass Maos Tod kein leichter war.

Blick auf den Pekingmenschen

Am Westrand des Tiän An-men liegt mit seiner 400 Meter breiten Frontseite der klotzige Bau des Volkskongresses. Den meisten Raum im Innern nimmt der Bankettsaal ein, in dem mehrere tausend Menschen bequem Platz finden. Gegenüber dem Kongressgebäude steht im Osten das auch für Touristen hochinteressante Historische Museum. Seine prähistorische Abteilung belegt mit einer Reihe archäologischer Funde, dass es sich bei Peking und seiner Umgebung um eines der ältesten Siedlungsgebiete der Menschheit handelt.

Wertvollstes Ausstellungsstück ist der südwestlich der Hauptstadt in einer Höhle gefundene Schädel des Pekingmenschen, Sinanthropus pekinensis. Dieser Urahn des Homo sapiens war vermutlich schon vor 500 000 Jahren in China unterwegs.

Eingang zur „Verbotenen Stadt". Der alte Kaiserpalast ist heute ein bevorzugtes Ziel der Touristen (rechts)

Auf dem „Platz des Himmlischen Friedens", dem traditionellen Platz politischer Demonstrationen, erinnern ein Foto und das Mausoleum an Mao Tse-tung, den Begründer des kommunistischen China (oben l.)

Im Westen Pekings ist die Große Chinesische Mauer ein Wallfahrtsort für Besucher aus aller Welt (unten l.)

Wer die Musik im Reich der Mitte erleben will, hat dazu bei einer Aufführung der Peking-Oper Gelegenheit

Die letzten Paläste von Seoul

Aus einer Trümmerwüste des Koreakrieges wurde eine Megastadt

ANREISE:
Mehrere Fluggesellschaften bieten Direktflüge nach Seoul an

UNTERKUNFT:
Zahlreiche Hotels von der Touristen- bis zur Luxusklasse mit englischsprachigem Personal

BESTE REISEZEIT:
Mit Ausnahme der schwülheißen Zeit von Juli bis Mitte September das ganze Jahr

TRINKGELD:
Ist nicht üblich, wird aber vom Personal größerer Hotels und von Taxifahrern als Belohnung für guten Service gerne angenommen

EXTRATIPP:
Im gesellschaftlichen Verkehr wird großer Wert auf konventionelle Kleidung gelegt

Die Königsresidenz Kyongbok-kung aus dem 14. Jahrhundert wurde nach einem Großfeuer stilgerecht wieder aufgebaut (oben)

Eine Fußgängerzone im Einkaufszentrum von Seoul (unten l.)

Das Südtor Namdaemun hat seine dominierende Rolle durch Hochhäuser eingebüßt

Großes ist plötzlich klein geworden in Seoul und Kleines groß. So überragte das Südtor Namdaemun Jahrhunderte lang weithin sichtbar alle umliegenden Gebäude. Sorgsam aufgeschichtet aus hellgrauen Quadern und mit zwei formschönen Dächern überkrönt, repräsentierte es würdevoll den Eingang in die Hauptstadt und gab zugleich in umgekehrter Richtung den Weg zur Königsresidenz frei. Davon kann keine Rede mehr sein. Kreisförmig eingezäunt, dient das schmucke Tor nur noch als Verkehrsinsel auf einer lauten Hauptstraßenkreuzung und sieht sehr klein aus – jedenfalls im Vergleich zu den benachbarten Hochhäusern.

Radikaler und schneller als jede andere ostasiatische Metropole wuchs Seoul innerhalb weniger Jahrzehnte über sich selbst hinaus. Die Trümmerwüste des Koreakrieges 1950/51 verwandelte sich in eine Megastadt mit zwölf, vielleicht schon 14 Millionen Einwohnern, in einen menschlichen Ameisenstaat im Staate. So gehen in Seoul auf knapp einem Prozent der Bodenfläche Koreas 25 bis 30 Prozent der Gesamtbevölkerung einer Beschäftigung nach.

Trotz der Hybris lohnt ein Besuch Seouls allein schon wegen der historischen Bauten aus der Frühzeit des einstigen Königreichs. Im Norden und Osten schützen Hügelketten die Stadt vor kalten Winden, während der Han-Fluss den Schiffsverkehr zum Gelben Meer ermöglicht. Im Jahre 1392 wurde Seoul Königssitz der Yi-Dynastie und damit Hauptstadt von Korea. Die erste königliche Residenz, der Kyongbok-kung (Palast des strahlenden Glücks), fiel 1592 einem verheerenden Großfeuer zum Opfer, wurde aber stilgerecht wieder aufgebaut und steht nun Besuchern aus aller Welt offen.

Die Tarnung der Missionare

Das religiöse Denken in Korea stand unter dem Einfluss von Buddhismus, Konfuzianismus und Taoismus. Gottergebenheit und Naturbewunderung, Ahnenverehrung wie auch Freude an bunten Farben bei der Ausmalung von Tempeln oder der Wahl festlicher Garderobe sind charakteristisch für das traditionelle Leben in Korea. Vergebens versuchten die in Seoul regierenden Yi-Herrscher Land und Lebensart vor Fremden abzuschotten. Obwohl im 17. und 18. Jahrhundert unerlaubtes Einreisen sogar von der Todesstrafe bedroht war, gelangten christliche Missionare bis nach Seoul – weil sie als angeblich „Trauernde" ihre Langnasengesichter listig unter einem Tuch verborgen hielten. Heute ist die katholische Kirche Koreas die zweitgrößte Konfession nach den Buddhisten. Am nachhaltigsten fremden Einflüssen ausgesetzt wurde das Land der Morgenfrische, wie eine alte Bezeichnung Koreas lautet, von den Japanern, die das Land Anfang des 20. Jahrhunderts für 35 Jahre okkupierten und Seoul zur Hauptstadt einer japanischen Provinz machten.

Lichter zu Buddhas Geburtstag

Unter japanischer Herrschaft, durch Kampfhandlungen im Krieg mit Nordkorea und durch „Kaputtsanierung" in den hektischen Aufbaujahren gingen Seoul ganze historische Viertel verloren. Aber was danach noch zu retten war, kann nun auch als gerettet gelten. Neben dem Palast des strahlenden Glücks blieben noch drei weitere beeindruckende Königspaläste erhalten: der Toksukung, der Changgyong-kung und der Changdok-kung mit der Thronhalle der 1910 erloschenen Yi-Dynastie. Die – zum Teil nachgebauten – Palastanlagen bestehen zumeist aus rotgoldenen Holzhäusern mit leicht geschwungenen und reich verzierten Dächern.

Traditionelle Wohnhäuser mit schwarzen Ziegeldächern gibt es noch in einigen alten Gassen des Chongno-Gu-Viertels. In einem kleinen Park an der Insadong-Straße hat eine sehenswerte Pagode aus der Koryo-Zeit (918–1392) die Großbau-Aera überstanden. Mittelpunkt einer prachtvollen Zeremonie ist jeden ersten Sonntag im Mai der Ahnenschrein des Chongmyo-Tempels, wenn dort die in Purpurgewänder gehüllten Nachkommen des Königshauses der 26 verstorbenen Herrscher der Yi-Dynastie gedenken. Ebenfalls im Mai wird mit Lichterprozessionen in buddhistischen Tempeln wie dem Chgye-sa im Stadtzentrum der Geburtstag Buddhas gefeiert. Treffpunkt der Christen Seouls ist die neugotische Myongdonk-Kathedrale.

Zu den Attraktionen des modernen Seoul gehören am Ufer des Han der 63 Stockwerke hohe Wolkenkratzer der Dae-Han-Versicherung und hoch auf dem Mansan (Südberg) der Seoul Tower. Besonders stolz ist man in der Stadt auf eine überaus exotische Sehenswürdigkeit: der Nachbildung des bayerischen Schlosses Neuschwanstein neben dem Lotte-Vergnügungspark.

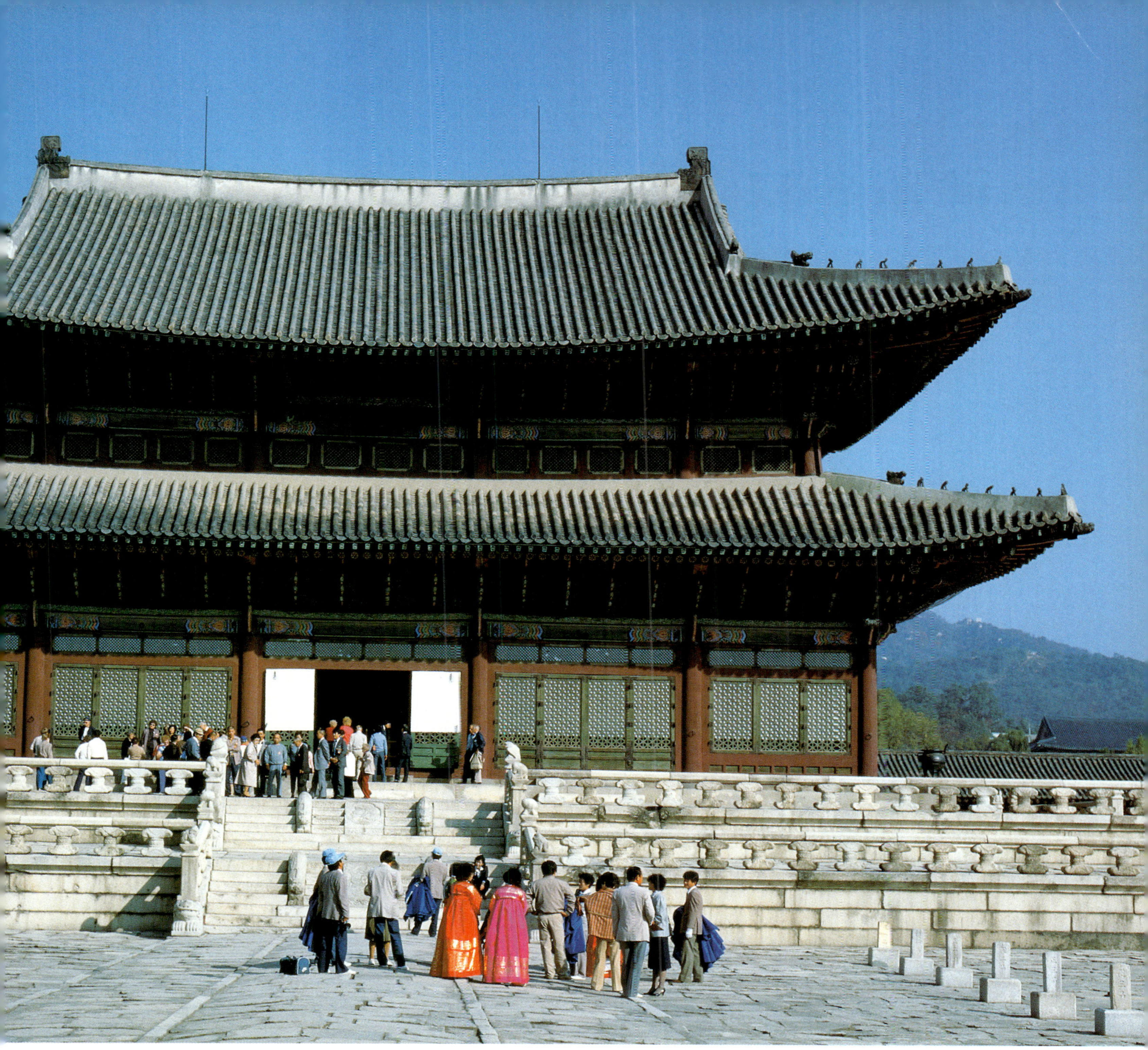

Das größte Dorf der Welt

In Japans Hauptstadt **TOKIO** stehen nicht nur Wolkenkratzer

ANREISE:
Internationale Flugverbindungen zum Tokio International Airport

UNTERKUNFT:
Hotels westlichen Stils. Familiärer sind die Unterkünfte in Ryokans, Hotels japanischer Art. Vorsicht vor „Kapselhotels", die ihre Gäste in schmalen Containern unterbringen

KLIMA:
Beste Reisezeiten sind Frühjahr und Herbst

TRINKGELD:
Nur für Gepäckträger im Hotel und für die Bedienerin im Ryokan üblich. Bei der Übergabe wird Diskretion erwartet

BESONDERHEITEN:
Mitnahme von genügend Visitenkarten empfehlenswert. Auf Linksverkehr achten

Jede Beschreibung Tokios leidet unter der Schnelligkeit, mit der diese Superlativ-Metropole sich unentwegt selbst übertrifft. Lebten gestern auf 2145 Quadratkilometern noch 12 Millionen Menschen, sind es heute vielleicht schon 14 Millionen. Galt eben noch der Sunshine-City-Wolkenkratzer mit seinen 240 Metern als höchster Betonbau, bringen es wenig später die Zwillingstürme des Neuen Rathauses auf drei Meter mehr. Und sollte es plötzlich im Tokioter Untergrund stärker rumoren als gewohnt, kann mit einem Schlag alles ganz anders sein.

Erdbeben und Feuersbrünste haben dazu beigetragen, dass es in der japanischen Metropole nichts gibt, was man als historische Altstadt bezeichnen könnte. Keine Spur mehr von den Behausungen erster adliger Siedler aus dem 12. Jahrhundert. Keine Läden aus dem 18. Jahrhundert, als Tokio noch Edo hieß, aber schon eine Million Einwohner zählte. Alles längst niedergebrannt, zusammengekracht, abgerissen, überbaut. 1923 fallen dem bis dahin schwersten Beben 140 000 Menschen, nahezu alle repräsentativen Gebäude und 700 000 Wohnhäuser zum Opfer. Ein ähnliches Inferno mit mehr als 80 000 Toten hatte 1945 ein amerikanischer Luftangriff zur Folge.

Holzhäuser und Wolkenkratzer

Nach jeder Katastrophe wird Tokio wenn nicht schöner, so doch größer und moderner wieder aufgebaut. Dabei scheut man auch nicht vor dem Nachahmen westlicher Vorbilder zurück. So errichteten Monteure im Stadtteil Minato-ku einen zweiten Eiffelturm, dem Pariser ziemlich gleich, nur mit 333 Metern noch 13 Meter höher. Von seinen beiden Aussichtsplattformen lässt sich die zersiedelte Landschaft bis hin zum heiligen Berg Fujijama überblicken. Dabei offenbart sich der Großraum Tokio als eine Zusammenballung Dutzender Einzelstädte mit eigenen Hochhaus-Citys, eingebettet in ein Gewirr dörflicher Wohnquartiere mit anderthalb Millionen niedrigen Holzhäusern.

Im Zentrum dieses Ozeans aus Dächern ist aus der Vogelperspektive eine von Wallmauern und Wassergräben umgrenzte grüne Oase zu erkennen. Dort wohnen, inmitten gepflegter Gärten, der Kaiser und seine Familie. Die Palastbauten altjapanischen Stils stehen auf den Überresten einer Samurai-Burg aus dem 15. Jahrhundert, einst das erste feste Gebäude weit und breit. Zur Kaiserresidenz wurde das Gelände 1868 ausgebaut, als der damalige Tenno von Kioto nach Tokio umzog.

Inmitten von Grünflächen liegen auch die meisten sehenswürdigen Religionsbauten Tokios, darunter der mehrfach wieder aufgebaute Hie-Schrein der Schutzgöttin Kiotos und der Gokokuji-Tempel mit einer Statue der Barmherzigkeitsgöttin Kannon. Derselben Göttin sind auch der Tempel und die „scharlachrote Pagode" von Asakura gewidmet.

Für größere Einkäufe gibt es unter den meisten Bahnhöfen mehrstöckige Superrieseneinkaufszentren. Die

populärste Shopping-Zone ist nach wie vor die berühmte Ginza mit ihren Kaufhauspalästen und Nobelläden, aber auch Theatern und Restaurants. Leseratten können im Kanda-Viertel über 100 Buchantiquariate nach Futter durchstöbern. Und im Stadtteil Akihabara quellen Winzigläden und Technikmärkte von Unterhaltungselektronik und Computerwaren über.

Bonsai-Gärten nebenan

Immer und überall kann man den lauten Verkaufsschluchten mit ihren irrsinnigen Leuchtreklamen in ein leiseres Tokio entfliehen. Oftmals nur 100 Meter von tausendfenstrigen Betonmonstren entfernt gibt es kleine Höfe und schmale Gassen mit Tante-Emma-Läden, Minirestaurants, Imbissständen und Bonsai-Gärten. Abseits der Hauptstraßen liegen zudem viele gastliche Ryokans, Traditionshotels mit Strohmatten auf dem Boden und Schiebewänden zur Aufteilung der Räume. Gleich beim Betreten tauscht der Gast seine Straßenkleidung gegen Pantoffeln und einen leichten Kimono ein, damit er sich wie zu Hause fühlen kann.

Preiswerter als die familiären Ryokans sind die japanischen Kapselhotels, in denen die Gäste in vorgefertigte Container kriechen, die nur eine Matratze und einen Fernseher enthalten. Mehr geht bei 1,10 m Breite, 2,20 m Länge und etwa 1,20 m Höhe auch nicht hinein. Von den – allerdings auch um ein Vielfaches teureren – Luxusherbergen Tokios ist das von dem Stararchitekten Frank Lloyd Wright 1922 konzipierte „Imperial Hotel" erwähnenswert. Um das Fünf-Sterne-Haus erdbebensicher zu machen, setzte der Amerikaner es auf Gleitschienen.

Als beliebtester Treffpunkt Tokios gilt das Denkmal des treuen Hundes Hachiko, der am Shibuya-Bahnhof viele Jahre auf seinen Herrn wartete und dort schließlich starb. Manchmal geht ein leichtes Zittern durch das Denkmal, und auch der Bahnhof, die Straßenoberfläche und die Hochhäuser scheinen zu zittern. Aber keine Angst: Nach ein, zwei Sekunden ist das Beben schon wieder vorbei.

Beim Kirschblütenfest im Ueno-Park treffen sich die Menschen zum Picknick (oben l.)

Hektische Betriebsamkeit und Straßencafés in der berühmten Einkaufsstraße Ginza (oben r.)

Die Nijubashi-Brücke vor dem kaiserlichen Palast

Die Kaiser waren in Kioto Götter

Jedes Jahr besuchen zehn Millionen Japaner die alte Tempelstadt

Schon im Mittelalter besangen Hofdichter die Schönheit der Tempelstadt Kioto. Frühe Seidenmalereien zeigen deren Teepavillons zu Füßen grüner Berge, und vergilbte Chroniken erzählen von den japanischen Kaisern, die zwischen dem 8. und 19. Jahrhundert in Kioto prächtig Hof hielten und die Künste förderten. Nirgendwo sonst im Land der aufgehenden Sonne sammelten sich in dieser Zeit so große Kunstschätze an, entstanden so viele Paläste, Prachttore, Shinto-Schreine, Buddha-Tempel und Zen-Gärten wie hier 500 Kilometer südwestlich von Tokio.

Als erster Tenno wählte Kaiser Kammu im Jahre 794 ein flaches Gelände unweit des Dorfes Uda zum Bau einer Residenz aus, die er Heiankyo nannte, Hauptstadt des Friedens, woraus später Kioto wurde, Hauptstadt. Nach chinesischem Vorbild erhielt sie einen rechteckigen Grundriss. Das Straßennetz wurde schachbrettartig gegliedert, wobei eine 83 Meter breite Hauptstraße das Stadtgebiet in zwei Teile zerschnitt.

Söhne der Sonnengöttin

Nördlich der hölzernen Stadt mit ihren schätzungsweise 400 000 Bewohnern entstand der Kaiserpalast mit der Krönungshalle und dem von einem Baldachin überwölbten Himmelsthron. Nach dem Shinto-Glauben handelte es sich bei Kammu um einen direkten Abkömmling der Sonnengöttin Amaterasu-Omikami, und dieser war somit selbst als ein Gott zu verehren. Auch die auf Kammu folgenden Kaiser Japans sahen in der Sonnengöttin ihre Stamm-Mutter. Erst nach dem Zweiten Weltkrieg musste der regierende Tenno auf den Gottesstatus verzichten.

Von der Residenzstadt Kammus überdauerte nur das rechtwinklige Straßensystem Feuersbrünste und Erdbeben. Auch das Kaiserschloss brannte mehrfach nieder, wurde aber immer wieder aufgebaut, zuletzt 1855. Als „Alter Kaiserpalast" steht die aus 18 Gebäuden bestehende Anlage heute Besuchern offen. Das rechteckige Areal ist von einem Wall umgeben, von dessen vier Toren eines dem kaiserlichen Paar und ein anderes den Nebenfrauen vorbehalten war. In der Zeremonienhalle ist ein Stück Fußboden ausgespart, damit der Tenno, wie vorgeschrieben, bei der Ahnenverehrung auf nackter Erde stehen konnte.

Neben zahlreichen weiteren Palästen, Pavillons und kaiserlichen Gärten zählen zu den Hauptsehenswürdigkeiten Kiotos an die 200 Shinto-Schreine, die speziellen Naturgöttern geweiht sind, von denen die frühere japanische Staatsreligion des Shintoismus nicht weniger als 800 000 kennt, darunter auch Tiere, Berge und Seen. Ältestes Shinto-Heiligtum ist der Fuschimi-Inari-Schrein mit Tausenden aneinander gereihten Toriis, den traditionellen Torbögen mit schwarzen Balken über roten Pfeilern. Mit der drei Kilometer langen Torii-Reihe hatten sich Gläubige im Jahre 711 bei der Göttin Inari für eine gute Reisernte bedankt.

Buddhistische Kunst

Die kunstvollsten Meisterwerke religiöser Kunst verdankt Kioto reichen Wegbereitern des Buddhismus, der Ende des ersten Jahrtausends nach Japan kam und besonders den Adel beeindruckte. Es gibt 30 antike Tempelbauten, in denen die verschiedensten Kulte eines japanisierten Buddhismus zelebriert werden. Gegenüber der Schlichtheit shintoistischer Bauwerke heben sich die buddhistischen durch eine Vielzahl vergoldeter Statuen und reiches Schnitzwerk ab. Das älteste buddhistische Bauwerk am Ort, der Tschionin-Tempel, stammt aus dem 13. Jahrhundert.

Ein für die japanische Kunst typisches Streben nach höchster ästhetischer Verfeinerung drückt sich in den weltberühmten Gärten von Kioto aus. Sie sind großenteils Schöpfungen von Zen-Meistern, die unter freiem Himmel durch eine Symbiose zwischen Natur und Kunst ideale Meditationsräume schaffen wollten. Beispielhaft dafür sind die Steingärten, in denen sorgfältig geharkte Sandflächen, mythologische Seen und kegelförmige Steine den heiligen Berg Fujijama symbolisieren.

Beachtenswert ist auch der Garten Saiho-Ji, den der Zen-Priester Muso Kokuschi im 14. Jahrhundert angelegt hat. Mit Hilfe von über hundert verschiedenen Moosarten wird dem Besucher die Illusion vermittelt, es breite sich zu seinen Füßen eine Gebirgslandschaft mit Wasserfällen, Grotten und Blütenmeeren aus.

Nach der Verlegung der Kaiserresidenz 1868 nach Tokio bemühten sich viele Architekten in Kioto darum, zwischen Tradition und Moderne reizvolle Verbindungen zu schaffen. So erinnern Teile der neuen Stadthalle an die schlicht-schönen Konstruktionen der Shinto-Schreine. Von der Aussichtsplattform des 131 Meter hohen Kioto Towers lohnt sich ein Rundblick über die alte und über die junge Stadt – ein Ensemble, das jedes Jahr zehn Millionen Japaner anlockt.

ANREISE:
Von Tokio aus mit dem Hochgeschwindigkeitszug „Shinkansen". Er bewältigt die 514 km lange Strecke nach Kioto in knapp drei Stunden

BESTE REISEZEIT:
Oktober bis Dezember

UNTERKUNFT:
Hotels und Pensionen aller Preisklassen. Bei Billigangeboten mitunter allzu winzige Zimmer – nicht viel größer als die Liege

TRINKGELD:
In Japan unüblich. Ausgenommen: Kofferträger westlicher Hotels und Bedienerinnen in Ryokans (Quartiere altjapanischer Art)

SONSTIGES:
Auf Linksverkehr achten. Visitenkarten zur Hand haben

Erhaben präsentiert sich Kinkakuji, der Goldene Pavillon (links)

Die Katsura-Villa im herbstlich gefärbten Kioto-Garten (rechts o.)

Shijo-dori ist das kommerzielle Herz der Stadt

AUSTRALIEN

ANREISE:
Sydney hat einen von vielen Gesellschaften angeflogenen internationalen Airport

UNTERKUNFT:
Vom Billigquartier bis zum Luxushotel alles vorhanden

BESTE REISEZEIT:
Februar/März und November

TRINKGELD:
Ist jedem selbst überlassen, wird aber nicht unbedingt erwartet

Zwei Wahrzeichen für Sydney
Abgeschobene Engländer gründeten Australiens große Hafenstadt

Es war die ungewöhnlichste Fracht, die Kapitän Arthur Phillip je zu befördern hatte. Mit 700 aus England abgeschobenen Strafgefangenen und 450 Seeleuten an Bord von elf Schiffen machte sich der Flottenkommandeur auf die siebenmonatige Reise von England zur Ostküste Australiens. Am 18. Januar 1788 erreichte der Seglerkonvoi eine von anderen Seefahrern als Anlegestelle empfohlene Landzunge, und die erschöpften Häftlinge, darunter auch Frauen, durften als freie Leute an Land gehen.

Die Neusiedler fanden eine scheinbar menschenleere, aber fruchtbare Küstenregion mit tief in das Land einschneidenden Meeresbuchten vor. Während die Segelschiffe noch einige Zeit in einem natürlichen Hafen, der Botany Bay, ankerten, richteten sich einige Deportierte auf einem felsigen Hochufer, das sie The Rocks nannten, erste Unterkünfte her. Damit begann die Kolonisierung Australiens durch Europäer und zugleich die Geschichte der an dieser Stelle emporwachsenden Hafenstadt Sydney.

Wer sich heute vom Meer her der historischen Landestelle nähert, erblickt als erstes die imposante Skyline schlanker Wolkenkratzer. Das moderne Sydney ist eine Weltstadt mit rund vier Millionen Einwohnern, Straßenschluchten wie in New York und einem lebhaften Naturhafen von außerordentlicher Schönheit. Im Kontrast zur lauten Innenstadt herrscht in den vielen grünen Vororten mit Zehntausenden Einzelbungalows mit Garten und Swimmingpool eine ruhige, ferienhaft anmutende Atmosphäre.

Das Sydney Opera House

Das Wahrzeichen der größten Stadt Australiens ist das auf einer Landzunge am Hafenrand weit ins Meer hinaus gebaute Sydney Opera House, dessen kühne Dachkonstruktion an riesige Muscheln erinnert. Mit dem Entwurf für ein avantgardistisches Musiktheater hatte der Däne Jørn Utzon 1957 einen in Sydney ausgeschriebenen Architektenwettbewerb gewonnen. Bei der Verwirklichung des Bauvorhabens gab es jedoch so große technische und finanzielle Schwierigkeiten, dass der Däne die Leitung abgab. Australische Architekten vollendeten schließlich das Werk, wobei allerdings die Kosten von veranschlagten 7 auf 102 Millionen Dollar stiegen und die Bauzeit sich von 5 auf 14 Jahre verlängerte.

In der City lohnt die Fahrstuhlfahrt zur 305 Meter hohen Aussichtsplattform des Sydney Tower. Von hier aus ist nicht nur die Stadt mit ihren vielen Buchten zu überblicken, bei klarem Wetter sind auch die von hohen Brandungswellen überspülten Strände am Pazifischen Ozean und in entgegengesetzter Richtung die Blue

ney Harbour Bridge, die von den Einwohnern wegen ihrer bogenförmigen Stahlkonstruktion auch liebevoll „The Old Coathanger" genannt wird, der alte Kleiderbügel. Eine endlose Karawane von Kraftfahrzeugen passiert täglich die 1932 fertig gestellte Hafenbrücke mit ihren acht Autospuren, zwei Eisenbahngleisen und Radund Fußweg. Bis zum Bau des neuen Opernhauses war der alte Kleiderbügel das Wahrzeichen Sydneys.

Die Wasserwege sind schneller

Ein Großteil des innerstädtischen Verkehrs ist nur mit Schiffen zu bewältigen. Ständig sind schnelle Katamarane wie auch ältere Fähren mit qualmenden Schloten von einem Ufer des Hafens zum anderen und zwischen Innenstadt und weiter entfernten Vororten unterwegs. Hauptanlegeplatz ist der Circular Quai, auf dem auch Straßenschauspieler, Akrobaten und Musikanten für urbanes Leben sorgen. Ganz in der Nähe liegt das Meuterschiff „Bounty" vor Anker – in Form einer naturgetreuen Nachbildung, die für Besichtigungen und kleinere Hafenrundfahrten zur Verfügung steht.

Zu Fuß ist vom Circular Quai aus in wenigen Minuten auch „The Rocks" zu erreichen, die erste von den Deportierten 1788 gegründete Ufersiedlung. Zur 200-Jahr-Feier hat die Stadtverwaltung die alten Häuser nachbauen lassen und in ein touristisches Kneipen- und Ladenviertel einbezogen. Dazu gehört auch als ältestes Haus Sydneys das 1816 eröffnete „Cadman's Cottage".

Ein paar Schritte weiter erinnern an der Botany Bay Gedenksteine an Kapitän James Cook, der hier 1770 erstmals australischen Boden betrat und die gesamte Ostküste als New South Wales für die englische Krone in Besitz nahm. Es ist dieselbe Anlegestelle, an der 18 Jahre später die ersten Siedler und ihr Flottenkapitän Phillip an Land gingen.

Die muschelförmige Dachkonstruktion macht das Sydney Opera House zum unverkennbaren Wahrzeichen der Stadt (oben)

Die moderne Skyline am Hafen von Sydney

Mountains zu erkennen. Dichtes Gedrängel herrscht unten im Einkaufsviertel Pitt Street, dessen Ladenstraßen zum Schutz vor der meist sengenden Sonne mit gewaltigen Bahnen Segeltuch überspannt sind. Fast lautlos gleitet die Mono Rail, eine moderne Schienenbahn, durch die Innerstadt.

Eine schnelle Verbindung zwischen den südlichen und den nördlichen Stadtteilen ermöglicht die Syd-

Das Wettrennen nach Melbourne

Liebe zur fernen Heimat prägte Australiens zweitgrößte Stadt

ANREISE:
Melbourne wird von mehreren internationalen Fluggesellschaften direkt angeflogen

UNTERKUNFT:
Hotels aller Preisklassen

KLIMA:
Im Sommer warm bis heiß, auch im Winter angenehme Temperaturen, allerdings nachts oft stark abkühlend

TRINKGELD:
Bleibt jedem selbst überlassen, wird nicht unbedingt erwartet

Bauern, Viehzüchter und Goldgräber gehören zur Gründergeneration von Melbourne, der zweitgrößten australischen Stadt und ewigen Rivalin Sydneys. Ihrer Geschichte nach könnte man beide Küstenorte als Schwestern bezeichnen, wobei Melbourne dann die jüngere wäre, obwohl sie älter aussieht. Jahrzehnte lang stritten beide um die Ehre, Australiens Bundeshauptstadt zu werden, bis dann 1913 keine von beiden, sondern Canberra Regierungssitz wurde.

Fünfzehn Jahre nach der Ankunft erster Siedler in Sydney ließen sich 1802 Landwirte aus England 700 km weiter südlich an der Phillips Bay nieder, wo später Melbourne entstand. Aber mit der Landbestellung klappte es nicht wie erhofft, auch konnte man die wuschelköpfigen und dunkelhäutigen Ureinwohner nur schwer für Feldarbeit begeistern, so dass viele Bauern ihr Glück weiter im Innern des Kontinents suchten. Erst 1835 wurden in der fruchtbaren Melbourne-Region Viehzüchter heimisch und zogen bald Scharen weiterer Siedler nach sich. Ein regelrechtes Wettrennen starker Männer setzte um 1850 ein, als in der Gegend Gold gefunden wurde. Damit begann der unaufhaltsame Aufstieg der Stadt Melbourne.

Heute hat die ehemalige Goldgräberstadt rund dreieinhalb Millionen Einwohner und erinnert in ihren älteren Stadtteilen an den viktorianischen und edwardianischen Baustil Londons im 19. und frühen 20. Jahrhundert, wenn auch allmählich eher schnörkellose Neubautürme in den Vordergrund treten.

An traditionslosem Ort um Tradition bemüht, importierte Melbourne 1840 den Wohnsitz für den Gouverneur des Landesteils Victoria direkt aus England und baute das in Einzelteile zerlegte Landhaus Stein um Stein wieder auf. Als „La Trobes Cottage" steht es inzwischen für Besichtigungen offen. Aus der britischen Grafschaft Yorkshire kam 1934 auf dem Wasserwege auch das Elternhaus des berühmten Seefahrers und Entdeckers James Cook nach Melbourne, wo es als „Captain Cook's Cottage" nun eine Parkanlage ziert.

Vielfältige kulturelle Einflüsse

Auch andere Kulturen drückten Melbourne ihren Stempel auf. Einwanderer aus dem Reich der Mitte bereicherten die Stadt um ein buntes Chinesenviertel und den Tempel „See Yup Joss House" von 1856. Lebensart vom Mittelmeer bietet das Viertel Little Italia mit seinen vielen Pizzabäckereien, Eisdielen und Pastaläden. Als drittgrößte griechische

Stadt nach Athen und Saloniki gilt wegen seiner vielen Griechen Melbournes Richmond-Viertel. Hier liegt auch Little Saigon, die von vietnamesischen Läden, Restaurants und Szenekneipen dominierte Richmond Street.

Gerade den starken ethnischen Einflüssen verdankt Melbourne seine Lebendigkeit und seinen liebenswerten Charakter. Die Innenstadt mit den Fußgängerzonen und Ladenarkaden, den großen Plätzen und den zahlreichen Grünflächen ist Schauplatz einer blühenden Stadtkultur.

Entertainment für alle

Auf dem City Square plätschern erfrischende Wasserspiele, agieren Akrobaten und Pantomimen, lässt es sich ein buntes Völkergemisch in Tavernen und Gartenrestaurants wohl sein. Vor allem junge Leute fühlen sich von dem free entertainment angezogen, den unter freiem Himmel und bei freiem Eintritt stattfindenden Rockkonzerten, Tanz- und Theatervorstellungen.

Zum Charme der Stadt tragen auch die in Westeuropa schon vom Aussterben bedrohten Straßenbahnen bei, weniger allerdings die schicken modernen, vielmehr die alten ratternden mit ihren harten Holzbänken, der ewigen Zugluft und dem meist grünen Anstrich. Der Popstar Elton John verliebte sich bei einem Melbourne-Besuch so sehr in eine an die 100 Jahre alte Tram, dass er sie vom Fleck weg kaufte, nach San Francisco verschiffen und dort im Garten seines Hauses aufstellen ließ.

Arbeiten australischer Maler, darunter Ureinwohner und Mitglieder einer Gruppe „Heidelberg School", sind im Victorian Arts Center ausgestellt. Zu den Museumsschätzen der Stadt gehören aber auch Oldtimer-Flugzeuge, das ausgestopfte Wunderrennpferd Phar Lap und das 1885 im irischen Belfast gebaute Segelschiff „Polly Woodside".

Jedes Jahr im März feiert Melbourne mit Straßenumzügen, Wettkämpfen, Theater und Musik sein beliebtes Moomba-Festival. Das Wort „Moomba" stammt aus der Sprache der Aborigines und bedeutet „Komm und amüsier dich!" Aus dem Straßenbild der Großstadt sind die Ureinwohner allerdings so gut wie verschwunden. Die Krankheiten und der Schnaps der Weißen haben ihre Zahl dezimiert. Die Aborigines kamen vor etwa 40 000 Jahren auf Flößen oder über längst versunkene Landbrücken nach Australien und waren die eigentlichen Herren des Kontinents.

Melbournes imposante Skyline am Yarra River (oben l.)

Das moderne Southgate Center am Ufer des Yarra River (oben r.)

Vor der Flinders Street Station tragen betagte Straßenbahnen zum Charme der Stadt bei (Mitte r.)

Pittoreske Badekabinen zieren Melbournes Brighton Beach

AFRIKA

Märchen und Magie

MARRAKESCH und das Rendezvous mit Gauklern und Schlangenbeschwörern vor den Toren der Altstadt

Wenn die Sonne am Spätnachmittag hinter das Wahrzeichen Marrakeschs, das Minarett der Koutoubia-Moschee, sinkt und die Schatten länger werden, steigt von den langen Reihen der Essensstände auf dem Platz Djemaa el-Fna der Rauch von unzähligen Grillfeuern auf. Es ist fast unglaublich, dass sich die Betriebsamkeit des Tages noch steigern lässt. Denn mit der schnell fallenden Dunkelheit tauchen von überall her Musiker, Schlangenbeschwörer, Zauberer, Akrobaten, Geschichtenerzähler, Feuerschlucker und Taschendiebe auf. Dazwischen freundliche Verrückte, in die Jahre gekommene Wasserverkäufer und verstörte Touristen.

Wohl dem, der einen Platz in einem der zahlreichen Cafés ergattert, die den Platz umrahmen, oder der sogar das Glück hat, auf einer Dachterrasse einen Logenplatz zu finden, von dem er das spannende Durcheinander im Schein der zahllosen Lichter verfolgen und sich der Kakofonie aus Stimmen, Tierrufen, Trommeln, Schellen, Flöten, Mopeds und Autohupen hingeben kann.

Der Platz vor der Medina

Djemaa el-Fna ist der berühmteste Platz Marrakeschs. Einst kamen die Bauern mit ihren Waren aus der fruchtbaren Haouz-Ebene außerhalb der Stadt, um sich hier mit Händlern zu treffen. Auf diesem „Platz der Geköpften" stellten aber auch die Herrscher die Köpfe der enthaupteten Sünder, Kriminellen und Christen auf Spießen zur Schau.

Von hier aus führen die immer enger werdenden Straßen nach allen Seiten in das Labyrinth der Altstadt, in der sich Sultanspaläste, verzierte Villen reicher Kaufleute und einige der farbigsten Basare Arabiens verstecken. Ein mächtiger, zwölf Kilometer langer Wall aus dem 12. Jahrhundert umschließt die Medina, überragt von Zypressen, Dattelpalmen und Kiefern. Durch elf alte Tore, deren schönstes das Bab Aguenaou ist, flutet ein ständiger Strom von Händlern, Handwerkern, Hilfsarbeitern und Besuchern, von Mopeds und Eseln in das Gewirr der engen Gassen, über denen oft bunte Seide zum Trocknen hängt.

In der Mitte des 11. Jahrhunderts baute die Dynastie der Almoraviden hier eine Siedlung auf, die schnell zum wichtigen Handels- und Ruheplatz der Karawanen wurde. Rund 100 Jahre später übernahmen die Almohaden die Regierung und machten Marrakesch zu ihrer Hauptstadt. Sie bauten die Stadt weiter aus und prägten den alten maurischen Baustil von Marrakeschs Medina.

Noch aus der Zeit der Almoraviden stammt das ausgeklügelte Bewässerungssystem, das bis heute die Parks versorgt, für die Marrakesch so berühmt ist, darunter der Menara-Olivenhain oder die mehr als 400 Hektar großen Agdal-Gärten.

Ein Werk der Almohaden dagegen ist die Koutoubia-Moschee aus dem 12. Jahrhundert westlich des Djemaa el-Fna. Ihr 77 Meter hohes Minarett, das älteste und am besten erhaltene seiner Art, ist das Wahrzeichen Marrakeschs.

1269 übernahmen die Meriniden die Herrschaft über Marrakesch, nachdem sie 20 Jahre zuvor Fès erobert und die Almohadenherrschaft in Marokko beendet hatten.

Aus dieser Zeit stammt auch das Juwel der Altstadt-Architektur in der Nord-Medina, die Koranschule Medersa Ben Youssef neben der Moschee gleichen Namens. Der Meriniden-Sultan Abou El Hassan gründete sie im 14. Jahrhundert, und der Saadier Abdallah El Ghalib erweiterte sie 1570 zur größten islamisch-theologischen Hochschule des Maghreb. In den 150 engen Kammern, die auf den Innenhof hinausgehen, sollen in den Glanzzeiten bis zu 900 Studenten und Lehrer gelebt haben. Die Schule wurde in den letzten Jahren aufwändig renoviert, und Besucher können heute wieder die fein ziselierten Stuckdekorationen, Mosaiken und Schnitzarbeiten bewundern.

Subtropisches Ambiente

Wie kaum eine andere Neustadt bezaubert das 1916 unter französischem Protektorat aufgebaute Gueliz durch seine üppige Fülle von Palmen und subtropischen Pflanzen. Alleen von Apfelsinen- und Jakarandabäumen säumen die breiten Straßen mit ihren Bürogebäuden, modernen Geschäften und Straßencafés.

Mittendrin ein botanisches Märchenland mit der betörenden Farbenpracht von Bougainvilleen, Pelargonien, Hibiskus und Lotusblüten. Es war einst der Garten des französischen Malers Jacques Majorelle, der 1923 nach Marrakesch zog. Er baute die Villa seiner Träume und pflanzte eine subtropische Blütenpracht. Als er 1962 starb, verwilderte der Park, bis der französische Modeschöpfer Yves Saint-Laurent die Villa des Malers zu seinem Refugium machte. Er gestaltete den Garten neu und übergab ihn der Stadt Marrakesch. In Majorelles ehemaligem Atelier kann man heute islamisches Kunsthandwerk bestaunen.

ANREISE:
Internationale Direktflüge nach Marrakesch, mitunter mit Zwischenstopp in Casablanca. Preiswerte Charterflüge nach Agadir. Von dort fahren Busse durch den Atlas in vier Stunden nach Marrakesch

KLIMA:
Ganzjährige Saison. Im Juli und August kann es sehr heiß werden, für kalte Winternächte gibt es in den Hotels Heizungen

UNTERKUNFT:
Die meisten Hotels sind in Gueliz, einige exklusive und mehrere sehr preiswerte Hotels auch in der Medina

TRINKGELD:
In Hotelrechnungen ist Bedienung normalerweise enthalten. Ansonsten erwarten Taxifahrer, Friseure, Platzanweiser und Kellner ein Trinkgeld von 5 bis 10 Prozent. Bei ausgehandelten Preisen kein extra Trinkgeld

Am Djemaa-el-Fna-Platz pulsiert das Leben (oben)

Säulen prägen die Innenräume der Saaditengräber (unten l.)

Die Mosaiken und der Brunnen des El-Bahia-Palasts laden zum Verweilen ein

Blick über die Altstadt Fès el-Bali (oben l.)

Hinter dem kunstvoll gekachelten Tor Bab Bou Jeloud beginnt die Altstadt von Fès el-Bali (oben r.)

Harte Arbeit muss an den Farbtrögen des Gerberviertels geleistet werden

In den Basaren des Orients

Das marokkanische **FÈS** hat viele Gesichter – und eine einzigartige Altstadt

Wenn der Fremde durch das Tor Bab Bou Jeloud die Altstadt von Fès betritt, taucht er ein in die Geschichten aus 1001 Nacht, ins islamisch-arabische Mittelalter. Das kunstvoll blau und gelb gekachelte Schmucktor wurde 1913 im maurischen Stil errichtet und ist der Haupteingang nach Fès el-Bali, in eine der größten mittelalterlichen Städte unserer Zeit.

In den engen, gewundenen Gassen und überdachten Basaren, voll gestopft mit Handwerksbetrieben, Restaurants, Moscheen, Märkten und Töpfereien, droht der Besucher verloren zu gehen. Geschäftig drängen sich Menschenmassen und Esel in den unübersichtlich verzweigten Gängen der Altstadt aneinander vorbei.

Die Straßen und Viertel sind nach Handwerkszweigen aufgeteilt. So kommt man zunächst bei den Getreidehändlern vorbei, geht weiter zu den Kupfer-, Messing- und Goldschmieden bis hinein in das streng riechende Gerberviertel, wo die Felle in großen Steinbottichen mit Händen und Füßen gegerbt und gefärbt werden, um dann in der Sonne zu trocknen.

Die Idrisidendynastie

Idris I. kam im Jahr 789 auf der Flucht vor Harun al Raschid hierher, um Ruhe vor seinem Feind zu finden. Am Ostufer des Wadi Fès, kurz vor dessen Einmündung in den Sebou-Fluss, begann der Begründer der Idrisidendynastie seine Stadt zu bauen, die die Besucher bis heute fasziniert.

Idris I. war ein Nachfahre Mohammeds und unterwarf – aus dem Osten kommend – die Berberstämme in Nordmarokko zum Teil bis hinab an die Atlantikküste. Sein Sohn Idris II. baute 19 Jahre später am gegenüberliegenden Westufer seine eigene Stadt. Obwohl es ihm nicht gelang, das Reich seines Vaters zu festigen und weiter auszubauen, wurde Fès als Hauptstadt des kleinen Reiches zum religiösen und politischen Zentrum. Die Idrisiden waren die Ersten, die außerhalb des Stammessystems der Berber eine Zentralregierung in Nordafrika aufbauten.

Zeichen der einstigen Bedeutung von Fès ist die Moschee Karaouine im Zentrum der Altstadt. Mit einer Grundfläche von drei Hektar ist sie

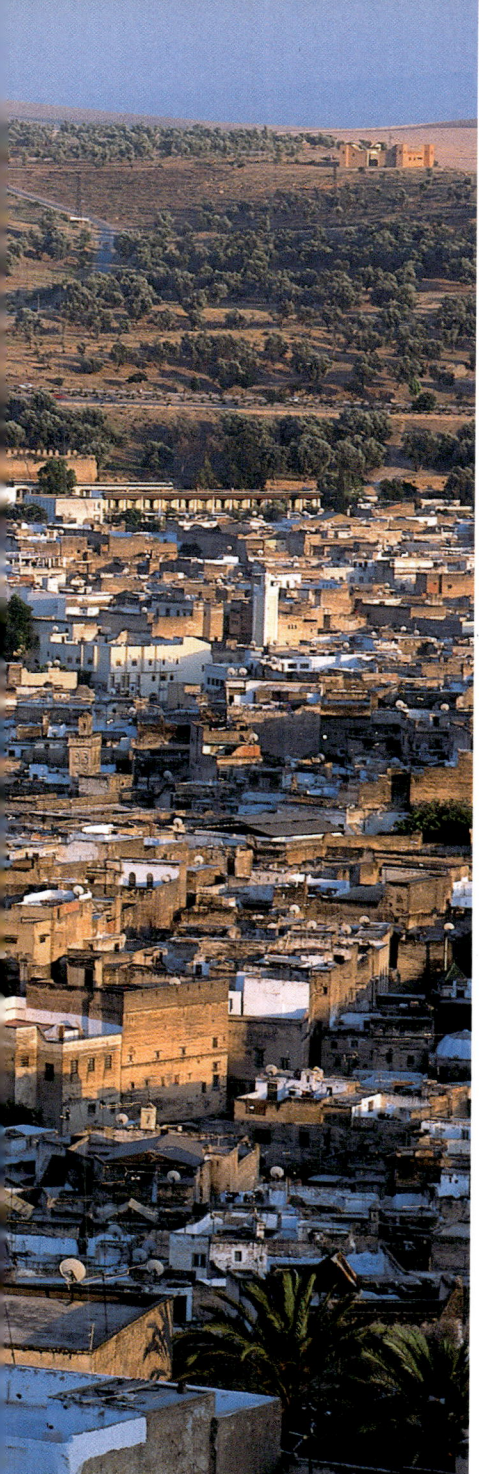

ANREISE:
Internationale Flüge nach Casablanca, Charterflüge nach Agadir. Fähren von Spanien nach Tanger. Von dort Busse, Bahnen und Sammeltaxis nach Fès

BESTE REISEZEIT:
Wenn im Frühjahr die Wüstenwinde wehen, kann es sehr heiß werden. Regenzeit von November bis Januar

UNTERKUNFT:
Die meisten Hotels liegen in Ville Nouvelle. Im Altstadtbereich wenige luxuriöse und einige sehr einfache Hotels

TRINKGELD:
In Hotelrechnungen ist Bedienung enthalten. Taxifahrer, Friseure, Platzanweiser und Kellner fordern ein Trinkgeld von 5 bis 10 Prozent. Bei ausgehandelten Preisen kein extra Trinkgeld

die größte Nordafrikas. Das zwischen 857 und 862 erbaute Gotteshaus ist gleichzeitig eine der ältesten islamischen Universitäten. Zu ihrer heutigen Größe wurde sie im 12. Jahrhundert ausgebaut. 22 000 Gläubige finden unter den 270 Säulen der 16 eindrucksvollen Kirchenschiffe Platz.

Als die Mauren im 13. Jahrhundert Spanien verlassen mussten, bereicherten die, die hierher kamen, die Universität mit ihrem europäischen und maurischen Wissen. Nachdem Marokko 1956 unabhängig geworden war, konnten hier auch erstmals Frauen studieren. Nichtmuslimische Besucher dürfen diese heilige Stätte allerdings nicht betreten. Ihnen bleibt nur, durch eines der 14 Tore einen Blick hineinzuwerfen.

Die Berber kommen

Im 11. Jahrhundert kamen die Almoraviden, zwei vereinigte Berberstämme, auf ihrem Siegeszug durch Marokko, Algerien und Spanien auch nach Fès. Sie vereinigten die früheren Städte von Idris I. und dessen Sohn Idris II. zum heutigen Fès el-Bali.

Ihren Zenit erreichte die Stadt im 14. Jahrhundert unter der Herrschaft der Meriniden, einem Berberstamm, der seit dem 13. Jahrhundert große Teile Nordafrikas beherrschte. Sie eroberten Fès 1248 und machten es zu ihrer Hauptstadt. Westlich der Altstadt entstand jetzt wieder ein neues Fès, Fès el-Jedid. Sie errichteten zahlreiche Bauwerke im arabisch-maurischen Stil. Direkt neben dem imposanten Königspalast strebt beispielsweise das farbenfrohe Minarett der Großen Moschee aus dem 13. Jahrhundert in den Himmel.

Zwischen dem Palast und der Südmauer breiten sich die Gassen der Mellah aus, einst das Viertel der jüdischen Gold- und Silberschmiede und Juweliere. Als der Staat Israel gegründet wurde, wanderten sie dorthin aus.

Der Vertrag von Fès aus dem Jahre 1912 besiegelte die Oberhoheit der Franzosen in Marokko. Und wieder entstand ein neuer Stadtteil. Auf einem Plateau im Südwesten begann der französische Marschall L.-H.-G. Lyautey 1916 das moderne Fès Ville Nouvelle aufzubauen. Auch dieses Fès hat seinen Reiz, wenn man die breite Avenue Hassan II. entlangschlendert, vorbei an den vielen Cafés und kleinen Geschäften und Boutiquen in den alten Protektoratshäusern.

Eingebettet in sanfte Hügel, ist die Großstadt Fès von üppigen, grünen Olivenhainen und Obstgärten umgeben. Im Norden führt eine Straße hinauf nach Bordj Nord, einer Burg aus dem 16. Jahrhundert, heute ein Waffenmuseum, und weiter zu den Gräbern der alten Meriniden. Von hier oben hat man einen überwältigenden Blick hinunter auf die geheimnisvoll verwinkelten Gassen innerhalb der Mauern von Alt- und Neustadt bis hinüber zu den neuen Wohnvierteln.

Im Schatten der Ez-Zitouna

TUNIS und die Medina. Tradition und Moderne prägen das Stadtbild der orientalischen Metropole

Die moderne, aufstrebende Hauptstadt Tunesiens vereinigt in einzigartiger Weise Tradition und Moderne. Die Neustadt umschließt mit ihren breiten Geschäftsstraßen, den stolzen Jugendstilhäusern, den neuarabischen Glas-Beton-Bauten und den weitläufigen Einkaufszentren ihre kostbare Vergangenheit, die gut erhaltene, perfekt restaurierte Altstadt, die Medina.

Tunis ist die wohl geruhsamste und internationalste Stadt des Orients. Zwar ist, wie in jeder Weltstadt, auch hier die Metro vollgestopft, quälen sich Autos und überladene Busse durch den chaotischen Verkehr, doch schon früh am Morgen sind die Stühle vor den zahlreichen Cafés der Prunkstraße Habib Bourguiba besetzt. Selbst auf den Bänken unter den Ficusbäumen des Grünstreifens, der die Fahrbahnen der breiten Flaniermeile trennt, finden sich die Müßiggänger ein.

Im Osten führt die Habib Bourguiba hinunter über die Place d'Afrique zum Lac de Tunis, dem flachen Küstensee. Am westlichen Ende erweitert sie sich zum großzügigen Platz der Unabhängigkeit mit der neuromanischen Kathedrale. Davor das Denkmal für Ibn Khaldoun, den 1332 in Tunis geborenen Begründer der modernen Geschichtswissenschaft und „Vater der Soziologie". Der Universalgelehrte war politischer Berater an vielen Fürstenhöfen.

Hinter dem Unabhängigkeitsplatz führt der jetzt schmale Boulevard geradewegs auf das Bab-el-Bahr-Tor zu, hinter dem sich die Medina ausbreitet.

Herrscher und Eroberer

Tunis wurde schon lange vor Christi Geburt von den Karthagern beherrscht und befestigt. Als Karthago während des 3. Punischen Krieges 146 v. Chr. zerstört wurde, blieb auch von Tunis nichts mehr übrig. Zwar wuchs die Stadt unter der römischen Herrschaft wieder, aber erst als arabische Stämme 692 Karthago erneut zerstört hatten, blühte Tunis richtig auf. Ihre Bedeutung als orientalische Metropole erlangte die Stadt unter der Herrschaft der Hafsiden-Dynastie zwischen 1207 und 1574.

Im 16. Jahrhundert machte der Pirat „Barbarossa" Khayr ad-Din das Mittelmeer unsicher. Er stieg zum Admiral des ottomanischen Reiches auf, eroberte 1534 ganz Tunesien für die Türken und machte Tunis zum Ausgangspunkt für Piratenüberfälle auf die italienische Küste. Versuche von Karl V. (1535) und den Spaniern (1573), Tunis zu erobern, scheiterten an Barbarossas Stärke. So blieb Tunis seit 1574 beim ottomanischen Reich – bis 1881, als Frankreich Tunesien zu seinem Protektorat machte.

Früher lebten in der Medina die wohlhabenden Kaufleute und Adeligen. Nach und nach zogen sie aber in die französische Neustadt und die grünen Vororte, zu denen auch Karthago gehört, jetzt ein exklusives Villenviertel. Die Medina drohte zu verfallen. Doch inzwischen tut man alles, um das historische Stadtzentrum zu erhalten.

Souks, Moscheen, Paläste

Am Türkenmarkt, dem touristischen Zentrum der Altstadt, hat man von der Dachterrasse des traditionsreichen Cafés Mrabet einen märchenhaften Blick auf das Häusermeer, aus dem die Minarette der Moscheen herausragen und in dem sich die Souks und üppig verzierte Wohnhäuser, Paläste, Mausoleen und Koranschulen verbergen.

Darunter als Wahrzeichen die große Moschee Ez-Zitouna, die zum ersten Mal 698 erwähnt wurde. Sie ist nicht, wie im Islam eigentlich vorgeschrieben, rechteckig und in Ostwestrichtung gebaut. Wahrscheinlich errichtete man sie auf den Fundamenten eines römischen Forums, so dass den Baumeistern nichts anderes übrig blieb, als mit der traditionellen Bauordnung zu brechen. Zwischen dem 13. und 15. Jahrhundert wurde sie zu einem Universitätskomplex ausgebaut, das Minarett auf 44 Meter erhöht.

Rund um die Ez-Zitouna-Moschee liegen die Gassen der Souks, traditionell getrennt nach den Handwerken. Da gibt es die Teppich-, Woll-, Gewürz- und Parfümhändler, die Filzhutmacher, die Juweliere und am ehemaligen Sklavenmarkt, an dessen Säulen einst die Ware Mensch gekettet war, die Goldschmiede. Das Warenangebot ist heute vorwiegend auf Touristen ausgerichtet. Nur an wenigen Stellen, so in den Gassen um Bab-el-Bahr, spielen die Fremden noch kaum eine Rolle.

Die Fassaden der Häuser in der Medina erscheinen abweisend, ganz in islamischer Tradition. Nach hinten versetzte Portale, geknickte Gänge und schwere, Messing beschlagene Türen sollen den Einblick in das Privatleben verwehren. Im Volkskundemuseum im Färberviertel aber kann man hinter die Kulissen schauen. Das hervorragend renovierte Dar-Ben-Abdallah-Haus aus dem Jahre 1796, in dem das Museum untergebracht ist, gewährt tiefe Einblicke in das Alltagsleben einer typischen Bürgerfamilie des 19. Jahrhunderts.

ANREISE:
Direkt- und Charterflüge von allen großen europäischen Städten. Regelmäßige Fährverbindungen von Italien und Frankreich

KLIMA:
Mittelmeerklima, ganzjährig warm. Beste Reisezeiten im Frühling und Herbst. Im Winter gelegentlich Niederschläge

UNTERKUNFT:
Hotels aller Kategorien in der Neustadt. Einfache, preiswerte Unterkünfte in der Altstadt

TRINKGELD:
In allen Dienstleistungsbereichen erwartet man ein kleines Trinkgeld von 5 bis 10 Prozent. Außer bei zuvor ausgehandelten Preisen

DER BESONDERE TIPP:
Das Bardo-Museum ist eines der bedeutendsten archäologischen Museen in Nordafrika

Die kunstvoll mit Mosaiken gefliste Avenue des 9. November (oben l.)

Orientalische Dachterrasse mit der Ez-Zitouna-Moschee im Hintergrund (unten .)

Sandalenfüße der Jupiter-Statue im Bardo-Museum (ober r.)

Am Torbogen Bab-el-Bahr an der Porte de France sind die Tunesier unter sich

Im Land der Pharaonen: die Pyramiden von Gizeh vor den Toren Kairos (oben)

Moderne Hochhaustürme am Ufer des Nils bestimmen das Stadtbild. Blick vom Kairo-Tower auf die Megacity (unten r.)

Das ägyptische Museum zählt mit seinen Kunstschätzen aus der Pharaonenzeit zu den bedeutendsten Museen der Welt

Im orientalischen Westen

KAIRO bewahrt die Zeugnisse vieler Kulturen und Religionen – Der Stadtrand reicht bis an die Pyramiden heran

Nur die flirrende Hitze erinnert daran, dass die Wüste nicht weit ist. Kairo gibt sich auf den ersten Blick als eine moderne, westliche Großstadt. Gleißende Wolkenkratzer säumen das Nilufer mit seiner üppigen tropischen Vegetation. Ein Gewirr von Straßen, Autobahnen, Brücken und Überführungen durchzieht die Stadt.

Aber hinter den Beton- und Glasquadern ragen unzählige Minarette, Kuppeln von Moscheen und vereinzelte Kirchtürme in den Himmel, und grüne Parks und Alleen leuchten aus dem Häusermeer.

Kairo ist eine Megastadt lebendiger Kontraste. Knapp sieben Millionen Einwohner soll sie haben. Aber wahrscheinlich sind es wohl 15 oder 18 Millionen, die wirklich hier leben, wo sich Altertum und Neuzeit, Ost und West, Islam und Christentum vermischen.

Den Grundstein legte das kleine Militärlager Al-Fustat, das arabische Truppen, die den Islam an den Nil brachten, 641 n. Chr. hier errichteten. 969 fielen Anhänger der islamischen Sekte der Fatimiden von Tunesien kommend in Ägypten ein. Jawhar, der General der Eroberer, gründete eine neue rechteckige Stadt Misr al Kahira nordöstlich von Al-Fustat.

Beide Städte existierten bis 1168. Als dann die Kreuzritter Kairo bedrohlich nahe kamen, zündete man das unbefestigte Al-Fustat an, um die europäischen Christenkrieger vom weiteren Vormarsch abzuhalten. Eine Sunniten-Armee vertrieb die Kreuzritter, und der siegreiche Feldherr Saladin begründete die Ayubiden-Dynastie, die 1260 den Mamelucken wich.

Kairos Höhepunkt

Unter den Mamelucken erreichte Kairo den Höhepunkt seiner Blüte. 1340 lebten hier rund eine halbe Million Menschen, und Kairo war die größte Stadt Afrikas, Europas und Kleinasiens. Die schon im Jahre 970 gegründete Al-Azhar-Universität an der gleichnamigen Moschee wurde zu einem Zentrum der islamischen Lehre weit über Ägypten hinaus, die Stadt zur Drehscheibe im Gewürzhandel mit Europa.

Erst als Vasco da Gama Ende des 15. Jahrhunderts mit seiner Reise nach Indien das Gewürzmonopol brach, war Kairo seiner wichtigsten wirtschaftlichen Grundlage beraubt. 1517 rückten die Türken ein und degradierten die einst blühende Metropole zu einer Provinzhauptstadt. Nach dem Abzug der Truppen Napoleons, die Kairo drei Jahre lang bis 1801 besetzt hielten, setzten die Türken Muhammad Ali als Pascha ein. Der Letzte seiner Dynastie war Farouk I., der 1952 abdankte. Das moderne Kairo verdankt seinen Charakter dem Herrscher Ismael Pascha, der in den 30er Jahren des 19. Jahrhunderts westlich des mittelalterlichen Kerns eine Stadt im europäischen Stil bauen ließ. Weit aufregender ist jedoch die historische Altstadt.

Den tiefsten Einblick in die wechselvolle Geschichte und Kultur der Stadt und Ägyptens gewähren die weltbekannten Museen, vor allem das ägyptische und das islamische Museum.

Pracht durch Alabaster

Auf mehr als 400 registrierte Baudenkmäler kann man in den Gassen des islamischen Kairo treffen. Darunter sind nicht nur Zeugnisse aus pharaonischer und islamischer Zeit. Auch römische, griechische und christliche Gebäudestile haben sich erhalten.

Jenseits der fünf Minarette der Al-Azhar-Moschee ragt als Wahrzeichen die mit Alabaster verkleidete Muhammed-Ali-Moschee aus den Mauern der tausend Jahre alten Ayubiden-Zitadelle. Die im frühen 19. Jahrhundert im türkischen Stil erbaute Moschee ist eines der prächtigsten Bauwerke Kairos, denn auch im Innern sind die Wände mit weißem und goldgelbem Alabaster verkleidet aufgelockert durch zahlreiche feine Gold- und Mosaikverzierungen.

Flussaufwärts des Stadtzentrums und jenseits der Gartenstadt verbirgt sich hinter Alt-Kairos alten Festungsmauern Babylon, das Koptenviertel. Dieser Stadtteil ist ebenfalls weitgehend intakt geblieben. Beeindruckend sind hier die vielen Kirchen mit den reichen Ebenholz- und Elfenbeinverzierungen im Innern. Besonders faszinierend ist die „hängende Kirche" Al-Muállaqa auf dem Südtor. Die ganze Vielfalt der Megastadt Kairo bis hinüber zu den Pyramiden von Gizeh im Südwesten lässt sich wohl am besten vom fast 190 Meter hohen Kairo-Tower in einem weiten Rundblick erfassen. Den filigranen Turm auf der Nilinsel Zamalek errichtete man in den 60er Jahren als stilisierten Lotusblumenstiel.

ANREISE:
Kairo ist an das internationale Flugnetz angeschlossen. Von Venedig und Genua aus verkehren Fährschiffe über Piräus nach Alexandria

KLIMA:
Die angenehmste Reisezeit ist zwischen Mitte Oktober und Mitte April bei Durchschnittstemperaturen um 20° C. In den Sommermonaten steigen die Temperaturen auf 40° C und mehr. Die sehr geringe Luftfeuchtigkeit macht die hohen Temperaturen jedoch erträglich

UNTERKUNFT:
Als Tourismusmetropole bietet Kairo Unterkünfte aller Kategorien

TRINKGELD:
Bakschisch wird immer erwartet, oft auch ohne Gegenleistung. In überbuchten Hotels kann Bakschisch Wunder wirken. Im Restaurant sind 10 Prozent auf den Rechnungsbetrag üblich

DER BESONDERE TIPP:
Unbedingt das ägyptische und das islamische Museum besuchen

Die Endstation der Feluken

ASSUAN Staudämme prägen die Landschaft, wo einst Karawanen ihren Ausgangspunkt hatten

ANREISE:
Von Kairo Flüge via Luxor, mehrere Tages- und Schlafwagenzüge, Busse (nicht empfehlenswert), mit eigenem oder Mietfahrzeug nur in polizeilich begleiteter Kolonne, Schiffsverkehr je nach Sicherheitslage mitunter eingeschränkt auf der Strecke Luxor–Assuan

KLIMA:
Beste Reisezeit: von Oktober bis März (um 22° C, Hochsaison), im Sommer um 40° C (durch die Trockenheit aber erträglich)

UNTERKUNFT:
Große Auswahl an Hotels aller Preisklassen

TRINKGELD:
Bei ausgehandelten Preisen (Feluken, Taxis) kein zusätzliches Trinkgeld, in Hotels und Restaurants wie international üblich 10 Prozent

Das begehrte Ausflugsziel Abu Simbel mit Statuen von Ramses II. (oben). Assuan ist der Ausgangspunkt für Touren zu der 300 km südlich gelegenen Tempelanlage

Der Nil bei Assuan – ein Revier für Feluken und Segelboote (unten l.)

Fresken in der Totenstadt des Prinzen-Grabmals von Sirenpowet II.

Assuan ist Ägyptens südlichste Stadt. Sie liegt in der traumhaften Landschaft einer Flusstal-Oase des Nil unterhalb der ersten von ursprünglich sechs Stromschnellen zwischen Assuan und Khartoum, den Katarakten. Es ist eine moderne Stadt. Den Planern gelang es, Altes und Neues ohne große Stilbrüche miteinander zu verschmelzen. So ist der örtliche Souk einer der buntesten und ursprünglichsten in ganz Ägypten geblieben.

Trotz reger Geschäftigkeit, trotz Industrialisierung und Tourismus ist Assuan eine beschauliche und ruhige Stadt, für Erholungsuchende seit Ende des 19. Jahrhunderts sogar Winterkurort. Selbst Händler, Reise- und Bootsführer sind weniger aufdringlich als in anderen Touristenzentren.

Viele Kurzurlauber zieht es natürlich vor allem zu den großen Sehenswürdigkeiten. Etwa zum umgesiedelten Philae-Tempel auf der Insel Agilkia, zum alten, 1902 fertig gestellten Assuan-Staudamm El-Sadd, zum 550 Kilometer langen Nasser-Stausee hinter dem 1970 fertig gestellten Sadd-al-Ali-Staudamm, oder gar nach Abu Simbel unweit der Grenze zum Sudan.

Von der Corniche, der Uferpromenade mit ihren zahlreichen Cafés, bieten sich immer wieder neue, abwechslungsreiche Ausblicke über die palmenbewachsenen Inseln im Nil, zwischen denen die Segel der Feluken, der Nilboote, auftauchen und verschwinden.

Die Relikte der Fatimiden

Folgt man der Corniche nach Süden am legendären Old Cataract Hotel vorbei, gelangt man über den Fatimiden-Friedhof und am sehenswerten Nubien-Museum vorbei zu dem berühmten unvollendeten Obelisken.

Die Fatimiden waren eine schiitisch-islamische Dynastie, die von Fatima, der Tochter Mohammeds, abstammte. Sie beherrschten im 10. und 11. Jahrhundert ganz Nordafrika vom Atlantik bis hinüber nach Syrien. Ihr Friedhof ist ein Meer von Kuppeldächern über niedrigen Grabhäuschen aus Stein.

Die Steinbrüche in der Nähe lieferten den Granit für viele der altägyptischen Monumente. Der fast 42 Meter lange, knapp 1200 Tonnen wiegende Obelisk am Rande des Steinbruchs wäre wohl einer der größten Monolithen des alten Ägypten geworden, hätte er nicht einen Sprung gehabt, der ihn wertlos für die weitere Bearbeitung machte. Südlich des Steins, halb im Sand vergraben, liegen zwei übrig gebliebene Sarkophage aus griechisch-römischer Zeit und ein unfertiger Koloss.

Assuan war einst das Ende der Welt, die Südgrenze des Ägypten der Pharaonen. Es blieb über die Jahrtausende Grenzstadt. Auch Römer, Türken und Briten unterhielten hier ihre Grenzgarnisonen. Aber die Oase war auch Handelsplatz. Hier mussten die Handelsfeluken wenden, denn die Stromschnellen waren unpassierbar. Sie übernahmen die Waren der vielen Karawanen aus dem südöstlichen Afrika, aus den westlichen Wüsten und sogar aus Indien und brachten sie nilabwärts.

Ursprünglich waren auch die Nilinseln bewohnt. Zwei nubische Dörfer liegen noch heute auf der größten Insel, Jazirat Aswan (Elephantine). Sie ist seit etwa 3500 v. Chr. besiedelt, und die uralten Ruinen der einstigen Marktstadt Yet wurden sorgfältig aus-

gegraben. Wichtige Kleinfunde kann man im Inselmuseum besichtigen.

Am Südende von Jazirat Aswan führen 90 Stufen zum „Nilmeter" hinunter, das 1870 wieder entdeckt wurde. Die Beamten der Pharaonen planten damit die Wasserverteilung, machten Erntevorhersagen und berechneten die Steuerzahlungen. Denn viel Wasser bedeutete gute Ernten und damit hohe Steuern.

Im Garten Eden

Auf der weiter westlich gelegenen Insel Geziret el-Nabatat, der Pflanzeninsel, wächst unter schattigen Mahagoni-, Brot-, Muskat- und Trompetenbäumen ein wahrer Garten Eden. In den Bougainvilleabüschen, den Malven und im Oleander nisten zahlreiche exotische Vögel. Die Insel gehörte bis 1916 dem englischen Offizier Horatio Kitchener, der die anglo-ägyptische Armee 1898 in der Schlacht gegen den Mahdi anführte.

Vom Gipfel des Tabet-el-Hawa-Hügels am Westufer des Nil bietet sich ein überwältigender Blick auf Assuan. Weiter unten am Abhang liegen mehrere Gräber von Gaufürsten und hohen Beamten aus dem alten und mittleren Reich der Pharaonen vor mehr als 4000 Jahren.

Südlich davon das Mausoleum des Aga Khan, der 1957 unter der Granitkuppel in einem Marmorsarkophag seine letzte Ruhestätte fand.

Assuans Geschichte ist aber nicht nur Stein. Wenn allabendlich nubische Musiker und Tänzer im Kulturzentrum auftreten, werden auch die uralten Traditionen der Nil-Oase wieder lebendig.

Abidjan – Perle der Lagune

Die Metropole der Elfenbeinküste ist das Zentrum des Französisch sprechenden Westafrikas

ANREISE:
Zahlreiche internationale Linien- und Charterflugverbindungen. Gut ausgebautes öffentliches Verkehrsnetz

BESTE REISEZEIT:
Oktober bis Mai (Regenzeit von Mai bis Oktober)

UNTERKUNFT:
Abidjan bietet das breite Spektrum aller Großstädte von Luxus- über Mittelklassehotels und einfachen Unterkünften bis zu guten Campingplätzen an den Stränden von Petit-Bassam

TRINKGELD:
In Straßenrestaurants nicht üblich. Ebenfalls nicht, wenn auf Rechnungen ein Bedienungsgeld ausgewiesen ist. Personal in den Hotels von Plateau und Cocody erwartet Trinkgelder. Begleiter und Führer organisierter Touren erhalten Tips nur bei gutem Service

Panoramablick auf die Dreimillionenstadt Abidjan, die Metropole der Elfenbeinküste (oben)

Waschtag unter freiem Himmel. Wanderarbeiter waschen die Kleidung der Städter am Banco-Fluss drei Kilometer vor Abidjan

Für die Europäer ist es das Paris, für die Nordamerikaner das Manhattan Westafrikas. Einwohner und Kenner aber nennen sie die „Perle der Lagune". Die Dreimillionenmetropole Abidjan umschließt den inneren Teil der Ébrié-Lagune. Eine breite Nehrung, die Vridi Plage, schützt sie vor dem Ansturm der Atlantikwellen. Zwar ist Abidjan seit 1983 nicht mehr die Hauptstadt der Elfenbeinküste – das ist die 130 000-Einwohner-Stadt Yamoussoukro 250 Kilometer nördlich im Landesinnern –, aber immerhin der Regierungssitz und darüber hinaus Wirtschaftszentrum und Haupthafen des Französisch sprechenden Westafrikas.

Abidjan hat den Spagat zwischen seinen zwei Gesichtern auszuhalten, zwischen den beiden luxuriösen Stadtteilen Plateau und Cocody und den einfachen Vierteln von Treichville und Marcory. In Plateau durchziehen breite, baumbestandene Boulevards die Wolkenkratzer von Behörden, Banken und Firmensitzen. Die Angestellten verbringen ihre Mittagspause in den oft weitläufigen, schattigen Parks oder shoppen in den zahlreichen französischen Boutiquen und Supermärkten.

Vom Glockenturm der modernen, imposanten St.-Pauls-Kathedrale, die der Papst 1985 einweihte, hat man eine eindrucksvolle Aussicht über die Skyline von Plateau. Die eigenwillige Architektur der Kirche passt sich stilgerecht in die oft ausgesprochen futuristischen Gebäude des Machtzentrums ein.

Gigantische Regenwaldbäume

Nachts verlagert sich das Leben in die einfacheren Stadtteile. Zwei Brücken führen von Plateau hinüber zur Laguneninsel Petit-Bassam, auf der Treichville und Marcory liegen.

In den engen, aber sauberen und modernen Straßen von Treichville, wo auch der Bahnhof liegt, schieben sich Tag und Nacht quirlige Menschenmassen aneinander vorbei. In zahlreichen Läden, Straßenständen und auf den bunten Märkten gibt es neben heimischen auch alle westlichen Waren zu kaufen. Nachtklubs ziehen die Besucher an, und in den populären und billigen Maquis-Restaurants gibt es alles: von libanesischen Spezialitäten bis zu authentischen westafrikanischen Speisen.

Beliebtes Ausflugsziel der Abidjaner ist der berühmte, mehr als 3000 Hektar große Banco-Nationalpark, drei Kilometer nordwestlich der Stadt. Gigantische Regenwaldbäume bedecken den Großteil des Parks. Afrikanische Zibet- und Ginsterkatzen, Buschböcke, Ducker und Affen leben hier in einer natürlichen Umgebung, in der sie kaum mit Menschen in Berührung kommen. Im Arboretum wachsen Baumarten und Büsche aus dem ganzen Land.

Auf dem Weg zum Park kommt man am Banco-Fluss an der wohl größten Freiluftwäscherei der Welt vorbei. Täglich finden sich hier 350 bis 400 Wanderarbeiter ein, um die Kleidung der Städter zu waschen.

Sie sind nur ein Teil derer, die täglich in dieser Stadt stranden und auf ein besseres Leben hoffen. Viele kommen aus den Hungerländern der Sahelzone, aus Mali oder Burkina Faso. Abidjan platzt aus allen Nähten.

Dabei war die Stadt vor hundert Jahren ein kleines Lagunenfischerdorf. Erst der Bahnhof, 1904 gebaut, machte aus dem Flecken einen Handelsplatz, und der Vridi-Kanal, der seit 1954 die Lagune mit dem offenen Atlantik verbindet, führte die Stadt zu ihrer heutigen Blüte.

Unberührte Küste

Lange blieb die Elfenbeinküste unberührt von europäischen Einflüssen. Die Küste war für Schiffe schwer zugänglich, und undurchdringlicher, kaum besiedelter tropischer Regenwald bedeckte das Hinterland. Im 15. Jahrhundert erschienen die ersten portugiesischen Händler, und nach der Auflösung der großen Königreiche von Mali und Songhai wanderten zahlreiche Stämme aus dem Süden ein und gründeten wichtige Handelsstätten.

Die ersten französischen Missionare landeten 1637. Ab 1840 begann Frankreich seinen Händlern im Gebiet der Elfenbeinküste das Han-

delsmonopol für Waren und Sklaven zu sichern, um das Land schließlich 1893 zur Kolonie zu erklären. Zu deren Hauptstadt avancierte Abidjan im Jahre 1934.

Nach der Unabhängigkeit 1960 begann das „Wunder der Elfenbeinküste". Unter dem ersten Präsidenten Félix Houphouet-Boigny wuchs die Wirtschaft des Landes jährlich um 10 Prozent – bis in den 80er Jahren durch die Weltwirtschaftskrise und durch die langjährige Trockenheit der Abschwung kam. Heute leben zwei Drittel der Stadtbewohner in Slums, und der HI-Virus breitet sich rasant aus.

Wie in kaum einer anderen Stadt sind die Brücken der „Perle der Lagune" auf faszinierende Weise auch Brücken zwischen der überschäumenden Lebenskultur Afrikas und den glitzernden Fassaden der westlichen Business- und Freizeitwelt, die sich hier einträchtig ergänzen.

Südafrikas Strandbad

In **DURBAN** bestimmen heute die Inder das Wirtschaftsleben – Vom Flair der Kolonialzeit

ANREISE:
Zunehmend wird der Flughafen von Durban direkt angeflogen, mitunter Umsteigen in Johannesburg. Von hier Bahnverbindung

KLIMA:
Ganzjährig Reisezeit. Angenehm warm im Südwinter, heiß und zuweilen schwül im subtropischen Sommer

UNTERKUNFT:
Alle Kategorien. Die meisten Hotels liegen in Strandnähe

TRINKGELD:
Restaurants und Taxis 10 Prozent, Gepäckträger 2 Rand.
Die Fahrer der Rikschas lassen sich zwar gerne, aber nur gegen Geld fotografieren – sie haben feine Ohren für das Klicken von Kameras

Die Strandpromenade ist ein Teil der City. Panoramablick auf Durban vom Indischen Ozean aus (oben)

Der Markt an der Victoria Street, Zentrum der indischen Bevölkerung (unten l.)

Noch aus der Kolonialzeit stammt das Rathaus mit der gewaltigen Kuppel. Das Denkmal davor ist den kommenden Generationen gewidmet

Durban ist das perfekte Ferienparadies. Rund drei Kilometer erstrecken sich feine Sandstrände nicht weit vom Stadtzentrum entlang des Indischen Ozeans, dessen beeindruckende Brecher Surfer aus aller Welt anziehen. An der Strandpromenade reiht sich ein Luxushotel an das andere, Freizeitparks, Restaurants, Cafés und Einkaufszentren säumen die „Goldene Meile". Zwischen den Badegästen, Surfern und Promenadengängern verkaufen Zulufrauen kunstvolle Handarbeiten, und Zulumänner lenken geschickt ihre mit Fellen, Bändern und Perlen geschmückten Rikschas durch das Gewühl.

Ebenso wie Kapstadt ist auch Durban ein Schmelztiegel von Kulturen und Bräuchen, die der Stadt ihr besonderes Flair verleihen. Moscheen, Kirchen und Hindu-Tempel zeugen von der ethnischen und religiösen Vielfalt und nicht zuletzt von der Toleranz ihrer Bevölkerung.

Der bekannteste Inder der Stadt war Mohandas K. Gandhi, genannt Mahatma, der 1893 als junger Rechtsanwalt nach Durban kam, hier 21 Jahre lang für die Rechte der Inder kämpfte und dabei sein Konzept des passiven Widerstands entwickelte, mit dem er so erfolgreich in seinem Heimatland gegen die britische Kolonialherrschaft kämpfen sollte.

Durban entstand im 19. Jahrhundert. Erst 1823 ließen sich hier ungefähr 30 Europäer nieder, die im Auftrag der Farewell-Handelsgesellschaft Port Natal gründeten und vom Handel mit Fellen und Elfenbein lebten. 1835 benannten sie die Siedlung nach dem Gouverneur der britischen Kapkolonie Sir Benjamin D'Urban. Die Siedlungsrechte hatte ihnen zuvor der Zulukönig Shaka eingeräumt.

Nach dessen Tod versuchte sein Nachfolger Dingane die Engländer zu vertreiben und zwang sie schließlich zur Flucht auf die Insel Salisbury in der Lagune. Das gesamte Land zwischen den Flüssen Tugela und Umzimkulu vermachte er den burischen Voortreckern, die in einem Treck über Land gekommen waren, um der britischen Vorherrschaft am Kap zu entkommen.

Vertreibung der Buren

Als die Briten 1842 eine kleine Armee schickten und das Old Fort errichteten, sahen die Buren ihre Freiheit bedroht und belagerten die Festung. Dem späteren Nationalhelden Dick King gelang jedoch die Flucht zu Pferde. Nach 10 Tagen erreichte er das 1000 Kilometer entfernte Grahamstown am Ostkap und forderte Verstärkung an. Die kam 1844, und die Republik Natal, das Land der Voortrecker, wurde der britischen Kolonie einverleibt. Die Buren mussten weiterziehen und suchten sich in Transvaal eine neue Heimat.

Der wirtschaftliche Aufschwung kam Mitte des 19. Jahrhunderts, als neue Siedler mit dem Anbau von Zuckerrohr begannen. Er kam so schnell, dass die Zuckerbarone Tausende von Arbeitern aus Indien herüberholten, um sie auf die Felder und in die Fabriken zu schicken. Die Nachfahren der Inder stellen heute die zweitgrößte Bevölkerungsgruppe nach den Zulus und bestimmen als Unternehmer und Hoteliers entscheidend das Wirtschaftsleben der Stadt.

Im Schlangenpark

Den schnellsten Überblick über die zahlreichen Sehenswürdigkeiten Durbans bietet „Mini Town" direkt am nördlichen Ende der Strandpromenade. Auf der Größe eines Fußballfeldes stehen hier über hundert der wichtigsten Attraktionen der Stadt – allerdings als Modelle im Maßstab 1:25.

Gleich daneben gibt es Nervenkitzel: Im Fitzsimmons-Schlangenpark leben mehr als 80 der 157 in Südafrika beheimateten Schlangenarten. Aus ihren Giften gewinnt man Serum, und die Einwohner Durbans können hier lernen, wie man die ungebetenen Gäste sicher aus Wohnung und Garten wegschafft.

Nur wenige Minuten vom Palmenstrand und den Hochhäusern des modernen Durban entfernt trifft man auf die kleinen Geschäfte, Moscheen, Tempel und Basare des indischen Geschäftsviertels, über dem der Geruch exotischer Gewürze in der Luft hängt. Nicht weit vom indischen Marktplatz an der Victoria-Straße liegen drei Hindu-Tempel, von denen der Alayam-Tempel der älteste und größte in Afrika ist.

Zwei Ecken weiter erheben sich die Minarette der Juma-Moschee aus dem 19. Jahrhundert, dem größten islamischen Gotteshaus der südlichen Hemisphäre. Eine Reihe von Fenstern lässt viel Licht in den schattigen Innenhof, in dem 5000 Gläubige beten können. Filigrane Korantexte verzieren die Wände, und ein riesiger Orientteppich zieht alle Blicke auf sich. Ganz in der Nähe liegt die christliche Emmanuel-Kathedrale als Zeugnis der Kulturvielfalt in der Stadt. Sehenswert ist auch das Kwa-Muhle-Museum, in dem die Stadt ihre Apartheidsvergangenheit aufarbeitet und das „Durban System", die einstige Politik der Unterdrückung und Diskriminierung, dokumentiert.

Weltstadt am Südatlantik

Der Tafelberg als Naturspektakel - **KAPSTADT** hat auch in dunklen Zeiten seine Toleranz bewahrt

ANREISE:
Zunehmend fliegen internationale Carrier den Flughafen von Kapstadt direkt an, mitunter muss man aber in Johannesburg, dem Luftdrehkreuz Südafrikas, umsteigen

KLIMA:
Ganzjährig Reisezeit. Angenehm warm im Südwinter, heiß und zuweilen schwül im subtropischen Sommer

UNTERKUNFT:
Alle Kategorien. Die teuren Hotels liegen in Strandnähe. Zahlreiche gute und preiswerte Hotels entlang der Long Street. Vorausbuchungen in der südafrikanischen Ferienzeit Dezember bis Januar empfehlenswert

TRINKGELD:
Restaurants und Taxis 10 Prozent, Gepäckträger 2 Rand

In Kapstadt wehte schon immer ein liberalerer Geist als im übrigen Land. Viele der abwechslungsreichen Kulturen Südafrikas konnten sich während der dunklen Jahre der Apartheid nicht weiterentwickeln, und viele schwarze, aber auch weiße Künstler gingen ins Exil oder wurden verbannt. Aber seit Mitte der 90er Jahre entdecken die Südafrikaner ihre alten Wurzeln wieder, und in Kapstadt blüht eine neue, spannende Kulturszene. Ständig eröffnen neue Galerien und Clubs, überall gibt es Konzerte, und Museen und Theater begeistern täglich Tausende von Besuchern.

Als die Holländer im 17. Jahrhundert am Kap eintrafen, hüteten die Khoikhoi, die Hottentotten, hier ihre Schafherden, und die San, die Buschmänner, waren als Jäger unterwegs. Die Siedler holten sich aus Ostafrika, Madagaskar und den Ländern um den Golf von Bengalen Sklaven herüber, die ihre Kulturen und ihre Religionen, meist den Islam, mitbrachten.

Versorgungsstation am Kap

Der portugiesische Entdecker Bartolomeu Dias gilt als der erste Weiße, der 1488 das Kap gesehen hat. Doch erst als Überlebende des Schiffes „Haarlem", das 1647 in der Tafelbucht gestrandet war, begeistert von der Bucht berichteten, schickte die holländische Ostindien-Handelsgesellschaft eine Expedition unter Jan van Riebeeck, um in der Tafelbucht eine Station einzurichten. Am 7. April 1652 hisste Riebeeck die holländische Flagge und wählte den Platz für eine kleine Festung und einen Gemüsegarten aus. Von jetzt an konnten sich vorbeifahrende Schiffe auf der Reise nach Asien hier mit frischem, vitaminhaltigem Gemüse, Obst, Fleisch und Wein versorgen.

Nach und nach erkannten auch andere europäische Staaten die strategisch wichtige Lage Kapstadts. 1781 versuchten Briten das Kap zu besetzen, doch Franzosen kamen ihnen zuvor und halfen den Holländern, das Land zu verteidigen. Sie lösten einen wahren Bauboom aus, und als Kapstadt 1795 schließlich doch in die Hände der Engländer fiel, war aus der 200-Häuser-Siedlung bereits eine Stadt mit 1000 Wohnhäusern in zumeist französischem Stil geworden.

Nach wechselnden Kriegswirren wurde das Land am Kap 1814 britische Kolonie. Die neuen Herren schafften 1834 die Sklaverei ab, viele der Buren verließen bald darauf die Kapkolonie. So prägte die liberale britische Gesinnung das Wesen Kapstadts noch weit über 1910 hinaus, als Südafrika unabhängig wurde.

Als die Stadt 1972 nicht umhin kam, der nationalen Apartheidsgesetzgebung zu folgen, hatte Kapstadt immerhin sechs farbige Stadträte. Immer wieder wehrte sich die Stadtverwaltung gegen die Apartheid, erklärte 1985 formal sogar die Gleichheit aller Menschen. Aber erst ein internationaler Wirtschaftsboykott und die Freilassung von Nelson Man-

dela aus dem berüchtigten Gefängnis auf der Robbeninsel in der Tafelbucht im Jahre 1990 führte zu politischen Veränderungen und brachte Freiheit für Schwarze und Farbige. Das Gefängnis ist heute ein Museum.

In der Nationalgalerie dokumentieren zahlreiche Fotos das elende Leben in den Townships der 50er Jahre, den Ghettos der Schwarzen. Eindrucksvoll sind aber auch die rund 6500 Arbeiten einheimischer Künstler und die Wechselausstellungen von moderner südafrikanischer Kunst.

Gleich um die Ecke der Galerie liegt Company's Garden, der Gemüsegarten, den einst Jan van Riebeeck anlegte. Er ist heute Teil des großen, sehenswerten botanischen Gartens. Hier findet man auch das südafrikanische Museum mit seiner beeindruckenden Ausstellung zur Geschichte der Menschheitsentwicklung in Afrika.

Waterfront, Waterfront

Nördlich der Gartengegend liegt zwischen der Strand Street und der Wale Street ein beliebtes Einkaufs- und Bummelzentrum mit schönen Geschäften, Souvenirläden, Kneipen und Cafés. Mittelpunkt ist der Greenmarket, der belebteste Platz Kapstadts, auf dem ständig Flohmarkt ist. Runcherum faszinieren die schönen Art-déco-Häuser, darunter das Markthaus mit seinen detailgetreuen Tier- und Pflanzenornamenten.

Östlich des Zentrums erhebt sich das Kastell auf seinem fünfzackiger Grundriss. Zwischen 1666 und 1679 errichtet, ist es das älteste erhaltene Bauwerk Südafrikas.

Neu entstanden und liebevoll restauriert ist das einst verwahrloste Hafenviertel Victoria & Albert Waterfront. Restaurants, Bars, Jazzclubs, Boutiquen sind in das belebte und auch bei Nacht sichere Einkaufs- und Shoppingzentrum an den Yachthäfen gezogen. Jüngste Attraktion: das Aquarium der zwei Ozeane, das in zwei riesigen Becken über die Öko-Systeme des Indischen und des Atlantischen Ozeans informiert.

Weite Meereswelt an der Südspitze Afrikas: Blick vom 1085 Meter hohen Tafelberg über die Stadt und ihre Bucht (oben)

Nicht minder eindrucksvoll: der Blick auf Camps Bay mit der Felskulisse der „Zwölf Apostel" (unten r.)

Der alte Victoria-Hafen mit seinen Schuppen und Lagerbauten wurde sorgfältig restauriert und ist nun mit Boutiquen, Bars und Restaurants ein beliebter Treffpunkt

FOTONACHWEIS

S. 8/9 oben Schapowalow / Atlantide, unten links Schapowalow / Atlantide, unten rechts Schapowalow / Huber; **S. 10/11** oben Schapowalow / Huber, unten links Schapowalow / Komine, unten rechts Schapowalow / Messerschmidt; **S. 12/13** oben Schapowalow / Atlantide, unten links Schapowalow / Nellen, unten Mitte Schapowalow / Atlantide, unten rechts Schapowalow / Messerschmidt; **S. 14/15** oben links Schapowalow / Thiele, oben rechts Schapowalow / Thiele, Mitte rechts Schapowalow / Huber, unten rechts Schapowalow / Komine; **S. 16/17** oben Schapowalow / Heaton, unten links Schapowalow / Komine, unten rechts Schapowalow / Holm; **S. 18/19** oben Schapowalow / Komine, unten links Schapowalow / Nacivet, unten rechts Schapowalow / Heaton; **S. 20/21** oben Schapowalow / Heaton, unten links Schapowalow / Atlantide, unten rechts Schapowalow / JBE; **S. 22/23** oben Schapowalow / Heaton, unten links Schapowalow / Heaton, unten rechts Schapowalow / Messerschmidt; **S. 24/25** alle Schapowalow / Atlantide; **S. 26/27** oben Schapowalow / Fahn, unten links Schapowalow / Huber, unten rechts Schapowalow / Huber; **S. 28/29** oben Schapowalow / Heaton, unten links Schapowalow / Waldkirch, unten rechts Schapowalow / Atlantide; **S. 30/31** oben Schapowalow / Nellen, unten links Schapowalow / Brüggemann, unten rechts Schapowalow / Huber; **S. 32/33** oben links Schapowalow / Huber, oben rechts Schapowalow / Heaton, Mitte links Schapowalow / Thiele, unten links Schapowalow / J. Alexandre; **S. 34/35** oben Schapowalow / Huber, unten links Schapowalow / Atlantide, unten Mitte Schapowalow / Atlantide, unten rechts Schapowalow / Thiele; **S. 36/37** links Schapowalow / Heaton, unten Mitte Schapowalow / Heaton, unten rechts Schapowalow / Heaton; **S. 38/39** oben Schapowalow / Huber, unten links Schapowalow / Huber, unten rechts Schapowalow / Kornblum; **S. 40/41** oben Schapowalow / Huber, unten links Schapowalow / Huber, unten rechts Schapowalow / Atlantide; **S. 42/43** oben Schapowalow / Comnet, unten links Schapowalow / Guckes, unten Mitte Schapowalow / Fellens, unten rechts Schapowalow / Koserowsky; **S. 44/45** oben links Schapowalow / Waldkirch, oben rechts Schapowalow / Waldkirch, unten rechts Schapowalow / Fellens; **S. 46/47** oben Schapowalow / Nebe, unten links Schapowalow / Kornblum, unten rechts Schapowalow / Kornblum; **S. 48/49** oben links Schapowalow / Atlantide, oben rechts Schapowalow / Heaton, unten rechts Schapowalow / Heaton; **S. 50/51** oben rechts Schapowalow / Mader, unten links Schapowalow / Waldkirch, unten Mitte Schapowalow / Karwasz, unten rechts Schapowalow / Waldkirch; **S. 52/53** oben Schapowalow / Huber, unten links Schapowalow / Waldkirch, unten Mitte Schapowalow / Mader, unten rechts Schapowalow / Waldkirch; **S. 54/55** oben links Schapowalow / Waldkirch, oben rechts Schapowalow / Huber, unten rechts Schapowalow / Waldkirch; **S. 56/57** oben Schapowalow / Dr. Müller, unten links Schapowalow / JBE, unten rechts Schapowalow / Mayall; **S. 58/59** oben Schapowalow / Messerschmidt, unten links Schapowalow / Schlegel, unten rechts Schapowalow / Huber; **S. 60/61** oben Schapowalow / Huber, unten links Schapowalow / Kornblum, unten rechts Schapowalow / Waldkirch; **S. 62/63** alle Schapowalow / Messerschmidt; **S. 64/65** alle Schapowalow / Huber; **S. 66/67** oben Schapowalow / Huber, unten links Schapowalow / Atlantide, unten rechts Schapowalow / Huber ; **S. 68/69** rechts Schapowalow / Heaton, unten links Schapowalow / Aspect, unten Mitte Schapowalow / Huber; **S. 70/71** oben links Schapowalow / Huber, oben rechts Schapowalow / Huber, unten links Schapowalow / Grandhotel Pupp; **S. 72/73** oben links Schapowalow / Nebe, unten links Schapowalow / Huber, unten rechts Schapowalow / Atlantide; **S. 74/75** links Schapowalow / Huber, unten Mitte Schapowalow / Atlantide, unten rechts Schapowalow / Brooke; **S. 76/77** oben Schapowalow / Huber, unten links Schapowalow / Heaton, unten rechts Schapowalow / Huber; **S. 78/79** alle Schapowalow / Huber; **S. 80/81** oben Schapowalow / Huber, unten links Schapowalow / Thiele, unten rechts Schapowalow / Huber; **S. 82/83** oben Schapowalow / Huber, unten links Schapowalow / Huber, unten rechts Schapowalow / Scholz; **S. 84/85** links Schapowalow / Huber, oben rechts Schapowalow / Cora, unten rechts Schapowalow / Huber; **S. 86/87** alle Schapowalow / Huber; **S. 88/89** oben Schapowalow / Thiele, unten links Schapowalow / Aspect, unten Mitte Schapowalow / Pratt-Pries, unten rechts Schapowalow / v. d. Hecken; **S. 90/91** links Schapowalow / Rosenfeld, unten rechts Schapowalow / Atlantide, Mitte rechts Schapowalow / Rosenfeld; **S. 92/93** oben Schapowalow / Brooke, unten links Schapowalow / Heaton, unten rechts Schapowalow / Weisser; **S. 94/95** links Schapowalow / Heaton, unten rechts Schapowalow / Brooke, Mitte rechts Schapowalow / Heaton; **S. 96/97** links Schapowalow / Messerschmidt, Mitte rechts Schapowalow / Hiller, unten rechts Schapowalow / Messerschmidt; **S. 98/99** oben links Schapowalow / Waldkirch, oben rechts Schapowalow / Heaton, unten links Schapowalow / Heaton; **S. 100/101** oben Schapowalow / Huber, unten links Schapowalow / Heaton, unten rechts Schapowalow / Heaton; **S. 102/103** oben Schapowalow / Huber, unten links Schapowalow / Kreusch, unten rechts Schapowalow / Kornblum; **S. 104/105** oben links Schapowalow / Huber, oben rechts Schapowalow / Huber, unten rechts Schapowalow / Heaton; **S. 106/107** oben Schapowalow / Dr. Baumgärtner, unten links Schapowalow / v. d. Hecken, unten rechts Schapowalow / Heaton; **S. 108/109** unten rechts Schapowalow / v. d. Hecken, unten rechts Schapowalow / Atlantide, unten links Schapowalow / Heaton; **S. 110/111** oben links Schapowalow / Comnet, oben rechts Schapowalow / Messerschmidt, unten rechts Schapowalow / Thiele; **S. 112/113** oben Schapowalow / Comnet, unten links Schapowalow / Dr. Harten, unten rechts Schapowalow / Comnet; **S. 114/115** oben Schapowalow / Kirsch, unten links Schapowalow / Atlantide; **S. 116/117** oben Schapowalow / Thiele, unten links Schapowalow / Comnet, unten rechts Schapowalow / Comnet; **S. 118/119** oben Schapowalow / China Photo, unten links Schapowalow / Thiele; **S. 120/121** oben Schapowalow / Dr. Sander, unten links Schapowalow / Heaton, unten rechts Schapowalow / Heaton; **S. 122/123** oben Schapowalow / Huber, unten links Schapowalow / Koop, unten Mitte Schapowalow / v. d. Hecken, unten rechts Schapowalow / Huber; **S. 124/125** alle Schapowalow / Tolkmitt; **S. 126/127** oben links Schapowalow / Bruening, unten links Schapowalow / Moser, unten rechts Schapowalow / Doerig; **S. 128/129** alle Schapowalow / Atlantide; **S. 130/131** oben links Schapowalow / Ponzio, oben rechts Schapowalow / Atlantide, unten rechts Schapowalow / Atlantide; **S. 132/133** oben Schapowalow / Bernutz, unten links Schapowalow / Drake, unten rechts Schapowalow / Blume; **S. 134/135** links Schapowalow / Ponzio, Mitte rechts Schapowalow / Scholz, unten rechts Schapowalow / Scholz; **S. 136/137** oben links Schapowalow / Limbrunner, oben rechts Schapowalow / Limbrunner, unten rechts Schapowalow / Fotografico; **S. 138/139** oben Schapowalow / Stepan, unten links Schapowalow / Komine, unten links Schapowalow / Huber; **S. 140/141** oben Schapowalow / Komine, unten links Schapowalow / Komine, unten Mitte Schapowalow / Wegers, unten rechts Schapowalow / Thiele; **S. 142/143** oben Schapowalow / Komine, unten links Schapowalow / Ponzio, unten Mitte Schapowalow / Komine, unten rechts Schapowalow / Dr. Baumgärtner; **S. 144/145** alle Schapowalow / Wegers; **S. 146/147** alle Schapowalow / Komine; **S. 148/149** oben Schapowalow / Breitkopf, unten links Schapowalow / Breitkopf, unten rechts Schapowalow / www.reisebilder.de; **S. 150/151** links Schapowalow / Huber, oben rechts Schapowalow / Sperber, unten links Schapowalow / Huber; **S. 152/153** alle Schapowalow / Spreckels; **S. 154/155** oben links Schapowalow / Scholz, unten links Schapowalow / Esfahani, oben links Schapowalow / Scholz, unten Mitte Schapowalow / Esfahani, unten rechts Schapowalow / Esfahani; **S. 156/157** oben links Schapowalow / Thiele, oben rechts Schapowalow / Grimm, Mitte rechts Schapowalow / Sperber, unten rechts Schapowalow / Sperber; **S. 158/159** alle Schapowalow / Hippler; **S. 160/161** oben rechts Schapowalow / Heaton, unten links Schapowalow / Rossmeissl, unten Mitte Schapowalow / Atlantide, unten rechts Schapowalow / Atlantide; **S. 162/163** links Schapowalow / Atlantide, unten Mitte Schapowalow / Dr. Schmidt, unten rechts Schapowalow / Popp; **S. 164/165** oben rechts Schapowalow / Huber, unten links Schapowalow / Nebbia, unten rechts Schapowalow / Weyer; **S. 166/167** oben links Schapowalow / Huber, unten Mitte Schapowalow / Scholz, unten rechts Schapowalow / Thiele; **S. 168/169** oben links Schapowalow / Messerschmidt, unten links Schapowalow / Heaton, unten Mitte Schapowalow / Messerschmidt, unten rechts Schapowalow / JBE; **S. 170/171** oben links Schapowalow / Pratt-Pries, oben rechts Schapowalow / Moser, unten links Schapowalow / JBE, unten rechts Schapowalow / Stepan; **S. 172/173** links Schapowalow / JBE, unten Mitte Schapowalow / Backhaus, unten rechts Schapowalow / Atlantide; **S. 174/175** oben rechts Schapowalow / JBE, unten links Schapowalow / Fahn, unten rechts Schapowalow / Heaton; **S. 176/177** links Schapowalow / China Photo, Mitte rechts Schapowalow / China Photo, unten rechts Schapowalow / Heaton; **S. 178/179** oben rechts Schapowalow / Sperber, unten links Schapowalow / Reichelt, unten rechts Schapowalow / Atlantide; **S. 180/181** rechts Schapowalow / Heaton, unten links Schapowalow / Huber, unten Mitte Schapowalow / Heaton, unten rechts Schapowalow / Aspect; **S. 182/183** oben Schapowalow / Heaton, unten links Schapowalow / Heaton, unten rechts Schapowalow / Komine; **S. 184/185** oben rechts Schapowalow / Heaton, oben links Schapowalow / Nacivet, unten links Schapowalow / Heaton; **S. 186/187** links Schapowalow / Heaton, oben rechts Schapowalow / Brooke, unten rechts Schapowalow / Atlantide; **S. 188/189** oben Schapowalow / Heaton, unten links Schapowalow / Messerschmidt; **S. 190/191** oben Schapowalow / Thiele, oben rechts Schapowalow / Reichelt, Mitte rechts Schapowalow / Thiele, unten rechts Schapowalow / Heaton; **S. 192/193** alle Schapowalow / Atlantide; **S. 194/195** alle Schapowalow / Huber; **S. 196/197** oben Schapowalow / Atlantide, unten links Schapowalow / Huber, oben rechts Schapowalow / Stepan, unten rechts Schapowalow / Stepan; **S. 198/199** oben Schapowalow / JBE, unten links Schapowalow / JBE, unten rechts Schapowalow / Heaton; **S. 200/201** oben Schapowalow / Heaton, unten links Schapowalow / JBE, unten rechts Schapowalow / Atlantide; **S. 202/203** oben Schapowalow / Atlantide, unten rechts Schapowalow / Ponzio; **S. 204/205** oben Schapowalow / Huber, unten links Schapowalow / Heaton, unten rechts Schapowalow / Heaton; **S. 206/207** oben Schapowalow / Huber, unten links Schapowalow / Heaton, unten rechts Schapowalow / Huber.